다산역학 연구 Ⅰ

다산역학 연구 Ⅰ

2

이을호 지음 · 다산학연구원 편

간행사

선생이 1998년 88세를 일기로 서세하신 후, 2000년 11월 <이을호 전서> 9책 24권이 출판되었고, 2010년 탄생 100주년을 기념하여 『현암 이을호 연구』가 간행되었다. 그리고 10여 년 사이에 몇 가지 학계의 여망을 수렴해야 할 필요성이 대두되었다. 초간본에서 빠트린 글들을 보완해야 할 필요성이 제기되었고, 현대의 독자들을 감안해서 원문 인용문 등도 쉽게 풀이하는 것이 좋겠다는 요청이 있었다. 그 가운데 가장 중요한 것은 선생의 저술들이 가지는 학술적 가치를 고려할 때 몇몇 주요 저술들을 단행본으로 손쉽게 접할 수 있도록 보완해달라는 것이었다. 이로 인해 <이을호 전서>를 <현암 이을호 전서>로 개명하고, 9책 24권 체제를 각권 27책 체제로 확대 개편하는 수정 증보판을 내놓게 되었다.

일반적으로 선생을 가리켜 다산학 연구의 개척자라 하기도 하고, 현대 한국학의 태두라 하기도 하지만, 이는 그 일면을 지적하는 것일 뿐, 그 깊이와 내용을 올바로 판단한 것은 아니다. 선생의 학술적 탐구가 갖는 다양한 면모와 깊이는 전체적으로 고찰하기가 어렵기 때문이다.

선생의 학문 여정을 돌아볼 때 고보 시절에 이제마(李濟馬, 1838~1900)의 문인으로부터 『동의수세보원』을 익힘으로써, 인간의 근원에 대한 이해, 곧 그때까지 유행하고 있었던 주자의 성리설(性理說)로부터 고경(古經)의 성명론(性命論)으로 전환하는 계기가 되었다. 또한 경성약전을 졸업하고 중앙의 일간지에 「종합의학 수립의 전제」등 여러 논설을 게재하고 『동양의학 논문집』 등의 창간을 주도하면서 '동서양 의학의 융합'을 주장하였던 것은 일제하에 허덕이고 있었던 민생을 구하고자 하였던 구세의식의 발로(發露)였다.

27세 때, 민족자강운동을 펴다가 일경에게 체포되어 영어의 몸으로서 『여유당전서』를 탐구하였던 것은 다산이 멸망하는 조선조의 운명을, 새로운 이념으로 광정(匡正)하고자 하였던 그 지혜를 배워서, 선생이 당면하였던 그 시대를 구하고자 한 것이었다. 광복과 함께 학교를 열었던 것은 평소에 꿈꾸었던 국가의 부흥을 교육입국을 통하여 현실에 실현시키고자 함이었다.

학술적으로 첫 업적이라고 할 수 있는 국역 『수은(睡隱) 간양록(看羊錄)』은 우리의 자존심으로서, 일제에 대응하고자 하였던 존엄의식의 발로였다. 마침내 다산의 경학연구로 학문적 토대를 쌓아, 육경사서(六經四書)에 대한 논문과 번역 등 『다산경학사상연구』를 비롯한 많은 저술을 남긴 것은 조선조 500년을 지배한 주자학의 굴레로부터, 학문적 자주성과 개방성으로서 새로운 시대의 올바른 문화를 열고자 하는 열망을 학술적 차원에서 이룬 것이었다.

선생의 학문은 난국의 시대에 국가의 앞날을 우려하여, 우리의 의

식으로서 새로운 사상적 전환을 이룩하고, 한국학의 독자성을 밝혀, 현대문화의 새로운 방향을 제시한 것이라 할 수 있다. 선생의 학문은 깊고 원대한 이상에서 성장해 결실을 맺은 것임을 알 수 있으니, 그 학문세계를 쉽게 말할 수 없다는 소이가 바로 여기에 있다.

선생이 가신 지 어언 15년의 세월이 흘렀음에도 선생의 저술에 대한 기대가 학계에 여전한 것은 오롯이 선생의 가르침과 학술로 거둔 성과다. 문인으로서 한결같이 바라는 것은 선생의 학술이 그 빛을 더하고 남기신 글들이 더욱 널리 퍼지는 것이다. 이 새로운 전집의 간행을 계기로, 선생의 학문이 더욱 널리 알려지고, 그 자체의 독자성이 심도 있게 탐구되어 대한민국의 학술사에서 선생의 위상이 새롭게 정립된다면, 이것이야말로 이 전서의 상재(上梓)에 참여한 문인들의 둘도 없는 소망이다.

2013년 납월(臘月)
문인 오종일 삼가 씀

일러두기

○ 이 책은 1993년 <대우학술총서> 『인문사회과학』 69집으로
  간행되었던 것을, 2000년에 발행된 <이을호 전서> 1권에 수
  록하였던 것이다.

○ 본래의 책명은 『다산의 역학』이었으나, <이을호 전서>에서
  『다산역학연구』로 바꾸었고, 이 책 또한 같은 이름을 책명으로
  하였다.

○ 저자는 이 책의 인용문 모두를 원문으로 수록하였는데, 교열
  과정에서 한글로 번역하고, 원문을 부기하였다.

○ <이을호 전서>에서 '경학'과 '역학'을 함께 묶었던 것을, 『다
  산역학연구』 1, 2권 두 권으로 분리한 것은 번역과 교열 과정
  에서 그 분량이 많아졌기 때문이다.

○ 원문의 국역 과정에서 기간(旣刊)의 번역서 등을 참고하였음을
  밝힌다.

○ 이 책의 원문 번역 및 교열자는 조우진이다.

책머리에

그럭저럭 2년여의 세월에 걸쳐서 막상 이 책의 원고 1,000여 장을 끝내고 보니 홀가분한 마음의 한구석에는 찝찝하게도 개운찮은 구석이 가시질 않는다. 끝냈다는 것은 약속한 대로의 1,000장 원고를 끝냈을 뿐 책이름 그대로 『다산역학연구』라는 과제는 끝나지 않았기 때문이다.

애초에 그야말로 우연한 기회에, 사실인즉 대우재단 이사장 이석희(李奭熙) 박사와의 대화 도중 다산 역학 이야기가 나오자 문득 떠맡고 싶은 욕심에서 비롯하였지만 막상 일을 시작하고 보니 시간에 쫓기고 분량의 제한에 신경을 써야 하고 게다가 노래(老來)의 역량에 한계가 있음을 느끼면서 초고를 매듭짓고 보니 이건 '연구'라는 문자가 부끄러울 정도의 자료집, 그나마도 도표투성이의 자료집에 지나지 않았음을 어찌하랴!

아니나 다를까 누구인지는 모르지만 제출된 원고가 눈에 들지 않아 다시 한 번 더 손질하기를 권고받고, 있을 법한 권고임에 틀림이 없기에 냉큼 받아들인 후 또한 반년여의 바쁜 세월과 더불어 형식상의 개고를 끝낸 후 이 글을 쓰게 되었다. 다산은 다섯 번 개고했는데 두 번쯤의 손질이야 약과인가 싶기도 하지만….

그러나 이제 내게도 할 말은 있다. 만일 앞으로 다산 역학에 대한 동호자가 나온다면 적어도 이 자료집을 한 번쯤 훑어보지 않고서는 징검다리 없는 강 언덕을 건널 수 없음을 깨닫게 되리라는 사실이다. 나는 많은 도표를 지루하게 만드는 과정에서 이것은 결국 어느 누구를 위한 작업인가를 자문자답하면서 만들었다. 그러므로 이 책은 결국 미완의 장으로서 후학을 위한 징검다리의 구실에 만족할 수밖에 없음을 서량(恕諒)하라.

여기서 한마디 더 남기고 싶은 것은 다름 아니라 필자는 이미 30년 전에 「다산의 역리론(易理論)」이라는 어설픈 논문 한 편을 쓴 적이 있는데 그때만 하더라도 다산 역학이 동양철학사상 어느 만큼의 비중을 차지하고 있었는지에 대하여서는 거의 몰랐다는 것이 솔직한 고백이다. 그러나 이 책을 쓰기 시작하면서 들어가면 들어갈수록 그 깊이와 너비에 한도 끝도 없음을 느끼게 되었다. 『주역사전(周易四箋)』으로 공자(孔子) 십익(十翼)이 개편되고 『역학서언(易學緖言)』으로 서언(緖言)답지 않게 한위(漢魏) 이래 송명(宋明)에 이르는 모든 역리론을 재단해 놓고 있기 때문이다. 그러므로 다산 역학의 참된 위상을 정리하자면 그에 선행하는 길잡이로서 자료의 제일차적 정리가 필요하다면 이 책은 거기에 만족할 따름이다. 많은 동호자들의 이용에 도움이 된다면 서투른 책자를 펴낸 꾸중은 그대로 감당할 수밖에 다른 도리가 없지 않겠는가.

어쨌든 한 권 책자를 엮어 낸다는 것은 그것이 비록 수려한 옥동

자는 아니더라도 기쁜 일임에는 틀림이 없다. 그러므로 내게 이 기쁨을 안겨 준 대우재단 이석희 이사장님을 비롯한 관계 인사 여러분과 이 책의 까다로운 조판도 아랑곳없이 출판을 담당해 주신 민음사 제현(諸賢)의 고마운 뜻에 감사하면서 서(序)에 대(代)하고자 한다.

1992年 10月 27日

李乙浩 識

현암 이을호 전서

1책『다산경학사상 연구』

2책『다산역학 연구 Ⅰ』

3책『다산역학 연구 Ⅱ』

4책『다산의 생애와 사상』

5책『다산학 입문』

6책『다산학 각론』

7책『다산학 강의』

8책『다산학 제요』

9책『목민심서』

10책『한국실학사상 연구』

11책『한사상 총론』

12책『한국철학사 총설』

13책『개신유학 각론』

14책『한글 중용·대학』

15책『한글 논어』

16책『한글 맹자』

17책『논어고금주 연구』

18책『사상의학 원론』

19책『의학론』

20책『생명론』

21책『한국문화의 인식』

22책『한국전통문화와 호남』

23책『국역 간양록』

24책『다산학 소론과 비평』

25책『현암 수상록』

26책『인간 이을호』

27책『현암 이을호 연구』

다산역학 연구 I
목 차

간행사 _ 5
일러두기 _ 8
책머리에 _ 9
서설 _ 15

제1장 역학의 성립

제1절 역의 시원 _ 24
제2절 『주역』의 형성 _ 30

제2장 『주역』의 재구성

제1절 「계사전」의 개편 _ 38
제2절 「대상전」의 영별(另別) _ 90
제3절 문언론 _ 99
제4절 「서괘전」 _ 108
제5절 「잡괘전」 _ 115
제6절 「설괘전」 _ 120
제7절 「단상전」 _ 127

제3장 한역의 이해

제1절 한역의 계보 _ 134
제2절 순구가(荀九家)의 역학 _ 139

제3절 이정조집해론(李鼎祚集解論) _ 146

제4절 정강성역주론(鄭康成易注論) _ 219

제5절 한위유의론(漢魏遺義論) _ 246

제4장 의리역의 출현

제1절 왕보사역주론(王輔嗣易注論) _ 257

제2절 한강백현담고(韓康伯玄談考) _ 268

제3절 분괘직일론(分卦直日論) _ 274

제5장 송대역학의 대두

제1절 주자의 역리론 _ 286

제2절 소씨역의 비판 _ 297

제3절 소씨의 후학 _ 333

『현암 이을호 전서』 27책 개요 _ 353

서설

복술서(卜術書)라는 이유 하나 때문에 진화(秦火: 坑儒焚書)를 면한 『주역』이 한나라 천하통일을 계기로 하여 어떠한 경로로 유학의 경전이 되었을까. 이는 소위 고역(古易)과 한역(漢易)과의 분수령으로써 이때의 사정을 다산은 다음과 같이 설명한다.

> 생각건대 『주역』은 진화(秦火)를 면한 까닭에 경문(經文)에는 흠결(欠缺)이 없다. 『한서(漢書)』의 소론(所論)에 의거한즉 상구(商瞿) 이래 사승(師承)이 끊이지 않았고 그 후 순구가(荀九家)에 이르러서는 그들의 이름이 널리 알려짐으로써 그들의 훈고(訓詁)나 의리(義理)에는 의당 잘못이 없을 듯하나 어찌하여 각자 전문(傳聞)이 서로 다르며 고집하는 학설이 서로 엇나가는가. 전회(傳會) 천착(穿鑿)하고 파쇄(破碎) 전요(纏繞)하여 진실로 후세에 그들의 역설(易說)을 통일하기는 어렵게 되어 있다. 그러나 오솔길이나마 더듬어 가면서 그의 문호(門戶)를 찾아낸다면 아마도 경오(扃奧)에 도달할 수도 있을 것이다.[1]

---

1) 「李鼎祚集解論」, 『易學緒言』 卷1, Ⅱ~45, 13~14쪽(10-202~203). "鏞案周易免於秦火 經文無缺 據漢書所論 商瞿以降 師承不絕 降及九家 名聞彈燁 其訓詁義理 宜若無謬 胡乃傳聞各殊 乘執相奸 傳會穿鑿 破碎纏繞 誠不足以建一統於來世 然因其蹊徑 尋其門戶 庶可以達於扃奧".

이로써 선진고역(先秦古易)이 상구(商瞿) 이래 사승이 끊이지 않았음을 알 수 있다. 이들의 사승이 순구가에 이어지는 경로를 『사기』에서 옮겨 보면 다음과 같다.

상구(商瞿) 노인(魯人) 자(字) 자목(子木) 공자보다 29세 어리다. 공자는 역(易)을 구(瞿)에게 전하고 구(瞿)는 초인(楚人) 간비홍(馯臂弘)에게 전하고 홍(弘)은 강동인(江東人) 교자용자(矯子庸疵)에게 전하고 자(疵)는 연인(燕人) 주자가수(周子家竪)에게 전하고 수(竪)는 순우인(淳于人) 광자승우(光子乘羽)에게 전하고 우(羽)는 제인(齊人) 전자장하(田子莊何)에게 전하니라.[2]

이상 기록의 신빙성은 잠시 별문제로 치더라도 선진고역의 전통성이 한나라 전하에게 이어진 경로만은 이로써 짐작하기에 넉넉하다. 그러나 전하 이후의 한역(漢易)은 순구가 이후 '전해 들음이 각각 다르며 고집한 것이 서로 어긋나고, 전해 모은 것이 천착하며 쪼개져 얽혀 있다[傳聞各殊秉執相舛 傅會穿鑿破碎纏繞]' 하여 갈피를 잡을 수 없으리만큼 갈가리 찢겨 있으니 전하 이후의 역의 분파를 낳기에 이르렀다[「한역(漢易)의 이해(理解)」장 참조].

여기서 우리는 다음과 같은 다산의 지적을 주목하지 않을 수 없다.

순상(荀爽)・우번(虞翻) 이가(二家)의 설은 경지(經旨)를 다분히 포함하고 있다. 대개 『역』에는 삼십여(三十餘) 가지가 있으나 이를 집대성한 자는 구가(九家)요 구가(九家) 중에서도 이를 집대성한 자는 이가(二家)인 것이다. 만일 이씨(李氏: 鼎祚)로 하여금 널리 이가(二家)의 설을 취하여 문호를 건립하고 제가(諸家)의 옛 모습을 보존함으로써 그의 근원을 깨닫게 한다면 구가(九家)의

---

2) 『史記』, 「仲尼弟子列傳」.

학(學)은 진실로 후세에 이르러서도 멸망하지 않을 것이다![3]

라 하여 선진고역의 전통은 한대에 이르러서는 순구가에 의하여 집대성되어 있음을 밝히고 있다[「순구가(荀九家)의 역학(易學)」절 참조].

왜 다산은 이들 순구가의 역리(易理)를 높이 평가하는 것일까. 그 이유는 순구가들이 전승받은 역리에는 다산 자신의 역리사법(易理四法)이 고스란히 보존되어 있기 때문이다. "괘변(卦變)·효변(爻變)의 법(法)과 호체(互體)·복체(伏體)의 예(例)와 교역(交易)·변역(變易)·반대(反對)·반합(胖合)의 묘(妙) 등 어느 하나 들추어내지 않은 자가 없다"(같은 책, 같은 곳)고 한 것은 이를 두고 이른 말이 아닐 수 없다.

그러므로 다산역은 순구가의 한역을 매개로 하여 선진고역에 그 서통이 이어지고 있음을 알 수가 있다. 이로써 우리는 다산의 역리사법(추이·물상·호체·효변)의 연원의 소재를 짐작하게 된다. 그러나 위진(魏晉)시대로 넘어와서 왕필(王弼)의 출현은 선진고역에 대한 정면 도전이라는 점에서 다산은 이를 중시하고 있다.

유학(儒學)은 불행하게도 소위 왕필이 출현하여 독단적 사견으로 백가(百家)의 역리(易理)를 소탕하여 버렸다. 무릇 상구(商瞿) 이래 전승되어 오던 역설(易說)은 모조리 진멸(殄滅)되니 괘변(卦變)·효변(爻變)·호체(互體)·물상(物象)·교역(交易)·변역(變易)·반대(反對)·반합(胖合)의 설(說)은 다 없어지고 말았다. 절묘한 역리(易理)의 실(實)은 숨통이 막히고 대신 혼탁한 사설(私說)의 물줄기가 열림으로써 음(陰)으로 현허충막(玄虛沖漠)의 학(學)을 내세우니 온 세상(世上)이 따라서 혼탁하여 그의 말을 지언(至言)

---

3) 「李鼎祚集解論」, 『易學緒言』 卷1, Ⅱ~45, 14쪽(10-203~204). "其中荀爽 虞翻二家之說 多合經旨 蓋易學三十餘家 其集大成者九家也 九家之中 其集大成者二家也 若使李氏廣取二家之說 以建門戶 略存 諸家之舊 以知源本 則九家之學 眞得不亡於後世".

이라 받드니 어찌 한탄스럽지 않은가.[4]

라 한 것을 보면 현허충막지학(玄虛沖漠之學)으로 표현한 노장사상에 근거한 왕필의 의리역(義理易)이 비록 한대 이후 위진시대의 요청에 따른 자라 하더라도 다산의 상수학(象數易)의 입장에서는 결코 수용할 수 없는 고역(古易)의 이단이 아닐 수 없음을 여기서 분명히 하고 있는 것이다. 그러므로 이로써 선진고역이 한대에 있어서는 순상·우번 등 순구가에 의하여 겨우 그의 명맥이 이어져 오다가 급기야 왕필의 출현으로 전멸의 위기를 맞게 된 것을 다산은 이를 못내 아쉽게 여기고 있음을 알 수가 있다. 그러한 의미에서 다산역은 추이·물상·호체·효변 등 역리사법을 주축으로 하는 선진고역에의 복원이라 이르지 않을 수 없다.

왕필의 출현으로 말미암아 비록 상수역의 역리(易理)는 다산의 호된 비판적 지적처럼 전멸의 위기에 봉착하였다 하더라도 그가 상수역 외에 의리역이라는 새로운 역학의 일면을 정립한 공적은 간과할 수 없을 것이다. 다시 말하면 역리(易理)에는 상수(象數)·의리(義理)라는 양면이 있으므로 이러한 새로운 의리역의 입장은 송대에 이르러서는 정이천(程伊川)의 의리역으로 그의 서통이 이어졌기 때문이다. 그러나 정씨역(程氏易)은 왕필의 노장(老莊) 대신에 유리(儒理)의 천명이라는 점에서 그의 내실을 달리하고 있다는 사실도 여기서 지적해 두지 않을 수 없다.

상수역(象數易)과 의리역(義理易)으로 나누어진 역학은 다시금 주자

---

4) 같은 책, 같은 곳(10-204). "而斯文不幸 有所謂王弼者起 以私意小智 堀蕩百家 凡自商瞿以來相承相傳之說 盡行殄滅 滅卦變滅爻變 滅互體滅物象 滅交易變易 滅反對牉合 塞衆妙之寶 開純濁之源 以陰售其玄虛沖漠之學 而擧世混混 奉爲至言 豈不嗟哉".

에 의하여 종합된 사실을 우리는 주목해야 할 것이다. 이 점에 관하여서는 다산은 주자를 다음과 같이 논평하고 있다.

> 한으로부터 송에 이르기까지 역학은 주자에게서 크게 구비되기에 이르렀으므로 명언(名言) 지리(至理)가 많이 『본의(本義)』에 들어 있다. 그럼에도 불구하고 속유(俗儒)들은 이를 살피지 못하고 있다. 더욱이 괘변도(卦變圖)는 주 선생(朱先生)의 만년소작(晩年所作)으로서 한위(漢魏) 제가(諸家)들이 비록 추이지의(推移之義)를 말한 자가 있더라도 모두 축괘설변(逐卦說變)에 그쳤을 뿐 아직 이를 총괄하여 이 도표처럼 만든 자는 없다.[5]

이렇듯 송역(宋易)에 있어서의 주자의 괘변도(卦變圖)는 다산의 추이법(推移法)의 선하(先河)를 이루는 자로 높이 평가를 받고 있다. 그러나 소강절(邵康節)의 선천방위도(先天方位圖)나 하도낙서학(河圖洛書學)이나 태극도설(太極圖說)과 같은 독창적 역리에 관해서는 이미 그의 견강부회를 지적하는 자 많거니와 다산도 이에 관한 한 철두철미 비판적이다. 그러나 이 소씨역(邵氏易)은 우리나라 한말(韓末)에 와서 김일부(金一夫)의 정역(正易)으로 계승되었지만 어쨌든 다산역과는 너무도 대척적인 사실을 간과해서는 안 될 것이다.

그러므로 이로써 다산의 상수학적(象數學的) 고역(古易)과 김일부(金一夫)의 복서학적(卜筮學的) 정역(正易)은 근대한국이 낳은 역학의 이란성 쌍둥이라는 사실을 주목하지 않을 수 없다.

---

5) 「朱子本義發微」, 『易學緒言』 卷2, Ⅱ~46, 14쪽(10−285~286). "自漢而降 易學大備於朱子 名言至理 多在本義 而俗儒不察 又卦變圖者 先生晩年所作 漢魏諸家 雖言推移之義 而皆逐卦說變 未有總話爲文 如此圖者".

제1장

역학의 성립

본론으로 들어감에 있어서 분명히 해 두어야 할 사실의 하나는 역(易)과 역학(易學)은 근본적으로 다르다는 사실이다. 왜냐하면 역(易)이 복서(卜筮)를 의미한다면, 역학(易學)이란 역(易)의 학문적 체계화 곧 이론화를 의미하기 때문이다. 그러므로 역(易)의 시원과 역학(易學)의 연원은 저절로 그의 발상의 시기와 그 내용의 형태가 서로 다르다고 보아야 할 것이다.

제1절 역의 시원

역(易)이란 복서를 의미한다면 그것은 곧 천명에서 인사(人事)의 길흉을 묻는 방법이 아닐 수 없다. 그러나 그러한 문복(問卜)의 방법에도 한계가 없을 수 없으니 이를 다산은 그의 「역론」에서 다음과 같이 분명히 하고 있다.

> 역(易)은 왜 만들었는가. 성인이 천명(天命)에게 청하여 그 뜻에 따르기 위해서이다. 대체로 인사(人事)가 공정한 선(善)에서 출발하였기에 천명(天命)의 도움을 받아서 성사(成事)가 되어 게다가 복까지 주어지기에 넉넉한 자는 성인은 다시금 청명(請命)하지 않는다. 인사(人事)가 공정한 선에서 출발하였지만 시세가 불리하여 그 일이 실패로 돌아감으로써 천복을 받을 수 없는 자도 성인은 다시금 청명(請命)하지 않는다. 인사(人事)가 공정한 선에서 출발하지 않았기 때문에 천리(天理)를 거역하고 인기(人紀)를 손상하여 비록 그 일은 성사(成事)가 됨으로써 목전의 복을 받게 된다 하더라도 성인은 다시금 청명(請命)하지 않는다. 오직 인사(人事)가 공정한 선에서 출발하였으나 그의 성패 화복을 역도(逆睹)하여 헤아릴 수 없을 경우 이때에 청명(請命)할 따름이다.[1]

---

[1] 「易論」, 『周易四箋』 卷4, Ⅱ~40, 15쪽(9-299). "易何爲而作也. 聖人所以請天之命 而順其旨者也 夫

다산은 여기서 청명(請命)의 한계를 사분지일(四分之一)로 국한함과 동시에 청명자(請命者)의 윤리적 선의지(善意志)에 인사(人事)의 기반을 두고 있음을 알 수가 있다. 다시 말하면 복서로서의 역술이란 무조건 점을 쳐서 인간만사의 길흉을 묻자는 수단이 아니라 인간은 스스로의 선행을 위하여 천명의 소재를 밝힘으로써 이에 순응하자는 데에 그의 주된 목적이 있는 것이다. 그러므로 불순한 동기나 세불리한 상황에서는 복서의 효능은 기대할 수 없을 뿐 아니라 오직 제한된 선의지의 실천궁행을 위한 경우에 한하여 천명의 소재를 묻고자 하는 것이 바로 복서로서의 역의 목적이라 하였다. 이는 소위 순수천명지학(順受天命之學)으로서의 역의 근본의를 천명한 것이 아닐 수 없다. 그러므로 이는 그의 인성론에 있어서 "성을 따른다는 것은 천명을 따르는 것이다[率性者 順天命也]"(『중용자잠』)라고 한 솔성지학(率性之學)과도 표리를 이루는 것임은 다시 말할 나위도 없다. 문복(問卜)의 목적은 그렇다 치더라도 그 방법에 있어서 여러 가지가 있을 수 있다. 태초에 한 성인이 있어 이를 골똘히 생각하던 끝에 일조(一朝)에 흔연(欣然)히 깨닫고 일어나 이르기를

'나에게 방법이 있다'고 하였다. 이에 손으로 땅에 획을 그려 기수와 우수, 강함과 부드러움의 형태를 만들어 '이것이 하늘과 땅과 물과 불이 변화하여 만물을 낳는 상이다'고 하였다(이것이 8괘설이다). 이어서 진퇴(進退)와 소장(消長)의 추세를 만들어 '이것이 사시(四時)의 상이다'고 하였다(이것이 12벽괘설이다). 또 이것을 취하여 승강(升降)과 왕래(往來)의 현상을 만들어 '이것이

事之出於公正之善 足以必天之助之成 而子之福者 聖人不復請也 事之出於公正之善 而時與勢有不利 可以必其事之敗 而不能受天之福者 聖人不復請也 事之不出於公正之善 而逆天理傷人紀者 雖必其事之成 而徼目前之福 聖人不復請也 唯事之出於公正之善 而其成敗禍福 有不能逆覩而縣度之者 於是乎請之也".

만물의 상이다'고 하였다(이것이 50연괘이다). 이에 땅에 획을 그려 기수와 우수, 강함과 부드러움의 추세를 취하여 그 상을 음미하고 그와 비슷하고 같은 것을 생각하다가 그 비슷한 것을 얻고 명명하기를 '이것은 말이요 저것은 소이며, 이것은 수레요 저것은 궁실이며, 이것은 무기와 군대요 저것은 활과 화살이다' 고 하였다. 드러난 것을 법식으로 삼아 하늘에 바라면서 그 이름으로 말미암아 사용하였으니 비록 사람이 세운 이름이요 하늘이 실제로 그러한 것은 아닐지라도 하늘이 진실로 나의 정성을 살펴 아뢰고자 하기 때문에 또한 내가 이름한 것으로 말미암아 마침내 이것으로 사용할 것이다(이것이 「설괘」이다). 이에 들판에 나가 향기가 나는 풀 몇 줄기를 취하여 그 승강하고 왕래하는 것과 더불어 그 수를 일치시켜 서로 호응하게 하고 경건하게 그것을 방에 보관하여 모셨다(이것이 시책 50개이다). 일이 있을 때마다 나가 그것을 잡고 또 쪼개어 넷으로 세면서 말하길 '이것은 4계절의 상이다'고 하였다. 또 여기에 흩뜨리거나 모으고 이리저리 뒤섞고 변통하며 말하길 '이것은 만물의 상이다'고 하였다. 이미 그 수를 세고 나면 그 형태가 드러나고 형태가 드러나면 괘체(卦體)가 서게 된다(이것이 시초점을 쳐서 한 괘를 얻는 것이다). 이에 이른바 말, 소, 수레, 집과 방, 무기와 군대, 활과 화살 등 아주 비슷한 상을 취하여 그 승강왕래의 자취를 살핀다. 그러나 그 형태는 온전한 것도 있고 혹 일그러진 것도 있으며, 서로 돕기도 하고 서로 어기기도 하며, 그 실정은 편안한 것도 있고 위축된 것도 있으며, 즐겁기도 하고 슬프기도 하며, 미덥기도 하고 두렵기도 하며, 안전하기도 하고, 위태하기도 하니, 그 아주 비슷한 것으로서 음미하지 않음이 없다(이것이 그 길흉을 점치는 것이다). 음미해 보고서 진실로 길하면 이에 말하기를 '하늘이 나에게 명하여 행한다'고 한다. 음미해 보고서 진실로 불길하다면 어쩔 줄 몰라 하며 감히 행하지 않는다. 이것이 『역』이 해내는 일이며, 이것이 성인이 하늘의 명을 청하여 그 뜻에 따르는 방법이다. 그렇다면 점치는 것도 또한 하늘의 명을 청하여 그 뜻을 따르고자 하는 것이다.[2]

2) 같은 책, 같은 곳(9∼299∼300). "子有術矣 於是以手畫地 爲奇偶剛柔之形曰 此天地水火 變化生物之象也(此八卦) 因以爲之進退消長之勢曰 此四時之象也(此十二辟卦) 又取之爲升降往來之狀曰 此萬物之象也(此五十衍卦) 於是取其所畫地爲奇偶剛柔之勢者 玩其象憶其似 若得其髣髴者而命之名曰 此馬也彼

이상 문복(問卜)의 방법에 있어서의 기우(奇偶)와 강유(剛柔)와는 단순한 대대개념(對待槪念)을 제시하였을 뿐이요, 이로써 천지수화(天地水火) 사시소장(四時消長)이라는 자연현상을 관찰하면서 인사의 길흉화복을 추출해 내려는 인위적 조작이요, 약속이라 이를 수밖에 없다. 그러므로 그 결과에는 논리적 신빙성이 깃들어 있는 것이 아니라 천명의 가상적[髣髴] 상(象)[似])을 얻어 냄에 지나지 않는다는 것이다. 그러므로 역의 복서술적(卜筮術的) 상(象)은 소위 무격의 신묘한 영성에 의하여 얻어지는 점술과는 구별되는 까닭이 여기에 있다. 이렇듯 윤리적 목적과 인위적 방법에 의하여 비롯된 역의 시원을 마련한 저 미지의 성인은 과연 누구일까? 이 점에 관해서는 일반적으로 복희(伏犧)·신농(神農)·하후(夏后) 등 삼왕설(三王說)이 있기는 하지만 복희작괘(伏犧作卦)에 의한 작역설(作易說)이 가장 유력한 것으로 받아들여지고 있다. 다산은 그의 「설괘표직설(說卦表直說)」에서

> 선유들이 「설괘전」은 공자가 지은 것이라고 하는데 깊고 세밀히 연구하지 않은 논의이다. 물상을 취하지 않는다면 8괘는 처음부터 만들 필요조차 없었을 것이다(단지 괘만으로는 쓸모가 없다). 「설괘전」은 복희씨가 처음 괘를 그릴 때 우러러 천문을 관찰하고(감坎과 이離는 해와 달이 된다) 굽어 지리(地理)를 살피며(간艮과 태兌는 산과 못이 된다) 멀리 여러 사물에서 취하고(건乾과 곤坤은 말과 소가 된다) 가까이 몸에서 취하여(간艮과

牛也 此車也彼宮室也 此戈兵也彼弓矢也 著之爲法式 冀天之因其名而用之 雖人立之名 非天之所以爲實然天苟欲鑒吾誠而告之故 則亦庶幾因吾之所爲名 而遂以是用之也(此說卦) 於是出于野 取芳草若干莖 與其所爲升降往來者 合其數而相應 敬以藏之於室而待之也(此著策五十) 每有事 出而握之 旣又爲之髣髴而四之日 此四時之象也 又于是散之聚之 參伍之變通之日 此萬物之象也 旣已算其數而著其形 形成而體立(此筮得一卦) 於是取所謂馬牛車宮室戈兵弓矢髣髴之象 察其所升降往來之跡 而其形之或美或醜 或相與或相背 其情之或舒或蹙 或可悅或可憂 可恃可懼 可安可危者 無不以其髣髴者而玩之(此占其吉凶) 玩之誠吉 於是乎作而言曰 天其命予而行之矣 玩之誠不吉 兢兢然莫之敢行 此易之所爲作也 此聖人之所以請天之命而順其旨者也 曰然則卜亦然 亦所以請天之命而順其旨者也".

진震은 손과 발이 된다) 그 상(象)을 완미하고 명명(命名)함으로
써 신명(神明)과 결합하는 것이다. 그런데 어찌 공자를 기다릴
것인가?[3]

라 하여 복희작괘설(伏羲作卦說)을 수용함과 동시에 설괘물상론(說卦
物象論)도 복희씨(伏羲氏)에게 그 공을 돌리고 동시에

　　공자가 손수 만든 것은 「설괘전」의 서사(序詞)이다.[4]

라 하여 공자(孔子) 십익(十翼)의 일(一)인 설괘(說卦)마저도 공자는 그
의 서사(序詞)만을 저술하였을 따름이라고 하였다. 그러므로 작괘작
역(作卦作易)의 성인(聖人)은 다산의 지적대로 복희씨(伏羲氏)라는 통
설을 받아들인다 하더라도 그것이 역서(易書)로서 형성된 것은 어느
때 누구의 손에 의하여 이루어졌을까? 다산도 복희작역(伏羲作易)의
한계를 다음과 같이 지적한다.

　　복희라는 사람은 상고시대의 사람이다. 공자가 고서(古書)를 차
　　례를 정하여 늘어놓음에 있어서 요전(堯典)부터서는 분명하지만
　　요임금 이전의 전적은 흩어지고 없어져서 상고할 수 없었다.[5]

　그러므로 전설적 제왕으로서의 복희작역설(伏羲作易說)은 어쩌면
작자미상설(作者未祥說)과도 일맥상통하는 자로써 여기서 얻어진 소

---

3) 『周易四箋』卷1, Ⅱ~37, 7쪽(9-15~16). "先儒謂說卦爲孔子所作 非深密體究之論也 不取物象 則八
　卦元不必自徒卦無所用) 說卦者 庖犧畫卦之初 仰觀天文(坎离爲明) 頫察地理(艮兌爲山澤) 遠取諸物(乾
　坤爲馬牛) 近取諸身(艮震爲手足) 玩其諸象而命之名 以與神明紛契者也 而俟孔子哉".

4) 같은 책, 같은 곳(9-16). "其作於孔子之手者 說卦之序詞也".

5) 「論邵氏八卦方位之圖」, 『易學緖言』卷2, Ⅱ~46, 29쪽(10-314). "伏犧者上古之人也 孔子所列古書
　斷自堯典明白 堯以上典籍散亡 不可考也".

득으로서는 동방문화의 시원으로서 기우(奇偶) 강유(剛柔) 등의 부호가 지닌 언어[象]를 얻어낸 데 있을 따름이요, 그 후 인문(人文, 文字)의 발달로 인하여 이루어진 역사(易辭, 彖爻辭)의 출현은 『주역(周易)』이라는 역학(易學)의 형성에 크게 기여하였으니 이는 과연 어떠한 경로를 거쳐 어느 때 누구의 손에 의하여 이루어졌을까!

제2절 『주역』의 형성

앞 절에서 논한 바와 같이 아득한 상고(上古)시대에 음양(陰陽)의 대대개념(對待槪念)을 기초로 하여 이루어진 역사상(易思想)이 유교경전화(儒敎經典化)한 작품이 바로 『주역』임은 다시 말할 나위도 없다. 다산도 강진 유배 중[康津謫中]에 특히 『주역』을 애독하여 이르기를

> 눈으로 보는 것, 손으로 잡는 것, 입으로 읊는 것, 마음으로 사색하는 것, 붓과 먹으로 기록하는 것부터 밥상을 대하고, 화장실에 가고, 손가락을 튕기고, 배를 문지르는 것에 이르기까지 어떤 것 하나 『주역』이 아닌 것이 없다.[6]

라 한 『주역』도 바로 현존 『역경』 상·하편을 가리키고 있음은 다시 말할 나위도 없다. 그러나 다산의 『주역사전(周易四箋)』에 있어서는 이를 전면 수정 개편한 사실을 주목하지 않을 수 없다. 다시 말하면 현존 『주역』의 체제를 그대로 수용하지 않고 자의에 의하여 재편집

---

6) 「與尹畏心」, Ⅰ~19, 19~20쪽(3-222~223). "日之所眡 手之所操 脣之所吟 心志之所思索 筆墨之所鈔錄 以至對版 登廁彈指 捫腹無一而非周易".

한 사실에 다산역의 새로운 일면이 있음을 의미한다.

어쨌든 복희작역설(伏犧作卦說)에 이어 문왕연역설(文王演易說: 『史記』 自序)에 따른 문왕작괘사설(文王作卦辭說)과 주공작효사설(周公作爻辭說)이 후한의 마융(馬融) 등에 의하여 제창되었고 당(唐) 공영달(孔穎達)이 그의 『주역정의(周易正義)』에서 "그 「단전」과 「상전」 등의 십익(十翼)에 대한 말은 공자가 지었다는 것에 대해 선유들은 이론(異論)이 없다[其彖象等十翼之辭 以爲孔子所作 先儒更無異論]"라 함에 이르러 복희-문왕-주공-공자의 계열에 의한 『주역』의 체제는 짜였다고 보아야 할 것이다. 그러므로 다산도 이를 시인하여,

> 『주역』이라는 책은 주나라 사람들의 예법이 실려 있는 것이니
> 유자(儒者)라면 그 은밀한 말과 오묘한 뜻이 발휘된 곳에 밝지
> 않아서는 안 될 것이다.7)

문(文)·주(周)·공(孔) 삼성(三聖)에 의하여 제작된 『주례(周禮)』로서의 『주역(周易)』으로 이를 높이 평가하고 있다. 이렇듯 상고 이래 공자에 이르기까지 장구한 세월과 더불어 여러 사람[문(文)·주(周)·공(孔)]이 참여하여 이루어진 『주역』인 만큼 그 안에 내포한 잡다한 역리(易理)를 정리하기란 결코 용이한 일이 아님은 다시 말할 나위도 없다.

아니나 다를까, 송대에 접어들면서 구양수(歐陽修)는 그의 「동자문(童子問)」의 모두에서 "「계사전(繫辭傳)」뿐 아니라 「문언전(文言傳)」·「설괘전(說卦傳)」 이래 모두 성인(聖人[孔子])의 작(作)이 아니요, 중설

---

7) 「答仲氏」, Ⅰ~20, 16쪽(3-301). "周易者周人禮法之所在 儒者不可以不明 其微言妙義 在所發揮也".

(衆說)이 효란(淆亂)하여 결코 일인(一人)의 작(作)일 수 없다"라는 부정적 선언을 감행함으로써『주역』재평가의 길을 터놓기에 이른 것이다.

이러한 구씨(歐氏)의 부정적 태도는 송대(宋代) 역학(易學)으로 하여금 경설(經說)의 해석학적 역리론(易理論)보다도 엉뚱하게도 하도낙서학(河圖洛書學: 圖書學)이나 태극설(太極說)과 같은 독창적 역리설(易理說)을 전개하여 역학(易學)의 신경지를 개척하였다. 그러므로 해서 순구가(荀九家) 등에 의하여 그의 서통이 계승되었던 선진고역(先秦古易)의 흔적은 점차 그 자취를 감추기에 이르렀으니 다산은 비록 "구양수와 같은 무리들은 공자의 글이 아니라고 여기니 어찌 그렇게 망령되는가[歐陽修輩謂非夫子之書 何其妄矣]?"라 하여『주역』에 있어서의 구씨(歐氏)의 부정적 태도를 몹시 못마땅하게 여기면서도 송역(宋易)의 도서학적(圖書學的) 세계에서도 벗어나『주역사전』의 저술을 통하여 선진고역(先秦古易)에로의 회귀를 시도한 다산역을 우리는 주목하지 않을 수 없다.

이처럼 다산은 구양수(歐陽修)의 망언을 탓하였지만 구씨(歐氏)의 주역삼성설(周易三聖說)의 부인은 그 후 학계에 만연하여 근래에 와서는 오히려 삼성설(三聖說)을 믿는 이가 거의 없는 실정임을 여기서 일단 언급해 두지 않을 수 없다. 그럼에도 불구하고 다산의『주역』중심의 고역(古易) 복원작업의 의의는 고역(古易)이 지니고 있는 역학의 순수성의 회복이라는 점에서 찾아야 할 것이다. 왜냐하면 적어도 고역(古易)으로서의『주역』은 한대의 도참학이나 왕필(王弼)의 의리학(義理學)이나 송대 소씨(宋代邵氏)의 도서학(圖書學) 등에 의하여 너무나도 훼손되어 있기 때문이다. 그런 의미에서도 다산의『주역사전』에 의한『주역』의 수정개편은 학계에 새로운 과제를 제공하게 될 것이다.

『주역』의 재구성

다산역학을 크게 둘로 나눈다면『주역사전』24권에 의한 주역편제(周易編制)의 재구성과 아울러 이에 따른 신역리(新易理)의 정립이 그 하나요, 다른 하나는『역학서언(易學緒言)』12권에 의하여 한위(漢魏) 이래 송명(宋明)에 이르기까지의 이에 변화를 거듭해 온 역리론(易理論)들을 다각적으로 비판하여 그의 비리(非理)를 척결한 것을 들 수가 있다. 전자는『주역』의 고전적 본질을 확립한 것이라 한다면 후자는 주역사상의 역사적 변화를 추적하면서 그들의 정체를 낱낱이 천명한 것이라 이를 수 있을 것이다.

제1절 「계사전」의 개편

소위 「계사전」 상·하편은 통칭 공자 십익 중의 2편으로서 주자는 그의 『본의(本義)』에서 "계(繫)란 본래 문왕·주공이 지은 사(辭)로 괘효의 밑에 계(繫)한 것으로서 곧 지금의 경문(經文)이다. 이 편은 이에 공자가 서술한 계사(繫辭)의 전문(傳文)으로서 이는 일경(一經)의 대체범례(大體凡例)를 통론(通論)한 것인 까닭에 어느 경(經)에도 부착(附着)할 수 없으므로 스스로 상·하편으로 나누어 놓은 것이다(『원본주역』)"라 한 것을 보면 이는 문왕·주공의 주사[繇詞: 본래 이들을 계사(繫辭)라 하였다]에 대한 공자의 총론이라 할 수 있다. 그러나 구양수(歐陽修) 이후 이를 공자 일인의 소작(所作)으로 보는 이는 극히 드물고 그 잡다한 내용으로 보아 다수의 역리론이 하나로 집대성된 것으로 보아야 할 것이다. 그렇기 때문에 비교적 공자 십익설에 대하여 긍정적 수용태도를 취하고 있는 다산마저도 「계사전」만은 그대로 받아들이지 않고 일대개편(一大改編)을 시도하고 있다.

계사(繫辭)는 단사(彖詞)와 효사(爻詞)이니 괘효(卦爻)의 아래에 주사(繇詞)를 붙인 것을 말한다. 단사(彖詞)는 문왕이 붙인 것이며 [또한 괘사(卦詞)라고도 하며, "건은 원형이정이다"라고 한 종류이다] 효사는 주공이 붙인 것이다[또 상사(象詞)라고도 하며, "초구는 잠용물용이다"라고 한 종류이다]. 공자가 두 성인의 말씀을 취하여 그 심오함을 발명하여 「단전」이라고 이름하고("단왈 대재원형"이라고 한 종류이다) 「상전」이라고 하여("상왈 잠용물용 양재하야"라고 한 종류이다) 각각 2편씩으로 구성하여 십익 중에 4편이 되니(「단전」과 「상전」은 각각 상편과 하편으로 나누어진다) 이것을 「계사전」이라고 한다. 이 「계사전」은 경전의 대체(大體)를 통틀어 논한 것(이것은 주자의 말이다)으로 『사기』에서는 이를 인용하여 「역대전(易大傳)」이라고 하였는데(한대 유학자들은 대부분 「역대전」이라고 불렀다) 이 편을 「계사전」이라고 부른 것은 아마도 전술(傳術)되는 과정에서 오해가 있었던 것 같다.[1]

이상 다산의 견해에 따르면 본래의 「계사전(繫辭傳)」이란 문왕·주공의 괘효사(卦爻詞)에 대한 공자의 「단전(彖傳)」과 「상전(象傳)」을 가리키는 것으로서 여기서 통칭 「계사전(繫辭傳)」이라 이르는 것은 일경(一經)의 통론(通論)으로서 이는 한유(漢儒)들이 이르는 소위 「역대전(易大傳)」에 해당한다는 것이다. 그 견해의 옳고 그름은 잠시 논외로 치더라도 다산은 이 통칭 「계사전(繫辭傳)」을 그대로 수용하지 않고 이를 나름대로 개편하겠다는 뜻을 다음과 같이 피력한다.

지금 전체를 감히 해석하려는 것은 아니다. 다만 12벽괘의 추이

---

1) 『周易四箋』 卷8, Ⅱ~44, 1쪽(10-91~92). "繫辭者 彖詞爻詞也 謂以繇詞繫丁卦爻之下也 彖詞 文王之所繫也(亦名卦詞 乾元亨利貞之類) 爻詞 周公之所繫也(亦名象詞 初九潛龍勿用類) 孔子取二聖之詞 而發其淵奧 名之曰彖傳(彖曰大哉乾元類) 象傳(象曰潛龍勿用陽在下也類) 各成二編 爲十翼之四(彖傳象傳各分上下篇) 此之謂繫辭傳也 若此編則通論一經之大體(朱子云) 故史記引此 謂之易大傳(漢儒多稱易大傳) 其稱繫辭傳者 恐亦傳述有誤也".

(推移)의 뜻과 6효 변동의 방식에 나아가 사대의리(四大義理: 추이, 물상, 호체, 효변)와 관계있는 것만을 간략하게 이치를 해명한다. 그 가운데 한 괘의 점사만을 오로지 논한 것은('우는 학이 그늘에 있다'는 것과 같은 부류이다) 앞에서 각 괘의 아래에 이미 논하여 풀이하였고, 설시(揲蓍)와 같은 여러 글들은 별도로 밝혔으니 여기에서 중첩하여 논의하지 않는다.[2]

이로써 다산은 주자의 뜻과도 달리 계사(繫辭)의 개념을 새롭게 재정립함과 동시에 이 「역대전(易大傳)」을 전반적으로 개편할 것을 주장하고 있다. 이 점은 다산역을 이해하는 데 있어서 가장 중요한 의미를 간직하고 있기 때문에 그의 전문을 다음에 싣는다.

1. 「역대전」[3]

상(上)
하늘은 높고 땅은 낮으니 건(乾)과 곤(坤)이 정해진다. 낮음과 높음이 진열되니 귀(貴)함과 천(賤)함이 자리한다. 움직임과 고요함에 일정한 법칙이 있으니 강(剛)과 유(柔)가 결정된다[天尊地卑 乾坤定矣 卑高以陳 貴賤位矣 動靜有常 剛柔斷矣].
방(方)은 종류로써 모이고 물(物)은 무리로써 나누어지니 길흉이 생긴다[方以類聚 物以群分 吉凶生矣].
하늘에서는 현상이 이루어지고 땅에서는 형체가 이루어지니 변화가 드러난다[在天成象 在地成形 變化見矣].
이러한 까닭으로 강(剛)과 유(柔)가 서로 부딪히고 8괘가 서로 섞여서 천둥과 우레로 고동치고 바람과 비로 윤택하게 한다[是故 剛柔相摩 八卦相盪 鼓之以雷霆 潤之以風雨].
해와 달이 운행하여 한 번은 춥고 한 번은 덥다[日月運行 一寒一暑].

---

2) 같은 책, 같은 곳(10-92). "今不敢全釋 只就十二辭推移之義 及六爻變動之法 凡有關於四大義理者 約畧疏理 其中專論一卦之繇者(鳴鶴在陰類) 前已論釋於各卦之下 又如揲蓍諸文 別爲表章 玆不疊論".

3) 숫자는 누락분이 있던 자리로서 누락분의 숫자와 합해서 볼 것.

건(乾)의 도(道)는 남자를 이루고 곤(坤)의 도는 여자를 이룬다[乾道成男 坤道成女].

건(乾)은 태초의 시작을 주관하고 곤(坤)은 만물의 완성을 이룬다. 건(乾)은 쉬움으로써 주관하고 곤(坤)은 간결함으로써 이룬다(1)[乾知太始 坤作成物 乾以易知 坤以簡能(1)].

이 이하의 많은 부분은 해석하지 않는다[此以下多不敢釋].

성인이 괘(卦)를 세워 상(象)을 관찰하고 말을 달아 길흉(吉凶)을 밝힌다[聖人設卦觀象繫辭焉而明吉凶].

강(剛)과 유(柔)가 서로 추이하여 변화(變化)를 낳는다[剛柔相推而生變化].

이러한 까닭으로 길(吉)과 흉(凶)은 얻음과 잃음의 상(象)이요, 회(悔)와 린(吝)은 근심과 염려의 상(象)이다[是故 吉凶者得失之象也 悔吝者憂虞之象也].

변화(變化)라는 것은 나아가고 물러나는 상(象)이고, 강유(剛柔)는 낮과 밤의 상이며, 6효의 움직임은 삼극(三極)의 도(道)이다(2)[變化者進退之象也 剛柔者晝夜之象也 六爻之動三極之道也(2)].

이러한 까닭으로 군자는 평소에 그 상을 관찰하고 그 말을 완미하며, 활동할 때에 그 변화를 관찰하고 그 점을 완미한다. 그러므로 하늘이 그를 도움에 길하여 이롭지 않음이 없다[是故 君子居則觀其象而玩其辭 動則觀其變而玩其占 是以 自天祐之 吉無不利].

단(彖)은 상(象)을 말한 것이고, 효(爻)는 변화를 말한 것이다[彖者言乎象者也 爻者言乎變者也].

길흉(吉凶)이란 득실(得失)을 말하는 것이고 회린(悔吝)이란 작은 허물을 말한 것이고, 무구(无咎)라는 것은 허물을 잘 보완하는 것이다(3)[吉凶者言乎其得失也 悔吝者言乎其小疵也 无咎者善補過也(3)].

처음을 밝히고 마지막을 돌이키기 때문에 죽고 사는 이치를 안다(4)[原始反終 故知死生之說(4)].

천지와 더불어 서로 부합하기 때문에 어기지 않고 지혜는 만물을 두루 하고 도리는 천하를 구제하기 때문에 지나치지 않는다. 두루 행하면서 (한쪽으로) 행하지 않으며, 하늘을 즐기고 천명을 알기 때문에 근심하지 않는다. 땅에 편안히 하여 어짊을 돈독히 하기 때문에 사랑할 수 있다(5)[與天地相似故不違 知周乎萬物而道濟天下故不過 旁行而不流樂天知命故不憂安土敦乎仁故能愛(5)].

한 번 음하고 한 번 양하는 것을 도(道)라고 한다. 그 도(道)를 잇는 것은 선(善)이고 그 도(道)를 이루는 것은 성(性)이다. 어진 사람은 그것을 보고 인(仁)이라고 하고, 지혜로운 사람은 그것을 보고 지(知)라고 하는데 백성들은 날로 쓰면서 알지 못한다. 그러므로 군자의 도(道)는 드물다. 인(仁)에서 드러나고 작용에서 감추어진다. 만물을 고무하고 성인과 더불어 근심하지 않으니 성대한 덕(德)과 커다란 업(業)이 지극하도다! 풍부하게 소유하는 것을 대업(大業)이라고 하고 날로 새롭게 하는 것을 성덕(盛德)이라고 한다(6)[一陰一陽之謂道 繼之者善也 成之者性也 仁者見之謂之仁 知者見之謂之知 百姓日用而不知 故 君子之道鮮矣 顯諸仁 藏諸用 鼓萬物而不與聖人同憂 盛德大業 至矣哉 富有之謂大業 日新之謂盛德(6)].

건(乾)은 그것이 고요할 때 한결같고, 그것이 움직일 때 곧다. 그러므로 크게 낳는다. 곤(坤)은 그것이 고요할 때 닫혀있고, 그것이 움직일 때 열려 있다. 그러므로 넓게 낳는다. 광대함은 천지(天地)와 짝하고, 변통(變通)은 사시(四時)와 짝하고, 음양(陰陽)의 뜻은 일월(日月)과 짝하고, 이간(易簡)의 선(善)함은 지극한 덕(德)과 짝한다(7)[夫乾其靜也專其動也直 是以大生焉 夫坤其靜也翕 其動也闢 是以 廣生焉 廣大配天地 變通配四時 陰陽之義配日月 易簡之善配至德(7)].

성인이 천하의 오묘함을 살펴 그 형용을 베끼고 그 사물의 마땅함을 추상했다. 그러므로 상(象)이라고 한다[聖人有以見天下之賾 而擬諸其形容 象其物宜 是故 謂之象].

성인이 천하의 움직임을 살펴 그 회통을 관찰하여 그 전례를 행하고 말을 달아서 길흉을 판단하다. 그러므로 효(爻)라고 한다(8)[聖人有以見天下之動而觀其會通 以行其典禮繫辭焉以斷吉凶 是故 謂之爻(8)].

그러므로 군자는 장차 어떤 일을 하거나 장차 어떤 행동을 할 때, 그것을 물어보고서 말대로 하니 그 천명을 받은 것이 메아리가 울리는 것과 같다(9)[是以 君子將有爲也 將有行也 問焉而以言 其受命也如響(9)].

시초의 덕은 원만하고 신비로우며, 괘의 덕은 방정함으로써 알려주고 6효의 의(義)는 쉬움으로써 공헌한다(10)[蓍之德圓而神 卦之德方以知 六爻之義易以貢(10)].

건(乾)과 곤(坤)은 그 『역』의 온축이로다. 건과 곤은 열을 이루어서 『역』이 그 가운데 세워진다(11)[乾坤其易之縕耶 乾坤成列而易立乎其中矣(11)].

화(化)하여 재단하는 것을 변(變)이라고 하고, 미루어 행하는 것을 통(通)이라고 한다(12)[化而裁之謂之變 推而行之謂之通(12)].

하(下)
8괘가 열을 이루니 상(象)이 그 가운데 있고, 그것으로 인해서 중첩하니 효(爻)가 그 가운데 있다[八卦成列 象在其中矣 因以重之 爻在其中矣].

강유가 서로 밀어서 오고 가니 변화가 모두 그 가운데 있고, 말을 붙여 알려주니 움직임이 그 가운데 있다[剛柔相推 變在其中矣 繫辭焉而命之 動在其中矣].

길흉회린(吉凶悔吝)은 움직임에서 생겨나는 것이다[吉凶悔吝者生乎動者也].

강유(剛柔)는 근본을 세우는 것이고, 변통(變通)은 때를 따르는 것이다(13)[剛柔者立本者也 變通者趣時者也(13)].

옛날에 포희씨가 천하를 다스릴 때 우러러 하늘에서 상(象)을 관찰하고 굽어 땅에서 법(法)을 관찰하였다. 새와 짐승의 무늬와 땅의 마땅함을 살피되 가까이로는 몸에서 취하고 멀리로는 만물에서 취하여 이에 8괘를 만들고 신명(神明)의 덕을 통하여 만물의 실정을 분류하여 밝혔다[古者庖犧氏之王天下也 仰則觀象於天 俯則觀法於地 觀鳥獸之文 與地之宜 近取諸身 遠取諸物 於是始作八卦 以通神明之德 以類萬物之情].

끈을 엮어서 그물을 만들고 짐승을 사냥하고 물고기를 잡으니 이괘(離卦)에서 취한 것이다[作結繩而爲網罟 以佃以漁 蓋取諸離].

포희씨가 죽자 신농씨가 일어나 나무을 깎아서 보습을 만들고 나무를 구부려서 쟁기를 만들어 쟁기질하는 이로움을 천하에 가르치니 익(益)에서 취한 것이다[庖犧氏沒 神農氏作 斲木爲耜 揉木爲耒 耒耨之利以敎天下 蓋取諸益].

한낮에 시장을 열어 천하의 백성들을 이르게 하고 천하의 재화를 모아서 교역하고 물러나 각각 제 살 곳을 얻게 하였으니 서합괘(噬嗑卦)에서 취한 것이다(이 또한 신농씨의 일이다)(14)[日中爲市 致天下之民 聚天下之貨 交易而退 各得其所 蓋取諸噬嗑(此亦神農之事)(14)].

황제와 요임금과 순임금이 의상을 드리움에 천하가 다스려지니 건곤에서 취한 것이다[黃帝堯舜 垂衣裳而天下治 蓋取諸乾坤].

나무를 깎아 배를 만들고 나무를 베어 노를 만들어 배와 노의 이로움으로 통하지 못한 곳을 건너고 멀리 이르러 천하를 이롭게 하니 환괘(渙卦)에서 취한 것이다[刳木爲舟 剡木爲楫 舟楫之利 以濟不通 致遠以利天下 蓋取諸渙].

소에게 멍에를 씌우고 말을 타서 무거운 것을 끌어오고 멀리까지 이르러 천하를 이롭게 하니 수괘(隨卦)에서 취한 것이다[服牛乘馬 引重致遠以利天下 蓋取諸隨].

문을 거듭하고 딱따기를 쳐서 포악한 외부사람을 방비하니 예괘(豫卦)에서 취한 것이다[重門擊柝以待暴客 蓋取諸豫].

나무를 잘라 공이를 만들고 땅을 파서 절구를 만드는데 절구와 공이의 이로움으로 만민(萬民)을 구제하니 소과괘(小過卦)에서 취한 것이다[斷木爲杵 掘地爲臼 臼杵之利萬民以濟 蓋取諸小過].

나무를 구부려서 활을 만들고 나무를 깎아서 화살을 만들고 활과 화살의 이로움으로써 천하를 제압하니 규괘(睽卦)에서 취한 것이다[弦木爲弧 剡木爲矢 弧矢之利以威天下 蓋取諸睽].

상고시대에 굴속에서 거처하고 들판에서 살았는데 후세 성인이 그것을 궁실(宮室)로 바꾸어 위에는 기둥으로 하고 아래에는 집을 지어 바람과 비를 대비하니 대장괘(大壯卦)에서 취한 것이다[上古穴居而野處 後世聖人易以宮室 上棟下宇以待風雨 蓋取諸大壯].

옛날의 장례는 시신에 섶을 두껍게 입혀 벌판 가운데 매장하였다. 그리하여 봉분도 하지 않았고, 나무도 심지 않고, 장례기간도 일정하지 않았다. 후세 성인이 이것을 관과 곽으로 바꾸었으니 대과괘(大過卦)에서 취한 것이다[古之葬者 厚衣之以薪 葬之中野 不封不樹 喪期无數 後世聖人易之以棺槨 蓋取諸大過].

상고시대에 새끼를 엮어 다스렸는데 후세의 성인이 그것을 문서로 바꾸어 백관(百官)을 잘 다스리고 만민을 잘 살폈으니 쾌괘(夬卦)에서 취한 것이다[上古結繩而治 後世聖人易之以書契 百官以治 萬民以察 蓋取諸夬].

이러한 까닭으로 역(易)이라는 것은 상(象)이며, 상(象)이라는 것은 본받는 것이다[是故 易者象也 象也者像也].

단(彖)이라는 것은 (한 괘의) 재질이고 효(爻)라는 것은 천하의 움직임을 본받은 것이다. 이러한 까닭으로 길흉(吉凶)이 생기고 회린(悔吝)이 드러난다[象者材也 爻也者效天下之動者也 是故 吉凶生而悔吝著也].

양괘는 음이 많고, 음괘는 양이 많은데 그 까닭은 무엇인가? 양괘는 홀수이고 음괘는 짝수이기 때문이다[陽卦多陰 陰卦多陽 其故何也 陽卦奇 陰卦偶].

그 덕행(德行)은 어떠한가? 양괘는 군주가 하나이며 백성이 둘이기 때문에 군자의 도(道)이다. 음괘는 군주가 둘이고 백성이 하나이기 때문에 소인의 도이다(15)[其德行何也 陽一君而二民 君子之道也 陰二君而一民 小人之道也(15)].

그 명칭이 작은 것이고 그 부류를 취한 것은 큰 것이다. 그 뜻은 심원하고 그 말은 문채 난다. 그 말은 곡진하고 사리에 맞고 그 사례는 베풀어졌지만 은미하다. 이것의 도움으로 백성들의 행실을 구제하여 득실의 인과를 밝히는 것이다(16)[其稱名也小 其取類也大 其旨遠 其辭文 其言曲而中 其事肆而隱 因貳 以濟民行以明失得之報(16)].

『역』이란 책은 멀리할 수 없으니 도(道) 됨이 '거듭 변천하는 것'이다. 변동하고 일정하게 머물지 않아서 육허(六虛)에 두루 흐르며, 위로 오르고 아래로 내림에 일정함이 없이 강(剛)과 유(柔)가 서로 바뀌니 일정한 법칙이 될 수 없으며 오직 변화에 따를 뿐이다(17)[易之爲書也 不可遠爲道也 屢遷 變動不居 周流六虛 上下无常 剛柔相易 不可爲典要 唯變所適(17)].

6효가 서로 섞여 있는 것은 오직 때와 사물 때문이다. 그 초효를 알기 어렵지만 그 상효를 알기 쉬운 것은 근본과 말단이기 때문이다(18)[六爻相雜 唯其時物也 其初難知 其上易知 本末也(18)].

여러 사물을 관련지어 덕(德)을 기술하고 옳고 그름을 변별하는 것은 그 가운데 효들이 아니면 갖추어지지 못한다(19)[若夫雜物撰德 辨是與非 則非其中爻不備(19)].

지혜로운 사람은 그 단사(彖詞)를 보면 생각이 반을 넘는다[知者觀其彖辭則思過半矣].

2효와 4효는 공능이 같지만 자리가 달라서 그 선함이 같지 않다. 2효가 영예로움이 많고 4효가 두려움이 많은 것은 가까움 때문이다. 유(柔)의 도(道)는 고원한 것이 이롭지 않으나 그 요컨대 허물이 없는 것은 그 유(柔)로써 가운데 자리하기 때문이다[二與四同功而異位 其善不同 二多譽 四多懼 近也 柔之爲道 不利遠者

其要无咎 其用柔中也].

3효와 5효는 공능이 같지만 자리가 다르니 3효가 흉한 것이 많고 5효가 공(功)이 많은 것은 귀천의 등급 때문이다. 그 유(柔)는 위태하며, 강(剛)은 그것보다는 나을 것이다[三與五同功而異位 三多凶 五多功 貴賤之等也 其柔危 其剛勝耶].

『역』이라는 책은 광대하게 모든 것을 갖추었으니 하늘의 도리가 있고 사람의 도리가 있고 땅의 도리가 있는데 삼재를 겸비하고 둘로 배당하니 여섯 획이 되는 것이다[易之爲書也 廣大悉備 有天道焉 有人道焉 有地道焉 兼三才而兩之 故六(20)].

도(道)에 변동이 있기 때문에 효(爻)라고 하고 효(爻)에 등급이 있기 때문에 물(物)이라고 한다(21)[道有變動故曰爻 爻有等故曰物(21)].

8괘는 상(象)으로써 고해주고 효사와 단사는 정황으로써 말한 것이다. 강유가 섞여서 자리하니 길흉이 드러날 수 있다[八卦以象告 爻彖以情言 剛柔雜居而吉凶可見矣].

변동은 이로움으로써 말한 것이고 길흉은 정황에 따라 변천한 것이다. 그러므로 사랑함과 증오함이 서로 공격하여 길흉이 생겨나고, 멂과 가까움이 서로 취하여 회린(悔吝)이 생겨나며, 참과 거짓이 서로 감응하여 이로움과 해로움이 생겨난다(22)[變動以利言 吉凶以情遷 是故 愛惡相攻而吉凶生 遠近相取 而悔吝生 情僞相感而利害生(22)].

이상과 같이 다산이 정리한 「역대전(易大傳)」의 발췌(拔萃)는 이미 자신이 설정한 "다만 12벽괘의 추이의 뜻과 6효의 변동 방식에 나아가 4대 의리[추이, 물상, 호체, 변효]와 관계가 있는 것[只就十二辟卦推移之義及交爻變動之法 凡有關於四大義理者]"을 기준으로 하였기 때문에 이 점에 대해서는 따로 고구함으로써 진정 한유(漢儒)들이 주장하던 「역대전(易大傳)」의 고의(古義)가 제대로 간추려졌는지를 가려내야 하겠지만 역설적으로 따지자면 그가 '지금 감히 전체를 해석하려는 것은 아님[今不可全釋]'을 핑계로 하여 버려진 폐기구절(廢棄句節)

에도 버릴 수 없는 고의(古意)가 깃들어 있는지도 모른다. 그러므로 우리는 지루함을 무릅쓰고라도 다음에 장문의 폐기구절(廢棄句節)을 일별하고자 한다.

2. 폐기구절[4]

1) 쉬우면 알기 쉽고, 간단하면 따르기 쉽다. 알기 쉬우면 친함 이 있고, 따르기 쉬우면 공효가 있다. 친함이 있으면 오래 갈 수 있고, 공효가 있으면 크게 될 수 있다. 오래 갈 수 있으면 현인의 덕이고 크게 될 수 있으면 현인의 업이다. 쉽고 간단 하니 천하의 이치를 얻는다. 천하의 이치를 얻으니 천지의 중간에 자리를 잡는 것이다[易則易知 簡則易從 易知則有親 易從 則有功 有親則可久 有功則可大 可久則賢人之德 可大則賢人之業 易 簡而天下之理得矣 天下之理得而成位乎其中矣].

2) 이러한 까닭으로 군자가 거처할 때에 편안히 하는 것은 『역』 의 순서 때문이며, 즐거워하고 완미하는 것은 효의 사(辭) 때 문이다[是故 君子所居而安者 易之序也 所樂而玩者 爻之辭也].

3) 이러한 까닭으로 귀함과 천함을 열거하는 것은 6효의 위(位) 에 있고, 소(小)와 대(大)를 가지런히 하는 것은 괘(卦)에 있고, 길과 흉을 변별하는 것은 사(辭)에 있다. ○회와 린을 근심하 는 것은 사소한 시초에 있고, 움직여서 허물이 없는 것은 뉘 우치는 데 있다. ○이러한 까닭으로 괘(卦)에 소(小)와 대(大) 가 있고 사(辭)에 험(險)과 이(易)가 있다. 사(辭)라는 것은 각 각 그 가는 바를 가리킨다. ○역(易)은 천지(天地)와 똑같기 때문에 천지의 도를 미륜(彌綸)한다. ○위로 천문(天文)을 관 찰하고 아래로 지리(地理)를 살핀다. 그러므로 유(幽)·명(明) 의 원인을 안다[是故 列貴賤者存乎位 齊小大者存乎卦 辯吉凶者存 乎辭 ○憂悔吝者存乎介 震无咎者存乎悔 ○是故 卦有小大 辭有險易 辭也者 各指其所之 ○易與天地準 故能彌綸天地之道 ○仰以觀於天

---

4) 머리 숫자는 「역대전」의 숫자자리에 맞추어 볼 것.

文 俯以察於地理 是故 知幽明之故].

4) 정(精)과 기(氣)가 모이면 사물이 되고 정과 기가 흩어져 혼(魂)이 돌아다니면 변(變)이 되니, 이 때문에 귀신(鬼神)의 정황을 안다[精氣爲物 游魂爲變 是故 知鬼神之情狀].

5) 천지의 변화를 범위로 하여 지나치지 않으며 만물을 두루두루 다 이루어 주어 빠뜨리지 않으며 낮과 밤의 도를 통하여 알기 때문에 신은 일정한 방소가 없고 역은 일정한 형체가 없다[範圍天地之化而不過 曲成萬物而不遺 通乎晝夜之道而知 故神无方而易无體].

6) 낳고 낳는 것을 역(易)이라고 한다. ○상(象)을 이룬 것을 건(乾)이라고 하고, 법(法)을 본받는 것을 곤(坤)이라 한다. 수를 궁구하여 미래를 아는 것을 점(占)이라고 한다. 변화를 통달한 것을 사(事)라고 한다. ○음하고 양하여 헤아릴 수 없는 것을 신(神)이라고 한다. ○역(易)은 넓고 크다. 먼 데를 말하면 막힘이 없고, 가까운 데를 말하면 고요하고 바르다. 천지의 사이를 말하면 다 갖추어졌다[生生之謂易 ○成象之謂乾 效法之謂坤 極數知來之謂占 通變之謂事 ○陰陽不測之謂神 ○夫易廣矣大矣 以言乎遠則不禦 以言乎邇則靜而正 以言乎天地之間則備矣].

7) 공자가 이르길, "역(易)은 지극히 위대하도다! 역은 성인이 덕을 높이고 사업을 넓히기 위한 것이다. 지혜는 높이고 예법은 낮추는 것이다. 높이는 것은 하늘을 본받고 낮추는 것은 땅을 본받는다. ○하늘과 땅이 자리를 차지하고 역(易)이 그 가운데에서 행해진다. (만물이) 성품을 형성하여 보존하고 보존하니 도의(道義)의 문이다"[子曰 易其至矣乎 夫易聖人所以崇德以廣業也 知崇禮卑 崇效天 卑法地 ○天地設位而易行乎其中矣 成性存存 道義之門].

8) 천하의 사물이 지극히 잡란(雜亂)하다고 말하지만, 싫어할 수 없다. 천하의 사물이 지극히 동한다고 말하지만, 어지럽힐 수 없다. ○모의한 뒤에 말하고 의논한 뒤에 움직이니, 모의하고 의논하여 그 변화를 완성한다. ○도를 드러내고 덕행을 신묘하게 하기 때문에 더불어 대응할 수 있고 더불어 신(神)의 조화를 도울 수 있다. ○공자가 이르길 "변화의 도를 아는 사람만이 신(神)이 하는 것을 알 수 있을 것이다"고 하였다. ○『역』에는 성인의 도(道)가 4가지가 있다. 이것을 가지고 말할 때

는 그 사(辭)를 숭상하고, 행동할 때는 그 변(變)을 숭상하고, 기구를 만들 때는 그 상(象)을 숭상하고, 점을 칠 때는 그 점을 숭상한다[言天下之至賾而不可惡也 言天下之至動而不可亂也 ○擬之而後言 議之而後動 擬議以成其變化 ○顯道 神德行 是故 可與酬酌 可與祐神矣 ○子曰知變化之道者 其知神之所爲乎 ○易有聖人道四焉 以言者尙其辭 以動者尙其變 以制器者尙其象 以卜筮者尙其占].

9) 원근(遠近)과 유심(幽深)이 없이 마침내 물이 옴을 아니 천하의 지극한 정밀함이 아니면 그 누가 능히 이와 함께할 수 있겠는가? ○천하의 지극한 변화가 아니면 그 누가 이와 함께할 수 있겠는가? ○『역』에는 생각함도 없고, 행위함도 없고, 고요하게 움직이지 않은 데 감응하여 마침내 천하의 일을 통하니 천하의 지극한 신묘함이 아니면 그 누가 이와 함께할 수 있겠는가? ○『역』은 성인이 심오함을 궁구하고 기미를 연구한 것이다. ○오직 심오하기 때문에 천하의 뜻을 통할 수 있고, 오직 기미를 밝히기 때문에 천하의 일을 이룰 수 있고, 오직 신묘하기 때문에 빨리 하지 않아도 빠르고 행하지 않아도 이른다. ○공자가 말하길 "『역』에 성인의 도가 네 가지가 있다"고 하니 이것을 말한다. ○공자가 말하길 "『역』이란 무엇인가? 『역』은 물을 열어 일을 완성하여 천하의 도를 포함하는 것이 이와 같을 뿐이다. 이러한 까닭으로 성인은 천하의 뜻을 통하고, 천하의 일을 정하고, 천하의 의심을 판단하다"고 하였다. 이러한 까닭으로…[无有遠近幽深 遂知來物 非天下之至精 其孰能與於此 ○非天下之至變 其孰能與於此 ○易无思也 无爲也 寂然不動 感而遂通天下之故 非天下之至神 其孰能與於此 ○夫易 聖人之所以極深而硏幾也 ○唯深也 故能通天下之志 唯幾也 故能天下之務 唯神也 故不疾而速 不行而至 ○子曰易有聖人之道四焉者 此之謂也 ○子曰夫易 何爲者也 夫易 開物成務 冒天下之道 如斯而已者也 是故 聖人以通天下之志 以定天下之業 以斷天下之疑 ○是故].

10) 성인은 이것으로써 마음의 의심을 씻어 주고 물러나서는 비밀을 간직한다. 그리고 길함과 흉함을 백성과 더불어 걱정한다. 신묘함으로 미래를 알고 지혜로운 것으로 지나간 것을 아니 그 누가 이와 함께할 수 있겠는가? 옛날에 총명하고 예지(叡智)롭고 신기하고 죽지 않는 자만이 그럴 수 있

을 따름이다. ○그러므로 하늘의 도를 밝히고 백성의 일을
살핀다. 이것은 신묘한 물건을 일으켜 백성의 쓰임에 앞장
선 것이다. 성인이 이것으로 재계(齋戒)하고 그 덕을 신묘하
게 밝혔을 따름이다. ○이러한 까닭으로 문이 닫히는 것을
곤(坤)이라고 하고 문이 열리는 것을 건(乾)이라고 한다. 한
번 닫히고 한 번 열리는 것을 변(變)이라고 한다. 왕래하여
다함이 없는 것을 통(通)이라고 한다. 드러나는 것을 상(象)
이라고 하고, 형상하는 것을 기(器)라고 하고, 만들어 쓰는
것을 법(法)이라고 하고, 나아가거나 들어옴을 이롭게 사용
하여 백성이 모두 사용하는 것을 신(神)라고 한다. ○숭고함
은 부귀보다 큰 것이 없다. 물을 갖추어 씀을 다하고 물건
을 만들어 천하의 이로움을 삼는 것은 성인보다 큰 것이 없
다. 잡란(雜亂)함을 상고하고 은미함을 찾아서 깊은 데 것을
탐구하며 먼 데 것을 지극하게 하여 천하의 길함과 흉함을
판정하고 천하의 힘써야 할 것을 이루는 것은 시초와 거북
보다 큰 것이 없다. ○이러한 까닭으로 하늘의 신묘한 물건
을 낳으니 성인이 이것을 본받는다. 천지가 변화하니 성인
이 이것을 본받는다. 하늘에 상을 드리워 길흉을 보이고, 성
인이 이것을 형상하였다. 하수에서 하도가 나오고 낙수에
낙서가 나오니 성인이 이를 본받았다. ○길흉을 정해 놓은
것은 판단하기 위해서이다. ○『역』에 말하길 '하늘로부터
도우니 길하여 이롭지 않음이 없다'고 하니, 공자가 말하길
"'우(佑)'라는 것은 돕는 것이니 하늘이 돕는 것은 순(順)하
기 때문이다. 사람이 돕는 것은 믿음 때문이다. 믿음을 실천
하고 순함을 생각하고 또 어진 사람을 숭상한다. 그래서 '하
늘로부터 도우니 길하여 이롭지 않음이 없다'고 하였다."
○공자가 말하길 "글은 말을 다하지 못하고, 말은 뜻을 다
하지 못한다. 그러한 즉 성인의 뜻을 볼 수 없다는 것인가?"
라고 했다. 공가 말하길 "성인이 상을 세워 뜻을 드러냈고,
괘를 세워 참과 거짓을 다했고, 사(辭)를 달아 그 말을 다하
였고, 변통하여 이로움을 다하였고, 고무시켜 신묘함을 다
하였다"고 했다[聖人以此洗心 退藏於密 吉凶與民同患 神以知來
知以藏往 其孰能與於此哉 古之聰明叡知神武而不殺者夫 ○是以明
於天之道而察於民之故 是興神物 以前民用 聖人以此齋戒 以神明其

德夫 ○是故 闔戶謂之坤 闢戶謂之乾 一闔一闢謂之變 往來不窮謂
之通 見乃謂之象 形乃謂之器 制而用之謂之法 利用出入 民咸用之
謂之神 ○崇高莫大乎富貴 備物致用 立成器 以天下利 莫大乎聖人
深頤索隱 鉤深致遠 以定天下之吉凶 成天下亹亹者莫大乎蓍龜 ○
是故 天生神物 聖人則之 天地變化 聖人效之 天垂象 見吉凶 聖人
象之 河出圖洛出書 聖人則之 ○定之以吉凶 所以斷也 ○易曰自天
祐之 吉无不利 子曰祐者助也 天之所助者順也 人之所助者信也 履
信思乎順 又以尚賢也 是以自天祐之吉无不利也 ○子曰書不盡言 言
不盡意 然則聖人之意 其不可見乎 子曰聖入立象以盡意 設卦以盡情
偽 繫辭焉以盡其言 變而通之以盡利 鼓之舞之以盡神].

11) 건괘과 곤괘가 훼손되면『역』을 볼 수 없다.『역』을 볼 수
없으면 건괘와 곤괘는 거의 쉬게 된다. 그러므로 형이상의
것을 도(道)라고 하고 형이하의 것을 기(器)라고 한다[乾坤毀
則无以見易 易不可見則乾坤或幾乎息矣 是故 形而上者謂之道 形而
下者謂之器].

12) 천거한 것을 천하의 백성들에서 실행하는 것을 사업(事業)이
라고 한다. 이러한 까닭으로 상(象)은 성인이 천하의 오묘함
을 보고 그 형용을 모사하고 그 일의 마땅함을 형상화한 것
이다. 이러한 까닭으로 상(象)이라 한다. 성인이 천하의 움직
임을 보고서 그 회통을 관찰하여 그 전례를 행하고 말을 달
아 그 길흉을 판단하였다. 이러한 까닭으로 효(爻)라고 한다.
○서로 변화하고 견제하는 것은 변화에 있고, 미루어서 행
하는 것은 통(通)하는 데 있고 신묘함을 밝히는 것은 그 사
람에게 있다. 묵묵하게 이루고 말하지 않아도 믿는 것은 덕
행(德行)에 달려 있다[擧而措之天下之民 謂之事業 是故 夫象 聖
人有以見天下之賾 而擬諸其形容 象其物宜 是故謂之象 聖人有以見
天下之動 而觀其會通以行其典禮 繫辭焉 以斷其吉凶 是故謂之爻
○化而裁之存乎變 推而行之存乎通 神而明之存乎其人 黙而成之
不言而信 存乎德行].

13) 길흉이란 것은 한결같이 이기는 것이다. 천지의 도는 한결
같이 보인다. 일월의 운행은 한결같이 밝은 것이다. 천하의
움직임은 바로 한결같은 것이다. ○건괘는 확연히 사람에게
쉬움을 보이고 곤괘는 퇴연히 사람에게 간단함을 보인다.
○효(爻)라는 것은 이것을 본받은 것이다. 상(象)이라는 것은

이것을 본뜬 것이다. ○효상은 안에서 움직이고 길흉은 밖에서 보이고 공업은 변화에서 드러나고 성인의 정은 사(辭)에서 보인다. ○천지의 큰 덕을 생(生)이라고 하고 성인의 커다란 보물을 위(位)라고 한다. 어떻게 지위를 지킬 수 있는지를 인(仁)이라 하고 어떻게 사람을 모으는지를 재물이라고 한다. 재물을 다스리고 말을 바르게 하고 백성들에게 잘못하는 것을 금지하는 것을 의(義)라고 한다[吉凶者貞勝者也 天地之道貞觀者也 日月之道貞明者也 天下之動貞夫一者也 ○夫乾確然 示人易矣 夫坤隤然 示人簡矣 爻也者效此者也 象也者像此者也 ○爻象動乎內 吉凶見乎外 功業見乎變 聖人之情見乎辭 ○天地之大德曰生 聖人之大寶曰位 何以守位曰仁 何以聚人曰財 理財正辭 禁民爲非曰義].

14) 신농씨가 죽고 황제와 요순씨가 일어나 그 변화를 통하여 백성들로 하여금 태만하지 않게 하였고, 신묘하게 변화하게 하여 백성들로 하여금 마땅하게 하니 『역』에는 다하면 변하고, 변하면 통하고, 통하면 오래간다. 그래서 '하늘로부터 이롭지 않음이 없다'고 했다[神農氏沒 黃帝堯舜氏作 通其變 使民不倦 神而化之 使民宜之 易 窮則變 變則通 通則久 是以自天祐之吉无不利].

15) 공자가 말하길 "건곤은 『역』의 문이다"고 했다. 건(乾)은 양물(陽物)이고 곤(坤)은 음물(陰物)이다. 음과 양이 덕을 합하고 강과 유에 체(體)가 있어 천지의 일을 체인하고 신명의 덕을 통한다. ○그 명칭이 번잡하여도 넘어서지 않는다. 그 부류를 헤아려 봄에 그 말세의 뜻이겠는가? ○『역』은 지나간 것을 드러내고 미래를 살피며, 미미한 것을 드러내고 그윽한 것을 드러내며 괘와 효를 열어 명칭을 붙이되 물건의 성질을 분별하여 말을 바르게 하며 말을 판단하면 갖추어진다[子曰乾坤其易之門邪 乾陽物也 坤陰物也 陰陽合德而剛柔有體 以體天地之撰 以通神明之德 ○其稱名也雜而不越 於稽其類其衰世之意耶 ○夫易彰往而察來 而微顯闡幽 開而當名 辨物正言斷辭則備矣].

16) 『역』이 흥기할 때는 중고시대일 것이다. 『역』을 지은 사람은 우환이 있었을 것이다. ○이러한 까닭으로 이괘(履卦)는 덕의 기초이고, 겸괘(謙卦)는 덕의 자루이며, 복괘(復卦)는 덕의 근본이고, 항괘(恒卦)는 덕을 공고하게 하는 것이며, 손괘

(損卦)는 덕을 닦는 것이고, 익괘(益卦)는 덕이 충만한 것이며, 곤괘(坤卦)는 덕의 판단이고, 정괘(井卦)는 덕의 터전이며, 손괘(巽卦)는 덕을 제어하는 방법이다. ○이괘(履卦)를 따르면 조화롭게 되어 진리에 이르고, 겸괘(謙卦)를 따르면 존귀해서 빛나게 되고, 복괘(復卦)를 따르면 작은 일이라도 다른 것과 구별되고, 항괘(恒卦)를 따르면 복잡해져도 싫지 않고, 손괘(損卦)를 따르면 처음에는 어렵지만 나중에는 쉽고, 익괘(益卦)를 따르면 오래도록 넉넉하여 꾸미지 않고, 곤괘(困卦)를 따르면 곤궁하다가 통하고, 정괘(井卦)를 따르면 그 자리에 거처하면서 옮기고, 손괘(巽卦)를 따르면 역할을 잘하지만 밖으로 드러나지 않는다. ○이괘(履卦)로써 조화롭게 행동하고 겸괘(謙卦)로써 예를 제정하고 복괘(復卦)로써 자신을 알고, 항괘(恒卦)로써 덕을 한결같이 하고, 손괘(損卦)로써 해로움을 멀리하고, 익괘(益卦)로써 이로움을 흥기시키고, 곤괘(困卦)로써 원망함을 줄이고, 정괘(井卦)로써 의로움을 변별하고, 손괘(巽卦)로써 권도를 행한다[易之興也其於中古乎 作易者其有憂患乎 ○是故 履德之基也 謙德之柄也 復德之本也 恒德之固也 損德之修也 益德之裕也 困德之辨也 井德之地也 巽德之制也 ○履和而至 謙尊而光 復小而辨於物 恒雜而不厭 損先難而後易 益長裕而不設 困窮而通 井居其所而遷 巽稱而隱 ○履以和行 謙以制禮 復以自知 恒以一德 損以遠害 益以興利 困以寡怨 井以辨義 巽以行權].

17) 그 나아가고 들어가는 것이 법도에 맞아 안과 밖에서 두려움을 알게 한다. ○또 걱정되고 근심되는 것과 사태에 밝아서 태사(太師)와 태보(太保)와 같은 사람이 없어도 마치 나에게 임하는 부모와 같다. ○처음에 그 사(辭)를 따르고 그 방도를 헤아려 보면 이미 일정한 표준이 있다. 진실로 그러한 사람이 아니라면 도가 행해지지 않는다. ○『역』이라는 책은 시작을 근원하여 끝마침을 잘 파악하는 것을 바탕으로 여긴다[其出入以度 外內使知懼 ○又明於憂患與故 无有師保 如臨父母 ○初率其辭而揆其方 既有典常 苟非其人 道不虛行 ○易之爲書也 原始要終以爲質也].

18) 초효의 사(辭)에서 헤아리고 마침내 마지막 상효에서 이루어진다[初辭擬之 卒成之終].

19) 아아! 또한 존망과 길흉을 궁구하면 거처함을 알 수 있다[噫 亦要存亡吉凶 則居可知矣].

20) 6효는 다른 것이 아니라 삼재(三才)의 도이다[六者非他也 三 才之道也].

21) 물(物)이 서로 섞이므로 문(文)이라고 하였고, 문(文)이 부당 한 것이 있으므로 길흉이 생긴다. ○『역』이 흥기한 것은 은 나라 말기와 주나라의 덕이 성했을 때일 것이다. 문왕(文王) 과 주왕(紂王)의 일을 당했을 것이다. 그러므로 그 말이 위 태롭다. 위태롭게 여기는 자는 평안하게 해주고, 쉽게 여기 는 자는 기울어지게 하였다. 그 도가 매우 커서 온갖 일을 폐하지 않으나 처음부터 끝까지 두려워하면 그 요점은 허 물이 없을 것이니, 이것을 『역』의 도(道)라 한다. ○건괘(乾 卦)는 천하의 지극한 강건함이니, 덕행은 항상 평이함으로 써 험한 것을 대처한다. ○곤괘(坤卦)는 천하의 지극한 순함 이니 덕행이 항상 간단함으로써 험난함을 대처한다. ○마음 을 기쁘게 할 수 있고 생각으로 연구할 수 있어 천하의 길 흉을 정하고 천하에서 힘써야 할 일을 이루어 준다. ○이러 한 까닭에 변화하고 행동함에 길한 일에는 상서로움이 있 다. 일을 추상하여 기물을 알고, 일을 점쳐서 미래를 안다. ○천지가 자리를 배열하고 성인이 공능을 이룬다. 사람이 꾀하고 귀신이 꾀하여 백성들이 능력을 함께한다[物相雜 故 曰文 文不當 故吉凶生焉 ○易之興也 其當殷之末世周之盛德耶 當 文王與紂之事邪 是故 其辭危 危者使平 易者使傾 其道甚大 百物不 廢 懼以終始 其要无咎 此之謂易之道也 ○夫乾天下之至健也 德行 恒易以知險 ○夫坤天下之至順也 德行恒簡以知阻 ○能說諸心 能 研諸慮 定天下之吉凶 成天下之亹亹者 ○是故 變化云爲 吉事有祥 象事知器 占事知來 ○天地設位 聖人成能 人謀鬼謀 百姓與能].

22) 『역』의 실정(實情)은 효끼리 가까이 있으면서 서로 맞지 않 으면, 흉하거나 서로 해치며, 후회하고 또 욕을 볼 것이다. ○장차 배반하려는 사람은 그 말에 부끄러운 기색이 있고, 마음 가운데 의심이 있는 사람은 그 말이 산만하다. 길한 사람의 말은 적고, 조급한 사람은 말수가 많다. 착한 사람을 모함하는 사람의 말은 번지르르 하고, 그 지조를 잃은 사람 의 말은 비굴하다[凡易之情 近而不相得 則凶或害之 悔且吝 ○

將叛者其辭慙 中心疑者其辭枝 吉人之辭寡 躁人之辭多 誣善之人其
辭游 失其守者其辭屈].

이상에서 우리는 다산이 공자 십익의 하나인 「계사전」에서 그의
역리사법(易理四法)으로 기준을 세워 「역대전(易大傳)」을 정리하고 남
은 누락분이 양적으로도 적지 않을 뿐 아니라 내용 면에 있어서도
그대로 지나쳐 버릴 수 없는 문제점들을 적지 않게 안고 있음을 알
수가 있다. 그러므로 '「역대(易大傳)」과 그의 누락분'이라는 과제 하
나만으로도 흥미 있는 많은 문제점을 지적할 수 있겠지만 본 글의
성격으로 보아서 다산역학의 입장에서 한 가지 문제만을 지적함에
그치고자 한다. 그러한 의미에서 필자는 이 두 편의 글 중에서 '신
(神)' 자에 관한 구절을 간추려 본 결과 예상했던 대로 다음과 같은
결과로 집계되었다.

(1) 「역대전(易大傳)」
1) 시초의 덕(德)은 원만하고 신비로우며, 괘의 덕(德)은 방정함으
로써 알려준다[蓍之德 圓而神 卦之德 方以知].
2) 이에 8괘가 만들어지고 신명(神明)의 덕(德)을 통한다[於是作八卦
以通神明之德].

(2) 누락분(漏落分)
1) 귀신의 정황을 안다[知鬼神之情狀].
2) 신묘함에는 방소가 없고 『역』에는 체(體)가 없다[神無方而易無體].
3) 음과 양을 헤아릴 수 없는 것을 신(神)이라 한다[陰陽不測之謂神].

4) 도(道)를 드러내고 덕행을 신묘하게 한다[顯道 神德行].

5) 더불어 신의 조화를 도울 수 있다[可與祐神矣].

6) 천하의 지극한 신묘함이 아니면 그 누가 능히 이에 함께할 수 있겠는가[非天下之至神 其孰能與於此]?

7) 신(神)이 하는 것을 알 수 있다[其知神之所爲乎].

8) 오직 신묘하기 때문에 빨리 하지 않아도 빠르다[唯神也 故不疾而速].

9) 신묘함으로 미래를 알고 지혜로운 것으로 지나간 일을 기억한다[神以知來 知以藏往].

10) 옛날에 총명하고 예지(叡智)롭고 신기하고 죽이지 않는 자만이 그럴 수 있을 따름이다[古之聰明叡知神武而不殺者夫].

11) 이것은 신묘한 물건을 일으켜 백성의 쓰임에 앞장선 것이다 [是興神物以前民用].

12) 성인이 이것으로 재계(齋戒)하고 그 덕을 신묘하게 밝혔을 따름이다[聖人以此齋戒以神明其德夫].

13) 나아가거나 들어옴을 이롭게 사용하여 백성이 모두 사용하는 것을 신(神)이라고 한다[利用出入民咸用之謂之神].

14) 하늘의 신묘한 물건을 낳으니 성인이 이것을 본받는다[天生神物 聖人則之].

15) 고무시켜 신묘함을 다한다[鼓之舞之以盡神].

16) 신묘함을 밝히는 것은 그 사람에게 있다[神而明之 存乎其人].

17) 신묘하게 변화케 하여 백성들로 하여금 마땅하게 한다[神而化之 使之宜之].

18) 신명(神明)의 덕(德)을 통한다[以通神明之德].

19) 사람이 꾀하고 귀신이 꾀하여 백성들이 능력을 함께한다[人謀
鬼謀 百姓與能].

이상에서 보는 바와 같이 그 비율은 2 대 19라는 엄청난 양적 차
이를 나타내고 있을 뿐 아니라 '신(神)' 자의 개념도 크게 다름을 알
수가 있다. 「역대전(易大傳)」에 있어서 두 가지 중 전자의 신(神)은 시
덕(蓍德)이요, 후자의 신(神)은 괘덕(卦德)이라 이를 수 있기 때문에
폐기절구(廢棄句節)에서 이른바 신명(神明)이니 신물(神物)이니 하는
신(神)과는 구별되어야 하지 않을까 싶은 것이다.

이로써 몇 마디 결론을 내리자면 다산은 그의 「역대전(易大傳)」을
정리함에 있어서 주로 「계사전」의 점술적 신비주의의 늪에서 빠져
나오려고 했다는 사실을 여기서 지적하지 않을 수 없다. 19항에 걸
쳐 있는 그 많은 '신(神)'들의 늪에서 빠져나오지 않고서는 그의 역
리사법(易理四法)은 제구실을 다할 수 없음은 너무도 당연한 노릇이
아닐 수 없기 때문이다. 그러므로 역(易)이란 다산의 지적처럼 순수
천명(順受天命)의 학(學)이지 음양불측(陰陽不測)하는 신물(神物)이 아
님은 다시 말할 나위도 없다.

3. 「시괘전」

손쉽게 말해서 「시괘전(蓍卦傳)」은 다산이 스스로 재구성한 하나
의 시괘법(蓍卦法)의 시안이라고 할 수 있다. 그러나 그 근거는 어디
까지나 「계사전」 중에서 추려 냈기 때문에 이를 「계사전」 개편의 일
항(一項)으로 다루게 된 것이다.

『역』은 점을 치기 위한 것이다. 그러나 점대를 펼쳐 괘를 구하는 방법이 전해지지 않는다. 오직 「계사상전」에 한두 가지 점대의 운용에 대한 설명이 있는데 그 뜻하는 것으로도 오히려 그 대체(大體)를 파악할 수 있다. 그러므로 주자도 "설시의 법은 『주례』에 태복이 관장하였는데 그 방법은 반드시 치밀하였지만 지금은 알 수 없다. 유독 「계사전」에 이 몇 구가 있는 것에 근거해서 그 대략적인 것은 대강 알 수 있는데 지금 그것에 미루어보면 또한 통하지 않을 것이 없다"고 했다. …지금은 대전(大傳)의 괘를 뽑아내는 법에 대한 글들을 취하여 별도로 표장(表章)하여 간략하게 소(疏)와 석(釋)을 첨가한 것이다. 돌이켜 양한(兩漢)이래로 위서(緯書)가 크게 흥함에 잘못된 뜻이 공공연히 행해져 잘못 계승되고 익힘이 마침내 지금에까지 이르렀으니 만약 주공과 공자의 뜻과 어그러짐이 있다면 감히 변별하지 않으면 안된다.[5]

이 글을 깊이 음미해 보면 지금까지의 구괘법(求卦法)은 다기다단하여 정론이 없음을 알 수가 있다. 그 대신 설령 있다손 치더라도 그것들은 대개 잘못된 이론을 토대로 한 것들이기 때문에 그 잘못된 점을 분명히 가려내야 한다는 것이다. 그러면 먼저 다산의 시안으로 추려진 시괘법의 전문을 적기하여 그 안에 담겨진 그의 근본의를 찾아내 보기로 하자.

대연(大衍)의 수는 50이지만 그 사용하는 것은 49이다. ○49를 나누어서 둘로 하여 양의(兩儀)를 상징한다. ○하나를 걸어서 삼재(三才)를 상징한다. ○그것을 넷으로 세어 사시(四時)를 상징한다. ○남는 것을 손가락 사이에 돌려 끼워 윤달을 상징하니, 5

---

5) 「蓍卦傳」, 『周易四箋』 卷8, Ⅱ~44, 15쪽(10-119). "易所以筮也 然其所爲布筴求卦之法 未有傳者 唯繫辭上傳有一二策說 其義者 猶可以領其大體 故朱子曰揲蓍之法 周禮領於太卜 其法必甚詳密 今不可見 獨賴大傳有此數句 可以見彷彿 而今推之亦無不可通…今取大傳蓍卦之文 別爲表章 畧加疏釋 顧自兩漢以來 緯書大興 謬義公行 承訛習誤 迄至于今 若其有乖於周公孔子之義者 不敢不辨".

년에 윤달이 두 번이므로 두 번 손가락 사이에 끼운 다음에 걸어 둔다. ○천(天)의 수가 1이고 지(地)의 수가 2이며, 천(天)의 수가 3이고 지(地)의 수가 4이며, 천(天)의 수가 5이고 지(地)의 수가 6이며, 천(天)의 수가 7이고 지(地)의 수가 8이며, 천(天)의 수가 9이고 지(地)의 수가 10이다. ○천(天)의 수가 다섯이고 지(地)의 수가 다섯이니, 다섯의 자리가 서로 맞으며 각기 합함이 있다. 천(天)의 수를 합하면 25이고 지(地)의 수를 합하면 30이다. 천지의 수를 합하면 55이다. 이러한 천지의 수가 변화를 이루며 귀신을 행하는 것이다. ○건(乾)의 책수(策數)가 216이요 곤(坤)의 책수(策數)가 144이니 360이 1년의 날 수에 해당한다. ○상하 두 편(篇)의 책수(策數)는 11,520이니 만물의 수에 해당한다. ○이러한 까닭으로 네 번 운영하여 역(易)을 이루고 18번 변화하여 괘(卦)를 이룬다. ○팔괘(八卦)로 작게 이루지만 이끌어 펴며 부류에 따라 확장하니 천하의 능사(能事)가 다한다. ○참작하여 변하시키고 그 수를 교착하여 종합하니, 그 변화에 통달하여 드디어 천지의 문(文)을 이루고 그 수를 지극히 하여 마침내 천하의 상(象)을 정한다. ○『역』에 태극(太極)이 있다. 태극이 양의(兩儀)를 낳고, 양의가 사상(四象)을 낳고, 사상이 팔괘(八卦)를 낳으니 팔괘가 길흉(吉凶)을 정하고 길흉이 큰 사업을 낳는다. ○이러한 까닭으로 본받아서 형상한 것은 천지보다 큰 것이 없으며, 변화하여 소통하는 것은 사시(四時)보다 큰 것이 없으며, 상(象)을 달아 나타내는 것은 일월(日月)보다 큰 것이 없다. ○『역』에 사상(四象)이 있음은 보여주기 위한 것이요, 말을 단 것은 고해주기 위한 것이다.[6]

다산은 이미 그의 「역론」에서 복서의 목적은 순수천명(順受天命)함

6) 같은 책, 15~27쪽(10-119~144). "大衍之數五十 其用四十有九 ○分而爲二 以象兩 ○卦一 以象三 ○揲之以四 以象四時 ○歸奇於扐 以象閏 ○五歲再閏 故再扐以後掛 ○天一地二天三地四天五地六天七地八天九地十 ○天數五 地數五 五位相得 而各有合 天數二十有五 地數三十 凡天地之數五十有五 此所以成變化 而行鬼神也 ○乾之策二百一十有六 坤之策百四十有四 凡三百六十 當期之日 ○二篇之策萬有一千五百二十 當萬物之數也 是故四營而成易 十有八變而成卦 ○八卦而小成 引而伸之 觸類而長之 天下之能事畢矣 ○參伍以變 錯綜其數 通其變 遂成天地之文 極其數 遂定天下之象 ○易有太極 是生兩儀 兩儀生四象 四象生八卦 八卦定吉凶 吉凶生大業 ○是故法象莫大乎天地 變通莫大乎四時 縣象著明 莫大乎日月 ○易有四象所以示也 繫辭焉所以告也".

에 있음을 분명히 하였고 천명의 소재를 밝히기 위한 방법으로서 기우(奇偶)·강유(剛柔)의 형(形)이나 진퇴(進退)·소장(消長)의 세(勢)에 따른 천문역수(天文曆數)를 밝힌 바 있다. 여기에 다산이 정리한 「시괘전」은 그러한 목적과 방법에 부응하려는 것으로서 이는 따지고 보면 점술적 신비주의에 근거한 역술을 역수학적(曆數學的) 상징주의(象徵主義)의 역학으로 정리한 데에 그 의의가 있다고 할 수 있다.

어쨌든 여러 가지 구괘법(求卦法)은 다산 이전에도 물론 한대 이래 송대에 이르기까지 많은 역학자들에 의하여 그의 시안이 제시되었음을 무엇보다도 먼저 밝혀 두지 않을 수 없다. 왜냐하면 그렇게 함으로써 비로소 다산의 「시괘전」의 역사적 정당성이 분명히 밝혀질 수 있을 것이기 때문이다. 먼저 주자『본의』에 나타난 고서법(古筮法)을 적기하면 다음과 같다.

> 대연(大衍)의 수는 50이지만 그 사용하는 것은 49이다. 그것을 나누어서 둘로 하여 양의(兩儀)를 상징하고, 그 하나를 걸어서 삼재(三才)를 상징하고, 그것을 넷으로 세어 사시(四時)를 상징한다. 남는 것을 손가락 사이에 돌려 끼워 윤달을 상징하니, 5년(年)에 윤달이 두 번이므로 두 번 손가락 사이에 끼운 다음에 걸어 둔다(『설문해자』에서 괘(掛)라 했으니 지금 마땅히 그것을 따라야 한다). 건(乾)의 책수(策數)가 216이요 곤(坤)의 책수(策數)가 144이니 360이 1년의 날 수에 해당한다. 상(上)·하(下) 두 편(篇)의 책수(策數)가 11,520이니, 만물(萬物)의 수(數)에 해당한다. 이러한 까닭으로 네 번 운영하여 역(易)을 이루고 18번 변화하여 괘(卦)를 이룬다. 팔괘(八卦)로 작게 이루지만 이끌어 펴며 부류에 따라 확장하니 천하의 능사(能事)가 다한다.[7]

---

7) 朱熹,『周易本義』,「繫辭 上」, 9章. "大衍之數五十 其用四十有九 分而爲二以象兩 掛一以象三 揲之以四以象四時 歸奇於扐以象閏 五歲再閏 故再扐而後掛 (說文解字引掛 今當從之) 乾之策二百一十有六 坤之策百四十有四 凡三百六十 當期之日 二篇之策萬有一千五百二十 當萬物之數也 是故 四營而成易 十

여기에 나타난 내용을 다산의 「시괘전」과 비교해 보면 "두 번 륵(扐)한 다음에 거는 것이다[再扐而後掛]"와 "건의 책수는 216이다[乾之策二百一十有六]"과의 사이에서 "하늘은 1이고 땅은 2이다[天一地二]. …귀신을 행한다[行鬼神也]"가 빠져 있고 "천하의 능사를 다할 것이다[天下之能事畢矣]"의 뒤에 이어져 나오는 "3으로 하고 5로 하여 변하며 그 수를 교착하고 종합한다[參伍以變 錯綜其數]"는 온통 빠져 있음을 알 수가 있다. 그러나 주자의 『주역본의』에서는 "두 번 륵(扐)한 다음에 거는 것이다[再扐而後掛]" 뒤에 빠져 있던

> 천(天)의 수가 1이고 지(地)의 수가 2이며, 천(天)의 수가 3이고 지(地)의 수가 4이며, 천(天)의 수가 5이고 지(地)의 수가 6이며, 천(天)의 수가 7이고 지(地)의 수가 8이며, 천(天)의 수가 9이고 지(地)의 수가 10이다. 천(天)의 수가 다섯이고 지(地)의 수가 다섯이니, 다섯의 자리가 서로 맞으며 각기 합함이 있다. 천(天)의 수를 합하면 25이고 지(地)의 수를 합하면 30이다. 천지의 수를 합하면 55이다. 이러한 천지의 수가 변화를 이루며 귀신을 행하는 것이다[天一地二天三地四天五地六天七地八天九地十 天數五地數五 五位相得而各有合 天數二十有五 地數三十 凡天地之數五十有五 此所以成變化而行鬼神也].

의 구절이 그 위치를 바꾸어 '대연지수(大衍之數)'의 앞으로 나와 있고 다산의 「시괘전」에 나와 있던 '삼오이변(參伍以變)' 이하는 그 행방이 묘연하다.

이상에서 대체로 고서법(古筮法)이 주자의 『주역본의』를 거쳐 다산의 「시괘전」에 이르게 되기까지의 사이에서 어떠한 변화 과정을

有八變而成卦 八卦而小成 引而伸之 觸類而長之 天下之能事畢矣".

가져왔는가를 살펴보았거니와 이에 근거하여 우리는 여기에 담긴 몇 가지 의의를 잠시 살펴보기로 하자.

첫째, 다산은 여기서 '대연지수오십(大衍之數五十)'의 개념을 확립하였다. 왜 그렇게 하지 않을 수 없었을까? 다산은 이르기를

> 한나라 이래로 대연(大衍)의 설은 장황하고 의혹스러워 천두만서(千頭萬緖)로 나누어져 관랑(關朗)의 『역전(易傳)』(위서이다)에까지 이르러 이에 천수(天數)는 1에서 조짐하고 2에서 생겨나며 3에서 이루어지고, 5에서 펼쳐지며 6에서 이루어지고, 10에서 짝하여(제3편의 「연역의」에 보인다) 천1은 수(水)를 낳고 지2는 화(火)를 낳는다는 설이 되며 마침내 간행할 수 없는 전적이 되고 그 뒤에는 마침내 하도(河圖)와 낙서(洛書)의 수(數)로써 억지로 대연(大衍)에 합하니 대연의 수 50의 흔적은 천 년이라도 다시 밝혀지지 않을 것이다.[8]

라 하여 대연설(大衍說)의 흔미를 지적하고 그 흔미된 내용을 좀 더 구체적으로 다음과 같이 지적하고 있다.

> 대연의 해석은 모두 다르다. 경방(京房)의 설이 있고, 마융(馬融)의 설이 있고, 순상(荀爽)의 설이 있고, 요신(姚信)과 동우(董遇)의 설이 있고, 왕필(王弼)과 고환(顧懽)의 설이 있고, 아울러 공영달 『정의』에 간보(干寶)와 최경(崔憬)의 설이 있는데, 『이정조집해』에 의하면 부회하여 취할 만한 것이 없다. 그러나 저 여러 학설은 오히려 세상에 행해지지 않아 후학을 해롭게 하기에 부족하다. 오직 정현의 설은 무리함이 도리어 여러 집안의 설보다 심한데도 홀로 후세에 취하는 바가 되었다. '천1이 수(水)을 낳고 지2가 화(火)를 낳는다'는 것은 마침내 간행되지 않은 전적이 되

---

8) 「蓍卦傳」, 『周易四箋』 卷8, Ⅱ~44, 15쪽(10−119~120). "自漢以來 大衍之說 張皇煩惑 千頭萬緖 及至關朗易傳(僞書也) 乃云天數 兆於一 生於二 成於三 衍於五 成於六 偶於十(見第三篇大衍義) 而天一生水 地二生火之說 遂爲不刊之典 其後遂以河圖洛書之數 勒合之於大衍 則衍卦五十之跡 千載不復明矣".

어서 풍수(風水)와 간상(看相)과 산명(算命)과 택길(擇吉)의 부류가 이것을 연수(淵藪)로 여기지 않음이 없었다. 궁리지학(窮理之學) 과 업의지가(業醫之家)는 모두 이 이론으로써 변할 수 없는 도리로 삼으니 어찌 개탄스럽지 않겠습니까?[9]

뿐만 아니라 주자도 그의『주역본의』에서 다산이 이른바 "마침내 하도와 낙서의 수로써 억지로 대연에 합한다[遂以河圖洛書之數 勒合之 於大衍]"라고 한 것을 뒷받침이라도 하려는 듯이 다음과 같이 논하고 있다.

대연의 수가 50이라는 것은 하도(河圖)의 중궁(中宮)에 있는 하늘의 수 5를 가지고 땅의 수 10을 곱하여 얻은 것이다. 점을 치는 데 사용함에 이르러서는 또 단지 49만을 사용하니 모두 이치와 형세의 자연스러움에서 나온 것이지, 사람이 지혜와 힘으로 덜거나 더할 수 있는 것이 아니다.[10]

라 이름으로써 주자 또한 대연지수(大衍之數)의 도서학적(圖書學的) 혼미 속에서 벗어나지 못하고 있음을 우리들에게 보여주는 것이 아닐 수 없다. 이렇듯 다산은 그의 천문역수학적(天文曆數學的) 입장에서 비로소 '대연지수오십(大衍之數五十)'의 의미를 다음과 같이 천명한다.

---

9) 「蔡康成易註論」,『易學緖言』卷1, Ⅱ~45, 22쪽(10-220). "大衍之解 家家不同 有京房說 有馬融說 有荀爽說 有姚信董遇說 有王弼顧懽說 並見孔穎達正義 有干寶崔憬說 見李鼎祚集解 都是傅會 無一可 取 然彼諸說 旋亦不行於世 不足以病 後學 唯此劉說 其傳雖無理 反甚於諸家之說 而獨爲後世之所取 天一生水 地二生火 遂爲不刊之典 而風水看相算命擇吉之流 無不以此爲之淵藪 窮理之學 業醫之家 皆 以此說爲天經地義 豈不嗟哉".

10) 朱熹,『周易本義』,「繫辭 上」9章. "大衍之數五十 蓋以河圖中宮天五 乘地十而得之 至用以筮 則又止 用四十有九 蓋皆出於理勢之自然而非人之知力 所能損益也".

대연(大衍)이라는 것은 연괘(衍卦)를 말한다. 64괘 가운데 12벽괘
를 사계절에 짝하고 중부괘(中孚卦)와 소과괘(小過卦)를 재윤(再
閏)에 짝한 뒤에 나머지 50괘를 주나라 사람들은 대연(大衍)이라
고 하였으니 이 50괘가 모두 14벽괘로부터 변화를 받아 펼쳐져
서 만들어진 괘임을 말한다[방법은 추이표(推移表)에 상세하다].
그러므로 대연(大衍)이라고 한 것이니 50괘 이외에 대연(大衍)이
라는 것이 별도로 있는 것이 아니다.[11]

알기 쉽게 말하자면 대연지수오십(大衍之數五十)이란 역수학적(曆數
學的) 입장에서 본다면 사시지상(四時之象)인 십이벽괘(十二辟卦)와 오
세재윤지상(五歲再閏之象)인 중부소과양괘(中孚小過兩卦)를 제외한 나
머지 오십괘(五十卦)를 가리킨 것으로서 왜 연괘(衍卦)라 하는가. 오
십연괘(五十衍卦)는 추이법(推移法)에 따르면 십사벽괘(十四辟卦)에서
연지(衍之)된 괘(卦)이기 때문이라는 것이다. 이로써 만물지상(萬物之
象)으로서의 오십연술괘(五十衍術卦)의 역수학적(曆數學的) 개념은 일
단 정립된 것으로 볼 수가 있다.

둘째, 다산은 그의 「시괘전」의 정립을 위하여 대연지수(大衍之數)
뿐만 아니라 구괘(求卦)의 기본정신이 역수학적(曆數學的) 천지일월
(天地日月)의 운행에 근거하고 있음을 다음과 같이 천명하고 있다.

괘를 구하는 방법이 이와 같은 것은 커다란 하나가 나누어짐에
(나누어져 둘로 된다) 하늘과 땅이 만들어지고(양의를 상징한다)
인간이 그 가운데에 존재하며(하나를 걸어서 삼재를 상징한다)
사계절이 변천하며(네 개씩 묶어서 헤아린다) 일월이 운행한다
[중부괘(中孚卦)와 소과괘(小過卦)가 윤달을 이룬다]. 만물이 이에

11) 「蓍卦傳」, 『周易四箋』 卷8, Ⅱ~44, 15쪽(10-119). "大衍者衍卦之謂也 六十四之卦之中 十二辟卦配
之於四時 中孚小過配之於再閏 餘五十卦 周人謂之大衍 蓋謂此五十卦者 皆受變於十四卦而衍之爲卦也
(法詳推移表) 故曰大衍 非五十卦之外 別有所謂大衍者存焉".

승강하고 왕래하여[12벽괘에서 연괘(衍卦)로 된다] 진퇴하고 소
장하는데[복괘(復卦)에서 건괘(乾卦)로 또는 구괘(姤卦)에서 곤괘
(坤卦)로 된다] 모든 희로애락과 성패득실과 생사화복에 대한 정
황의 기미가 이것으로 말미암아 생겨나지 않음이 없다. 그러므
로 성인은 괘를 구할 때 그러한 상(象)을 세워서 천지신명이 그
상(象)에 의존하여 기미를 지적하게 했다. 괘를 구하는 방법은
성인의 은미한 취지와 오묘한 뜻으로써 진실로 그 털끝만큼이
라도 바꿀 수 없는 것이다.[12]

여기에는 다산의 시괘법(蓍卦法)을 통한 우주관 내지 인생관이 깃
들어 있음을 간과해서는 안 될 것이다. 그는 우주생성(宇宙生成)은 천
지부판(天地剖判)에서 비롯하여 [象兩] 인처기중(人處其中)하게 되고
사시변천(四時變遷) 일월운행(日月運行)으로 만물이 생성하게 되는 것
이니 인간만사가 또한 막불유시(莫不由是)함을 그는 설파하고 있다.
이렇듯 그의 「시괘전」을 통하여 정의된 역상(易象)은 비록 신명(神明)
일지라도 여기에 의착(依著)하지 않을 수 없다는 것이다. 여기에 다
산의 신관(神觀)의 한계가 있으니 한유(漢儒)들의 신비주의적 신관(神
觀)을 배제하고 세간적(世間的) 신관(神觀)에 정착하게 된 소이가 여기
에 있다. 그러므로 우리는 다산의 다음과 같은 귀신론(鬼神論)을 주
목하지 않을 수 없다.

'귀신을 행한다'는 것은 시책을 여러 차례 헤아려 상과 수가 자
주 변하면 귀신의 그 권능을 부려서(시책의 많고 적음에 대한
권능을 부린다) 결국 그 마땅히 얻게 되는 괘와 마땅히 얻게 되

---

12) 같은 책, 18쪽(10 ─ 126). "求卦之法如是者 謂太一旣判(分爲二) 天地成列(以象兩) 人處其中(掛一以象
三) 而四時遷變(揲以四) 日月運行(中字小過以成閏) 萬物於此 升降往來 (自十二辟爲衍卦) 進退消長(自
復至乾又自姤至坤) 而一切 喜怒哀樂 成敗得失 死生禍福之情之機 莫不由是而生焉 故聖人者立其象於
求卦之時 使神明依其象而指之 此其微旨妙義 誠不可移易其一毫也".

는 효를 가리키는데 귀신으로 하여금 그 뜻을 수행할 수 있도록
함을 말한다. 한나라 유학자들은 이 문장을 잘못 해석하여 조화
를 빼앗아 귀신을 부릴 수 있다고 생각하였다. 이에 납갑(納甲)
과 비복(飛伏)의 설이 나오고, 참위(讖緯)로 허망하게 되었으며,
구궁(九宮)과 풍각(風角)과 같은 술수가 성인의 경전을 빙자하지
않음이 없었으니 어찌 탄식함을 이루 다할 수 있겠는가?[13]

이로써 다산의 신관(神觀)은 그의 역수론(曆數論)의 한계를 벗어나
지 못하고 있음을 알 수가 있다.

셋째, 태극설(太極說)도 그의 역수학적(曆數學的) 현상에 의하여 그
개념을 재정립하였다. 먼저 「계사전」 "역에 태극이 있다. 이것이 양
의를 낳는다[易有太極 是生兩儀]"는 구(句)의 주자주(朱子注)를 보면 다
음과 같다.

하나가 항상 둘을 낳는 것은 자연의 이치이다. 역(易)은 음양의
변화이며, 태극은 그 이치이다. 양의(兩儀)는 처음 한 획을 그어
음과 양으로 나눈 것이고, 사상(四象)은 다음 두 획을 그어 태
(太)·소(少)로 나눈 것이며, 팔괘(八卦)는 다음 세 획을 그어 삼
재(三才)의 상(象)이 비로소 갖춰진 것이다. 이 몇 가지의 말씀은
진실로 성인이 역(易)을 지은 자연의 차례이다.[14]

이로써 주자의 태극은 일생이(一生二)하는 자연의 이법임을 알 수
가 있다. 그러나 다산은 50책의 미분자(未分者)를 태극이라 하였다.

---

13) 같은 책, 20쪽(10 - 119~120). "行鬼神者 謂著策屢揲 象數屢移 則鬼神得以操其權(操著策多少之權)
而竟指其所自得之卦 所自得之爻也, 謂使鬼神得行其志也 漢儒誤解此文 謂可以奪造化而役鬼神 於是
納甲飛伏之說作而讖緯邪疑 九宮風角之術 莫不藉口於聖經 可勝歎哉".

14) 朱熹, 『周易本義』 「繫辭上傳」 11장. "一每生二 自然之理也, 易都望陽之變 太極者其理也, 兩儀者始爲
一畫以分陰 陽 四象者次爲二畫以分太少 八卦者次爲三畫而三才之象始備 此數言者 實聖人作易 自然
之次第".

태극(太極)이란 것은 50개의 시책이 아직 나누어지지 않은 것이
다[삼극(三極)이 아직 드러나지 않았기 때문에 태극이라 한다].
양의(兩儀)라는 것은 나누어서 둘로 하여 둘을 상징하는 것이다
[의(儀)는 형용함이고 본받음이다]. 사상(四象)이라는 것은 네 개
씩 덜어내어 사시(四時)를 상징하는 것이다[상(象)은 형상화함이
고 비슷함이다]. 팔괘(八卦)라는 것은 내괘와 외괘가 되는 진(震)
이나 태(兌)이다[즉 팔괘이소성(八卦而小成)의 팔괘(八卦)이다].[15]

이렇듯 태극이란 시괘법 상의 술어로서 아직 성괘(成卦)되기 전의
64괘의 혼륜무별(混淪無別)한 경지를 가리킨 것으로 이해한다.

태극(太極)이라는 것은 64괘가 혼륜하게 분별이 없는 것이다(50
책 가운데 64괘의 씨앗이 갖추어져 있다). 양의(兩儀)라는 것은
건(乾)과 곤(坤) 두 괘로써 형용하여 본뜬 것이다[팔괘(八卦)로써
건괘(乾卦)과 곤괘(坤卦)이다]. 사상(四象)이라는 것은 12벽괘를
사시(四時)에 분배하여 본뜬 것이다(천지수화가 사시와 짝한다).
팔괘(八卦)라는 것은 진(震)과 감(坎)으로 준괘(屯卦)를 이루고 감
(坎)과 간(艮)으로 몽괘(蒙卦)를 이루는 것이다(그러므로 팔괘가
길흉을 정한다고 하였다).[16]

64괘의 미분화상태에서 양의·사상·팔괘가 생성된다는 논리다.
그렇다면 태극(太極)의 극(極)은 어떠한 의미를 가지는 것일까?

극(極)이란 옥극(屋極)의 뜻인데 옥극(屋極)이란 옥척(屋脊)이다(곧
용마루와 척추이다). 하나의 용마루가 척추가 되고, 여러 서까래

15) 「蓍卦傳」, 『周易四箋』 卷8, Ⅱ~44, 26쪽(10-141). "太極者五十策之未分者也(三極未著故名曰太極)
兩儀者分而爲二以象兩者 也(儀容也法也) 四象者揲之以象四者也(象形也似也) 八卦者内卦外卦之或震
或兌者也(卽八卦而小成之八卦)".

16) 같은 책, 같은 곳. "太極者六十四卦之刌淪無別者也(五十策之中具六十四卦之胚胎) 兩儀者乾坤二卦之
儀倣也(八卦之乾坤) 四象者十二辟卦分配四時之象似也(天地水火配四時) 八卦者震坎以成屯 坎艮以成
蒙者也(故曰八卦定吉凶)".

가 여기서 나누어져 나온다. 또한 마치 대연(大衍)의 책(策)이 극(極)이 되고 양의(兩儀)와 사상(四象)이 모두 여기에서부터 나누어져 나오는 것과 같다(옥극과 더불어 같은 뜻이다).[17]

이를 우리는 다산의 옥극설(屋極說)이라 이르거니와 옥극(屋極)은 중각분출(衆桷分出)의 상(象)으로서 양의·사상이 태극에서 분출(分出)하는 상(象)을 방불하게 하기 때문이다. 그러므로 다산은 우주생성론적 입장에서 그의 태극설을 다음과 같이 정리하고 있다. 그는 어디까지나 태극-양의-사상-팔괘의 선에서 이해할 따름이요, 이법적(理法的)인 점(占)은 찾아볼 수가 없다.

태극(太極)이란 무엇인가? 천지의 배태(胚胎)이다. 양의(兩儀)란 무엇인가? 가볍고 무거운 것은 위(하늘)에 자리하고 무겁고 탁한 것은 아래(땅)에 자리하는데 이것을 양의(兩儀)라고 한다. 사상(四象)이란 무엇인가? 하늘과 땅과 물과 불이 그 체질이 각각 나뉘고 지위가 등급이 있게 되는데 이것을 사상(四象)이라고 한다(『표기』에 하늘과 불은 높지만 친하지 못하고 물과 불은 친하지만 높지 못하다고 하였다). 네 가지 요소가 이미 성립되니 그 이후 하늘과 불이 서로 더불어 우레와 바람이 생겨나며(하늘이 불을 둘러싸면 우레가 되고 불이 하늘과 함께하면 바람이 된다) 땅과 물이 서로 친하여 산과 못이 생긴다(물이 땅을 깎아내면 산이 되고 땅이 물을 에워싸면 연못이 된다). 이것이 바로 4가 8을 생성하는 이치이며, 팔괘(八卦)의 8인 까닭이 여기에 있다. 그러나 하나가 둘을 낳고 둘이 넷을 낳고 넷이 여덟을 낳는 것으로 괘(卦)를 만드는 것은 포희씨가 팔괘를 그릴 때에 본떠서 만든 방식이다. 대연(大衍)의 수(數)로 극(極)을 삼고(태극에 해당한다) 건괘(乾卦)와 곤괘(坤卦)로 둘을 삼으며(천지에 해당한다) 12벽괘로 넷을 삼고(사시에 해당한다) 진(震)이나 손(巽)를 팔괘

---

17) 같은 책, 같은 곳. "極也者屋極之義 屋極者屋脊也(卽甍脊) 一棟爲之脊而衆桷分出 亦猶大衍之策爲之極而兩儀四象 皆於是乎分出也(與屋極同義)".

에 해당시켰는데(반드시 팔괘 전체일 필요는 없다) 괘를 만드는
것은(중괘를 만든다) 점치는 사람이 시초점을 칠 때에 본떠서
만든 방식이다. 저기에서는 사기(四氣: 천지수화)를 본떴으나 여
기에서는 사시(四時: 춘하추동)를 본뜬 것은 사기(四氣)의 운행을
사시(四時)와 견주었기 때문이고, 저기에서는 팔괘(八卦) 전체를
팔괘(八卦: 복희의 팔괘)로 하였으나 여기에서는 팔괘 가운데 한
두 개의 괘(卦)를 팔괘로 한 것은(진震과 손巽으로 단지 두 괘이
다) 법상(法象)을 갖추어 의리(義理)를 나타내기 때문이다. 한나
라와 위나라 이래로 단지 천지를 지칭하여 양의(兩儀)라고 하였
는데 의(儀)라는 것은 형용함이며, 저 둥글게 푸른 것과 유순
하니 누런 것이 모두 거짓 천지인 것이다. 어찌 옳겠는가(선유
들은 팔괘의 두 획으로써 사상을 삼았다)?[18]

이로써 다산의 「시괘전」을 통하여 본 역상(易象)은 실체가 아니라
의상(儀象)이라는 사실을 알 수가 있다. 천지의 상(象)으로서의 양의
(兩儀)나 사시지상(四時之象)으로서의 사상뿐 아니라 태극 그 자체도
주자의 이른바 리(理)가 아니라 옥극의 상(象)에 지나지 않는다는 것
이다. 그러므로 다산이 추구하는 역수학적(曆數學的) 역상(易象)은 태
극-양의-사상이라는 상(象)의 학(學)으로 정리되었고 그의 「시괘전」
도 따지고 보면 그의 역수학(曆象學)의 방법론에 지나지 않는다고 이
르지 않을 수 없다.

---

18) 같은 책, 26~27쪽(10-142~143). "太極者誰也 天地之肧胎也 兩者誰也 輕淸者位乎上(天) 重濁者位
乎下(地) 此之謂兩也 四者誰也 天地水火 體質各分 位次有等 此之謂四也 (表記云天火尊而不親 水火
親而不尊) 四者旣立 天火相與而雷風以生(天包火爲雷 又火與天爲風) 地水相比而山澤以成(水削土爲山
又土圍水爲澤) 此四之所以生八而八卦之所以八在是也 然 一生兩 兩生四 四生八而爲卦者 庖犧畵八之
時 所儀象而爲之也 大衍之數以爲極(當太極) 乾坤之卦以爲兩(當天地) 十二辟卦以爲四(當四時) 或震或
巽以當八(不必全有八) 而爲卦者爲重卦) 筮人擊蓍之時 所儀象而爲之也 彼象四氣(卽天地水火) 此象四
時者(卽春夏秋冬) 四氣之運以配四時也 彼以全八爲八卦(伏羲之八卦) 此以八卦之一二卦爲八卦者(或震
或巽只二卦) 法象具而理義顯也 乃自漢魏以來 直以天地名之爲兩儀 儀也者形容也 卽彼穹然之蒼 隤然
之黃 皆假天地也 烏乎 可哉(先儒以八卦之二畫爲四象)".

4. 석효보전(釋爻補傳)

「역대전(易大傳)」으로서의 「계사전」은 총론적인 성격을 갖추고 있음에도 불구하고 그 안에는 괘효사(卦爻辭)를 보완한 내용의 보전(補傳)이 상경(上經)에 7절 하경(下經)에 11절 도합 18절이 따로따로 집약되어 있다. 다산은 이들을 각각 본괘(本卦)로 환원시켜 제자리를 차지하게 하였다. 이를 「서괘전」의 순위대로 정리하면 다음과 같다.

1) 건괘(乾卦) 상구 상(「계사상경」)
공자께서 말씀하시길 "귀하여도 자리가 없으며[6위는 음의 자리이니 건괘의 상위에 있는 강은 양으로써 음에 거처한 것이다] 자리가 높지만 백성이 없으며[곤은 백성이 되는데 건이 6위에 오를 때까지 하나의 음도 없다] 성현이 아래에 있지만 도움이 없다[여러 양이 아래에 있지만 모두 신하가 되지 못하니 곤이 신하가 된다]. 이러한 까닭으로 움직임에 후회가 있는 것이다[움직임이란 효변(爻變)을 말한다. ○살펴보건대, '항룡(亢龍)'은 교만하고 스스로 높이 올라 조금도 낮추지 않기 때문에 백성이 없고 신하가 없다"고 하였다. ○주자가 말하길 "마땅히 「문언전」에 속해야 하는데 여기에 거듭 나온 것이다"고 하였다[乾上九 上(繫辭上經) 孔子曰貴而無位(六者陰位也 乾之上剛以陽居陰) 高而無民(坤爲民也乾至於六無一陰) 賢人在下位而無輔(衆陽在下而皆不爲臣也坤爲臣) 是以 動而有悔也(動者爻變也) ○案亢龍驕傲自亢 不少卑降 故無民無臣也 ○朱子曰 當屬文言 此蓋重出].

2) 비괘(否卦) 구오 하(「계사하경」)
공자께서 말씀하길 "위태롭게 여기는 것은 그 자리를 편안하게 하기 위한 것이다[양이 3위를 얻으면 그 자리가 편안하다]. 망할까 생각하는 것은 그 존재하는 것은 보호하기 위한 것이다[간(艮)은 죽는 것이고 진(震)은 태어나는 것이다]. 혼란을 생각하는 것은 그 다스림을 갖기 위한 것이다[감(坎)은 어지러운 것이고

이(離)는 다스리는 것이다. 이러한 까닭으로 군자는 편안하게
있으면서도 위태로움을 잊지 않으며, 존재하면서도 망할 것을
잊지 않으며, 다스려져도 어지러움을 잊지 않는다. 이런 까닭으
로 자신의 몸에 편안해야만 국가를 보존할 수 있다[곤(坤)은 나
라이고 감(坎)은 가정이다]. 『역』에 말하길 '망하지 않을까 망하
지 않을까 걱정해야만 뽕나무에 매달려 있을 수 있다'고 한 것
이다"고 했다. 살펴보건대, '망하지 않을까 망하지 않을까'라는
것은 경계하는 말이다. 말을 간방(艮方)에서 이룬다고 하였으니
[점괘가 5효가 변하면 간괘(艮卦)가 된다] 서로 간에 경계하는
것이다[역례(易例)에 간(艮)으로써 경계를 삼았다]. 이러한 상황
에서 이(離)로써 다스리니[중간(重艮)의 위 부분은 대리(大離)다]
간(艮)으로써 망하지 않은 것이다[대간(大艮)이 추이한다]. 그러
므로 공자가 이 효로써 나라를 보존하는 교훈으로 삼은 것이다.
병들어 장차 죽을 지경에 이르면 죽음을 꺼려하는 마음이 더욱
심해지며, 나라가 장차 망할 지경이 되면 그 망할까 꺼리는 마
음이 더욱 급해진다. 그 망하지 않을까 하는 것으로써 경계를
삼는 것은 망하지 않도록 하는 기술인 것이다[否九五 下 (繫辭下
經) 孔子曰危者安其位者也(陽得三則安其位) 亡者保其存者也(艮亡而震
生) 亂者有其治也(坎亂而离治) 是故 君子安而不忘危 存而不忘亡 治
而不忘亂 是以 身安而國家可保也(坤國而坎家) 易曰其亡其亡 繫于苞桑
○按其亡其亡者 警戒之詞也 成言乎艮(漸之艮)以相戒也(易例艮爲戒) 於
是 離以修之(上大离) 不以艮亡(大艮移) 故孔子以此爻爲可以保國也 病
之將死 諱死已甚 國之將亡 諱亡愈嚴 以亡爲戒 不亡之術也].

3) 동인괘(同人卦) 구오 상

공자께서 말씀하길 "군자의 도(道)는 혹 나가야 할 때도 있고 혹
머물러야 할 때도 있으며, 혹 침묵해야 할 때도 있고 혹 말을
해야 할 때도 있거니와 두 사람이 마음을 같이하면 그 예리함이
쇠를 자를 수 있고, 같은 마음으로 한 말은 그 향기가 난초와
같을 것이다['선호도이후소(先號咷而後笑)'의 구절에 대한 대답
이다]"고 하였다. ○생각하건대, 동인괘(同人卦)는 진(震)의 누적
으로 말미암은 것이니[본래 다섯 개의 양이다] 군자의 도(道)를
상징한다[진(震)은 군자이다]. 리괘(離卦)는 둔괘(遯卦)로부터 왔
으며(1이 5로 간다) 또 대장(大壯)으로부터 왔으니 [상(上)이 2로

간다] 때로는 진(震)으로써 나아가고[대장괘(大壯卦)의 상진(上震)이다] 때로는 간(艮)으로써 머무르니[둔괘(遯卦)의 하괘(下卦)는 간(艮)이다] "혹 나가야 할 때도 있고 혹 머물러야 할 때도 있다"는 것이다. 대손(大巽)은 침묵과 같고[둔괘(遯卦)의 하괘는 간(艮)인데 입을 닫고 있는 것이다] 겸태(兼兌)는 말이 되니[대장괘(大壯卦)는 겸태(兼兌)이다] "혹 침묵해야 할 때도 있고 혹 말을 해야 할 때도 있다"는 것이다. 둔괘(遯卦)와 대장괘(大壯卦)는 각각 건(乾)이 하나씩 있는데[둔괘(遯卦)의 상건(上乾)과 대장괘(大壯卦)의 하건(下乾)이다] 건(乾)은 곧 사람이니[우번(虞翻)의 설이다] 이것은 두 사람이 된다. 지금 모두 이(離)가 되는데[상괘(上卦)와 하괘(下卦)가 모두 이(離)이다] 이(離)는 곧 허심(虛心)이므로 "두 사람이 마음을 같이한다"고 한 것이다. 두 마음이 이미 합쳐서[상괘(上卦)와 하괘(下卦)가 이(離)이다] 건(乾)의 강건한 가운데를 잘라내니[동인괘(同人卦) 상괘(上卦)는 본래 건(乾)이다] "쇠를 자르는 것이다"고 한 것이다[건(乾)은 쇠가 된다]. 태(兌)는 곧 예리함이 되니[대장괘(大壯卦) 상호괘(上互卦)는 예리함이다] 그 예리함으로 쇠를 잘라내는 것이다. 나는 손(巽)으로 알려주고[이괘의 하호괘(下互卦)가 손(巽)이다] 상대방은 태(兌)로써 말하니[상호(上互)는 태(兌)이다] "같은 마음으로 하는 말이다"고 한 것이다. 본래 진(震)의 풀이었는데[대장괘(大壯卦)의 상괘(上卦)는 진(震)이다] 여기에 손(巽)의 향기가 섞이니[둔괘(遯卦)의 대손(大巽)이다] 그 형상이 난초의 모습이다[손(巽)은 향기가 된다. 손(巽)은 곧 냄새가 되니[「설괘전」의 글이다] "그 향기가 난초와 같다"고 한 것이다. 이(離)는 곧 정성이 되니[마음을 비움이다] '그 예리함이 쇠를 자른다'는 것은 이(離)의 정성이 있으며 뚫을 수 있다는 것을 말한다. 이(離)는 또한 명예가 되니[태(兌)가 이(離)를 얻으면 명예가 된다] '그 향기가 난초와 같다'라는 것은 이(離)의 명예가 널리 퍼진 것을 말한다[평판이 좋다는 말이다]. 물은 것은 '울고 웃음'에 대한 것인데 대답한 것이 이와 같은 것은 이괘(離卦)가 둔괘(遯卦)와 대장괘(大壯卦)로부터 온 것임을 분명하게 밝힌 것이다. 학가(學稼)가 말하길 "건(乾)의 쇠의 가운데를 자르고[동인괘(同人卦)의 하괘(下卦)가 본래 이(離)이다] 손(巽)의 풀이 좋은 향기를 피우고 있는 것이[본래 호손(互巽)이다] 동인괘(同人卦)의 본래 상이다. 일반적으로 『역』의 용례

에서 변상(變象)은 모두 본괘(本卦)의 상에서 일어난 것이다”고
하였다[同人九五 上 孔子曰君子之道或出或處 或默或語 二人同心 其
利斷金 同心之言 其臭如蘭(答先號咷而後笑) ○按卦由震積(本五陽) 君
子之道也(震君子) 離自遯來(一之五) 又自大壯(上之二) 時以震出(大壯之
上震) 時以艮止(遯下艮) 或出而或處也 大巽如黙(遯下艮閉口) 兼兌爲語
(大壯之兼兌) 或黙而或語也 遯與大壯 各有一乾(上下乾) 乾則爲人(虞氏
云) 此二人也 今皆爲離(上下离) 離則虛心 二人同心也 兩心旣合(上下离)
乾剛中斷(上本乾) 是斷金也(乾爲金) 兌則爲利(大壯之上銳) 其利斷金也
我以巽告(下互巽) 彼以兌語(上互兌) 同心之言也 本以震艸(大壯之上震)
雜以巽芳(遯大巽) 其象蘭也(巽爲香) 巽則爲臭(說卦文) 其臭如蘭也 離則
爲誠(心虛中) 其利斷金者 離誠之所透也 離亦爲譽(兌得离爲譽) 其臭如
蘭者 離譽之所播也(聲聞美) 所問者咷笑而所答者如此 明離自遯大壯來
也 學稼云乾金中斷(下本离) 巽草芳香(本互巽) 同人之本象也 凡易例變
象皆起於本象].

4) 겸괘(謙卦) 구삼 상
공자께서 말씀하시길 “수고롭지만 자랑하지 않고[진(震)으로 스
스로 울리지 않는다] 공이 있으나 덕으로 여기지 않으니[호감
(互坎)은 있지만 정감(正坎)이 아니다] 후덕함이 지극한데[땅과
산은 모두 두터운 모양이다) 그 공으로서 남의 아래에 있는 사
람을 말한다[인주(人主)로써 곤민(坤民)의 아래에 처한다]. 덕이
성대함을 말한 것이고 예가 공경스러움을 말하는 것인데[모두
겸손의 덕이다] 겸손이란 것은 공경함을 다하여 그 자리를 보존
하는 것이다[양으로써 3위에 거쳐하여 그 자리를 얻은 것이다]”
고 하였다. ○생각하건데, 덕(德)은 직심(直心)이다. 그러므로 감
(坎)은 덕이 되고(『역』의 일반적인 용례이다) 이 겸괘(謙卦)는 정
감(正坎)이 아니다. 그러므로 ‘부덕(不德)’이라고 말한 것이다[謙
九三 上 孔子曰勞而不伐(不以震自鳴) 有功而不德(有互坎而非正坎) 厚
之至也(地山皆厚土) 語以其功下人者也(以人主而下坤民) 德言盛禮言恭
(皆謙德) 謙也者致恭以存其位者也(以陽居三得其位) ○案德者直心也 故
坎則爲德(易例也) 此卦非正坎 故謂之不德].

5) 예괘(豫卦) 육이 하
공자께서 말씀하길 “그 기미를 아는 것은 신묘한 것이다[감(坎)

이 기미가 되고, 호감(互坎)은 '지(知)'가 된다. 군자가[복괘(復卦)의 일양(一陽)이다] 윗사람과 사귈 때에는 아첨하지 않고[태(兌)의 기쁜 말을 하지 않은 것이다] 아랫사람과 사귈 때에는 모독하지 않으니[감(坎)의 모독함을 물리치고 오른다] 그가 기미를 아는 것이다. '기(幾)'라는 것은 움직임이 미미한 것이고[진(震)의 움직임에 이르지 않아서 감(坎)의 형태가 은미하게 숨어 있다] 길흉이 먼저 드러난 것이다[『한서』에 길흉(吉凶)이라고 하였다]. 군자는 기미를 보고[이(離)에서 보는 것이다] 일어서서[진(震)은 일어남이다] 하루가 마치기를 기다리지 않는다[이(離)의 마지막까지 기다리지 않는다]. 돌에 꽉 끼인 형세인데[감석(坎石)의 구덩이 틈새에 끼인 것이다] 어찌 하루가 마치기를 기다겠는가[일이 이미 급하다? 군자가 기미를 알아서[임괘(臨卦)의 때에는 감(坎)의 형태가 숨어서 드러나지 않는다] 드러날 것을 알며[해괘(解卦) 이후에 감(坎)의 형태가 이내 드러난다] 유약하지만 뒤에 강성해질 것도 아니[1이 4로 가서 양(陽)이 음(陰)의 자리를 차지하였다] 모두 사람이 우러러본 것이다[곤(坤)의 백성들이 이(離)로서 우러러 본 것이다]"고 하였다. ○생각하건대, 임괘(臨卦)의 때에는 감(坎)의 험난함이 아직 드러나지 않아[임괘(臨卦)의 하괘(下卦)는 태(兌)이다] 비록 밝고 지혜로운 선비가 있더라도 그 재앙과 어지러움의 징조가 있는 것을 알지 못한다. 오직 복괘(復卦)의 일양(一陽)의 군자만이 어지러움이 장차 일어날 것을 알고서[감(坎)이 장차 이루어질 것을 안다] 기미를 보고 일어나 신속하게 떠나는데[1이 4로 간 것이다] 진(震)의 발을 움직이자마자[상괘(上卦)는 지금 진(震)이다] 감(坎)의 어지러움이 이미 일어남에[하괘(下卦)는 지금 감(坎)이다] 국경 밖으로 나아가 이내 어지러움을 면하고[『좌전』에 나오는 말이다] 그 어지러움에 관여하지 않으니[감(坎)이 뒤에 있다] 그 지혜가 이미 신묘하지 않은가! 이것은 공자가 세 번이나 반복하여 감탄하신 것이다. ○아들 학가(學稼)가 말하길 "건괘(乾卦)의 구삼에서 '종일건건(終日乾乾)'이라고 하였는데 복괘(復卦)에서 태괘(泰卦)까지를[아래에서 세 개의 양이 된다] '종일(終日)'이라고 말한 것이니[1, 2, 3위는 이위(離位)가 된다] 임괘(臨卦)의 경우는 종일(終日)이 아닌 것이다[아직 이(離)의 자리를 다하지 않은 것이다]. '불사종일(不俟終日)'이란 것은 세 개의 양으로 태(泰)가 되는 것을 기다리지 않는다는 것이다"고 하였다. ○아들 학포가 말하길 "기미(幾微)를 알고 미리 피하는 것이 예괘(豫卦)의 뜻이다"고 하였다[豫六二 下 孔子曰知幾其神乎(坎爲幾互坎爲知) 君子(復一陽) 上交不諂(不以兌悅言) 下交不瀆(辟坎瀆而升) 其知幾乎 幾者動之微(未及震動則坎形微隱) 吉之先見者也(漢書云吉凶) 君子見幾(見乎离)而作(震起也) 不俟終日(不待离之終) 介如石焉(間厠於坎石之爲) 寧用終日(事已急) 君子知微(臨之時坎形隱而未彰) 知彰(解而後坎形乃著) 知柔知剛(一之四而陽居陰) 萬夫之望(坤民以离見) ○案臨之時坎險未著(臨下兌) 雖有明智之士 不見其有禍亂之兆也 唯是復一陽之君子之亂之將作(知坎之將成) 見幾而起 駃然其逝(一之四) 而震足纔動(上今震) 坎亂已作(下今坎) 出竟乃免(左傳文) 不與其亂(坎在後) 其知不已神乎 此孔子所以三復而詠歎也 ○男學稼云乾之九三曰終日乾乾 自復而泰(下三陽) 謂之終日(一二三离位) 則臨者不終日也(未竟离) 不俟終日者謂不待三陽之爲泰也 ○男學圃云知幾豫逃豫之義也].

6) 서합괘(噬嗑卦) 초구 하

공자께서 말씀하시길 "소인은[비괘(否卦)의 간(艮)이다] 어질지 못한 것을 부끄러워하지 않고[비괘(否卦)에는 진(震)이 없다] 의롭지 못한 것을 두려워하지 않으며[비괘에는 태(兌) 없다] 이익을 보지 않으면 즐기지 않으며[태(兌)의 이익이 나타나지 않기 때문이다. 손(巽)은 진퇴(進退)가 된다] 위엄을 보이지 않으면 뉘우치지 않으므로[괘에 진(震)의 위엄이 없기 때문이다. 곤(坤)은 인색함이 된다] 적게 징계하여 크게 훈계한 것이다[징계함은 하괘의 곤(坤)에 있고 상괘의 건(乾)에 또한 훈계하는 것이다]. 이것은 소인의 복(福)이다[이(離)는 복이 된다]. 『역』에 말하길 '구교멸지(屨校滅趾) 무구(無咎)'라고 하였으니 이것을 말하는 것이다"고 하였다. ○살펴보건대, 서합괘(噬嗑卦)는 비괘(否卦)에서 나왔는데, 비괘(否卦)는 태괘(泰卦)의 반역괘(反易卦)이다. 태괘(泰卦)의 인(仁)과 의(義)가[진(震)과 태(兌)이다] 비괘(否卦)에는 모두 없으니 이것을 일러 '불인(不仁)'이라고 하고 '불의(不義)'라고 한 것이다[噬嗑初九 下 孔子曰小人(否之艮) 不恥不仁(否無震) 不畏不義(否無兌) 不見利不勸(不見兌利故巽爲進退) 不威不懲(卦無震成故坤無咎齧) 小懲而大誡(懲在下坤而上乾亦誡) 此小人之福也(离爲福) 易曰屨校滅趾 無咎 此之謂也 ○案卦自否來 否者泰之反也 泰之仁義(震與兌) 否

皆無之 此之謂不仁不義也].

7) 서합괘(噬嗑卦) 상구 하

공자께서 말씀하시길, "선(善)이 쌓이지 않으면 명성을 이룰 수 없고[태괘(泰卦)를 말한 것이다] 악(惡)이 쌓이지 않으면 그 몸을 멸하지 않는 것이니[비괘(否卦)에 세 개의 음이 쌓인 것이다] 소인은 작은 선을 이익이 없다고 여겨 행하지 않으며(비괘의 소인이다) 작은 악을 해로울 것이 없다고 여겨 버리지 않는다[음이 전진하여 5위까지 이른 것이다]. 그러므로 악이 쌓여서 가릴 수 없으며[상구가 변하여 위에 가릴 것이 없다] 죄가 커서 풀 수가 없다[2위에서 상위까지 큰 감(坎)이 된다]. 『역』에 이르길 '형틀을 쓰고 귀까지 잘리니 흉하다'고 한 것이다"고 하였다. ○살펴보건대, 한나라 소열(昭烈)이 말하길 "선행이 적다고 하여 행하지 않지 말고, 악행이 적다고 하여 행하지 말라"고 한 것도 여기에 근본 한 것이다[噬嗑上九 下 孔子曰善不積不足以成名(謂泰卦) 惡不積不足以滅身(否三陰之積) 小人以小善爲無益而弗爲也(否小人) 以小惡爲無傷而弗去也(陰進至於五) 故惡積而不可掩(上九之變上無覆) 罪大而不可解(自二至上爲大坎) 易曰何校滅耳凶 ○案漢昭烈云勿以善小而不爲 勿以惡小而爲之 盖本於此].

8) 복괘(復卦) 초구 하

공자께서 말씀하시길 "안 씨의 아들은 그 거의 가까이 이르렀다. 선하지 않은 일이 있으면[예괘(豫卦)의 호감(互坎)은 죄와 허물이 된다] 일찍이 알지 못하는 적이 없었고[감(坎)은 지(知)가 된다] 그것을 알면 일찍이 다시 행하지 않았다[진(震)이 밖으로 나간 것이 행(行)이 된다]. 『역』에 이르길 '멀리 가지 않고 돌아오는지라. 후회함에 이름이 없으니 크게 선하여 길하다'고 한 것이다"고 했다. ○살펴보건대, 효변(爻變)해서 곤괘(坤卦)가 되면 착하지 않은 상(象)이 없지만 또한 회복하는 형상도 없다. 그것은 예괘(豫卦)로부터 교역한 상을 취한 것이 분명하다[復初九 下 孔子曰顏氏之子 其殆庶幾乎 有不善(豫之互坎爲罪過) 未嘗不知(坎爲知) 知之未嘗復行也(震出外爲行) 易曰不遠復 無祇悔 元吉 ○案爻變爲坤則無不善之象 亦無回復之形 其取豫交易之象 審矣].

9) 대과괘(大過卦) 초육 상

공자께서 말씀하시길 "진실로 땅에 내려놓아도 좋거늘[1위, 2위
는 지위(地位)이다] 자리를 깔고 띠풀을 사용하였으니 무슨 허물
이 있겠는가? 신중함이 지극하다[대감(大坎)으로써 공경한 것이
다]. 무릇 띠풀은 얇은 물건이지만 쓰임은 중요하니[한 개의 음
으로 얇다고 한 것이다] 신중한 방법으로 가게 되면 잃을 것이
없을 것이다[한 개의 강이 가서 지위를 얻은 것이다]" 하였다.
○살펴보건대, 대과괘(大過卦)의 덕(德)과 위(位)는 지나치지만
'자용백모(藉用白茅)'라고 한 것은 신중함이 지나친 것이다"고
하였다[大過初六 上 孔子曰苟錯諸地而可矣(一二地) 藉之用茅 何咎至
有 愼之至也(大坎以敬之) 夫茅之爲物薄而可用重也(一陰薄) 愼斯術也
以往其無所失矣(一剛往得位) ○案卦德位過 藉用白茅者過於愼重也].

10) 함괘(咸卦) 구사 하

공자께서 말씀하시길 "천하에 무엇을 생각하고 무엇을 염려하
리오[천하는 곤(坤)이다]! 천하는 같은 곳으로 돌아가지만 길이
다르다[감(坎)은 돌아감이다]. 하나에 이르지만 생각을 백 가지
로 한다[곤(坤)은 백(百)이 된다]. 천하에 무엇을 생각하고 무엇
을 염려하리오[감(坎)은 마음을 수고롭게 한 것이다]! 해가 지면
달이 뜨고, 달이 지면 해가 뜨니[감(坎)과 이(離)는 달이 되고 해
가 된다] 해와 달이 서로 옮겨가면서 밝음이 생기는 것이다[미
루어 옮기는 것이다). 추위가 가면 더위가 오고[건은 추위가 된
다] 더위가 가면 추위가 오니[곤은 따뜻함이다] 추위와 더위가
서로 미루어가면서 한 해가 이루어지는 것이다[감(坎)의 겨울은
간(艮)으로 완성된다]. '왕(往)'이라고 한 것은 굽히는 것이다[관
괘(觀卦)의 때에 손(巽)이니 굽힘이다]. '래(來)'라고 한 것은 펴는
것이니[지금 감(坎)은 폄이다] 굽히고 펴는 것이 서로 감응하여
이로움이 생겨나는 것이다[내괘에 양을 얻었으니 이롭게 된 것
이다]. 자벌레가 굽히는 것은 폄을 구하기 위한 것이고[손(巽)은
자벌레가 된다] 용과 뱀이 숨는 것은 자신을 보존하기 위한 것
이다[소과괘의 진(震)은 용이 된다]. 의리를 정밀히 하고 신묘함
에 들어가는 것은[건(乾)은 정(精)이 되고, 태(兌)는 의(義)가 되고,
손(巽)은 입(入)이 되고, 간(艮)은 신(神)이 된다] 쓰임을 지극히
하기 위한 것이다[감(坎)은 씀이 된다]. 이롭게 써서 몸을 편안

히 하는 것은[간(艮)에 머물러 자신을 편안히 한다] 덕을 숭상하기 위한 것이다[감(坎)이 상괘에 있다]. 이것을 지난 이후는 혹 알 수 없지만[감(坎)은 앎이 된다] 정신을 다하여 변화를 아는 것은[간괘(艮卦)는 정신을 다함이 되며, 감(坎)은 앎이 되고, 이(離)는 변화가 된다] 덕이 성대한 것이다"고 하였다. ○살펴보건대, 건괘(蹇卦)는 관괘(觀卦)와 소과괘(小過卦)로부터 왔다[함괘(咸卦) 구사이다]. 소과괘(小過卦)는 대감(大坎)이니[겸획하여 3획으로 한 것이다] 곤(坤)의 백성들이 감(坎)으로 돌아가니 이것이 '천하가 같은 곳으로 돌아간'는 것이다[감(坎)은 돌아감이다]. 하나의 감(坎) 가운데 진(震)은 큰 길이 되고[소과괘의 상괘는 진(震)이다] 간(艮)은 작은 길이 되니[뇌(雷)와 산(山)이 합쳐진 괘이다] 이것이 '천하는 같은 곳으로 돌아가지만 길이 다르다'는 것이다[진(震)과 감(坎)은 함께 대감(大坎)을 만들지만 길은 각각 다르다]. 관괘(觀卦)는 대간(大艮)이니[겸획하여 3획으로 하면 대간(大艮)이다] 만물은 간방(艮方)에서 끝나고[「설괘전」의 글이다] 그 이른 곳은 한 가지이다. 두 개의 곤(坤)의 숫자를 서로 곱하면[4음은 두 곤이 된다] 그 수는 100이다[지수(地數)는 10이다]. 지금 감(坎)으로써 생각하니[상괘는 지금 감(坎)이다] '하나에 이르지만 생각이 백 가지로 다르다'고 하였다[감(坎)은 수고로운 마음이다]. 이와 같은 것은 무엇을 말하는가? 만물이 왕성하게 자라 흩어져 사방으로 가지만 결국 감(坎)의 집으로 함께 돌아온다. 만물이 어지럽게 흩어져 백 가지로 염려하고 수고로운 마음을 가지지만 결국 간(艮)의 종말에 함께 이른다[태어남이 있으면 반드시 죽음이 있다]. 이것으로 말미암아 말하면 천하의 일은 원래 나의 마음을 수고롭게 할 만한 것이 아닌 것이다. 관괘(觀卦)가 추이(推移)하여 건괘(蹇卦)가 되면 상괘(上卦)는 감(坎)이 되고 하괘(下卦)는 이(離)가 되니[하호괘(下互卦)는 이(離)이다] 이것이 "달이 가고 해가 온다"는 것이다. 비괘(否卦)가 추이하여 함괘(咸卦)가 되면 곤(坤)은 상승하고 건(乾)은 하강하니[상(上)이 3으로 간다] 이것이 "더위가 가고 추위가 온다"는 것이다(건은 추위이고 곤은 더위이다). 추이(推移)로 말미암아 그 가운데 이(離)의 밝음이 완성되니[3, 4, 5 호괘(互卦)이다] 이것이 "해와 달이 서로 옮겨 가면서 밝음이 생기다"는 것이다. 추이(推移)로 말미암아 건괘(蹇卦)의 감(坎)의 겨울이 되었으니 이것이 "추위와 더위가 서로 번갈아 가면서 한 해가 이루어진다”는 것이다[간(艮)으로써 이루어진 것이다]. 손(巽)으로써 부드럽게 휘어지니 그 상이 ‘굽힘’이 된다. 감(坎)은 굳세고 곧으니 그 상이 ‘폄’이 된다[신(信) 자와 신(伸)은 통용된다]. 관괘(觀卦)는 손(巽)으로써 구부러지고 건괘(蹇卦)는 감(坎)으로써 펴지니[상괘는 지금 감(坎)이다] 이것이 “굽히고 펴는 것이 서로 감응한다”는 것이다[감(感)은 움직임이다]. 강(剛)이 밖으로부터 와서[상(上)이 3으로 간 것이다] 곤(坤)의 백성을 이롭게 하니[내괘가 양을 얻었다] 이것이 “굽히고 펴는 것이 서로 감응하여 이로움이 생겨난다”는 것이다. 관괘(觀卦)로부터 추이하면 손(巽)의 자벌레는[손(巽)은 벌레이다] 지금 감(坎)으로써 펴지니 이것은 굽힘으로써 펴기 위한 것이다. 소과괘(小過卦)로부터 추이하면 진(震)의 용(龍)과 뱀은 지금 감(坎)으로써 숨어 버리니 이것은 숨어 엎드림으로써 몸을 보존한 것이다[강(剛)이 없어지지 않은 것이다]. 의리는 건(乾)으로써 정밀하게 되고[태(兌)는 의(義)가 된다] 간(艮)의 신묘함에 들어가니[손(巽)은 입(入)이 된다] “의리를 정밀하게 하여 신묘함이 들어간다”는 것이다. 감(坎)은 공용(功庸)이 되니[감(坎)에서 수고롭다] “쓰임을 지극하기 위한 것이다”는 말이다. 간(艮)으로써 멈추고 이 곤(坤)의 편안함을 보존하니[관괘의 하괘는 곤이다] “이롭게 쓰고 몸을 편안하게 한다”는 것이다[내괘는 내가 된다]. 감(坎)의 덕이 위에 있으니 “덕을 숭상하기 위한 것이다”는 말이다. 함괘(咸卦) 구사에 이르러 음양의 감동이 지극하기 때문에 공자께서 굴신(屈伸)과 왕래(往來)의 이치를 지극히 말하신 것이다. ○나는 일찍이 『주례』를 읽고 주공이 다스림의 지극히 한 이치를 알았다. 뜻을 정밀히 하여 신묘함에 들어가는 경지에 이르러 규모와 절목이 찬연하고 엄밀하였다. 후대에 정치에 종사하는 사람들은 안으로 조열하고 탁한 마음을 품고서 밖으로 큰 모양새만을 유지하니 어찌 다스림을 지극히 할 수 있겠는가[咸九四 下 孔子曰天下何思何慮(天下坤也) 天下同歸而殊塗(坎爲歸) 一致而百慮(坤爲百) 天下何思何慮(坎勞心) 日往則月來 月往則日來(坎離爲月日) 日月相推而明生焉(推移也) 寒往則暑來(乾爲寒) 暑往則寒來(坤爲溫) 寒暑相推移世成焉(坎冬以艮成) 往者屈也(觀之時巽屈) 來者信也(今坎直) 屈信相感而利生焉(內得陽爲利) 尺蠖之屈以求信也(巽爲蠖) 龍蛇之蟄以存身也(小過震爲龍) 精義入神(乾精兌義又巽入艮神) 以

致用也(坎爲庸) 利用安身(艮止而安身) 以崇德也(坎在上) 過此以往未之
或知也(坎爲知) 窮神知化(艮爲窮神坎知而离化) 德之盛也 ○案蹇自觀小
過來(咸九四) 小過者大坎也(兼畫三) 坤民歸坎 此天下同歸也(坎爲歸) 一
坎之中震爲大塗(小過之上震) 艮爲徑路(雷山卦) 此同歸而殊塗也(同作大
坎而道各不同) 觀者大艮也(兼畫三) 物終乎艮(說卦文) 其所致者一也 兩
坤相乘(四陰爲兩坤) 其數百也(地數十) 今以坎思(上今坎) 一致而百慮也
(坎勞心) 若是者何謂也 萬物芸芸 散而之四 而畢竟同歸於坎宮 萬物攘攘
百慮勞心 而畢竟同歸於艮終(有生必有死) 由是言之 天下之事 原不足以
勞我心思也 觀移自坎蹇則上坎下離(下互离) 此月往而日來也(坎爲月) 否移
爲咸則坤升乾降(上之三) 此暑往而寒來也(乾寒而坤暑) 推移之故 中成離
明(三五互) 此日月相推而明生也 推移之故 上爲坎冬此寒暑相推而歲成
也(艮以成) 巽以柔撓 其象屈也 坎以剛直 其象伸也(信伸通) 觀以巽屈
蹇以坎伸(上今坎) 屈信相感也(感動也) 剛自外來(上之三) 以利坤民(內得
陽) 此屈伸相感而利生也 移之自觀則巽之尺蠖(巽爲蟲) 今以坎直(上今
坎) 此屈抑以求伸也 移自小過則震之龍蛇 今以坎隱(上今坎) 此蟄伏以存
身也(剛不亡) 義以乾精(兌爲義) 入於艮神(巽爲入) 精義入神也 坎爲功庸
(勞乎坎) 以致用也 艮以止之 保此坤安(觀下坤) 利用安身也(內爲我) 坎
德在上以崇德也 咸至九四 陰陽之感動極矣 故孔子極言屈伸往來之理 ○
鏞嘗讀周禮知周公致治之才 在乎精義入神 故規模節目 粲然森整 後之從
政者 內懷粗濁 外持大體 何以致治哉]!

11) 해괘(解卦) 상육 하
공자께서 말씀하시길 "매는 날짐승이며, 활과 화살은 무기이며
[감(坎)은 활에 화살을 장착한 것이 된다] 그것을 쏘는 것은 사
람이다[건이 사람이 된다]. 군자가[본래 상괘는 진(震)이다] 몸에
무기를 간직하고[곤의 네 개의 음에 간직한다] 때를 기다려 움
직이니[1, 2, 3, ,4, 5는 때가 아니다] 어찌 불리함이 있겠는가
(활을 쏘면 반드시 맞는다)! 움직임에 단속할 것이 없으니[괘에
간(艮)의 손이 없으니 막을 수가 없다] 이러한 까닭으로 나아가
서 얻은 것이며[건의 가운데에서 나온 것이다] 기물을 완성하고
움직이라는 것을 말한 것이다"고 하였다. ○주자가 말하길 "괄
(括은 가로막힘이다"고 하였다[불괄(不括)은 팔로 붙잡고서 말
리는 것이 없음을 말한다]. ○살펴보건대, 괘체(卦體) 안에 본래
부터 활과 화살이 있으므로[감(坎)의 활과 이(離)의 화살] "몸에

무기를 지닌다"고 한 것이다. 괄(括)은 단속한다는 것이고 잡아 끄는 것이다[解上六 下 孔子曰隼者禽也 弓矢者器也(坎爲弓衛矢) 射 之者人也(乾爲人) 君子(本上震) 藏器於身(坤四陰以藏之) 待時而動(一二 三四五非時) 何不利之有(發必中) 動而不括(卦無艮手不能掣) 是以出而 有獲(出乎乾之中) 語成器而動者也 ○朱子曰括結礙也(不括言無所掣肘) ○案卦體之內 本有弓矢(坎與离) 藏器於身也 括檢也掣也].

12) 해괘(解卦) 육삼 상

공자께서 말씀하시길 "『역』을 지은 사람은 도적에 대해 알고 있구나! 『역』에 '등에 짊어지고 수레를 타니 도적을 불러들인 다'고 하였으니 짊어지는 것은 소인의 일이고[소과괘 하괘는 간 (艮)이다] 타는 것은 군자의 기물을 가리킨다[상괘 진(震)은 군자 가 된다]. 소인이 군자의 기물을 타니[간(艮)의 소인이 감(坎)의 수레를 타고자 한다] 도적이 빼앗을 생각을 하게 되는 것이다 [음이 밖에서 들어와 주인이 된다]. 위로는 거만하게 행동하고 아래로는 포악하게 행동하니[상괘의 진(震)은 거만함을 상징하 고 하괘의 감(坎)은 난폭함을 상징한다] 도적이 공략할 것을 생 각을 하게 되는 것이다[진(震)으로써 그 죄를 성토한 것이다]. 저장한 것을 게을리 관리한 것은 도둑질하라고 가르쳐 주는 것 이며[곤은 감추는 것이 된다] 용모를 요란하게 꾸미는 것은 음 란함을 초래하는 것이다[이(離)의 여자가 그 얼굴을 화장한다]. 『역』에 이르길 '등에 짊어지고서 또 수레를 타니 도둑을 불러들 이는 것이다'고 하였으니 스스로 도둑을 불러들인 것을 말한 것 이다[간(艮)의 손으로 불러들인 것이다]"고 하였다. ○정자가 말 하길 "유음(陰柔)가 하괘(下卦)의 윗자리에 자리하니, 그 차지할 자리가 아니다"고 하였다. 소인이 군자의 자리를 차지하였으니 감당하지 못하는 것이다. 벌(伐)은 그 죄를 성토하는 것이다. ○ 살펴보건대, 소과괘(小過卦)의 때에는 진(震)의 군자가 이 대감(大 坎)의 수레를 타고 있는데[겹획하면 감(坎)이다] 간(艮)의 소인이 본받아 그것을 타니(3이 2로 간다) 이러한 해로움을 만나는 것 이다. 항괘(恒卦)는 큰 감(坎)이 되니[1, 2, 3, 4, 5의 협괘(夾卦)이 다] 그 상이 도적이다. 상괘(上卦)인 진(震)이 거만함이 되는 것 은 강(剛)이 아래에 있기 때문이다[두 개의 음이 하나의 강(剛)을 누르고 있다]. 본래 곤(坤)의 비단을[본래 네 개의 음이 있다] 방밖에 감추어 두었으니(소과괘 네 개의 음이 모두 밖에 있다) 도둑을 맞게 되는 이유이다[항괘(恒卦) 또한 음이 밖에 있다]. 또한 간(艮)의 젊은 남자로써 이(離)의 중녀(中女)와 사귀니[추이하면 호리(互離)가 된다] 음란함이 되는 이유이다(그 짝이 아니다)[解六三 上 孔子曰作易者其知盜乎 易曰負且乘 致寇至 負也者小人之事也(小過之下艮) 乘也者君子之器也(上震爲君子) 小人而乘君子之器(艮小人欲乘坎車) 盜思奪之矣(陰自外來入爲主) 上慢下暴(震慢而坎暴) 盜思伐之矣(震以聲其罪) 慢藏誨盜(坤爲藏) 治容誨淫(离女治其面) 易曰負且乘致寇至 盜之招也(艮手以招之) ○程子曰陰柔居下之上 非其據也 小人居君子之位 非其所堪也 伐者聲其罪也 ○案小過之時 震之君子乘此大坎之車(兼畫坎) 艮之小人效而乘之(三之二) 逢此害也 恒爲大坎(初五夾) 其象盜也 上震爲慢者剛在下也(二陰壓一剛) 本以坤帛(本四陰) 藏於室外(小過四陰皆在外) 所以盜也(恒亦陰在外) 亦以艮男 交於離女(移之爲互离) 所以淫也(非其配)].

13) 손괘(損卦) 육삼 하
공자께서 말씀하시길 "하늘과 땅이 인온함에[태괘(泰卦)로부터 하늘과 땅의 기운이 와서 서로 교감하는 것이다] 만물이 조화롭게 성장하는데[큰 이(離)로 변화시킨 것이다] 남녀가 정기를 섞음에[간(艮)은 남자이고 태(兌)는 여자이다] 만물이 화생한다[진(震)은 생성이 된다]. 『역』에 말하길 '세 사람이 가면 한 사람을 잃고, 한 사람이 가면 그 친구를 얻는'고 하였으니 하나가 이룸을 말한 것이다[하가 아니면 의심이 그 사이에서 생겨난다]. ○살펴보건대, 하늘과 땅도 둘이 인온하는 것이고[어떤 사람이 더해지면 이루어지지 않는다], 남자와 여자도 둘이 정기를 섞는 것이니[한 사람이 더해지면 이루지 못한다] 둘이 있으면 서로 믿고[지금 이(離)가 이루어짐이다] 셋이 있으면 서로 의심하게 하게 되니[이(離)가 될 수 없다] 무릇 부부 사이나 친구와의 교제에 있어 모두 이러한 의미가 있다"고 하였다[損六三 下 孔子曰天地絪縕(自泰來天地之氣相交) 萬物化醇(大离化) 男女構精(艮男而兌女) 萬物化生(震爲生) 易曰三人行則損一人 一人行則得其友 言致一也(不一則疑生其間) ○案天地以兩而絪縕(加一則不成) 男女以兩而構精(加一則不成) 兩則相孚(今成离) 三則相疑(不能离) 凡夫婦之際 朋友之交 皆有此義].

14) 익괘(益卦) 상구 하

공자께서 말씀하시길 "군자는[비괘(否卦)의 건(乾)의 3양이다] 그
자신을 안정시키고[내괘는 아(我)가 되고 곤괘는 안(安)이 된다]
이후에 움직이며[추이하면 익괘(益卦)가 되는데 아래의 진(震)은
움직임이다] 그 마음을 편안히 하고[감심(坎心)의 자리에 해당되
고, 손(巽)은 순(順)이다] 이후에 말하며[손(巽)은 고함이 된다]
그 교제할 사람을 정하고[진(震)과 손(巽)은 본래 짝한다] 이후에
구애한다[호간(互艮)으로서 구한다]. 군자는 이 세 가지를 닦는
까닭에 온전하다[큰 이(離)로써 닦는다]. 위태롭게 행동하면[임
괘(臨卦)의 태(兌)는 강(剛)을 타고 있으니 위태롭다] 백성이 흥기
하지 않으며[곤(坤)의 세 음(陰)이 서로 모여서 떨어지지 않는다]
두렵게 말하면[감(坎)은 두려움이 되고 태(兌)는 말이 된다] 백성
들이 호응하지 않는다[3위와 6위가 모두 유(柔)이다]. 교제할 사
람이 아닌데 구하면[진(震)과 감(坎)은 바른 짝이 아니다] 백성이
함께 하지 않으니[곤(坤)의 세 개의 음이 나누어지지 않는다] 함
께하지 않는다면 그를 해칠 사람이 이를 것이다[감(坎)이니 해침
이 된다]. 『역』에 '보태주지 않으니 혹 누가 그를 공격해올 수도
있다. 마음가짐에 항상된 마음이 없으니 흉할 것이다'고 하였
다"고 한 것이다. ○살펴보건대, 비괘(否卦)의 때에는 건(乾)과
곤(坤)이 그 짝이 된다. 추이하여 익괘(益卦)가 되면 진(震)과 감
(坎)이 그 짝이 된다[장남과 장녀이다]. 이것이 이른바 "그 교제
할 사람을 정하고서 구애하는 것이다"는 말이다. 임괘(臨卦)의
때에도 태(兌)와 곤(坤)은 그 짝이 될 수 없으니 추이하여 준괘
(屯卦)가 되어도 진(震)과 감(坎)은 그 짝이 될 수 없다. 이것이
이른바 "교제할 사람이 아닌데 구하는 것이다"는 말이다[益上九
下 孔子曰君子(否之乾三陽) 安其身(內卦爲我坤爲安) 而後動(移之爲益
下震動) 易其心(坎心之位巽爲順) 而後語(巽爲告) 定其交(震巽本配匹)
而後求(互艮以求之) 君子修此三者故全也(大离以修之) 危以動(臨之兌乘
剛爲勵) 則民不興也(坤三陰相聚不分) 懼而語(坎懼而兌語) 則民不應也
(三與上皆柔) 无交而求(震坎非其配) 則民不與也(坤三陰不分) 莫之與則
傷之者至矣(坎傷之) 易曰莫益之 或擊之 立心物恒 凶 ○案否之時 乾坤
其配也 移之爲益 震巽其配也(長男與長女) 此所謂定其交而求也 臨之時
兌坤非其配 移之爲屯 震坎非其配 此所謂无交而求也].

15) 곤괘(困卦) 육삼 하

공자께서 말씀하시길 "곤란할 것이 아닌데도 곤란하니[두 개의
음이 네 개의 양을 에워싸고 있다] 이름이 반드시 욕될 것이며
[손(巽)은 굴욕이 된다] 의지할 것이 아닌데도 의지하니[태(兌)가
강(剛)을 올라타고 있다] 몸이 반드시 위태로울 것이다[상위(上
位)는 높고 또한 위태롭다]. 이미 욕되고 위태로워[손(巽)이고 태
(兌)이다] 죽을 기한이 장차 이르니[감(坎)은 간(艮)의 근처에 있
다] 그 아내를 볼 수 있겠는가"라고 하였다. ○곤괘(困卦) 육삼
은 음으로써 양에 거처하니 본래 그 자리가 아니다. 그러므로
그 변상(變象)도 이와 같다. 효사(爻詞)의 물상(物象)이 비록 변체
(變體)를 사용한 것일지라도 만약 그 소이연(所以然)의 이치로서
본다면 또한 반드시 본괘(本卦)의 덕과[곤괘(困卦)에 본래 감(坎)
이 있다] 본래 자리의 당부(當否)에 말미암으니 이 또한 『역』을
읽는 중요한 요체이다[困六三 下 孔子曰非所困而困焉(二陰圍四陽)
名必辱(巽爲屈) 非所據而據焉(兌乘剛) 身必危(上位高且厲) 旣辱且危(巽
且兌) 死期將至(坎近艮) 妻其可得而見耶 ○案困之六三以陰居陽 本非其
位 故其變象如此也. 爻詞物象雖用變體若其所以然之理則又必由本卦之德
(困卦本有坎) 及本位之當否 此又讀易之大要也].

16) 정괘(鼎卦) 구사 하

공자께서 말씀하시길 "덕은 없으면서 지위는 높고[간(艮)의 소
인이 위에 있다] 지혜는 적은데[감(坎)의 자리에 음이 가운데에
있다] 도모하는 일이 크고[건(乾)의 세 양이 가운데에 있다] 힘
은 적은데 책임이 무거우면[간(艮)은 안이 유약하다] 화를 당하
지 않는 것이 드물다[화에 미치는 것이다]. 『역』에 '솥 다리가
부러져 공속(公餗)을 쏟을 것이다. 형옥을 당하리니 흉하다'고
하였으니 그 맡은 임무를 감당하지 못함을 말한 것이다"고 하
였다[鼎九四 下 孔子曰德薄而位尊(艮小人在上) 知小(坎位陰在中) 而謀
大(乾三陽在中) 力小而任重(艮內柔) 鮮不及矣(及於禍) 易曰鼎折足 覆公
餗 其形渥 凶 言不勝其任也].

17) 절괘(節卦) 초구 상

공자께서 말씀하시길 "어지러움이 생긴 것은[절괘(節卦) 상괘(上
卦)는 감(坎)이니 어지럽다] 언어를[절괘(節卦) 하괘(下卦)는 태(兌)

인데 언어이다] 층계로 삼아[건괘의 세 양은 층계의 세 계단이다] 군주가 긴밀하게 하지 않으면[태괘(泰卦)의 건(乾)의 군주가 그 입을 여는 것이다] 신하를 잃을 것이며[3위의 강(剛)이 5로 가니 상괘의 곤(坤)이 없어진다] 신하가 긴밀하게 하지 않으면[5위의 유(柔)가 삼(三)으로 가니 또 태(兌)의 언어를 이룬다] 몸을 잃을 것이며[곤(坤)의 형체가 없어진다] 기밀을 지켜야 할 일을[감(坎)은 기밀(機密)이 된다] 긴밀하게 하지 않으면[건괘의 세 양이 긴밀함이다] 해로움이 생길 것이다[3이 5로 가서 감(坎)이 생긴다]. 이러한 까닭에 군자는[습감괘(習坎卦)의 호진(互震)이다] 긴밀함을 신중하고[감(坎)의 덕은 견고하니 또한 긴밀함이 된다] 말을 내지 않는다[태(兌)의 언어가 간(艮)의 문 안에서 소멸된다]"고 하였다. ○살펴보건대, 절괘(節卦)는 태괘(泰卦)로부터 왔으니 그 시작은 건괘(乾卦)의 군주와 곤괘(坤卦)의 신하가 각각 그 분수에 편안해하는데[내괘와 외괘에 자리하고 있다] 추이(推移)하여 절괘(節卦)가 되면 군주가 한마디 말하자[3이 5로 간 것이다] 곤(坤)의 신하가 어지러움을 일으킨다[감(坎)은 난(亂)이 된다]. 이러한 때를 당하여 한마다 말이라도 긴밀하게 하지 않으면 기밀한 일이 모두 세어 나가기 때문에 이와 같이 경계한 것이다[節初九 上 孔子曰亂之所生也(節上坎爲亂) 則言語(節下兌爲言) 以爲階(乾三陽爲階三級) 君不密(泰之乾君開其口) 則失臣(三之五而上坤亡) 臣不密(五之三又成兌言) 則失身(坤體亡) 幾事(坎爲機) 不密(乾三陽爲密) 則害成(三之五爲坎) 是以 君子(習坎之互震) 愼密(坎德堅固亦爲密) 而不出也(兌言滅於艮戶內) ○案卦自泰來 其始也 乾君坤臣各安其分(內外位) 移之爲節則君言一出(三之五) 坤臣作亂(坎爲亂) 當此之時 一言不密 機事盡泄 故戒之如此].

18) 중부괘(中孚卦) 구이 상
공자께서 말씀하시길 "군자가 그 집에 있어도[진(震)의 지아비와 손(巽)의 처가 함께 사는 것을 실(室)이라고 한다] 그 나오는 말이[태(兌)의 말을 진(震)으로써 내보낸 것이다] 선하면[진(震)은 인(仁)이 된다] 천리 밖에서도[호괘(互卦)의 간(艮)이 곤(坤)의 영역 밖에 있다] 이에 응하나[2는 유(柔)이고 5는 강(剛)이다] 하물며 가까운 데에서랴[초효는 강(剛)이고 2효는 유(柔)이다]! 집안에 있어서 그 나오는 말이[하괘는 본래 태(兌)이다] 선하지 않으면[본래 진(震)이 아니다] 천리의 밖에서도 이에 어긋나니[2효와 5효는 본래 모두 강(剛)이다] 하물며 가까운데 있어서랴[초효와 2효는 모두 강(剛)이다]! 말은 몸에서 나와[진(震)에서 나온다] 백성에게 더해지고[2효와 3효와 4효는 곤(坤)이다] 행동은 가까운데서 발생하여[진(震)은 행(行)이 된다] 면데 나타난다[곤국(坤國)의 밖이다. 언행은[태(兌)와 진(震)이다] 군자의 지도리이니[간괘(艮卦)의 문이 열리고 닫힘이다] 지도리를 발하는 것이 영욕(榮辱)의 주가 된다[진(震)은 영화이고 손(巽)은 굴욕이다]. 언행은 군자가 천지를 움직이는 것이니[비괘(否卦)의 천지가 움직여서 익괘(益卦)가 된다] 삼가지 않을 수가 있겠는가[호괘(互卦)의 간(艮)이 절(節)이다?"라고 하였다. ○살펴보건대 중부(中孚)는 감응의 괘이고 뇌풍(雷風) 익괘(益卦)는 동성상응(同聲相應)의 괘이다. 그러므로 그 상(象)은 우는 학이 서로 화답하는 것이 된다. 공자께서 말씀하신 '선하면 천 리 밖에서도 호응한다'라는 것도 역시 동성상응(同聲相應)이다(바람과 우레는 본래 같은 소리이다)[中孚九二 上 孔子曰君子居其室(震夫巽妻同居曰室) 出其言(兌言以震出) 善(震爲仁) 則千里之外(互艮在坤疆之外) 應之(二柔而五剛) 況其邇者乎(初剛而二柔) 居其室 出其言(下本兌) 不善(本非震) 則千里之外違之(二五本皆剛) 況其邇者乎(初與二俱剛) 言出乎身(出乎震) 加乎民(二四坤) 行發乎邇(震爲行) 見乎遠(坤國外) 言行(兌與震) 君子之樞機(艮門之開閉) 樞機之發 榮辱之主也(震爲榮巽爲屈辱) 言行君子之所以動天地也(否之天地動益) 可不愼乎(互艮節) ○案中孚者感應之卦也 風雷益者同聲相應之卦 故 其象爲鳴鶴相和 孔子所謂善則千里之外應之者 亦同聲相應也(風雷本同聲)].

이상에서 가칭 「석효보전(釋爻補傳)」이라는 이름으로 정리된 적잖은 분량의 이 글의 작자를 다산은 빠짐없이 '공자왈(孔子曰)'로 시작하기는 하였지만 그것을 지금에 와서는 액면 그대로 믿기는 어려울 것이다. 왜냐하면 이 사실 '공자왈(孔子曰)'을 증명하기 위하여서는 적어도 통칭 공자의 저술로 되어 있는 「대상전(大象傳)」·「소상전(小象傳)」과의 비교 연구에 의하여 결정지어져야 하기 때문이다.

십익의 하나로 되어 있는 「상전(象傳)」만 하더라도 다산은 그중에서 「대상전(大象傳)」만은 따로 발췌하여 독립된 1편의 저술로 편술한 것을 보면 이처럼 공자에 가탁한 글들에 대해서는 엄밀한 재검토가 있어야 함은 다시 말할 나위도 없다.

이처럼 「석효보전」은 '공자왈(孔子曰)'로 시작하여 각효하(各爻下)에 나누어져 있는 것을 이렇게 한 묶음으로 하여 한자리에 집약하여 놓고 본즉 일관된 문맥(文脈)과 문의(文意)가 깃들어 있음을 곧장 느끼게 한다. 한마디로 말해서 그것들은 「계사전」의 잡다성 속에서도 이로(理路) 정연한 품이 마치 「대상전」의 글을 대하는 것과 같음을 발견하게 될 것이다. 이는 『주역』의 신비주의적 시각에서 벗어나 경학으로서의 『주역』의 윤리성이 크게 부각되는 것이 아닐 수 없다. 그러므로 이 「석효보전」의 작자나 그 저작 연대는 「대상전」의 그것과 견주어서 고구(考究)됨으로써 「대상전」을 괘사(卦辭)에 대한 경학적 보전이라 한다면 「석효보전」은 효사(爻辭)에 대한 선택적 보전이라 해야 할는지 모른다.

5. 결어

『주역』에 있어서 「계사전」이 차지하고 있는 비중은 실로 막중한 바 있지만 그의 개념마저도 다산은 그의 입장을 달리하고 있음을 보아 왔다. 1편의 통론으로 본 주자와는 달리 계사란 「단상전(彖象傳)」으로서 일편지통론(一編之通論)은 따로 『사기』의 「역대전(易大傳)」이 바로 이에 해당하는 것으로 간주하였다.

이처럼 모두에서부터 「계사전」에 대하여 회의적 태도를 취한 다산은 「계사전」 개편을 위하여 근본적인 수술을 가함으로써 이를 4대 분야로 나눈 것이 바로 ① 「역대전(易大傳)」, ② 폐기구절(廢棄句節), ③ 「시괘전(蓍卦傳)」, ④ 「석효보전(釋爻補傳)」인 것이다.

『주역』은 주지하는 바와 같이 그 저작의 연대와 작자는 미상이라는 안개 속에 묻혀 있기는 하지만 이를 구성하고 있는 몇 가지 동질성에 의하여 이를 가려낼 수 있을 것이다. 그러한 의미에서 「계사전」을 놓고 네 개의 분야로 이를 정리한 것은 그의 동질성의 추구에 크게 기여하였다고 보아야 할 것이다.

첫째, 「역대전(易大傳)」은 이른바 『주역』의 총론으로서 종전의 「계사전」 상경(上經)·하경(下經)에 가름하자는 것으로 평가받아야 할 것이다. 여기에는 오로지 천문역수(天文曆數)에 따른 역학(易學)의 대체(大體)가 담겨 있다.

둘째, 다산이 고의로 '지금 감히 전체를 해석하려는 것은 아님[今不可全釋]'을 핑계로 하여 일체 언급을 회피하였지만 오히려 그러한 태도 속에 다산의 미의(微意)가 깃들어 있는지도 모른다. 왜냐하면 이 폐기구절(廢棄句節) 속에 온통 신비주의적(神秘主義的) 역상(易象)이 깃들어 있기 때문이다. 그러한 태도로 다산은 한대의 참위재이설적 복서역과 결별하였다고 보아야 할 것이다.

셋째, 「시괘전(蓍卦傳)」의 정리는 서의(筮儀) 속에 깃들어 있는 마지막 신격(神格)마저도 제거해 버리고 오직 천지일월(天地日月) 사시재윤(四時再閏)에 따른 역리(易理)만을 정리하였다는 점에 큰 의미를 부여하지 않을 수 없다. 역(易)이란 순수천명(順受天命)의 학이지 한사문복(閑邪問卜)의 술수가 아니기 때문이다.

넷째, 『주역』은 복서역에서 의리역에로의 전이과정에서 그 대체가 성립된 역경인 만큼 거기에 깃든 경학적 성격은 복서에 불하(不下)하는 큰 의미를 간직하고 있다는 점에서 「석효보전(釋爻補傳)」 속에 깃든 경의(經義)는 크게 주목되어야 하리라고 여겨진다. 다산이 「대상전(大象傳)」을 한데 모아 하나로 집약한 반면 「석효보전(釋爻補傳)」은 오히려 각효하(各爻下)로 분산하였지만 거기에 내포된 경학적 동질성은 우리들에게 주어진 『주역』의 새로운 과제의 하나가 아닐 수 없다.

제2절 「대상전」의 영별(另別)

　『주역』의 성문화(成文化)는 대체로 복희성괘(伏犧成卦) 이후 문왕이 괘사(卦詞)를 지었고 주공이 효사(爻詞)를 썼으며 이에 근거하여 공자가 괘효사(卦爻詞)의 전문(傳文)을 저술한 것으로 되어 있다. 이에 대한 시비는 별문제로 하더라도 이러한 괘효사(卦爻詞)와 그의 전문(傳文)과는 별도로 각괘하(各卦下)에 붙여 쓰인 짤막한 한 줄의 글이 있으니 그 내용을 보면 다른 글과는 달리 특이한 일면이 있음을 쉽게 발견할 수 있을 것이다. 앞서 장절에서도 경학적 동질성이라는 말을 사용한 일이 있거니와 여기서는 그 내용도 내용이려니와 그 형식마저도 군자학(君子學)으로서의 동질성이 더욱 두드러지게 나타나 있음을 쉽게 발견하게 될 것이다. 이를 한자리에 집약하여 다산이 추려 놓은 대로 적기해 보면 다음과 같다.

　「대상전(大象傳)」 원문(原文)

≡ 하늘의 운행이 굳건하니 군자는 이 괘상을 본받아 스스로 굳건

히 하여 쉬지 않는다[天行健 君子以 自彊不息].

䷁ 땅의 형세가 곤(坤)이니 군자는 이 괘상을 본받아 두터운 덕으로 만물을 싣는다[地勢坤 君子以 厚德載物].

䷂ 구름과 우레가 준(屯)이니 군자는 이 괘상을 본받아 경륜한다[雲雷屯 君子以 經綸].

䷃ 산 아래에서 샘물이 나오는 것이 몽(蒙)이니 군자는 이 괘상을 본받아 과감하게 행동하고 덕을 기른다[山下出泉蒙 君子以 果行育德].

䷄ 구름이 하늘 위에 있는 것이 수(需)이니 군자는 이 괘상을 본받아 음식을 먹으면서 잔치를 즐긴다[雲上於天需 君子以 飲食宴樂].

䷅ 하늘과 물이 어긋나게 행하는 것이 송(訟)이니 군자는 이 괘상을 본받아 일을 행함에 시작을 도모한다[天與水違行訟 君子以 作事謀始].

䷆ 땅 가운데 물이 있는 것이 사(師)이니 군자는 이 괘상을 본받아 백성을 포용하고 무리를 기른다[地中有水師 君子以 容民畜衆].

䷇ 땅 위에 물이 있는 것이 비(比)이니 선왕(先王)은 이 괘상을 본받아 많은 나라를 세우고 제후를 친애한다[地上有水比 先王以 建萬國 親諸侯].

䷈ 바람이 하늘 위에서 행하는 것이 소축(小畜)이니 군자는 이 괘상을 본받아 문덕(文德)을 아름답게 한다[風行天上小畜 君子以 懿文德].

䷉ 위로는 하늘이고 아래로는 연못인 것이 리(履)이니 군자는 이 괘상을 본받아 위와 아래를 분별하고 백성의 마음을 안정시킨다[上天下澤履 君子以 辯上下 定民志].

䷊ 하늘과 땅이 사귀는 것이 태(泰)이니 임금은 이 괘상을 본받아 하늘과 땅의 도를 조절하여 이루고, 천지의 마땅함으로 보필함

으로써 백성을 돕는다[天地交泰 后以 財成天地之道 輔相天地之宜 以左右民].

☷ 하늘과 땅이 사귀지 않는 것이 비(否)이니 군자는 이 괘상을 본받아 검소한 덕으로써 어려움을 피하고 녹봉으로써 영화롭게 하지 않는다[天地不交否 君子以 儉德辟難 不可榮以祿].

☲ 하늘이 불과 함께하는 것이 동인(同人)이니 군자는 이 괘상을 본받아 동류끼리 무리를 이루고 사물을 변별한다[天與火同人 君子以 類族辨物].

☰ 불이 하늘 위에 있는 것이 대유(大有)이니 군자는 이 괘상을 본받아 악(惡)을 저지하고 선(善)을 펼쳐 하늘의 아름다운 명(命)에 순응한다[火在天上大有 君子以 遏惡揚善 順天休命].

☶ 땅 가운데 산이 있는 것이 겸(謙)이니 군자는 이 괘상을 본받아 많은 것을 덜어서 적은 곳에 더하고 만물을 저울질하고 공평하게 베푼다[地中有山謙 君子以 裒多益寡 稱物平施].

☳ 우레가 땅속에서 나오는 것이 분예(奮豫)이니 선왕이 이 괘상을 본받아 음악을 짓고 덕을 숭상하며, 상제에게 바치고 조상에게 배향한다[雷出地奮豫 先王以 作樂崇德 殷薦之上帝 以配祖考].

☱ 못 속에 우레가 있는 것이 수(隨)이니 군자는 이 괘상을 본받아 어두운 곳을 향해 들어가 편히 쉰다[澤中有雷隨 君子以 嚮晦入宴息].

☶ 산 아래에 바람이 있는 것이 고(蠱)이니 군자는 이 괘상을 본받아 백성을 진작시키고 덕(德)을 기른다[山下有風蠱 君子以 振民育德].

☱ 못 위에 땅이 있는 것이 임(臨)이니 군자는 이 괘상을 본받아 가르칠 생각이 무궁하고 백성을 포용하고 보호하는 것이 한계가 없다[澤上有地臨 君子以 教思无窮 容保民無疆].

☴ 바람이 땅 위로 지나가는 것이 관(觀)이니 선왕이 이 괘상을 본

받아 사방을 살피고 백성을 관찰하여 가르침을 베푼다[風行地上 觀 先王以 省方觀民設教].

☳ 우레와 번개가 치는 것이 서합(噬嗑)이니 선왕이 이 괘상을 본받아 죄를 밝히고 법으로 경계한다[雷電噬嗑 先王以 明罰勅法].

☶ 산 아래에 불이 있는 것이 분(賁)이니 군자는 이 괘상을 본받아 서민의 정치를 밝히고 감히 옥사를 함부로 하지 않는다[山下有 火賁 君子以 明庶政 无敢折獄].

☶ 산이 땅에 붙어 있는 것이 박(剝)이니 윗사람은 이 괘상을 본받아 아랫사람을 두텁게 하고 집안을 편안하게 한다[山附於地剝 上以 厚下安宅].

☳ 천둥이 땅속에 있는 것이 복(復)이니 선왕은 이 괘상을 본받아 지일(至日)에는 관문을 닫으니 상인과 여행자가 다니지 않으며 임금은 지방을 순찰하지 않는다[雷在地中復 先王以 至日閉關 商旅 不行 后不省方].

☰ 하늘 아래 천둥이 치며 행하자 사물이 더불어 망령되지 않으니 선왕이 이 괘상을 본받아 시기에 화답하여 번성하고 만물을 기른다[天下雷行 物與无妄 先王以 茂對時育萬物].

☰ 하늘이 산 가운데 있는 것이 대축(大畜)이니 군자는 이 괘상을 본받아 옛말과 지나간 행실을 많이 기록하여 그 덕을 기른다[天 在山中大畜 君子以 多識前言往行 以其育德].

☶ 산 아래 천둥이 치는 것이 이(頤)이니 군자는 이 괘상을 본받아 언어를 신중히 하고 음식을 절제한다[山下有雷頤 君子以 愼言語 節飮食].

☱ 못 속으로 나무가 빠진 것이 대과(大過)이니 군자는 이 괘상을 본받아 홀로 서 있어도 두려워하지 않으며, 세상으로부터 은둔 하여도 근심이 없다[澤滅木大過 君子以 獨立不懼 遯世无悶].

䷜ 물이 거듭 흘러와 이르는 것이 습감(習坎)이니 군자는 이 괘상을 본받아 덕행을 항상하고 가르치는 일을 거듭한다[水洊至習坎 君子以 常德行 習教事].

䷝ 밝음이 거듭 만들어진 것이 이(離)이니 대인은 이 괘상를 본받아 광명을 계승하여 사방에 비춘다[明兩作離 大人以 繼明照于四方].

䷞ 산 위에 못이 있는 것이 함(咸)이니 군자는 이 괘상을 본받아 겸허하게 사람을 받아들인다[山上有澤咸 君子以 虛受人].

䷟ 우레와 바람이 있는 것이 항(恒)이니 군자는 이 괘상을 본받아 서서 방향을 바꾸지 않는다[雷風恒 君子以 立不易方].

䷠ 하늘 아래에 산이 있는 것이 둔(遯)이니 군자는 이 괘상을 본받아 소인을 멀리하지만 미워하지 않으면서 엄격히 한다[天下有山 遯 君子以 遠小人 不惡而嚴].

䷡ 우레가 하늘 위에 있는 것이 대장(大壯)이니 군자는 이 괘상을 본받아 예(禮)가 아니면 행하지 않는다[雷在天上大壯 君子以 非禮 不履].

䷢ 밝음이 땅 위로 나오는 것이 진(晉)이니 군자는 이 괘상을 본받아 스스로 밝은 덕을 밝힌다[明出地上晉 君子以 自昭明德].

䷣ 밝음이 땅속으로 들어가는 것이 명이(明夷)이니 군자는 이 괘상을 본받아 대중에게 임할 때 어둠을 사용하지만 밝아진다[明入 地中明夷 君子以 莅衆用晦而明].

䷤ 바람이 불로부터 나오는 것이 가인(家人)이니 군자는 이 괘상을 본받아 말에는 분별이 있고 행동에는 항상됨이 있다[風自火出家 人 君子以 言有物而行有恒].

䷥ 위에는 불이고 아래는 못인 것이 규(睽)이니 군자는 이 괘상을 본받아 같으면서도 다르게 한다[上火下澤睽 君子以 同而異].

☷☵ 산 위에 물이 있는 것이 건(蹇)이니 군자는 이 괘상을 본받아 자신을 반성하고 덕을 닦는다[山上有水蹇 君子以 反身脩德].

☳☵ 천동과 비가 발생한 것이 해(解)이니 군자는 이 괘상을 본받아 허물을 용서하고 죄를 사면해 준다[雷雨作解 君子以 赦過宥罪].

☶☱ 산 아래에 못이 있는 것이 손(損)이니 군자는 이 괘상을 본받아 분노를 가라앉히고 욕심을 막는다[山下有澤損 君子以 懲忿窒欲].

☴☳ 바람과 우레가 익(益)이니 군자는 이 괘상을 본받아 선을 보면 따르고, 허물을 보면 고친다[風雷益 君子以 見善則遷 有過則改].

☱☰ 못이 하늘 위에 있는 것이 쾌(夬)이니 군자는 이 괘상을 본받아 녹을 베풀어 아래에까지 미치게 하고 덕에 거처하더라도 마음을 조심스럽게 한다[澤上於天夬 君子以 施祿及下 居德則忌].

☰☴ 하늘 아래에 바람이 있는 것이 구(姤)이니 임금이 명령을 내려 사방(四方)으로 알린다[天下有風姤 后以 施命誥四方].

☱☷ 못이 땅 위에 있는 것이 췌(萃)이니 군자는 이 괘상을 본받아 무기를 손질하고, 경계하게 하여 걱정이 없도록 한다[澤上於地萃 君子以 除戎器 戒不虞].

☷☴ 땅속에 나무가 있는 것이 승(升)이니 군자는 이 괘상을 본받아 덕을 따르고 작은 것을 쌓아 큰 것을 높인다[地中有木升 君子以 順德積小以高大].

☱☵ 못에 물이 없는 것이 곤(困)이니 군자는 이 괘상을 본받아 생명을 바쳐서 뜻을 이룬다[澤无水困 君子以 致命遂志].

☵☴ 나무 위에 물이 있는 것이 정(井)이니 군자는 이 괘상을 본받아 백성을 위로하고 돕도록 권면한다[木上有水井 君子以 勞民勸相].

☱☲ 못 가운데 불이 있는 것이 혁(革)이니 군자는 이 괘상을 본받아

역법을 다스려 때를 밝힌다[澤中有火革 君子以 治歷明時].

䷱ 나무 위에 불이 있는 것이 정(鼎)이니 군자는 이 괘상을 본받아 지위를 바르게 하고 천명을 응결시킨다[木上有火鼎 君子以 正位凝命].

䷲ 천둥이 거듭 치는 것이 진(震)이니 군자는 이 괘상을 본받아 두려워하며 수양하고 반성한다[洊雷震 君子以 恐懼脩省].

䷳ 산이 겹친 것이 간(艮)이니 군자는 이 괘상을 본받아 생각이 그 자리를 벗어나지 않는다[兼山艮 君子以 思不出其位].

䷴ 산 위에 나무가 있는 것이 점(漸)이니 군자는 이 괘상을 본받아 어진 덕에 머무르고 속세를 선하게 한다[山上有木漸 君子以 居賢德善俗].

䷵ 못 위에 우레가 있는 것이 귀매(歸妹)이니 군자는 이 괘상을 본받아 끝까지 완수하고 가려짐을 안다[澤上有雷歸妹 君子以 永終知敝].

䷶ 천둥과 번개가 함께 이르는 것이 풍(豊)이니 군자는 이 괘상을 본받아 옥사를 결단하고 형벌을 내린다[雷電皆至豊 君子以 折獄致刑].

䷷ 산 위에 불이 있는 것이 여(旅)이니 군자는 이 괘상을 본받아 형벌을 내릴 때에는 현명하고 신중하며 옥사를 지체하지 않는다[山上有火旅 君子以 明慎用刑 而不留獄].

䷸ 바람을 따르는 것이 손(巽)이니 군자는 이 괘상을 본받아 명령을 거듭 내리고 일을 수행한다[隨風巽 君子以 申命行事].

䷹ 두 개의 못이 있는 것이 태(兌)이니 군자는 이 괘상을 본받아 붕우와 강론하고 학습한다[麗澤兌 君子以 朋友講習].

䷺ 바람이 물 위에서 행하는 것이 환(渙)이니 선왕이 이 괘상을 본받아 상제에게 제사를 올리고 종묘를 세운다[風行水上渙 先王以 享于帝立廟].

☱ 못 위에 물이 있는 것이 절(節)이니 군자는 이 괘상을 본받아 수(數)와 척도(尺度)를 만들고 덕행을 논의한다[澤上有水節 君子以 制數度 議德行].

☴ 못 위에 바람이 부는 것이 중부(中孚)이니 군자는 이 괘상을 본받아 옥사를 의논하고 사형을 완만하게 한다[澤上有風中孚 君子以 議獄緩死].

☶ 산 위에 천둥이 치는 것이 소과(小過)이니 군자는 이 괘상을 본받아 행실은 지나치게 공손하게 하고 상사는 지나치게 슬프게 하며, 쓰는 것은 지나칠 정도로 검소하다[山上有雷小過 君子以 行過乎恭 喪過乎哀 用過乎儉].

☲ 물이 불 위에 있는 것이 기제(旣濟)이니 군자는 이 괘상을 본받아 근심을 생각하고 그것을 미리 방지한다[水在火上旣濟 君子以 思患而豫防之].

☵ 불이 물 위에 있는 것이 미제(未濟)이니 군자는 이 괘상을 본받아 신중하게 사물을 변별하고 거처를 정한다[火在水上未濟 君子以 愼辨物 居方].

이상 64괘 중 '군자이(君子以)' 54 '선왕이(先王以)' 6 '후이(后以)' 3 '대인이(大人以)'와 '상이(上以)'가 각각 1로서 군자이(君子以)가 절대적일 뿐 아니라 선왕(先王)·후(后)·대인(大人)·상(上) 등도 모두 군자(君子)의 별칭이고 보면 「대상전」은 애오라지 군자학으로서의 역학임을 입증하는 것이 아닐 수 없다. 다산이 각괘하(各卦下)에 나누어져 있어서 제구실을 다하지 못한 「대상전」을 하나로 묶어 놓은 까닭이 여기에 있다고 해야 할 것이다. 그러므로 다산은 이 뜻을 분명히 하기 위하여 다음과 같이 이르고 있다.

> 「대상전(大象傳)」이라는 것은 공자가 복서가(卜筮家)의 단사(彖詞)
> 와 상사(象詞) 이외에 따로 스스로 상을 완미하여 군자의 활동에
> 도움이 되도록 한 것이다.[19]

란 이를 두고 이른 것이 아닐 수 없다. 이를 따로 뽑아서 일경(一經)
을 만들지 않을 수 없는 이유도 다음과 같이 분명히 밝히고 있다.

> …또한 「대상전(大象傳)」을 한 괘의 표제(標題)로 여겨 단사(彖詞)
> 와 효사(爻詞)와 혼륜하게 한 덩어리로 만들었으니 그 어리석음
> 이 더욱 심하다. 이제 별도로 정리하여 옛 모습을 복원시키니
> 부자(夫子)가 『주역』을 활용하려는 뜻이 이로 인해서 환하게 밝
> 혀졌다.[20]

이상으로써 다산이 왜 「대상전」을 영별(另別)하여 독립된 일경(一
經)으로 만든 이유를 알 수 있거니와 이렇게 하나로 만듦으로써 우
리는 비로소 천지수화뇌풍산택(天地水火雷風山澤)으로서의 자연현상
이 군자이(君子以)로서의 작용에 의하여 정치적 윤리의 기틀이 된다
는 사실을 분명히 알게 될 것이다.

---

19) 『周易四箋』卷7, Ⅱ~43, 31쪽(10~63). "大象傳者 孔子于筮家彖象之外 別自玩象 以資君子之用者也".

20) 같은 책, 같은 곳. "…而又以大象傳爲一卦之標題 與彖詞爻詞混成一體 則其蔽滋厚矣 玆別疏理以還其
舊 庶夫子用易之旨 因亦章顯也".

제3절 문언론

　「문언(文言)」이 언제부터 십익의 하나가 되었는지에 관하여서는 확실하지 않으나 다산은 그의 「대상전」을 논하는 자리에서 "후대의 유학자들이 마침내 「문언」을 십익의 하나로 여겼지만 「대상전」은 별도로 경전이 되지 못하였다[後之儒者 遂以文言爲十翼之一 而大象傳不能別自爲經矣]"(같은 책, 같은 곳)라 한 것을 보면 「대상전」과 바꿔치기하여 십익에 끼게 되었음을 알 수 있다. 구체적으로는 여조겸의『고주역소인(古周易所引)』에서 "왕필은 「문언전」을 건괘와 곤괘에 붙였다[王弼以文言 附於乾坤二卦]"라고 하여 왕필설을 기록한 것을 보더라도 「문언」이 십익에 끼게 된 것은 대체로 후대에 이루어진 것이 분명하다. 뿐만 아니라 「문언」의 성격에 관하여서도 제설이 구구하여 문식설(文飾說), 효교오자설(爻交誤字說), 역고설(易詁說) 등이 있지만 다산은 역훈고(易訓詁)를 택하고 있다. 야마시다 시즈오(山下靜雄) 저(著)『주역십익(周易十翼)의 성립(成立)과 전개(展開)』에 따르면 문식설(文飾說)은『주역정의(周易正義)』에 장씨설(莊氏說)로서 "문은 문식이다. 건괘와 곤괘의 덕이 크기 때문에 특별히 「문언」을 문식한 것이다[文謂文飾 以乾坤德大 故 特文飾 以文言]"고 했다 하였고 효교오자설(爻交誤字說)은 야마카타 하타모모(山片幡桃)의 설(說)로서『사기(史記)』의 "공자가 만년에『역』을 좋아하여 역상과 계상과 설괘와 문언을 순서했다[孔子晚年好易 序易象繫象說卦文言]"는 것은 "역상과 계상과 설괘와 효언을 순서했다[序易象 繫象 說卦爻言]"고 해야 한다는 것이다. 그러나 다산은 문언역고설(文言易詁說)을 다음과 같이 주장한다.

> 살펴보건대, 문언(文言)이라는 것은 옛날의 자서(字書)로써『이아(爾雅)』와『설문해자(說文解字)』와 같은 것인데 오로지『주역』의 훈고(訓詁)를 위한 것이다. 그러므로 공자가 태어나기 13년 전 목강(穆姜)이 미리 문언(文言)의 글을 말하였던 것이니 이것으로 증명할 수 있다.『사기(史記)』「공자세가(孔子世家)」와『한서(漢書)』「유림전(儒林傳)」에서는 모두 「문언」을 십익과 구별하였다. 공자가 「문언(文言)」을 인용해『주역』을 풀이한 것인데 후세의 유학자들이 마침내 공자가 지은 것으로 여기고 있으니 잘못이다. '군자행차사덕자(君子行此四德者)' 이하가 공자의 글이다.[21]

라 하였다. 그러면 건곤양괘(乾坤兩卦)에서 「문언」은 어떻게 정리되었는가.

건괘 「문언전」(乾卦文言)

건(乾)은 원형리정(元亨利貞)이라[乾元亨利貞].
「문언전」에 말하기 "원(元)은 선(善)의 으뜸이다. 형(亨)은 기쁨의

---

21)『周易四箋』卷1, Ⅱ~37, 35~36쪽(9-72~73). "按文言者古之字書 若爾雅說文之類 而專爲易詁者也 故孔子之生十三年之前 穆姜預兌文言之詞 斯可驗也 史記孔子世家及漢書儒林傳 並別之於十翼 蓋孔子引用文言以爲易傳 而後之儒者遂認爲孔子所作 謬矣 君子行此四德者 以下孔子文也".

모임이다. 리(利)는 의(義)의 조화이다. 정(貞)은 일의 근간이다. 군자는 인(仁)을 체인하니 족히 다른 사람의 어른이 될 수 있고, 기쁘게 모이니 예에 합할 수 있고, 물을 이롭게 하니 의로움을 조화롭게 할 수 있고, 바르고 한결같으니 일을 처리할 수 있다. 군자는 이 네 가지 덕을 행하는 사람이니 '건(乾)은 원형리정(元亨利貞)이라'고 하였다." 살펴보건대, 「문언전」이라는 것은 고대의 자서(字書)이다. …[文言曰元者善之長也 亨者嘉之會也 利者義之和也 貞者事之幹也 君子體仁足以長人 嘉會足以合禮 利物足以和義 貞固足以幹事 君子行此四德者 故曰乾元亨利貞 案文言者古之字書…].

공자께서 말씀하시길 "건원(乾元)은 시작하여 형통한 것이다. 이정(利貞)은 성정(性情)이다. 건(乾)의 시초가 능히 아름다운 이로움으로써 천하를 이롭게 하는데 이로운 것을 말하지 않으니 위대한 것이다. 위대하도다! 건(乾)이여! 강하고도 굳세면 중정하니 순수한 정수이다. 6효가 발휘하여 정(情)을 두루 통한다. 때로 6용에 올라타서 하늘을 돌아다니며 구름이 유행하고 비가 내려 천하가 화평하게 된다"고 하였다[孔子曰乾元者始而亨者也 利貞者性情也 乾始能以美利 利天下 不言所利 大矣哉 大哉乾乎 剛健中正 純粹精也 六爻發揮 旁通情也 時乘六龍 以御天也 雲行雨施 天下平也].

초구는 잠겨 있는 용이니 쓰지 말라[初九潛龍勿用].

공자께서 말씀하시길 "용(龍)의 덕으로 은둔한 사람이다. 세상에서 있어도 변함이 없으며, 명성을 이루지 않으며, 세상을 피해 있으면서도 근심하지 않으며, 옳다고 보아 주지 않아도 근심이 없다. 즐거우면 행하고 근심스러우면 어기니 확실하도다! 그 의지를 빼앗을 수 없으니 잠긴 용이다"고 하였다[孔子曰龍德而隱者也 不易乎世 不成乎名 遯世无悶 不見是而无悶 樂則行之 憂則違之 確乎其不可拔 潛龍也].

공자께서 말씀하시길 "군자는 덕을 이루는 것으로써 행실을 삼으니 날마다 드러나는 것이 행실이다. 잠(潛)이라는 말은 숨어서 드러나지 않는 것이며, 행하여도 이루어지지 않는 것이다. 이러한 까닭으로 군자는 쓰이지 않는 것이다"고 하였다[孔子曰君子以成德爲行 日可見之行也 潛之爲言也 隱而未見 行而未成 是以 君子弗用也].

구이는 용이 나타나 밭에 있으니 대인(大人)을 만나는 것이 이롭다[九二見龍在田 利見大人].

공자께서 말씀하길 "용의 덕을 가지고 중정(中正)한 사람이다. 평소의 말은 신의가 있고 평소의 행동을 산가며, 간사함을 막고 그 성실함을 보존하며, 세상을 선하게 하지만 자랑하지 않으니 덕을 널리 펴서 교화하는 것이다. 『역』에 말하길 '용이 나타나 밭에 있으니 대인을 만남이 이롭다'라고 하였으니 군자의 덕이다"고 하였다[孔子曰龍德而正中者也 庸言之信 庸行之謹 閑邪存其誠 善世而不伐 德博而化 易曰見龍在田 利見大人 君德也].

공자께서 말씀하시길 "군자는 배움으로써 모으고, 질문으로써 변별하고, 관대함으로서 거처하고 어짊으로써 행한다. 『역』에 '용이 나타나 밭에 있으니 대인을 만남이 이롭다'는 것은 군자의 덕을 말하는 것이다"고 하였다[孔子曰君子學以聚之 問以辨之 寬以居之 仁以行之 易曰見龍在田 利見大人 君德也].

구삼은 군자가 종일토록 쉬지 않고 열심히 힘쓰고 저녁에는 두려운 듯하니 위태롭지만 허물이 없다[九三君子終日乾乾 夕惕若 厲無咎].

공자께서 말씀하시길 "군자가 덕성을 진작시키고 사업을 닦음에 충과 신은 그 덕성을 진작시키는 것이요, 말을 닦아서 그 성실함을 세우는 것은 그 일을 행하기 위한 것이다. 이르러야 할 곳을 알고 이르니 더불어 기미(幾微)로써 할 수 있으며, 마쳐야 할 곳을 알고 마치니 더불어 의(義)를 보존할 수 있다"고 하였다. 이러한 까닭으로 윗자리에 있으면서도 교만하지 않고 아랫자리에 있으면서도 근심하지 않는다. 그러므로 힘쓰고 힘써 그때에 따라 근심하니 비록 위태로울지라도 허물이 없다[孔子曰君子進德修業 忠信所以進德也 修辭立其誠 所以居業也 知至至之可與幾也 知終終之 可與存義也 是故 居上位而不驕 在下位而不憂 故 乾乾因其時而惕 雖危无咎矣].

공자께서 말씀하시길 "구삼(九三)은 거듭 강(剛)이지만 중(中)이 아니며, 위로는 하늘에 있지 않고 아래로는 밭에 있지 않다. 그러므로 힘쓰고 힘써 그 때에 따라 두려워하면 비록 위태롭더라도 허물이 없을 것이다"고 하였다[孔子曰九三重剛而不中 上不在天 下不在田 故乾乾 因其時而惕 雖危无咎矣].

구사는 혹 연못에서 뛰기도 하니 허물이 없을 것이다[九四或躍在
淵 无咎].

공자께서 말씀하시길 "올라가고 내려옴에 일정한 법칙이 없지
만 어긋난 것을 하지 않는다. 나아가고 물러남에 일정한 법칙이
없지만 무리들을 떠나지 않는다. 군자가 덕성을 진작시키고 사
업을 닦음은 때에 미치고자 한 것이다. 그러므로 허물이 없다"
고 하였다[孔子曰上下無常非爲邪也 進退無恒非離群也 君子進德修業
欲及時也 故无咎].

공자께서 말씀하시길 "구사(九四)는 거듭 강(剛)이지만 중(中)이
아니며, 위로는 하늘에 있지 않고 아래로 밭에 있지 않으며 가
운데로 사람의 위치에 있지 않으니 혹(或)이라고 한 것이다. '혹
(或)'이라는 것은 의심한 것이기 때문에 허물이 없다"고 하였다
[孔子曰九四重剛而不中 上不在天 下不在田 中不在人 故或之 或之者疑
之也 故无咎].

구오는 날아오르는 용이 하늘에 있으니 대인을 만나 보면 이로
울 것이다[九五飛龍在天 利見大人].

공자께서 말씀하시길 "같은 소리는 서로 응하며, 같은 기운은
서로 구하거니와 물은 습한 곳으로 흐르고 불은 건조한 곳으로
나아가며, 구름이 용을 따르고 바람이 호랑이를 따른다. 성인이
나옴에 만물이 본다. 하늘에 근본한 것은 위와 친하고, 땅에 근
본한 것은 아래와 친하니 각각 그 부류를 따르는 것이다"고 하
였다[孔子曰 同聲相應 同氣相求 水流濕 火就燥 雲從龍 風從虎 聖人作
而萬物覩 本乎天者親上 本乎地者親下 則各從其類也].

공자께서 말씀하시길 "대인은 천지와 더불어 그 덕을 합하고,
일월과 더불어 그 밝음을 합하고, 사시와 더불어 그 순서를 합
하고, 귀신과 더불어 그 길흉을 합한다. 하늘에 앞서지만 하늘
이 어기지 않고 하늘에 뒤서지만 천시(天時)를 받든다. 하늘 또
한 어기지 않거늘 하물며 사람에게 있어서랴! 하물며 귀신에게
있어서랴"고 하였다[孔子曰夫大人者與天地合其德 與日月合其明 與
四時合其序 與鬼神合其吉凶 先天而天不違 後天而奉天時 天且不違 而
況於人乎 況於鬼神乎].

상구는 높이 오른 용이니 뉘우침이 있다[上九亢龍有悔].

공자께서 말씀하시길 "귀하지만 자리가 없고 높은 자리지만 백
성이 없으며, 현인이 아래 자리에 있지만 보필하지 않는다. 이
러한 까닭으로 활동함에 후회함이 있다"고 하였다[孔子曰貴而無
位 高而無民 賢人在下位而無輔 是以 動而有悔也].
공자께서 말씀하시길 "'항(亢)'이라고 말한 것은 나아가는 것을
알지만 물러나는 것을 알지 못하고, 사는 것을 알지만 죽는 것
을 알지 못하고, 얻는 것을 알지만 잃는 것을 알지 못하니 오직
성인뿐이로다! 진퇴와 존망을 알아 그 바름을 잃지 않는 자는 오
직 성인뿐이다"고 하였다[孔子曰亢之爲言也 知進而不知退 知存而不
知亡 知得而不知喪 其唯聖人乎 知進退存亡而不失其正者 其唯聖人乎].

곤괘 「문언전」(坤卦文言)

곤(坤)은 원형(元亨)이며 암말을 쓰는 일에 이롭다. 군자가 갈 곳
이 있다. 앞에 있으면 혼미할 것이고, 뒤에 서면 주인을 얻을 것
이다. 서남쪽이 이로우니 친구를 얻을 것이며, 동북쪽은 친구를
잃을 것이다. 편안히 하면 바르고 길할 것이다[坤元亨 利牝馬之貞
君子有攸往 先迷後得主 利西南得朋 東北喪朋 安貞吉].

「문언전」에 말하길 "곤(坤)은 지극히 부드럽지만 움직이면 굳세
며, 지극히 고요하여 그 덕성이 방정하다. 뒤에 주인의 자리를
얻으니 상도가 있으며, 만물을 머금어 그 변화가 빛나니 곤(坤)
의 도(道)가 순(順)하도다. 하늘을 받들어 때에 맞게 행하도다"고
하였다[文言曰坤至柔而動也剛 至靜而德方 後得主而有常 含萬物而化
光 坤道其順乎 承天而時行].

이 구절에 대해서는 건괘(乾卦)의 「문언(文言)」과는 달리 정강성(鄭
康成)의 소가(所加)임을 다산은 다음과 같이 밝히고 있다.

살펴보건대, 여기에서 문언(文言)이라고 하는 것은 정강성이 붙
인 것이다. 공자가 건괘(乾卦)와 곤괘(坤卦) 두 괘에 대해서는 특
별히 「단전(彖傳)」「상전(象傳)」이외에 거듭거듭 찬미하고 반복

해서 영탄(詠歎)하였으니 비록 여러 괘의 예와 더불어 같지 않더라도 그 글들도 「단전(彖傳)」과 「상전(象傳)」으로서 본래 하나로 통하는 문자(文字)들이다. 동래(東萊) 사람 비직(費直)으로부터 처음으로 전문(傳文)을 찢어서 각각의 주사(繇詞) 아래에 나누어 붙였는데 정현이 수장(首章)에 '문언(文言)'이라는 두 글자가 있는 것을 보고 마침내 별도의 편(編)이라고 인식하여 곤괘(坤卦)의 전(傳)에도 역시 '문언(文言)'의 두 글자를 넣었다. 그러나 건괘(乾卦)의 「문언전」은 공자가 고문(古文)을 인용한 것이지만, 이 구절은 공자 자신이 지은 것이다. 읽는 사람이 잘 알아야 한다.[22]

초육은 서리를 밟으니 단단한 얼음이 됨에 이를 것이다[初六履霜堅氷至].
공자께서 말씀하시길 "선(善)을 쌓은 집은 반드시 말미에 경사가 있고, 불선(不善)을 쌓은 집은 반드시 말미에 재앙이 있을 것이다. 신하가 그 군주를 시해하고 자식이 그 아버지를 시해하는 것은 하루아침이나 하루저녁의 일이 아니다. 그것이 유래한 것은 점점한 것이니 분별해야 할 것을 일찍이 분별하지 않았기 때문이다. 『역』에 '서리를 밟으니 단단한 얼음이 됨에 이를 것이다'는 것은 순함을 말한 것이다"고 하였다[孔子曰 積善之家 必有餘慶 積不善之家 必有餘殃 臣弑其君 子弑其父 非一朝一夕之故 其所由來者漸矣 由辯之不早辯也 易曰履霜堅氷至 蓋言順也].

육이는 곧고 방정하지만 크게 거듭되지 않으니 이롭지 않음이 없다[六二直方 大不習 无不利].
공자께서 말씀하시길 "직(直)은 그 바름이다. 방(方)은 그 의로움이다. 군자는 경(敬)으로써 안을 곧게 하고 의(義)로써 밖을 방정하게 한다. 경(敬)과 의(義)가 세워지면 덕이 있는 사람은 외롭지 않다. 『역』에 '곧고 방정하지만 크게 거듭하지 않으니 이롭지 않음이 없다'고 하였으니 그 행한 것을 의심하지 않음을 의미한다"고 하였다[孔子曰直其正也 方其義也 君子敬以直內 義以方外 敬義

---

22) 『周易四箋』 卷7, Ⅱ~37, 45쪽(9-92). "案此云文言者 鄭康成之所加也 或云王輔嗣所加 孔子於乾坤二 特於象傳象傳之外 重重贊美 反復詠歎 雖與諸卦之例不同 其文則亦象傳象傳也 本是一通文字 自東萊費直始裂傳文 分隷各繇之下 而鄭玄見章首有文言二字 孔子引用古書名 遂認爲別編 乃於坤卦之傳 亦增文言二字 然乾之文言 是孔子引用古文也 此節是孔子所自作 讀者詳之".

제2장 『주역』의 재구성 105

立而德不孤 直方大不習 无不利 則不疑其所行也].

육삼은 문장을 머금고 있으니 일을 바르게 할 수 있다. 혹 임금의 일을 종사할 수도 있으니 일을 이룸은 없지만 끝마침은 있을 것이다[六三含章可貞 或從王事 無成有終].
공자께서 말씀하시길 "음에 비록 아름다움이 있으나 그것을 머금고 있으니 왕의 일을 종사하더라도 감히 성취하지 않는 것이다. 땅의 도리이고, 처의 도이고 신하의 도이다. 땅의 도는 이루어지지 않지만 대신에 끝마침이 있는 것이다"고 하였다[孔子曰 陰雖有美 含之 以從王事 弗敢成也 地道也 妻道也 臣道也 地道無成而代有終也].

육사는 주머니를 묶으니 허물이 없지만 명예도 없다[六四括囊无咎 无譽].
공자께서 말씀하시길 "천지가 변화하면 초목이 번성하고, 천지가 닫히면 현인이 숨는다. 『역』에 '주머니를 묶으니 허물이 없지만 명예도 없다'는 것은 삼갈 것을 말한 것이다"고 하였다[孔子曰天地變化 草木番 天地閉 賢人隱 易曰括囊无咎无譽 蓋言謹也].

육오는 누런 치마이니 크게 길할 것이다[六五黃裳元吉].
공자께서 말씀하시길 "군자는 황중(黃中)이면서 이치에 통하고 지위를 바르게 하고 몸을 거처함이니 아름다움이 그 가운데 있어 온몸에 펴지고 사업에 드러나니 아름다움의 지극함이다"고 하였다[孔子曰君子黃中通理 正位居體 美在其中而暢於四支 發於事業 美之至也].

상육은 용이 들에서 싸우니 그 피가 검고 누렇다[上六龍戰于野 其血玄黃].
공자께서 말씀하시길 "음이 양을 의심하여 반드시 싸우게 되니 양이 없다고 의심하기 때문에 여기에서 용(龍)을 말한 것이다. 여전히 그 부류를 벗어나지 못하기 때문에 '혈(血)'이라고 한 것이다. '현황(玄黃)'이라는 것은 하늘과 땅이 섞인 것이니 하늘은 검고 땅은 누런 것이다"고 하였다[孔子曰陰疑於陽 必戰 爲其嫌於无陽也 故稱龍焉 猶未離其類也 故 稱血焉 夫玄黃者 天地之雜也 天玄

而地黃].

　이상에서 「문언」이란 고대역고(古代易詁)로서 역(易)의 자전(字典)을 의미한다. 그러나 공자가 인용한 「문언」의 본문은 건괘의 단사(彖詞) 다음에 쓰인 수구(數句)에 지나지 않고 각 효사(爻詞) 및 곤괘(坤卦) 단효사(彖爻詞) 다음에 쓰인 '공자왈(孔子曰)'의 설명은 「문언」과는 관계가 없는 공자의 전문(傳文)이라는 것이다. 이 장황한 전문(傳文)은 다른 「단전(彖傳)」이나 「상전(象傳)」과 그 내용이나 성격에 있어서 다를 바 없으나 건곤양괘(乾坤兩卦)에 한하여 거듭 첨가된 전문(傳文)이라는 데에 특별한 의미를 부여하고 있다. 그러므로 총체적으로 볼 때 서두를 문언(文言)이라 했기 때문에 이 글의 전체를 「문언전」이라 하기에는 너무도 그 내용이 부족하고 이를 별도의 「단상전(彖象傳)」으로 보기에는 그것이 건(乾)·곤(坤) 두 괘에 국한되어 있기 때문에 그 전체성이 미흡하다 이르지 않을 수 없다. 어쨌든 다산의 지적대로 이들이 '공자왈(孔子曰)'로 시작된 공자의 저작인지는 별문제로 치더라도 공자 십익의 하나인 「문언」으로 치기에는 많은 문제를 안고 있다고 보지 않을 수 없다.

제4절 「서괘전」

공자 십익의 하나인 「서괘전」은 아무런 설명도 없이 64괘에 나누어 다음과 같이 분할 배속시켜 놓고 있다.

괘순 (卦順)	괘명 (卦名)	서괘전(序卦傳)
1	건(乾)	천지가 있는 연후에 만물이 여기에서 생겨난다[有天地然後萬物生焉].
2	곤(坤)	
3	준(屯)	준(屯)은 가득 찬 것이다. 준(屯)은 만물이 처음 생겨난 것이다[屯者盈也 屯者物之始生也].
4	몽(蒙)	몽(蒙)은 어린 것이고, 만물이 어린 것이다[蒙者蒙也 物之稚也].
5	수(需)	수(需)는 음식의 도이다[需者飮食之道也].
6	송(訟)	
7	사(師)	사(師)는 무리이다[師者衆也].
8	비(比)	비(比)는 친한 것이다[比者比也].
9	소축(小畜)	
10	이(履)	만물이 쌓인 연후에 예(禮)가 있기 때문에 이괘(履卦)로 받는다[物畜然後有禮故受之以履].
11	태(泰)	태(泰)는 통하는 것이다. 또 말하길 '통한 연후에 편안하다'고 했다[泰者通也 又曰泰然後安].
12	비(否)	만물은 끝내 통하지 않을 수 없기 때문에 비괘(否卦)로 받는다[物不可以終通 故受之以否].

13	동인(同人)	사람과 함께하는 것은 만물이 반드시 돌아간다는 것이다[與人同者 物必歸焉].
14	대유(大有)	
15	겸(謙)	
16	예(豫)	많이 소유하고도 능히 겸손하면 반드시 기쁠 것이다[有大而能謙必豫].
17	수(隨)	
18	고(蠱)	고(蠱)는 일이다[蠱者事也].
19	임(臨)	임(臨)은 큰 것이다[臨者大也].
20	관(觀)	만물이 큰 이후에 볼 수 있다[物大然後 可觀].
21	서합(噬嗑)	합(嗑)은 합하는 것이다[嗑者合也].
22	비(賁)	비(賁)는 꾸미는 것이다. 꾸민 연후에 형통하다[賁者飾也 致飾然後亨].
23	박(剝)	박(剝)은 다하는 것이다[剝者剝也].
24	복(復)	위를 끝까지 깎으면 도리어 아래로 돌아가기 때문에 복괘(復卦)로 받는다[剝窮上反下 故受之以復].
25	무망(无妄)	
26	대축(大畜)	
27	이(頤)	이(頤)는 기르는 것이다[頤者養也].
28	대과(大過)	
29	감(坎)	감(坎)은 빠지는 것이다[坎者陷也].
30	이(離)	이(離)는 빛나는 것이다[離者麗也].
31	함(咸)	천지가 있는 연후에 만물이 있고, 만물이 있는 연후에 남녀가 있고, 남녀가 있는 연후에 부부가 있고, 부부가 있는 연후에 부자가 있고, 부자가 있는 연후에 군신이 있고, 군신이 있는 연후에 상하가 있고, 상하가 있는 연후에 예의를 둘 곳이 있다[有天地然後 有萬物 有萬物然後 有男女 有男女然後 有夫婦 有夫婦然後 有父子 有父子然後 有君臣 有君臣然後 有上下 有上下然後 禮義有所錯].
32	항(恒)	항(恒)은 오래가는 것이다[恒者久也].
33	둔(遯)	둔(遯)은 물러나는 것이다[遯者退也].
34	대장(大壯)	
35	진(晉)	진(晉)은 나아가는 것이다[晉者進也].
36	명이(明夷)	이(夷)는 상하는 것이다[夷者傷也].
37	가인(家人)	
38	규(睽)	규(睽)는 어그러지는 것이니 괴려(乖戾)이다[睽者乖也 乖戾也].
39	건(蹇)	
40	해(解)	
41	손(損)	
42	익(益)	

43	쾌(夬)	쾌(夬)는 결단하는 것이다[夬者決也].
44	구(姤)	구(姤)는 만나는 것이다[夬者決也].
45	췌(萃)	췌(萃)는 모이는 것이다[萃者聚也].
46	승(升)	
47	곤(困)	
48	정(井)	
49	혁(革)	
50	정(鼎)	만물을 변혁시키는 데에는 솥만 같은 것이 없다[革物者莫若鼎].
51	진(震)	진(震)은 움직이는 것이다[震者動也].
52	간(艮)	간(艮)은 그치는 것이다[艮者止也].
53	점(漸)	점(漸)은 나아가는 것이다[漸者進也].
54	귀매(歸妹)	
55	풍(豊)	풍(豊)은 큰 것이다[豊者大也].
56	여(旅)	
57	손(巽)	손(巽)은 들어가는 것이다[巽者入也].
58	태(兌)	태(兌)는 기뻐하는 것이다[兌者說也].
59	환(渙)	환(渙)은 떠나는 것이다[渙者離也].
60	절(節)	
61	중부(中孚)	
62	소과(小過)	
63	기제(旣濟)	
64	미제(未濟)	만물은 다할 수 없기 때문에 미제괘(未濟卦)로 받아 끝을 맺는다[物不可窮也 故受之以未濟終焉].

이상과 같이 괘명(卦名)하에 적기된 내용은 주로 괘의(卦義)를 설명한 것이 대부분이요, 오히려 「서괘(序卦)」의 주문이라고 할 수 있는 부분이 제외되고 있다. 그러므로 제외된 부분을 간추려 보면 다음과 같다.

천지 사이에 가득 차 있는 것은 오직 만물이기 때문에 준괘(屯卦)로 받는다. …만물이 생겨남에 반드시 어리기 때문에 몽괘(蒙卦)로써 받는다. …사물이 어린 것은 길러 주지 않을 수 없으니 수괘(需卦)로 받는다. …음식을 먹을 때에는 반드시 송사가 있기 때문에 송괘(訟卦)로 받는다. …송사를 하면 반드시 민중이 일어나기 때문에 사괘(師卦)로 받는다. …무리는 반드시 친한 것이 있기 때문에 비괘(比卦)로 받는다. …친하면 반드시 축적하는 것이 있기 때문에 소축괘(小畜卦)로 받는다. …행하여 형통한 연후에 편안하기 때문에 태괘(泰卦)로 받는다. …만물은 끝내 막힐 수 없으니 동인괘(同人卦)로 받는다. …그러므로 대유괘(大有卦)로 받는다. …큰 것을 가진 자는 가득 채울 수 없기 때문에 겸괘(謙卦)로 받는다. …그러므로 예괘(豫卦)로 받는다. …예(豫)하면 반드시 따르는 것이 있기 때문에 수괘(隨卦)로 받는다. 기쁨으로 남을 따르는 자는 반드시 일이 있기 때문에 고괘(蠱卦)로 받는다. …일이 있는 이후에 크게 될 수 있기 때문에 임괘(臨卦)로 받는다. …그러므로 관괘(觀卦)로 받는다. 볼 수 있는 연후에 합하는 것이 있기 때문에 서합괘(噬嗑卦)로 받는다. …만물은 구차하게 합할 수 없기 때문에 비괘(賁卦)로 받는다. …꾸민 연후에 형통하면 더할 나위 없기 때문에 박괘(剝卦)로 받는다. …만물은 끝내 다할 수 없다. …되돌아오면 망령되지 않으니 무망괘(无妄卦)로 받는다. …무망(无妄)이 있는 연후 쌓일 수 있기 때문에 대축괘(大畜卦)로 받는다. …만물이 쌓인 이후에 기를 수 있기 때문에 이괘(頤卦)로 받는다. …기르지 않으면 움직일 수 없기 때문에 대과괘(大過卦)로 받는다. …만물은 끝내 지나칠 수 없기 때문에 감괘(坎卦)로 받는다. …빠지면 반드시 화려함이 있기 때문에 이괘(離卦)로 받는다. …부부의 도리는 오래가지 않을 수 없기 때문에 항괘(恒卦)로 받는다. …만물은 그 자리에 오래도록 거처할 수 없기 때문에 둔괘(遯卦)로 받는다. …만물은 끝내 숨지 않을 수 없기 때문에 대장괘(大壯卦)로 받는다. …만물은 끝내 장성할 수 없기 때문에 진괘(晉卦)로 받는다. …나아가면 반드시 상하는 것이 있기 때문에 명이괘(明夷卦)로 받는다. …밖에서 상한 자는 반드시 그 집으로 돌아오기 때문에 가인괘(家人卦)로 받는다. …집안의 도가 궁하면 반드시 어그러지기 때문에 규괘(睽卦)로 받는다. …어그러지면 반드시 어려움이 있기 때문에 건괘(蹇卦)로 받는다. …만물은 끝내 어려울 수 없기 때문에 해괘(解卦)로 받는다. …완만하면 반드시 잃는 것이 있기 때문에 손괘(損卦)로 받는다. …손해를 보아도 그만두지 않으면 반드시 이익이 되기 때문에 익괘(益卦)로 받는다. …이익을 보아도 그치지 않으면 반드시 결단하기 때문에 쾌괘(夬卦)로 받는다. …결단하면 반드시 만나는 것이 있기 때문에 구괘(姤卦)로 받는다. …만물이 서로 만난 이후에 서로 모이기 때문에 췌괘(萃卦)로 받는다. …모여서 위로 가는 것을 승(升)이라고 하기 때문에 승괘(升卦)로 받는다. 올라가면서 그치지 않으면 반드시 곤궁해지기 때문에 곤괘(困卦)로 받는다. …위에서 곤궁한 사람은 반드시 되돌아오기 때문에 정괘(井卦)로 받는다. …우물의 도는 개혁하지 않을 수 없기 때문에 혁괘(革卦)로 받는다. …그러므로 정괘(鼎卦)로 받는다. …기물을 주관하는 사람은 장자만 같은 사람이 없기 때문에 진괘(震卦)로 받는다. …만물이 끝내 움직일 수 없으면 그치기 때문에 간괘(艮卦)로 받는다. …만물은 끝내 그치지 않을 수 없기 때문에 점괘(漸卦)로 받는다. …나아가면 반드시 돌아오는 것이 있기 때문에 귀매괘(歸妹卦)로 받는다. …그 돌아온 것을 얻은 자는 반드시 성대하기 때문에 풍괘(豐卦)로 받는다. …극도로 커지는 자는 반드시 그 거처를 잃기 때문에 여괘(旅卦)로 받는다. …여행하여도 받아 주는 곳이 없기 때문에 손괘(巽卦)로 받는다. …들어간 이후에는 반드시 기뻐하기 때문에 태괘(兌卦)로 받는다. …기뻐한 이후에는 흩어지기 때문에 환괘(渙卦)로 받는다. …만물은 끝내 떠나지 않을 수 없기 때문에 절괘(節卦)로 받는다. …절제하면 그것을 믿기 때문에 중부괘(中孚卦)로 받는다. 그 믿음이 있는 자는 반드시 그것을 행동하기 때문에 소과괘(小過卦)로 받는다. 물에 지나침이 있는 자는 반드시 가지런히 하기 때문에 기제괘(旣濟卦)로 받는다[盈天地之間者唯萬物 故受之以屯…物生必蒙 故受之以蒙…物穉不可不養 故受之以需…飮食必有訟 故受之以訟…訟必有衆起 故受之以師…衆必有所比 故受之以比…比必有所畜 故受之以小畜…履而泰然後安 故受之以泰…物不可以終否 故受之以同人…故受之以大有…有大者不可以盈 故受之以謙…故受之以豫…豫必有隨 故受之以隨 以喜隨人者必有事 故受之以蠱…有事而後可大 故受之以臨…故受之以觀 可觀而後有所合 故受之嗑嗑…物不可以苟合而已 故受之以賁…致飾然後亨則盡矣 故受之以剝…物不可以終盡 復則不妄矣 故受之以无妄…有无妄然後可畜 故受之以大畜…物畜然後可養 故受之以頤…不養則不可動 故受之以大過…物不可以終過 故受之以坎…陷必有麗 故受之以離 夫婦之道不可以不久也 故受之以恒…物不可以久居其

所 故受之以遯…物不可以終遯 故受之以大壯…物不可以終壯 故受之以
晋…進必有所傷 故受之以明夷…傷於外者必反其家 故受之以家人…家道
窮必乖 故受之以暌…乖必有難 故受之以蹇…物不可以終難 故受之以
解…緩必有所失 故受之以損…損而不已必益 故受之以益…益而不已必決
故受之以夬…夬必有所遇 故受之以姤…物相遇而後聚 故受之以萃…聚
而上者謂之升 故受之以升…升而不已必困 故受之以困…困乎上者必反
故受之以井…井道不可不革 故受之以革…故受之以鼎…主器者莫若長子
故受之以震…物不可以終動止之 故受之以艮…物不可以終止 故受之以
漸…進必有所歸 故受之以歸妹…得其所歸者必大 故受之以豊…窮大者必
失其居 故受之以旅…旅以无所容 故受之以巽…入而後說之 故受之以兌…
說而後散之 故受之以渙…物不可以終離 故受之以節…節而信之 故受之以
中孚 有其信者必行之 故受之以小過 有過物者必濟 故受之以既濟].

이상과 같이 다산은 「서괘전」을 산산이 분해해 놓았고 그중에서
도 「서괘전」의 핵심 부분은 마치 일고의 가치도 없는 양 폐리(弊履)
처럼 불문에 붙여 버린 데에 문제의 심각성이 깃들어 있다고 하지
않을 수 없다. 왜냐 하면 이는 「서괘전」의 심장을 도려낸 것이나 진
배없기 때문이다.

그렇다면 이 「서괘전」의 본문은 언제 누구의 손에 의하여 어떠한
목적으로 저술된 것일까. 지금에 와서 이를 「십익」의 하나로서 공자
의 작이라고 믿는 사람은 없거니와 그렇다면 그 내용으로 봐서 언제
누구의 작일까.

이는 한대에 들어와서 『주역』이 유가의 경전으로 정착된 후 64괘
의 서열에도 성인의 깊은 뜻이 들어 있지 않을까 의심한 나머지 이
를 공자에 가탁하여 그 누군가에 의하여 저작된 것이 분명하다. 공
영달(孔穎達)의 『주역정의(周易正義)』의 다음과 같은 글은 이를 잘 설
명해 주고 있다.

「서괘전」이라는 것은 문왕이 이미 64괘에 달아 상하 두 편으로 나누었다. 그 선후의 차례는 그 이치가 드러나지 않기 때문에 공자가 상하 두 경(經)에 나아가 각각 그 서로 차례 하는 뜻에 따라 순서를 정했기 때문에 「서괘전」이라고 한다[序卦者文王旣繫 六十四卦 分爲上下二篇 其先後之次 其理不見 故孔子就上下二經 各序 其相次義 故謂之序卦].

여기서 공자만을 작자미상(作者未詳)으로 고치면 될 것이다. 그러나 그 서차(序次)의 설명이 저자의 의도와는 달리 견강부회된 대목이 너무도 많다. 왕필의 제자인 한강백(韓康伯)도 그의 『현담고(玄談考)』에서

무릇 「서괘전」에서 인용한 것은 『역』의 온축이 아니다. 아마도 괘에 따른 순서는 상(象)에 의탁해서 뜻을 취한 것 같다[凡序卦所 用 非易之縕也 蓋因卦之次 託象以明義].

라 한 것은 다산의 입장을 그대로 뒷받침하는 자로 받아들여도 좋을 것이다. 다산이 이미 각괘하(各卦下)에서 '상에 의탁해서 뜻을 밝힌 다[託象以明義]'고 한 부분만을 추려 냈고 서괘(序卦)의 이유를 서술한 비논리적 부분은 온통 삭제해 버린 것은 그것이 '비역지온(非易之 縕)'이기 때문이었음은 다시 말할 나위도 없다. 이로써 「서괘전」은 다산에 의하여 제 모습을 되찾게 된 셈이다.

제5절 「잡괘전」

　「잡괘전(雜卦傳)」도 「서괘전」과 함께 공자 십익의 열에 끼어 있기는 하지만 「서괘전」과는 달리 일인일시(一人一時)의 작(作)이 아니라 명실 공히 잡다한 내용을 취합(取合)하여 이를 하나로 편집한 것으로 보인다. 이를 다산은 「서괘전」처럼 각괘하(各卦下)에 나누어 수록하였거니와 그 내용을 명료하게 살피기 위하여 「서괘전」에서와 같이 이를 표기하면 다음과 같다.

괘순 (卦順)	괘명 (卦名)	잡괘전(雜卦傳)
일(一)	건(乾)	건(乾)은 강건하고 곤(坤)은 부드럽다[乾剛坤柔].
이(二)	곤(坤)	
삼지정(三之正)	준(屯)	
삼지반(三之反)	몽(蒙)	몽(蒙)은 섞였지만 드러난다[임괘(臨卦)와 관괘(觀卦) 두 괘의 뜻이 섞여 있어서 그 상(象)이 드러난 것이다[蒙雜而著(雜臨觀二卦之義而其象著)].
사지정(四之正)	수(需)	수(需)는 나아가지 않은 것이다[需不進也].
사지반(四之反)	송(訟)	송(訟)은 친하지 않은 것이다[訟不親也].

오지정(五之正)	사(師)	비(比)는 즐거운 것이고, 사(師)는 근심스러운 것이다[모두 하괘(下卦)로서 주인을 삼은 것이다][比樂師憂(皆以下卦爲主人)].
오지반(五之反)	비(比)	
육지정(六之正)	소축(小畜)	소축(小畜)은 적은 것이다[대유(大有)는 많은 것이다][小畜寡也(大有衆也)].
육지반(六之反)	이(履)	이(履)는 처하지 않는 것이다[履不處也].
칠지정(七之正)	태(泰)	비(否)와 태(泰)는 그 부류를 뒤집어 놓은 것이다[否泰反其類也].
칠지반(七之反)	비(否)	
팔지정(八之正)	동인(同人)	동인(同人)은 친한 것이다[同人親也].
팔지반(八之反)	대유(大有)	대유(大有)는 많은 것이다[大有衆也].
구지정(九之正)	겸(謙)	겸(謙)은 가볍게 여긴 것이고, 예(豫)는 태만한 것이다[겸괘(謙卦)와 예괘(豫卦)는 박괘(剝卦)로부터 왔는데, 하나의 양이 곧바로 아래에 이른 것은 경(輕)이 되고 여전히 위에 있는 것은 태(怠)가 된다][謙輕而豫怠也(謙豫自剝來一陽直至下者爲輕猶在上者爲怠)].
구지반(九之反)	예(豫)	
십지정(十之正)	수(隨)	수(隨)는 연고가 없는 것이다[여포서(余芭舒)가 말하길 '비괘(否卦)로부터 변한 것이니 그 연고를 버리고자 한 것이다'고 했다][隨无故也(余芭舒云從否變欲捨其故)].
십지반(十之反)	고(蠱)	고(蠱)는 삼가는 것이다[고(蠱)는 닦는 것이고, 또 지극히 견고하게 하는 것이다][蠱則飭也(蠱修也又致堅也)].
십일지정 (十一之正)	임(臨)	관(觀)과 임(臨)의 뜻은 혹은 주고 혹은 구하는 것이다[臨觀之義或與或求].
십일지반 (十一之反)	관(觀)	
십이지정 (十二之正)	서합(噬嗑)	서합(噬嗑)은 먹는 것이다[噬嗑食也].
십이지반 (十二之反)	비(賁)	비(賁)는 색이 없는 것이다[賁无色也].
십삼지정 (十三之正)	박(剝)	박(剝)은 너무 익은 것이다(예를 들어 과일이 너무 익은 것이다)[剝爛也(如果之爛熟)].
십삼지반 (十三之反)	복(復)	복(復)은 되돌아오는 것이다[復反也].
십사지정 (十四之正)	무망(无妄)	무망(无妄)은 재앙이다[无妄災也].
십사지반 (十四之反)	대축(大畜)	대축(大畜)은 시(時)이다[大畜時也].
십오(十五)	이(頤)	이(頤)는 바름을 기르는 것이다[頤養正也].
십육(十六)	대과(大過)	대과(大過)는 뒤집어진 것이다[大過顚也].

십칠(十七)	감(坎)	이(離)는 올라가는 것이고, 감(坎)은 내려오는 것이다[離上而坎下也].
십팔(十八)	이(離)	
십구지정 (十九之正)	함(咸)	함(咸)은 빠른 것이다[채 씨가 말하길 '감(感)하여 응(應)하기 때문에 빠른 것이다'고 했다][咸速也(蔡氏云感應故速)].
십구지반 (十九之反)	항(恒)	항(恒)은 오래가는 것이다[恒久也].
이십지정 (二十之正)	둔(遯)	둔(遯)은 곧 물러난 것이다[遯則退也].
이십지반 (二十之反)	대장(大壯)	대장(大壯)은 곧 멈추는 것이다[둔괘(遯卦)에서 물러남과는 서로 반대된다][大壯則止(與遯退相反)].
이십일지정 (二十一之正)	진(晉)	진(晉)은 낮이다(밝음이 땅 위에 있다)[晉晝也(明出地上也)].
이십일지반 (二十一之反)	명이(明夷)	명이(明夷)는 상하는 것이다[明夷誅也].
이십이지정 (二十二之正)	가인(家人)	가인(家人)은 안이다[家人內也].
이십이지반 (二十二之反)	규(睽)	규(睽)는 밖이다[睽外也].
이십삼지정 (二十三之正)	건(蹇)	건(蹇)은 어려운 것이다[蹇難也].
이십삼지반 (二十三之反)	해(解)	해(解)는 완만한 것이다[解緩也].
이십사지정 (二十四之正)	손(損)	손(損)과 익(益)은 성대함과 쇠퇴함의 시작이다[損益盛衰之始也].
이십사지반 (二十四之反)	익(益)	
이십오지정 (二十五之正)	쾌(夬)	쾌(夬)는 결단하는 것이다. 강이 유를 결단하니 군자의 도는 자라나고 소인의 도는 근심이 있다[夬決也剛決柔也君子道長小人道憂也].
이십오지반 (二十五之反)	구(姤)	구(姤)는 만나는 것이다. 유가 강을 만나는 것이다[姤遇也柔遇剛也].
이십육지정 (二十六之正)	췌(萃)	
이십육지반 (二十六之反)	승(升)	췌(萃)는 모이는 것이고, 승(升)은 오지 않는 것이다[효사(爻詞)에서는 내려오는 것을 말하지 않는다][萃聚而升不來也(爻詞不言降)].
이십칠지정 (二十七之正)	곤(困)	정(井)은 통하는 것이고, 곤(困)은 서로 만나는 것이다[井通而困相遇也].
이십칠지반 (二十七之反)	정(井)	

이십파지정 (二十八之正)	혁(革)	혁(革)은 옛날 것을 제거하는 것이다[항안세(項安世)가 말하길 '불로 쇠를 녹이는 것이 옛날 것을 제거하는 것이 된다'고 하였다][革去故也(項安世云火鎔金爲去故)].
이십팔지반 (二十八之反)	정(鼎)	정(鼎)은 새로움을 취하는 것이다[항안세(項安世)가 말하길 '나무로 구멍을 뚫어 불을 피우는 것이 새로움을 취하는 것이 된다'고 하였다][鼎取新也(項氏云以木鑽火故爲取新)].
이십구지정 (二十九之正)	진(震)	진(震)은 일어나는 것이다[震起也].
이십구지반 (二十九之反)	간(艮)	간(艮)은 그치는 것이다[艮止也].
삼십지정 (三十之正)	점(漸)	점(漸)은 여자가 시집가는 것이다. 남자를 기다려서 가는 것이다[뜻이 단사(彖詞)에 보인다][漸女歸待男行也(義見彖)].
삼십지반 (三十之反)	귀매(歸妹)	귀매(歸妹)는 여자가 끝마치는 것이다[歸妹女之終也].
삼십일지정 (三十一之正)	풍(豊)	풍(豊)은 연고가 많은 것이다[豐多故也(荀本无也字)].
삼십일지반 (三十一之反)	여(旅)	친한 사람이 적은 것이 여(旅)이다[親寡旅也].
삼십이지정 (三十二之正)	손(巽)	태(兌)는 드러난 것이며, 손(巽)은 엎드린 것이다[주자가 말하길 '태(兌)는 음이 밖으로 드러난 것이고, 손(巽)은 음이 안으로 숨은 것이다'고 하였다][兌見而巽伏也(朱子曰兌陰外見巽陰內伏)].
삼십이지반 (三十二之反)	태(兌)	
삼십삼지정 (三十三之正)	환(渙)	환(渙)은 떠나는 것이다[渙離也].
삼십삼지반 (三十三之反)	절(節)	절(節)은 그치는 것이다[節止也].
삼십사(三十四)	중부(中孚)	중부(中孚)는 믿음이다[中孚信也].
삼십오(三十五)	소과(小過)	소과(小過)는 지나친 것이다[小過過也].
삼십육지정 (三十六之正)	기제(旣濟)	기제(旣濟)는 정해진 것이다[旣濟定也].
삼십육지반 (三十六之反)	미제(未濟)	미제(未濟)는 남자가 궁색한 것이다(세 개의 양이 모두 음의 자리에 있다)[未濟男之窮也(三陽皆居陰)].

다산은 「잡괘전」에 있어서는 「서괘전」에서처럼 잘라 버린 대목은 없지만 공자 십익의 하나로서의 의미를 특히 강조한 흔적도 보이지 않는다. 그런 의미에서 다산역에 있어서의 「잡괘전」은 그다지 큰 비

중은 차지하지 않고 있다고 보아야 할 것이다. 일인학자(日人學者) 야마시다 시즈오(山下靜雄)의 『주역십익의 성립과 전개』에 따르면 “「잡괘전」은 「대상전」이 성립한 이후에 「단전」이 이루어짐[大象成立以後象傳成立]에 이르기까지의 주역사상의 전개를 보여준 것이라고 할 수 있다”(71쪽)고 한 것은 그 저작 연대 및 내용을 시사해 주고 있다는 점에서 주목할 만한 일가견이라 일러도 좋을 것이다. 그러므로 「잡괘전」은 잡괘의(雜卦義)를 모아 놓은 「잡괘전」일 따름인 것이다.

제6절 「설괘전」

　「설괘전(說卦傳)」은 공자 십익 중에서도 가장 중요한 위치를 점유하고 있는 만큼 이에 관련하여 해결해야 할 문제도 적지 않다. 공영달(孔穎達)은 그의 『주역정의(周易正義)』에서

> '설괘(說卦)'라는 것은 8괘의 덕업(德業)과 변화(變化) 및 법상(法象)이 이루어진 것을 진설(陳設)한 것이다. …그러므로 공자는 여기에 다시 중괘(重卦)한 이유와 8괘가 이루어진 상을 갖추어서 말하였기 때문에 이것을 「설괘전」이라고 한다[說卦者 陳說八卦之德業變化及法象所爲也…故孔子於此更備說重卦之由及八卦所爲之象　故謂之說卦焉].

이라 하였는데 여기서 우리의 관심사는 공자의 「설괘전」 참여가 어느 정도이었던가 하는 점이 아닐 수 없다. 왜냐하면 송의 구양수 이후 근세 담역가(談易家)들의 대부분이 「서괘」·「잡괘」 양전(兩傳)과 더불어 「설괘전」도 한대 이후의 저술로 보기 때문이다. 그러나 이 점을 다산은 반대하여 공자저작설(孔子著作說)을 지지하면서 다음과

같이 서술하고 있다.

> 역사(易詞)의 상을 취하는 것은 모두 「설괘전」에 근본한 것이다.
> 「설괘전」을 읽지 않고서는 한 글자도 해석할 수 없는 것이다.
> 자물쇠와 열쇠를 버려 두고서 문을 열고자 하는 것은 매우 어리
> 석은 것이다. 특히 한유들이 『역』을 이야기 할 때 효변(爻變)을
> 모르기 때문에[건지구(乾之姤)를 모른다] 용에서 나아가서 소를
> 구하고 닭을 잡고서는 말이라고 의심하여 겉돌고 천착하게 된
> 다. 이런 식으로 한 번 나와서 부합하지 않게 되었기 때문에 왕
> 필과 같은 사람이 나와서 "효(爻)가 진실로 '순(順)'과 합하는데
> 하필 '곤(坤)'이 곧 우(牛)이다'라고 할 것이며, 의(義)가 진실로
> '건(健)'과 합하는데 하필 '건(乾)이 곧 마(馬)이다'고 할 것인가"
> 라고 큰소리를 치게 되었던 것이다[또 이르길 '글자를 살피고
> 괘를 따져' 말은 있는데 건(乾)이 없으니 거짓된 이론들이 많아
> 졌다. 이에 「설괘전」이 배척되어 적용되지 않게 되어 『역』은
> 마침내 본지를 잃었다. 한스럽도다! 6효가 이미 변하고 나서 글
> 에 따라 상을 구한다면 얼음이 녹듯이 이해되며 환히 이치에 맞
> 을 것이다. 그러나 구양수의 무리들은 공자의 글이 아니라고 하
> 니 어찌 그렇게 망령되는가?[23]

이렇듯 공자설(孔子說)을 자신 있게 주장하면서도 「설괘표직설(說
卦表直說)」에서는 또 한편 "팔괘가 처음 그려졌을 때 「설괘전」도 함
께 생겨났다[八卦始畫之初 說卦並興]"라 하여 설괘지흥(說卦之興)을 포
희획괘지초(庖犧畫卦之初)로 간주하고 이어서 설명하기를

선유들이 「설괘전」은 공자의 저작이라고 하는데 깊고 세밀하게

---

23) 「說卦傳」, 『周易四箋』 卷8, Ⅱ~44, 28쪽(10 – 145). "易詞取象 皆本說卦 不讀說卦 卽一字不可解 棄
鑰匙而求啓門 愚之甚矣 特以漢儒談易 不知六爻之變(不知乾之姤) 卽龍求牛 執雞疑馬 迂回穿鑿 一往
不合 故有王弼者起而號曰 爻苟合順 何必坤乃爲牛 義苟應健 何必乾乃爲馬(又云案文責卦有馬无乾則
僞說勞玆變) 於是 說卦皆不用而易遂以亡矣 嗟乎 六爻旣變 臨文求象 則渙然氷釋 怡然理順 而歐陽修輩
謂非夫子之書 何其妄矣".

연구하지 않은 논의이다. 물상을 취하지 않는다면 팔괘는 본래 만들 필요가 없었을 것이다[다만 괘만으로는 쓸모가 없다]. 「설괘전」이라는 것은 포희씨가 처음 괘를 그릴 때 우러러 천문을 관찰하고[감(坎)과 이(離)는 달과 해이다] 지리를 살피고[간(艮)과 태(兌)는 산과 연못이다] 멀리는 여러 사물에서 취하고[건(乾)과 곤(坤)은 말과 소가 된다] 가까이로는 몸에서 취하여[간(艮)과 진(震)은 손과 발이 된다] 그것들의 상을 완미하고 이름을 명함으로써 신명과 더불어 합하게 된 것인데 어찌 공자를 기다릴 것인가.[24]

라 하여 공자설을 부정한 대목이 있다. 이러한 다산 자신의 자가당착을 어떻게 풀어야 할 것인가. 이 문제를 풀기 위해서는 다산의 「설괘전」주와 「설괘표직설」을 근거로 하여 이를 자세히 검토할 필요가 있다. 「설괘표직설」에서 다산은 이르기를 "공자가 손수 지은 것이 「설괘전」의 서사이다[其作於孔子之手者 說卦之序詞也]"라 하였으니 여기서 이르는 「설괘」의 서사(序詞)는 다음과 같다.

옛날에 성인이 『역』을 지을 때에 그윽이 신명(神明)을 도와 시초(蓍草)를 내었고, 하늘에서 셋을 취하고 땅에서 둘을 취하여 수(數)를 세웠고, 음양(陰陽)의 변(變)을 보고서 괘(卦)를 세우고, 강유(剛柔)를 발휘하여 효(爻)를 낳으니, 도덕에 화순하고 의(義)에 맞게 하며, 이치를 궁구하고 본성을 다하여 천명에 이른다. 옛날에 성인 『역』을 지을 때에 장차 성명(性命)의 이치를 따르고자 하였다. 그리하여 하늘의 도를 세워 음(陰)과 양(陽)이라고 하였고, 땅의 도를 세워 강(剛)과 유(柔)라고 하였고, 사람의 도를 세워 인(仁)과 의(義)라고 하였다. 삼재(三才)를 겸하여 둘로 하였으니 『역』은 6획괘에서 괘를 이룬다. 음(陰)으로 나뉘고 양(陽)으로 나뉘며 유(柔)와 강(剛)을 번갈아 쓰기 때문에 『역』이 여섯 자리

24) 『周易四箋』卷1, Ⅱ~37, 7쪽(9-15~16). "先儒謂兌卦爲孔子所作 非深密體究之論也 不取物象 則八卦元不必作[徒卦無所用] 設卦者[庖犧畫卦之初 仰觀天文(坎离爲月日) 頫察地理(艮兌爲山澤) 遠取諸物(乾坤爲馬牛) 近取諸身(艮震爲手足) 玩其象而命之名 以與神明約契者也 而俟孔子哉".

에서 문장(文章)을 이룬다. 하늘과 땅이 자리를 정하고 산과 연
못이 기(氣)를 통하며, 우레와 바람이 서로 부딪히고, 물과 불이
서로 해치지 않아 팔괘(八卦)가 서로 교착(交錯)하니, 지나간 것
을 셈하는 것은 순(順)이요 올 것을 아는 것은 역(逆)이다. 그러
므로 『역』은 거슬러서 세는 것이다.[25]

여기에 담긴 궁리진성(窮理盡性)·성명지리(性命之理)·음양(陰陽)·
인의(仁義)·삼재(三才) 등의 어휘들로 보아서 포희시대(庖犧時代)의
글이 아님은 분명하지만 그렇다고 해서 이 글이 공자의 작(作)으로
보기에도 너무 시대가 내려오는 감이 짙다. 적어도 궁리진성(窮理盡
性)·인의(仁義) 등으로 보아서 맹자 이후로 그 시대를 늦추어야 하
지 않을까 여겨지기 때문이다. 그렇다면 포희씨(庖犧氏)의 작(作)으로
간주되는 「설괘」는 어떻게 이해하여야 할 것인가. 「설괘표직설」에
따르면 "「설괘전」의 방위의 순서는 요임금과 순임금도 바꾸지 않은
것이다[說卦方位序 唐虞之所不易]"이라 하였는데 설괘방위서(說卦方位
序)의 본문은 다음과 같다.

상제는 진(震)에서 나오고 손(巽)에 가지런하며, 이(離)에서 서로
만나고 곤(坤)에서 일을 힘쓰며, 태(兌)에서 기뻐하고 건(乾)에서
싸우며, 감(坎)에서 수고롭고, 간(艮)에서 말을 이룬다[帝出乎震
齊乎巽 相見乎離 致役乎坤 說言乎兌 戰乎乾 勞乎坎 成言乎艮].

이는 소위 문왕팔괘방위(文王八卦方位)라 칭하는 것으로서 송(宋)의
소강절(邵康節)에 의하여 복희팔괘방위(伏犧八卦方位)로 개작(改作)됨

25) 『周易』., 「說卦傳」. "昔者聖人之作易也 幽贊於神明而生蓍 參天兩地而倚數 觀變於陰陽而立卦 發揮於
剛柔而生爻 和順於道德而理於義 窮理盡性以至於命 昔者聖人之作易也 將以順性命之理 是以立天之道
曰陰與陽 立地之道曰柔與剛 立人之道曰仁與義 兼三才而兩之 故六畫而成卦 分陰分陽 迭用柔剛 故
易六位而成章 天地定位 山澤通氣 雷風相薄 水火不相射 八卦相錯 數往者順 知來者逆 是故易逆數也".

으로써 많은 문제를 야기한다. 다음으로는 이어서 "「설괘전」의 물상의 이름과 괘덕의 구분은 하나라와 상나라도 고치지 않은 것이다[說卦物象之名 卦德之分 夏商之所不改也]"라 하였는데 소위 괘덕(卦德)을 다룬 본문은 다음과 같다.

> 우레로 움직이고 바람으로 분산시키며, 비로 윤택하게 하고 해로 말리며, 산으로 그치게 하고 못으로 기쁘게 하며, 하늘로 다스리게 하고 땅으로 간직하게 한다[雷以動之 風以散之 雨而潤之 日以烜之 艮以止之 兌以說之 乾以君之 坤以藏之].

이로써 다산이 이른바 고문(古文)은 방위(方位) 괘덕(卦德)을 논한 두 부분이요, 공자(孔子)의 전문(傳文)은 위에서 이미 적출한 1·2·3절과 또 "만물이 진에서 나온다[自萬物出乎震]는 것에서… 이미 만물을 이루었다[旣成萬物也]"까지와 5·6절이라고 다산은 지적하고 있다. 이를 적기하면 다음과 같다.

> 만물이 진(震)에서 나오니 진(震)은 동방(東方)이다. 손(巽)에 가지런하다는 것은 손(巽)은 동남(東南)이니, '가지런하다'는 것은 만물이 깨끗하고 가지런함을 말한 것이다. 이(離)는 밝음이니 만물이 모두 서로 만나 보기 때문에 남방(南方)의 괘이다. 성인이 남면(南面)하여 천하를 다스려서 밝음을 향해 다스리는 것은 여기에서 취한 것이다. 곤(坤)은 땅이니 만물이 모두 기름을 이루기 때문에 '곤(坤)에 일을 맡긴다'고 한 것이다. 태(兌)는 바로 가을이니 만물이 기뻐하는 것이기 때문에 '태(兌)에 기뻐한다'고 하였다. 건(乾)에 싸운다는 것은 건(乾)이 서북(西北)의 괘이니 '음과 양이 서로 부딪힘'을 말한 것이다. 감(坎)은 물이니 바로 북방(北方)의 괘이며 위로받는 괘(卦)이다. 만물이 돌아가는 곳이기 때문에 '감(坎)에 위로한다'고 하였다. 간(艮)은 동북(東北)의 괘이니 만물이 종(終)을 이루고 시(始)를 이루는 것이기 때문에 '간

(艮)에서 말을 이룬다'고 하였다. 신(神)이라는 것은 만물을 신묘하게 함을 말한 것이니, 만물을 움직이는 것은 우레보다 빠른 것이 없고, 만물을 흔드는 것은 바람보다 빠른 것이 없고, 만물을 건조시키는 것은 불보다 더 빨리 말리는 것이 없고, 만물을 기쁘게 하는 것은 택(澤)보다 더 기쁘게 하는 것이 없고, 만물을 적시는 것은 물보다 더 적시는 것이 없고, 만물을 마치고 만물을 시작하는 것은 간(艮)보다 성대한 것이 없다. 그러므로 물과 불이 서로 미치며, 우레와 바람이 서로 어그러지지 않으며, 산과 못이 기(氣)를 통한 연후에야 능히 변화하여 만물을 이루는 것이다[萬物出乎震 震東方也 齊乎巽 巽東南也 齊也者言萬物之潔齊也 離也者明也 萬物皆相見 南方之卦也 聖人南面而聽天下 嚮明而治 蓋取 諸此也 坤也者地也 萬物皆致養焉 故曰致役乎坤 兌正秋也 萬物之所說 也 故曰說言乎兌 戰乎乾 乾西北之卦也 言陰陽相薄也 坎者水也 正北方 之卦也 勞卦也 萬物之所歸也 故曰勞乎坎 艮東北之卦也 萬物之所成終 而所成始也 故曰成言乎艮 神也者妙萬物而爲言者也 動者莫疾乎雷 撓 萬物者莫疾乎風 燥萬物者莫熯乎火 說萬物者莫說乎澤 潤萬物者莫潤乎 水 終萬物始萬物者莫盛乎艮 故水火相逮 雷風不相悖 山澤通氣然後 能 變化 旣成萬物也].

이를 다산은 "여기까지는 공자의 전문이다[此孔子傳文也]"(「설괘표직설」)라 하여 공자의 저작으로 보고 있다. 그러나 한 가지 의문이 발견된다. 그것은 다름이 아니라 「설괘표직설」에는 "만물이 진에서 나온다는 것으로부터[自萬物出乎震] 이미 만물을 이루었다는 것[止旣成萬物也]"까지를 공자전문(孔子傳文)이라 하였는데 설괘의 주(註)에서는 "만물이 모두 기름을 이루기 때문에 '곤에 일을 맡긴다'고 말한다[萬物皆致養焉故曰致役乎坤]"과 "태는 바로 가을이니 만물이 기뻐하는 것이다[兌正秋也萬物之所說也]"의 사이에서 이르기를 "위 문장은 모두 고문이며, 이 이하는 공자의 해석이다[上章蓋古文 此以下夫子之釋義也]"라 하였으니 도대체 어느 쪽이 옳은지 이를 구분해서 알아

낼 수가 없다. 문맥상으로는 「설괘표직설」이 옳은 것으로 여겨지지만 일단 여기서는 이를 궐의(闕疑)로 해 두기로 한다.

다음으로 이어지는 "건은 굳셈이요, 곤은 순함이요, 진은 동함이요, 손은 들어감이요, 감은 빠짐이요, 이는 걸림이요, 간은 그침이요, 태는 기뻐함이다[乾健也 坤順也 震動也 巽入也 坎陷也 離麗也 艮止也 兌說也]"는 주자도 "팔괘의 성정이다[八卦之性情]"이라 했듯이 괘상(卦象)과는 구별되며 다산의 주에서 "진과 손 이하는 「서괘전」의 말과 더불어 괘덕이 같다[震巽以下與序卦之言卦德者同]"이라 했듯이 물상론적(物象論的) 설괘의 본의(本義)와는 다소 엇나가는 내용이다. 그러므로 설괘고의(說卦古義)를 담은 본문은 다음 "건은 말이 되고, 곤은 소가 되고, 진은 용이 되고, 손은 닭이 되고, 감은 돼지가 되고, 이는 꿩이 되고, 간은 개가 되고, 태는 양이 된다[乾爲馬 坤爲牛 震爲龍 巽爲雞 坎爲豕 離爲雉 艮爲狗 兌爲羊]"에서 비롯하여 그 이하인 것으로 추정된다.

이렇듯 고문(古文)의 설괘(說卦)와 공자의 전문(傳文)이 서로 뒤섞여 있어서 이를 구분하기가 매우 어려운 상태임을 짐작하게 한다. 이는 다산의 말대로 심밀체구(深密體究)할 과제의 하나가 아닐 수 없다.

뿐만 아니라 「설괘전」이야말로 다산이 이른바 역리사법(易理四法) 중 물상론(物象論)의 기준이 되는 것으로 상수론(象數學)의 근간이라 이를 수 있다. 그러므로 설괘물상(說卦物象)에 얽힌 여러 가지 과제가 있으나 그 점에 관하여서는 역리사법(易理四法)을 논할 때 다시 다루는 것이 합리적일 것 같으므로 이를 뒤로 미룬다(「역리사법」 '물상론' 참조.).

제7절 「단상전」

공자 십익의 열에 끼여 있는 「단전(彖傳)」과 「소상전(小象傳)」만은 유일하게도 원위치에 그대로 수록되어 있을 뿐 아니라 오직 「단상전」에 관한 한 다산으로서도 아무런 이의를 제기하지 않고 있다. 그러나 그의 저자 및 저작연대에 관한 문제만은 다른 십익에서와 조금도 다름없이, 우리들이 풀어야 할 과제로서 그대로 남는다.

이상과 같은 논술들을 종합하여 본 장의 결론을 내린다면 첫째, 총체적으로 보아서 『주역』의 내용이 다양하기 때문에 선인(先人)의 편저를 그대로 믿지 않고 이를 과감하게 재구성하였다는 점을 지적하지 않을 수 없다. 그 내용인즉 본 장의 1절에서 7절까지에 걸쳐서 약술하였기 때문에 거듭 이를 논하지 않거니와 어쨌든 『주역』의 면모를 일신한 것으로 평가하지 않을 수 없다.

둘째, 공자 십익설을 그대로 수용하지 않았다는 사실을 지적하지 않을 수 없다. 다산은 비록 비판적인 입장에서 공자 십익설을 그대로 수용하지 않았음에도 불구하고 그 내용의 일부가 공자의 손에 의

하여 저술되었다는 점을 인정함으로써 공자 십익설에 대한 미련을
완전히 떨쳐 버리지 못한 아쉬움을 남겨 놓고 있다. 그러므로 그것
은 또한 공자 십익의 한대저작설(漢代著作說)에 대한 지렛대 구실을
하게 된다는 사실도 여기서 상기해 두지 않을 수 없다.

셋째, 재구성된 다산역을 총평하면 고역(古易)의 신비주의적 역리
에서 탈피하여 복서학적 자연주의에 입각한 역학으로 재정립하였다
는 점을 지적하지 않을 수 없다. 이는 곧 역수학적(曆數學的) 역학(易
學)의 정립을 의미하기도 하는 것이다. 이 점에 대하여서는 따로 장
을 달리하여 논구하기로 한다.

제3장

한역의 이해

신비주의적 역리론에서 탈피하여 일월대명(日月代明) 사시상추(四時相推)의 자연역법(自然易法: 太陰曆)에 기초한 역수학적(曆數學的) 선진고역(先秦古易)으로 회귀한 다산역을 이해하기 위하여서는 한대에서 위진을 거쳐 송명대에 이르는 과정에서 이루어졌던 모든 역리의 변천을 대강이라도 살펴볼 필요가 있다. 왜냐하면 다산역의 위상은 다름 아니라 이들을 비판하는 과정에서 정립되었기 때문이다. 그러므로 여기서 한대라 하면 진한에서 송명 이전 위진시대에 걸친 다양한 역학을 폭넓게 가리키고 있다.

제1절 한역의 계보

한대역학을 이해하자면 우리들은 무엇보다도 먼저 다산의 다음과 같은 글을 음미해 볼 필요가 있다.

내가 살펴보건대, 『주역』은 진나라의 화를 피하였기 때문에 경문에 결함이 없다. 『한서』의 논의에 근거하면 상구(商瞿) 이래로 사승(師承)이 끊어지지 않았다. 구가(九家)에 이르러서는 명성이 빛났으며, 그 훈고와 의리에는 오류가 없었던 것 같다. 그러나 전해들은 것이 각각 다르고 전공한 것이 서로 어긋나서 견강부회하고 천착하며 잘게 쪼개고 비비 꼬여서 다음 시대에 하나의 전통을 세우기에는 진실로 부족했다. 그것을 지름길로 하여 문호를 살폈다면 그 핵심에 도달할 수 있었을 것이다. 그러나 사문(斯文)의 불행으로 왕필이 일어나 사사로운 뜻과 작은 지혜로 백가를 쓸어 버렸으니 상구(商瞿) 이래의 서로 잇고 전했던 역가의 설이 모두 없어졌다. 괘변과 효변과 호체와 물상과 교역과 변역과 반대와 반합 등의 이론을 모두 없애고 중묘(衆妙)의 문을 막고 탁한 근원을 열어서 은밀히 현허충막(玄虛沖漠)의 학문을 팔고자 하였는데, 세상이 혼돈되어 지극한 말로 받드니 어찌 슬프지 않겠는가![1]

이 글을 분석해 보면 첫째, 진한 이래 고역(古易)은 사승(師承)이 부절(不絶)하여 상구(商瞿) 이래 순구가(荀九家)에 이르기까지 전승에 잘못이 없었다. 둘째, 위진시대에 이르러 소위 왕필에 의하여 역리 사법(易理四法)에 기초한 역수학적(曆數學的) 역리(易理)가 전멸하였다는 것이다.

그렇다면 역학의 전수자로 알려진 상구(商瞿)란 어떠한 인물인가를 잠시 『한서(漢書)』「유림전(儒林傳)」의 기록으로 알아보면 다음과 같다.

> 노나라 상구(商瞿)는 공자에게 『역』을 전수받았는데, 공자가 죽자 상구(商瞿)는 육세(六世)에 『역』을 전하여 제나라 전하(田何)에 이르렀다. 전하는 자가 자장(子莊)이다[自魯商瞿 受易孔子 孔子卒 商瞿傳易六世至齊田何 字子莊].

여기서 우리는 공자(孔子)−상구(商瞿)−전하(田何)라는 역학의 전수계보를 얻게 된다. 그러므로 전하(田何) 이후 역학계보를 적기하면 다음의 도표와 같다. 이들의 역학 내용을 알기 위하여 『한서예문지(漢書藝文志)』에 실린 이들의 저술을 적기해 보면 다음과 같다.

왕동(王同)의 『왕씨역전(王氏易傳)』 2편, 양하(楊何)의 『양씨역전(楊氏易傳)』 2편, 복생(服生)의 『복씨역전(服氏易傳)』 2편, 주왕손(周王孫)의 『주씨역전(周氏易傳)』 2편, 채공(蔡公)의 『채공역전(蔡公易傳)』 2편, 정관(丁寬)의 『정씨역전(丁氏易傳)』 2편. 또 『역경(易經)』 12편에 대한

---

1) 「李鼎祚集解論」, 『易學緖言』 卷1, Ⅱ~45, 13~14쪽(10−202~203). "鋪案 周易免於秦火 經文無缺 據漢書所論 商瞿以降 師承不絶 降及九家 名聞輝燁 其訓詁義理 宜若無謬 胡乃傅聞各殊 乘執相姘 傅會穿鑿 破碎榦繞 誠不足以建一統於來世 然因其踐逕 尋其門戶 庶可以達於扃奧 而斯文不幸 有所謂王弼者起 以私意小智 埽蕩百家 凡自商瞿以來 相承相傳之說 盡行殄滅 滅卦變 滅爻變 滅互體 滅物象 滅交易變易 滅反對牉合 塞衆妙之寶 開純蜀之源 以陰售其玄虛冲漠之學 而擧世混混 奉爲至言 豈不唔哉".

시수(施讐)·맹희(孟喜)·양구하(梁丘賀) 등 삼가(三家)의 장구(章句)와 그들의 『역전(易傳)』이 각 2편 있는데 여기서의 『역경십이편(易經十二篇)』이란 역(易)의 상하경(上下經)과 십익(十翼)을 합하여 한대역경(漢代易經)을 정리하여 장구(章句)와 해석을 내린 것으로 이해된다.

왕동계(王同系)의 역학과는 별도로 한원제(漢元帝) 때 경방[京房: 동명이인(同名二人)이 있으니 순구가절(荀九家節)에서 후론(後論함)]은 양인(梁人) 초연수(焦延壽)의 역설을 계승하여 일파를 형성하였다.

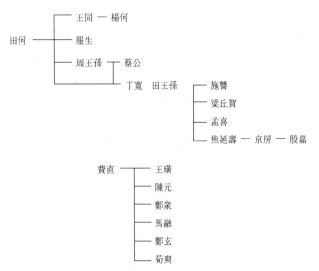

양(兩) 『한서(漢書)』 「유림전(儒林傳)」에 의함.

이는 한대에 성행한 음양재이설을 강조함으로써 전하(田何)의 십익파(十翼派)와 구별된다. 그러므로 전하역(田何易)은 도덕적 해석을 존중함으로써 유가역(儒家易)의 주축을 이룬 반면 경방역(京房易)은 한대 참위재이설적 미신으로 타락한 것이라 이를 수 있을 것이다.

그들의 저술로서는 『맹씨경방(孟氏京房)』 11편과 『재이(災異)・맹씨경방(孟氏京房)』 16편이 있다.

한대역학에서 빼놓을 수 없는 자는 비직(費直)이다. 그는 전하(田何)와 경방(京房)과의 사이에서 비록 주석서를 남긴 바 없지만, 「단(彖)」・「상(象)」・「계사(繫辭)」・「문언(文言)」에 의하여 역(易)의 경문(經文)을 해석함으로써 재이설적(災異說的) 경방역(京房易)에서 벗어나 경학적 유가역(儒家易)으로서의 면모를 갖추도록 한 데 큰 공을 세운 자로 평가되고 있다. 비직계(費直系)로서는 왕황(王璜)・진원(陳元)・정중(鄭衆) 등이 있으나 남겨 놓은 저술이 없고, 마(馬)・정(鄭)・순(荀) 삼가(三家)에 의하여 계승되었으니, 마융(馬融)의 『역전(易傳)』 9권, 정현(鄭玄)의 『역주(易注)』 9권, 순상(荀爽)의 『역주(易注)』 18권이 곧 그것이다.

이렇듯 대체적으로 재이설적 경방역(京房易)과 경학적 직역(直易)과의 대립된 배경하에서 다산은 다음과 같은 견해를 피력한다.

> 그 가운데 순상(荀爽)・우번(虞翻) 두 학파의 설은 대부분 경의 뜻에 합치한다. 대개 역학에는 30여 학파가 있으나 이를 집대성한 자는 아홉 개 학파요, 아홉 개 학파 중에서도 이를 집대성한 자는 두 학파인 것이다. 만일 이정조(李鼎祚)로 하여금 널리 두 학파의 설을 취하여 문호를 건립하고 여러 학파의 옛 모습을 보존함으로써 그의 근원을 깨닫게 한다면 순구가(荀九家)의 학문은 진실로 후세에 이르러서도 멸망하지 않을 것이다.[2]

이로써 다산은 한대역학 삼십여가(三十餘家) 중에서도 특히 순상

---

2) 「李鼎祚集解論」, 『易學緖言』 卷1, II~45, 14쪽(10-203~204). "其中 荀爽虞翻二家之說 多合經旨 蓋易學三十餘家 其集大成者九家也 九家之中 其集大成者二家也 若使李氏 廣取二家之說 以建門戶 略存諸家之舊 以知源本 則九家之學 眞得不亡於後世…".

(荀爽)・우번(虞翻) 이가(二家)의 설(說)을 "대부분 경의 뜻에 합치한다 [多合經旨]"라 하여 높이 평가함과 동시에 순구가(荀九家)의 설도 일단 주목의 대상으로 삼고 있다. 그러므로 절을 달리하여 이들의 역학을 살펴보기로 하자.

제2절 순구가(荀九家)의 역학

여기서 거론된 역학(易學) 삼십여가(三十餘家)의 명단은 다음과 같다.

자하(子夏), 맹희(孟喜), 경방(京房), 마융(馬融), 순상(荀爽), 정현(鄭玄), 유표(劉表), 하안(何晏), 송충(宋衷), 우번(虞翻), 육적(陸績), 간보(干寶), 왕숙(王肅), 왕필(王弼), 요신(姚信), 왕이(王廙), 장번(張璠), 향수(向秀), 왕개충(王凱沖), 후과(侯果), 촉재(蜀才), 적자현(翟子玄), 한강백(韓康伯), 류환(劉瓛), 하타(何妥), 최경(崔憬), 침린사(沈麟士), 노 씨(盧氏), 최근(崔覲), 공영달(孔穎達).3)

이 중에서 순구가를 추려 내면 다음과 같다.

경방(京房), 마융(馬融), 정현(鄭玄), 송충(宋衷), 우번(虞翻), 육적(陸績), 요신(姚信), 적자현(翟子玄), 순상(荀爽)[京房 馬融 鄭玄 宋衷 虞翻 陸績 姚信 翟子玄 荀爽].

---

3) 「李鼎祚集解論」, 『易學緖言』 卷1, Ⅱ~45, 13쪽(10-201). "子夏 孟喜 京房 馬融 荀爽 鄭玄 劉表 何晏 宋衷 虞翻 陸績 干寶 王肅 王弼 姚信 王廙 張璠 向秀 王凱沖 侯果 蜀才 翟子玄 韓康伯 劉瓛 何妥 崔憬 沈麟士 盧氏 崔覲 孔穎達".

이 중에서 "순상과 우번의 설은 대부분 경의 뜻에 합치한다[荀爽虞翻二家之說 多合經旨]"라 하여 순상·우번이 한대역학을 대표하는 것으로 이해되고 있다. 그러므로 우리는 여기서 이가지설(二家之說)의 배경이 되어 있는 순구가의 역학을 이해하자면 이를 구성하고 있는 인적 상황에 의하여 파악함으로써 비로소 그의 전모를 알 수 있게 될 것이다.

1) 경방(京房): 한역(漢易)에 있어서의 경방(京房)에 동명이인(同名二人)이 있음은 이미 위에서 언급한바 있거니와 한 사람은 전하계(田何系)의 양하(楊何)로부터 역(易)을 전수받은 경방(京房)으로서 그의 역학(易學)은 의리(義理) 훈고(訓詁)를 주로 하여 오로지 인사(人事)만을 설(說)한 자라는 점에서 맹희계(孟喜系)의 경방(京房)과 구별되는 자이다. 소위 공자 십익도 전하(田何)─양하(楊何)─경방(京房)의 선에서 이루어진 것으로 간주되며 그의 서통(緖統)은 양구하(梁丘賀)에게로 이어진다. 또 다른 사람은 맹희(孟喜)─초공(焦贛)─경방(京房)으로 이어지는 자로서 경씨역(京氏易)으로도 불리는 자이다. 맹희(孟喜)의 역(易)은 양구씨류(梁丘氏類)와는 달리 독창적인 음양재이설(陰陽災變說)에 근거하고 있다. 이는 한대(漢代)에 있어서의 상수적(象數的) 주역해석학(周易解釋學)의 효시로서 오히려 훈고의리적(訓詁義理的) 역학(易學)에도 깊은 영향을 미쳤다. 후에 초공(焦贛)이 맹씨역(孟氏易)의 재변설(災變說)을 계승하여 이를 점후역(占侯易)으로까지 전개시키고 경방(京房)이 이를 이어받았다. 경방(京房)의 본성은 이씨(李氏)이나 경씨(京氏)로 자칭하였고 자는 군명(君明), 후한대(後漢代)에 이르러 경씨역(京氏易)으로 거론된 자만 해도 대빙(戴憑) 정현(鄭玄) 등 이십여가(二十餘家)에 이르고 있으니 구순가(荀九家)의 경방(京房)은 곧 이

를 이름인가.

2) 마융(馬融): 자(字)는 계장(季長), 후한대(後漢代) 훈고학(訓詁學)의 통유(通儒). 문하(門下)에 노식(盧植) 정현(鄭玄) 등 대유(大儒)를 배출. 『효경(孝經)』·『논어(論語)』·『시(詩)』·『역(易)』·삼례(三禮)·『상서(尙書)』·『열녀전(列女傳)』·『노자(老子)』·『회남자(淮南子)』·『이소(離騷)』의 주해(注解)와 『부송(賦頌)』·『대책(對策)』·『유령(遺令)』 등 21편의 저술이 있고 『주역마융장구(周易馬融章句)』 10권이 있다. 그는 비씨(費氏)의 고문역(古文易)을 전수받았다.

3) 정현(鄭玄): 자(字)는 강성(康成), 경조(京兆)에 있을 때 이미 경씨역(京氏易) 공양춘추(公羊春秋) 삼통력(三統曆) 구장산술(九章算術) 등에 통효(通曉)하였고 3년간 마융(馬融)에게 사사(師事)하였다. 상명(上命)이 있었으나 언제나 사양하였고 말년(末年)에 대사농(大司農)을 지냈으나 병을 이유로 사퇴하고 74세(歲)에 몰(沒)하였다. 평생 저술에 전념하였으니 『주역(周易)』·『모시(毛詩)』·『의례(儀禮)』·『예기(禮記)』·『논어(論語)』·『효경(孝經)』 등을 주해(注解)하였고, 『상서대전(尙書大傳)』·『상서중후(尙書中侯)』·『건상력(乾象曆)』에도 주(注)를 달았으며, 『천문칠정론(天文七政論)』·『노례체협의(魯禮禘祫儀)』·『육예론(六藝論)』·『모시보(毛詩譜)』·『박허신오경이의(駁許愼五經異義)』·『답임효존주례란(答臨孝存周禮難)』 등 백여만 언(百餘萬言)의 저술을 남겼다. 그의 역학(易學)은 상수적(象數的) 호체(互體) 효진설(爻辰說)로서 마융(馬融)의 태극북진설(太極北辰說)과도 결코 무관하지 않으며 이는 음양오행설적(陰陽五行說的) 비서위술(秘書緯術)에도 능한 경씨역(京氏易)과도 깊은 관련이 있음을 알 수가 있다.

여기서 한 가지 짚고 넘어가야 할 일이 있는데 그것은 다름 아니

라 현존 역경(易經)의 본문에 「단상문언전(彖象文言傳)」을 붙인 체재
는 언제 누구에 의하여 이루어졌는가 하는 데 대하여 ㄱ) 비직설(費
直說), ㄴ) 정현설(鄭玄說), ㄷ) 왕필설(王弼說) 등 세 설(說)이 있다. 이는
공자 십익설과도 깊은 관련이 있으므로 이를 약술하면 다음과 같다.

ㄱ) 비직설(費直說): 비직설(費直說)의 근거는 『한서(漢書)』「유림전
(儒林傳)」에 "비직은 『역』을 연구하는 데 장구에 구애받지 않고 단지
「단전」과 「상전」과 「계사전」 10편의 말로 상경과 하경을 해석했다
[費直治易 亡章句 徒以彖象繫辭十篇之言 解說上下經]"에 두고 있다. 이는
전(傳)으로써 경(經)을 해석하자면 반드시 전(傳)을 경(經)에 합했을
것이라는 점에서 나온 설이지만 따지고 보면 비직(費直)은 단순히 「단
상계사(彖象繫辭)」를 사용하여 경의(經義)를 해석했을 따름이요 「단상
문언(彖象文言)」을 경문(經文)에 삽입시킨 것은 아닐 것이다.

ㄴ) 정현설(鄭玄說): 『위지(魏志)』「고귀향공기(高貴鄉公紀)」에 따르
면 "고귀향공이 물어서 말하길 '공자가 「단전」을 짓고 정현이 주석
했는데 비록 성현과 그 해석이 다를지라도 경의는 같다. 지금 「단전」
과 「상전」이 경문과 더불어 서로 연결되지 않는데 주석을 어떻게 연
결할 것인가?'라고 했다. 역박사 순우준이 대답하길 '정현(鄭玄)은 「단
전」과 「상전」을 경(經) 속에 넣어서, 배우는 자들로 하여금 찾아서
쉽게 깨칠 수 있도록 하였'고 했다[高貴鄉公問日 孔子作彖傳 鄭玄作
注 雖聖賢不同其所釋 經義一也 今彖象不與經文相連 而注連之何也 易博士淳
于俊對日 鄭玄合彖象於經者 欲使學者尋省易了也]"라고 한 것을 보면 정
현주본(鄭玄注本)에 의하여 이미 「단상전(彖象傳)」을 경문(經文)에 붙
인 체재가 갖추어진 것을 알 수 있다. 그러나 정본(鄭本)에는 「문언

전(文言傳)」이 아직 경문(經文) 안에 들어와 있지 않고 왕필본(王弼本)에 의하여 건곤이괘(乾坤二卦)의 경문(經文) 중에 들어온 것으로 되어 있다.

ㄷ) 왕필설(王弼說): 왕필본(王弼本)은 정현본(鄭玄本)을 보완하여 정현본(鄭玄本)에서 건괘 이하(乾卦以下) 경문(經文)에 붙여진 「단상전(彖象傳)」을 나누어서 각 괘효(卦爻)마다 따로따로 붙였을 뿐 아니라 「문언전(文言傳)」도 현존 주소본(注疏本)처럼 만들었다고 보아야 할 것이다.

그러므로 세 가지 설 가운데 비직설은 부정적인 반면에 정현과 왕필은 상호 보완적이면서도 왕필에 의하여 현존체재로 완성이 되었다고 해야 할 것이다.

4) 송충(宋衷): 자(字)는 중자(仲子), 비직역(費直易)의 마지막 계승자(繼承者)로서 그의 역학(易學)은 정현역(鄭玄易)에 가깝다고 한다. 일면 양웅(揚雄)의 『태현경(太玄經)』에도 정통하여 형주현학(荊州玄學)과도 상통하는 바가 있다. 그러므로 부조(父祖) 이래 형주(荊州)와 연이 있는 왕필(王弼)의 가학(家學)은 송충(宋衷)의 영향이 없지 않았음을 짐작하게 한다. 그의 『주역주(周易注)』 10권이 있었으나 산망부전(散亡不傳)한다.

5) 우번(虞翻): 자(字)는 중상(仲翔), 오(吳)의 역학자(易學者)로서 맹희계(孟喜系)의 역(易)을 전수(傳授)받은 것으로 되어 있다. 벼슬은 형조(刑曹) 기도위(騎都尉) 등을 거쳤으나 자진 간쟁(諫爭)으로 방축(放逐)되기도 하였다. 그러나 때로는 방기되었을 때에도 전적(典籍)으로 자위하였고 설상(設象)하여 길흉(吉凶)을 점치기도 하였다. 그의 역학(易學)은 음양소식(陰陽消息), 승강상하(升降上下)함으로써 괘(卦)를 논

하고 소식(消息)·괘변(卦變)·발휘(發揮)·방통(旁通)·승강(升降)·호체(互體) 등의 설(說)을 전개함으로써 상수학(象數學)의 정립에 크게 기여한 것으로 보인다. 그의 저술로서는 『주역일월변례(周易日月變例)』 6권, 『역율력(易律曆)』 1권, 『주역집림율력(周易集林律曆)』 1권 등이 있으나 모두 망질부전(亡佚不傳)한다. 이 밖에 『양자태현경주(揚子太玄經注)』 4권, 『논어주(論語注)』 10권, 『효경주(孝經注)』·『노자주(老子注)』 1권 등이 있다고 하지만 이들도 또한 망질부전(亡佚不傳)한다.

6) 육적(陸績): 자(字)는 공기(公紀), 오(吳)의 역학자(易學者)로서 32세로 요절하였으나 박학다식(博學多識)하여 천문역산(天文曆筭)에도 능하였다. 역학(易學)의 계통을 따지자면 우번(虞翻)과 더불어 친교(親交)를 맺은 사이로서 맹희(孟喜)·경방계(京房系)의 역학(易學)을 계승하였기 때문에 송충(宋衷)의 『태현경주(太玄經注)』에 대하여 불만을 표명하고 있는 까닭은 송충(宋衷)이 『태현경(太玄經)』에 대하여 지나치게 기울어 의리(義理)만을 중시하고 점서방면(占筮方面)은 등한시할까 해서 그랬던 것이 아닌가 싶다. 그러므로 육씨역학(陸氏易學)의 대요(大要)는 동효(動爻)의 설과 괘효(卦爻)의 변(變)과 발휘방통(發揮旁通)에 있다는 것이다.

7) 요신(姚信): 자(字)는 원직(元直) 또는 덕유(德裕), 오흥인(吳興人)으로서 오(吳)의 태상경(太常卿) 벼슬을 지냈다. 그는 육적(陸績)의 외생(外甥)으로서 육씨역(陸氏易)과 깊은 관련이 있을 뿐 아니라 그의 대요는 우번(虞翻)의 역(易)에 가깝다. 그러므로 그의 역(易)은 건곤치용(乾坤致用)·괘상(卦象)·방통(旁通)·구육상하(九六上下)를 말한다. 그에게는 『역주(易注)』 외(外)에 『사위(士緯)』 10권, 『요집(姚集)』 2권 등이 있다.

8) 적자현(翟子玄): 미상(未詳)

9) 순상(荀爽): 명(名)은 서(諝), 자(字)는 자명(慈明), 순경(荀卿)의 11세손(世孫). 그의 『역전(易傳)』은 효상(爻象)·승응(承應)·음양변화(陰陽變化)의 의(義)를 밝히고 있으므로 순상역(荀爽易)의 대요(大要)는 승강(升降) 괘변(卦變)을 특색으로 한다. 그러므로 순상(荀爽)은 비직역(費直易)을 조종(祖宗)으로 삼고 있으나 맹씨역(孟氏易)도 겸유(兼有)하여 명가(各家)의 역설(易說)을 수용하려고 하였다.

이처럼 순구가는 후한(後漢)의 비직계(費直系)로서 마융(馬融)·정현(鄭玄)·송충(宋衷)·순상(荀爽)과 맹희계(孟喜系)로서 우번(虞翻)·육적(陸績)·요신(姚信)·경방(京房)[적자현(翟子玄)은 미상(未詳)]이 좌우 나란히 참여하고 있음을 볼 수가 있다. 전자는 순상(荀爽)이 대표하고, 후자는 우번(虞翻)이 대표하여 이가지설(二家之說)을 형성함으로써 한역(漢易)이 의리(義理)·훈고(訓詁)와 함께 상수학(象數學)으로서의 발전을 기약하게 되었음을 알 수가 있다. 이러한 순구가의 역을 다산은 어떻게 정리하였을까.

제3절 이정조집해론(李鼎祚集解論)

당대(唐代) 이정조(李鼎祚)의 『주역집해(周易集解)』본은 한대역학의 보존을 위하여 절대적 공헌을 남긴 사실은 자타가 공인하는 바로서 이씨(李氏) 자신의 역론이 따로 있어서가 아니라 따지고 보면 삼십여가(三十餘家)에 이르는 한대역론을 집대성했다는 데에 그 공이 지대한 것이다. 그러므로 다산도 이를 다음과 같이 평가한다.

당시에 한(漢)나라와 위(魏)나라의 여러 유학자들의 이론이 아직 남아 있었다. 이정조(李鼎祚)는 오래되면 없어질까 걱정하였다. 이에 유명한 이론을 가려 베껴서 이 『집해』 10권을 만들어서 후세에 남겼으니 그 공효가 진실로 크다. 비록 자질구레하고 간단하여 서로 통하지 않을지라도 그 미묘한 말과 오묘한 뜻을 때 때로 볼 수 있어서 주나라 정(鼎)과 은나라 이(彝)의 드리워진 빛이 찬연하니, 끝내 상인[牙郞]의 가짜 물건으로 견주어 헤아릴 수 있는 것이 아니다. 그 가운데 순상(荀爽)·우번(虞翻) 두 학파의 설은 대부분 경의 뜻에 합치한다. 대개 역학에는 30여 학파가 있으나 이를 집대성한 자는 아홉 개 학파요, 아홉 개 학파 중에서도 이를 집대성한 자는 두 학파인 것이다. 만일 이정조(李鼎祚)로 하여금 널리 두 학파의 설을 취하여 문호를 건립하고 여러 학파의 옛 모습을 보존함으로써 그의 근원을 깨닫게 한다면 아홉 개 학파의 학문은 진실로 후세에 이르러서도 멸망하지 않을 것이다. 지금은 그렇지 않고 관례에 따라 동일하게 배워서 이 효에서는 후과(侯果)의 설을 쓰고 저 효에서는 촉재(蜀才)의 설을 쓰니 부서지고 쪼개져서 전체가 있지 않다. 본래는 여러 학파를 아울러 보존하고자 했지만 실제로 여러 학파를 죄다 깨졌으니 이는 한스러운 일이다. 그러나 괘변(卦變)과 효변(爻變)의 법칙, 호체(互體)와 복체(伏體)의 법칙, 교역(交易)과 변역(變易), 반대(反對)와 반합(胖合)의 오묘함은 그 매우 작은 부분이라도 드러내지 않음이 없다. 또 예를 들어 곤괘(坤卦) 초효(初爻)는 선(善)을 쌓는다는 것을 말하고 중부괘(中孚卦)의 구이(九二)는 호응을 잘한다는 것을 풀이한 것과 같으니 온갖 학파보다 더욱 뛰어나고 천년이라도 함께 부합하여 간절하게 가슴에 품을 바이다. 지금의 학자들은 진실로 『역』을 배우고자 하여 오직 이정조의 『집해』10권만을 취하여 옥석을 잡았다고 여기고. 또 그 가운데 나아가 선(善)을 선택하여 그것을 잡으면 거의 그것을 얻을 것이라고 생각한다.4)

이렇듯 한역 이해의 절대적 교전으로 평가한다. 그러므로 여기에 동호자를 위하여 다산의 『주역사전』과 이정조집해본(李鼎祚集解本)과를 대비하여 일표(一表)를 작성함으로써 한역 이해에 일조가 되게 하면 다음과 같다.

---

4) 「李鼎祚集解論」, 『易學緖言』 卷1, Ⅱ~45, 14쪽(10-203~204). "當時 漢魏諸儒之說 猶有存者 李鼎祚 懼其彌久而彌泯也. 於是抹採名論 爲此集解十卷以貽後世 其功誠大矣 雖其零文斷簡不相統合 而其微言妙旨 時有開見 則周朋殷輅 葵光粲然 終非牙郎贗物所敢比擬 其中荀爽 虞翻 二家之說 多合經旨 蓋易學三十餘家 其集大成者九家也 九家之中其集大成者二家也 若使李氏廣取二家之說 以建門戶 略存諸家之舊 以知原本 則九家之學眞得不亡於後世 今也不然 同一按例之學 而此爻用侯果說 彼爻用蜀才說 破碎離析 未有全體 本欲諸家之並存 實令諸家而盡破斯可恨也 然卦變爻變之法 互體伏體之例 交易變易 反對胖合之妙 無一不露其牙斑 又如坤初積善之說 中孚九二善應之解 尤超絕百家 契合千載 所拳拳服膺者也 今之學者誠欲學易 唯取李鼎祚集解十卷 以爲拱璧 又就其中 擇善而固執之 則庶乎其得之矣".

괘명 (卦名)	원문 (原文)	한역 (漢易)	해설(解說)	평정(評定)
건 (乾)	초구 (初九)	최경 (崔憬) 안(案)	구(九)는 노양의 수이다. 움직임으로써 점을 치는 것이기 때문에 양을 칭한다[九者老陽之數 動之 所占 故陽稱焉]. 만약 구(九)가 양수의 끝이라고 말하면서 초구(初九)라고 이른다면 곤괘(坤卦)에 이르러서는 통하지 않는다. 십(十)이라는 것은 음수의 끝인데 어찌 곤괘(坤卦) 초십(初十)이라고 말하지 않는가[若云九者陽數之極而謂之初九 則至坤而不通矣 十者陰數之極 何不曰坤初十]?	이것은 바른 해석이다[此正解也].
		전(箋)	이것은 건괘(乾卦)가 구괘(姤卦)로 변한 것이다[초효가 변한 것이다]. 시괘하여 제1획의 삼괘(三掛)의 책(策)이 모두 천수[天數: 1, 3, 5, 7, 9]를 얻으면 초구(初九)라고 한다[삼천(參天) 때문이다][此乾之姤也(初爻變) 著卦第一畫三掛之策皆得天數(一三五七九) 曰初九也(參天故)].	
		간보 (干寶)	양이 초구(初九)에 있음은 11월의 때에 복괘(復卦)로부터 온 것이다. 양이 구이(九二)에 있음은 임괘(臨卦)로부터 온 것이다. 양이 구삼(九三)에 있음은 태괘(泰卦)로부터 온 것이다. 양이 구사(九四)에 있음은 대장괘(大壯卦)로부터 온 것이다. 양이 구오(九五)에 있음은 쾌괘(夬卦)로부터 온 것이다[陽在初九 十一月之時自復來也 陽在九二自臨來也 陽在九三自泰來也 陽在九四自大壯來也 陽在九五自夬來也].	역사(易詞)는 실제로 이 의미가 있다[易詞實有是義也].
		안(案)	공자가 원(元)을 해석하길 "크도다. 건원(乾元)이여! 만물이 이것을 바탕으로 시작한다"고 하였으니 복괘(復卦)를 말한다. 형(亨)을 해석하길 "구름이 일고 비가 뿌려져 온 갖 물건의 형상이 펼쳐진다"고 하였으니 태괘(泰卦)를 이른다[태괘(泰卦)의 양호(兩互)에는 감우(坎雨)가 있다]. 이(利)를 해석하길 "커다란 조화를 보존하고 합한다"고 하고 이로운 것을 말하지 않았으니 쾌괘(夬卦)를 이른다[(태(兌)는 화(和)가 되고 언(言)이 되고 이(利)가 된다][孔子釋元曰 大哉乾元 萬物資始 復卦之謂也 釋亨曰 雲行雨施 品物流形 泰卦之謂也(泰之兩互則有坎雨) 釋利曰 保合太和 不言所利 夬卦之謂也(兌爲和爲言爲利)].	간보가 복괘(復卦)로부터 온 것이고, 임괘(臨卦)로부터 온 것이라고 한 것은 추이의 법과 같은데 어긋나서 온당하지 못하다[干寶稱自復來自臨來 如推移之法差爲未穩].

여기서 최경(崔憬)은 '9라는 것은 노양의 수이다'는 설[九者老陽之說]과 '9는 양수의 극이다'는 설[九者陽數之極說] 중 전자를 취하여

다산의 구육설(九六說)을 뒷받침해 주고 있다.

| 건
(乾) | 구삼
(九三) | 우번
(虞翻)

전(箋) | 양이 삼효(三爻)에 이른 것을 말한다. 2효가 변하면 이(離)를 이루니 이(離)는 태양이 되고 곤(坤)은 저녁이 된다[謂陽至三 二變成離 離爲日 坤爲夕].
하괘(下卦)의 자리는 이(離)의 자리이고 이(離)는 태양이 되기 때문에 초효(初爻)는 태양이 나오게 되고 이효(二爻)는 한낮이 되고 삼효(三爻)는 저녁이 된다. …이(離)의 자리가 이미 끝났으니 하루 중에 저녁이다[下卦位离也, 离則爲日 故初爲日出 二爲日中 三爲日夕…离位既終 日之夕矣]. | 이 뜻은 모두 옳지 않다[此義皆非]. |

"양효가 삼효에 이르고 이효가 변하여 이를 이룬다[陽至三 二變成離]"나 "이는 태양이 되고 곤은 저녁이 된다[離爲日 坤爲夕]"는 것은 역리(易理)에 근거가 없다. 그러므로 다산은 복체설(伏體說)에 의거하여 '아래의 이는 태양이고 위의 곤은 달이라는 설[下離日 上坤月說]'과 '초효는 태양이 나오고 이효는 한낮이 되고 삼효는 저녁이 된다는 설[初日出 二爲日 三位日夕說]'을 세움으로써 우번(虞翻)설을 반박한다.

| 건(乾) | 구오
(九五) | 우번
(虞翻) | 사효(四爻)가 이미 변하면 오효(五爻)의 체(體)가 이(離)가 됨을 말한다. 이(離)는 나는 것이다[謂四已變則五體離 離爲飛]. | 오변(五變)을 말하지 않고 도리어 사변(四變)을 말하였으니 그 뜻이 옳지 않다[不言五變却云四變 其義非也]. |

구오(九五)라면 오변(五變)이어야 하는데 '사효가 이미 변했다[四已變]'란 어디에 근거한 것일까. 여기에 우번(虞翻)의 잘못이 있다.

| 건
(乾) | 용구
(用九) | 유환
(劉瓛)
안(案) | 육효(六爻)의 순양의 뜻을 총괄한 것이기 때문에 용구(用九)라고 말한다[總六爻純陽之義 故曰用九].
채묵은 용구(用九)를 건괘(乾卦)가 곤괘(坤卦)로 변한 것으로 여겼으니 육획(六畫)은 이미 순음이다[蔡墨以此爲乾之坤 則六畫已純陰矣]. | 육획(六畫)은 육효(六爻)라고 말할 수 없다[且六畫不可曰六爻]. |
| | | 전(箋) | 이것은 건괘(乾卦)가 곤괘(坤卦)로 변한 것이다. 시괘(蓍卦)하여 18변으로 괘가 이루어졌을 때 그 18차례 걸어 놓은 책(策)이 모두 천수(天數)를 얻으면 육위(六位)가 다 변하는데 이것을 일러 용구(用九)라고 한다[此乾之坤也 蓍卦十八變成卦之時 其十八卦之策 皆得天數 則六位盡變 此之謂用九也]. | |

유환(劉瓛)의 육효순양(六爻純陽)은 이미 효즉변상(爻則變象)이므로 요효순음(六爻純陰)이어야 옳다. 그러므로 용구(用九)는 건지곤(乾之坤)이므로 곤즉순음(坤則純陰)이 아닌가.

| 건(乾) | 만물
자시
(萬物
資始) | 순상
(荀爽)
안(案) | 64괘 11,520책은 모두 건괘(乾卦)에서 처음 받으니 마치 만물이 생겨날 때 하늘에서 품부받는 것과 같다[六十四卦 萬一千五百二十策 皆始受于乾 猶萬物之生 稟于天].
건원(乾元)이라는 것은 복괘(復卦)의 일양(一陽)일 따름이다[乾元者 復一陽是已]. | 이것은 『역』을 잘 말한 것이다. 건(乾)으로써 처음을 삼음은 정밀하지 못한 것 같다[此善言易也 以乾爲始 猶之未精]. |
| | | 전(箋) | 「설괘전」에 말하길 "만물은 진(震)에서 나온다"고 했는데 복괘(復卦)의 일양(一陽)은 만물이 의지하여 시작한 것이다[說卦傳曰 萬物出乎震 復之一陽 萬物之所資始也]. | |

만물(萬物)의 생(生)이 진(震)으로부터 비롯한다는 점에서 역(易)의 양동설적(陽動說的) 입장을 이해할 수가 있다. 이는 노자(老子)의 유약설(柔弱說)과 대조를 이룬다. 그런 의미에서 순상(荀爽)의 이해는 정당하나 '건괘에서 처음 받았다[始受于乾]'는 것이 아니라 진에서 나왔다[出乎震]고 함을 지적한 다산설(茶山說)도 음미함직하다.

		우번 (虞翻)	기제괘(旣濟卦)가 이미 이루어지면 상감(上坎)은 구름이 되고 하감(下坎)은 비가 된다[已成旣濟 上坎爲雲 下坎爲雨].
건 (乾)	운행 우시 (雲行 雨施)	안(案)	기제괘(旣濟卦)가 이미 이루어졌다는 것은 1효, 2효, 3효의 기수와 우수와 기수가 이(離)가 되고, 4효, 5효와 6효의 우수와 기수와 우수가 감(坎)이 된다는 것이다. 이 기제괘(旣濟卦)의 형체가 은연히 건괘(乾卦)의 가운데 있다. 기제괘(旣濟卦)의 상감(上坎)에 또 호감(互坎)이 있기 때문에 하감(下坎)이 비가 된다고 말한 것이다[已成旣濟者 一二三 奇偶奇爲離 四五六偶 奇偶爲坎 是旣濟之形 隱然在乾卦之 中也 旣濟上坎 又有互坎 故云下坎爲雨].
		전(箋)	음기가 양기를 얻지 못하면 구름과 비를 완성하지 못한다. 곤괘(坤卦)의 때에 음이 있을 따름이다. 복괘(復卦)가 되고 임괘(臨卦)가 되어 태괘(泰卦)에 이르면 양은 이내 음과 사귀고 음이 진(震)으로써 발생하니 이것이 '구름이 일어나고 비가 내린다'는 것이다[陰不得陽 不成雲雨 坤之時有陰 而已 爲復爲臨以至於泰 則陽乃交陰 陰以震發 此雲行而雨 施也].

우번(虞翻)은 이미 복체(伏體)로서의 감형(坎形)을 이해하고 있다.

		후과 (侯果)	대명(大明)은 태양이다. 육위(六位)는 천지(天地)와 사시(四時)이다. 대명(大明)은 낮과 밤으로써 종시(終始)를 삼는다[大明日也 六位天地四時 大明以晝夜爲終始].
건(乾)	대명 종시 (大明 終始)	안(案)	대명(大明)은 태양이다. 동지(冬至)에 양이 끝나고 (다시) 하나의 양이 처음 생겨나니 이것이 대명종시(大明終始)이다. 하지(夏至)의 극에 이르면 이내 6양이 이루어지니 6위의 때가 이루어진다[大明者日也 冬至陽終 一陽始生 大明 終始也 極乎夏至 乃成六陽 六位時成也].
		전(箋)	대명은 태양이다. 동지의 때에 태양의 궤도가 남쪽의 극에 이르러 그림자가 가장 짧다. 이에 마치고 다시 시작하여 하지에 이르면 태양의 궤도가 북쪽의 극에 이르러 그림자가 가장 길다. 이것이 대명종시(大明終始)이다[大明者 日也 冬至之時 日躔極南 日晷極短 於是 終而復始 至於夏 至 則日躔極北 日晷極長 此大明終始也].

　　견해를 같이하고 있으나 후과(侯果)는 주야(晝夜)를 종시(終始)라 하였고 다산은 동지(冬至)와 하지(夏至)를 종시(終始)로 간주한 점에서 그 뜻을 달리하고 있다.

		순상 (荀爽)	천(天)은 으뜸이 되는 일을 제조한다. 대인은 법을 만들고 천위(天位)에 거처하게 되니 성인이 세상을 변화시킨다는 것이다[天者首事造制 大人造法 見居天位 聖人也].	
건(乾)	대인 조야 (大人 造也)	안(案)	대인조(大人造)와 성인작(聖人作)은 마땅히 하나의 뜻이니 개물성무(開物成務)를 말한다[大人造 聖人作 當是一義 蓋云開物成務].	
		전(箋)	이(离)는 변화를 의미한다. 조(造)는 변화이다. 대인조(大人造)는 성인이 변화시키는 것이다. 또한 조(造)는 작(作)과 같다. 전문(篆文)에 보면 화(化)와 작(作)은 서로 비슷하다[离則爲化 造者化也 大人造者聖人之變化也 又造猶作也 篆文化與作相近].	

순상(荀爽)의 '대인이 만들고 성인이 지었다[大人造 聖人作]'는 것으로서 그의 조작설을 받아들인 반면에 정현(鄭玄)의 작기설(作起說) 조위설(造爲說)을 반대한다. 정현은 "『역(易)』에 성인작(聖人作)의 작(作)은 기(起)이고 대인조(大人造)의 조(造)는 위(爲)이다"고 주석하였다. ○살펴보건대 작(作)은 조(造)이니 정현의 뜻이 옳지 않다[鄭玄易注聖人作 作起也 大人造 造爲也 ○案 作造也 鄭義非].

		최경 (崔憬)	세상 사람들이 비록 자기를 옳다고 하지 않더라도 고민하지 않는다[世人雖不己是而無悶].	
건 (乾)	불견시 (不見是)	안(案)	자신이 품고 있는 것을 다하는 것은 바람을 다하는 것인데, 세상에 굽히게 되어 가장 고민되고 막힌 곳이다. 그러나 번민하지 않으니 이내 군자이다[盖己之所抱 極是極正 而見屈於世 最是悶鬱處 然而無悶 乃君子也].	최경의 뜻은 지극히 옳다[崔義極是].
		전(箋)	손(巽)의 덕성은 막히지 않음이 있는데 바람으로 흩어 놓기 때문에 그 상(象)은 무민(無悶)이 된다[巽德不壅 風以散之 故其象爲無悶也].	

최경(崔憬)은 『논어』의 "남이 알아주지 않아도 성내지 않으니 또한 군자 아니겠는가[人不知而不慍 不亦君子乎]"나 『중용』의 "군자는 중용의 도에 의거하여 행하므로 은둔하여 세상 사람이 알아주지 않아도 후회하지 않으니 오직 성인만이 할 수 있다[君子依乎中庸 遯世不

見知而不悔 唯聖者能之]"를 옳게 이해하고 있다.

건(乾)	동성 상응 (同聲 相應) 동기 상구 (同氣 相求)	우번 (虞翻)	우레와 바람이 서로 부딪치고 산과 연못이 기운을 통한다 [雷風相薄 山澤通氣].
		안(案)	대유괘(大有卦)는 구괘(姤卦)로부터 왔으며. 구괘(姤卦)는 장차 둔괘(遯卦)가 되니 바람과 산이 갖추어진다. 쾌괘(夬 卦)는 대장괘(大壯卦)로 말미암으니 우레와 연못이 갖추어 진다. 변화승강하여 대유괘(大有卦)를 이루니 서로 응하고 서로 구한다[大有自姤來 姤將爲遯 風山備矣 夬由大壯 雷 澤具矣 變化升降以成大有 相應而相求].
		전(箋)	대유괘(大有卦)는 구괘가 서로 만나니 '동성상응(同聲相應)' 이라고 한 것이다. 사정괘(四正卦)에서 화(火)와 천(天)이 한 종류인데 화(火)와 천(天)이 서로 만나니 '동기상구(同 氣相求)'라고 한 것이다[大有之卦姤夬其本也 風雷相會 同 聲相應也 四正之卦火天其類也 火天相遇 同氣相求也].

우번(虞翻)의 설이 옳다.

곤 (坤)	곤원 (坤元)	구가역 (九家易)	11,520책은 모두 건괘(乾卦)에서 시작하여 받고 곤괘(坤卦) 로 말미암아 생겨난다[萬一千五百二十策 皆受始于乾 由坤 而生].
		안(案)	곤원(坤元)은 구괘(姤卦)에서 하나의 음이다. 만물은 생겨 나는 이치를 받으니 구괘(姤卦)와 복괘(復卦)가 모두 같지 만 건도(乾道)는 아버지가 되기 때문에 '자시(資始)'라고 말하고, 곤도(坤道)는 어머니가 되기 때문에 '자생(資生)' 이라고 말한다[坤元者姤 一陰生己 萬物受生之理 姤復皆同 而乾道爲父 故曰資始 坤道爲母 故曰資生].
		전(箋)	곤원(坤元)은 구괘(姤卦)를 가리킨다. 구괘(姤卦)에서 하나 의 음이 땅 밑에서 생겨나니 이것이 곤토(坤土)의 근본이 다. 모든 만물이 뿌리를 내릴 때에는 모두 흙에 붙으니 '만물이 그것을 바탕으로 생겨난다'고 한 것이다[坤元者 姤也 姤之一陰生於地底 此坤土之本也 衆萬之生根皆著土 萬物資生也].

건(乾)은 자시(資始)하고 곤(坤)은 자생(資生)한다는 점에서 구가역
(九家易)은 그 뜻을 같이한다.

곤(坤)	초육 (初六)	간보 (干寶)	점변(占變)하기 때문에 효(爻)가 있다. 「계사전」에 말하길 "효라는 것은 변화를 설명하는 것이다"고 하였다. 『역』의 계사(繫辭)는 모두 9와 6을 지칭한다[占變故有爻 繫曰爻者 言乎變者也 故易繫辭皆稱九六也].	
		안(案)	이와 같은 정의는 빛나는 모양이 해와 별과 같다. 후세에 오히려 다시 어두워지면 어찌할꼬[如此正義赫如日星 後世 猶復湮晦 何哉]?	

여기서 우리는 간보(干寶)의 효변설(爻變說)의 정론(正論)을 확인할
수가 있다.

곤(坤)	적선 지가 필유 여경 (積善 之家 必有 餘慶)	우번 (虞翻)	처음에 건괘(乾卦)는 선(善)을 쌓지만 곤괘(坤卦)의 암컷이 양을 멸하여 복괘(復卦)를 내니 진(震)은 남은 경사가 됨을 말한다. 동북쪽에서 친구를 잃지만 끝내 경사가 있다는 것을 말한다[謂初乾爲積善 以坤牝陽滅 出復震爲餘慶 謂東北 喪朋 乃終有慶].	우번의 설 은 대개 이 러한 뜻이 다[虞說蓋 此意].
		안(案)	진(震)의 인(仁)과 태(兌)의 의(義)가 쌓아서 건괘(乾卦)가 되는 것은 비록 곤괘(坤卦)가 쇠할지라도 반드시 다시 생겨 나기 때문에 '반드시 남은 경사가 있다'고 한 것이다[震仁 兌義 積而爲乾 雖以坤消 必以復生 故曰必有餘慶].	

우설(虞說)이 옳다.

곤 (坤)	적불 선지 가필 유여앙 (積不 善之 家必 有餘殃)	우번 (虞翻)	곤괘(坤卦)는 불선을 쌓아 신하가 군주를 시해한다. 건괘 (乾卦)가 곤괘(坤卦)의 극과 통하여 구괘(姤卦)가 생겨나니 손(巽)은 남은 재앙이 된다[坤積不善 以臣弑君 以乾通坤 極姤生巽 爲餘殃].	우번의 설 은 대개 이 러한 의미 이 다[虞說 蓋此意].
		안(案)	손(巽)의 사악함과 간(艮)의 작음이 쌓여서 곤괘(坤卦)가 되니 비록 건괘(乾卦)가 흥기할지라도 반드시 구괘(姤卦)가 소멸하기 때문에 '반드시 남은 재앙이 있다'고 말한 것이다[巽邪艮小 積而爲坤 雖以乾興 必以姤消 故曰有餘殃].	
		전(箋)	건괘(乾卦)는 복괘(復卦)로부터 시작되는데 진(震)의 인(仁)과 태(兌)의 의(義)가 쌓여서, 제6위에까지 이르니 '착한 일을 쌓은 집'이라는 것이다. 곤괘(坤卦)는 구괘(姤卦)로부터 시작되는데 불인(不仁)과 불의(不義)가 쌓여서 제6위에 까지 이르니 '불선한 일을 쌓은 집'이라는 것이다[乾以復 始 震仁兌義 積之至六 積善之家也 坤以姤始 不仁不義 積 之至六 積不善之家也].	

우번(虞翻)의 설이 옳다.

곤(坤)	신시 기군 자시 기부 (臣弑 其君 子弑 其父)	우번 (虞翻)	곤(坤)이 쇠약해져 2효에 이르면 간(艮)의 자식이 아버지를 시해하고, 3효에 이르러 비괘(否卦)가 이루어지면 곤괘(坤卦)의 신하가 군주를 시해한다[坤消至二 艮子弑父 至三成否 坤臣弑君].	
		안(案)	이와 같은 정의가 지금 다시 어두워지면 어찌할꼬[如此正義 今復湮晦 何哉]?	
		전(箋)	이미 엉기고 이미 견고해지면 이내 그 악을 퍼뜨리게 되어 둔괘(遯卦)가 되고 비괘(否卦)가 되니 '신하가 그 군주를 시해한다'는 것이다. 박괘(剝卦)가 되고 곤괘(坤卦)가 되니 '자식이 그 아버지를 시해한다'는 것이 된다. 음이 응결한 화(禍)는 멀리 있는 것이 아니다[旣凝旣固 乃散厥惡 則爲遯爲否 臣弑其君 爲剝爲坤 子弑其父 陰凝之禍 不其遠矣乎].	

우번(虞翻)의 설이 옳다.

곤(坤)	일조 일석 (一朝 一夕)	우번 (虞翻)	강효(剛爻)는 아침이 되고 유효(柔爻)는 저녁이 된다[剛爻爲朝 柔爻爲夕].	이 뜻은 옳지 않다[此義非也].
		안(案)	무릇 괘는 모두 아래가 이(離)이고 위가 감(坎)이니 이(離)는 낮이고 감(坎)은 밤이다. 그러므로 '한번은 낮이고 한번은 밤이다'는 것은 하나의 중괘(重卦)이다[凡卦皆下離上坎 離者晝也 坎者夜也 一朝一夕者一重卦也].	
		전(箋)	하괘(下卦)의 위(位)는 이(離)인데 이(離)는 곧 자리가 낮이다. 상괘(上卦)의 자리는 감(坎)인데 감(坎)은 밤이 된다. 그러므로 '한번은 낮이고 한번은 밤이다'는 것은 괘(卦)를 말한다[下卦位離 離則位晝 上卦位坎 坎則爲夜 一朝一夕者 卦之謂也].	

　주야(晝夜)의 상(象)은 복체(伏體)의 감이(坎離)에서 취해야 함에도 불구하고 강유효(剛柔爻)에서 취한 우씨설(虞氏說)은 잘못이다.

곤(坤)	창우 사지 (暢于 四支)	우번 (虞翻) 안(案)	간(艮)은 두 팔뚝이 되고 손(巽)은 두 넓적다리가 된다[艮 爲兩肱 巽爲兩股].	우번의 뜻에 는 근거할 바 가 없다[虞 義無攸據].
		전(箋)	이것은 복괘(復卦)와 박괘(剝卦)로부터 온 것인데 간(艮)의 손과 진(震)의 다리가 사지(四支)이다[此自復剝來 艮手震 足 是四支也]. 복괘(復卦)에는 진(震)의 다리가 있고, 박괘(剝卦)에는 간 (艮)의 손이 있는 데 추이하여 비괘(比卦)가 되면 감(坎)의 피가 흘러서 통하게 되니 아름다움이 그 안에 있어 사지 (四支)에서 펼쳐진다[復之震足 剝之艮手 移之爲比 則坎血 流通 美在其中 而暢於四支也].	

'간은 손이고 진은 다리[艮手震足]'이니 우씨(虞氏)의 간손사지설(艮
巽四支說)은 근거가 없다.

준(屯)	반선 (磐桓)	순상 (荀爽) 안(案)	반선(磐桓)은 움직여서 물러나는 것이다[磐桓者動而退也]. 준괘(屯卦)는 관괘(觀卦)로부터 왔는데[관괘(觀卦)의 상효 (上爻)가 초효(初爻)로 간다] 움직여서 물러난다[屯自觀來 上之一)動而退也].	
		전(箋)	반선(盤桓)은 절름발이가 걷는 것이다. 괘(卦)는 관괘(觀卦) 에서 왔는데 손(巽)의 두 개의 강(剛)은 그 상이 넓적다리 이다. 추이하여 준괘(屯卦)가 되면 한쪽 넓적다리에 병이 생겨 한쪽 넓적다리만으로 걷는 것이니 절름발이의 걸음 이다. 임괘(臨卦)의 진(震)의 다리가 한쪽은 병들고 한쪽으 로 걸으니 또한 절름발이의 걸음을 형상한다[盤桓者躄者 之行也 卦自觀來 巽之兩剛 其象股也 移之爲屯 則一股受病 一股獨行 盤桓之行也 臨之震足 一病一行 亦此象也].	

순상(荀爽)의 해석은 옳지만 취상(取象)의 근거를 대지 못한 흠이
있다. 다산은 이를 보완하고 있다.

준(屯)	승마 반여 (乘馬 班如)	우번 (虞翻) 안(案) 전(箋)	반(班)은 넘어짐이다[班躓也]. 반(班)은 되돌아옴이다[班還也]. 반(班)은 되돌아옴이다. 절괘(節卦)는 태괘(泰卦)로부터 왔 는데 유(柔)가 와서 건(乾)을 올라탄 것이니 '승마(乘馬)'라 는 것이다. 준괘(屯卦)는 임괘(臨卦)로부터 왔는데 임괘(臨 卦)의 태여(兌女)가 예전대로 다시 돌아오니 '말을 타고 돌 아온다'는 것이다[班者還也 節自泰來 柔來乘乾 是乘馬也 屯自臨來 臨之兌女 依然復還 乘馬班如也].	

다산은 우씨(虞氏)의 반지설(班躓說)을 반환설(班還說)로 수정한다.

준(屯)	십년내자(十年乃字)	우번(虞翻)전(箋)	자(字)는 아이를 밴 것이다. 이(離)는 크게 부른 배이다[字姙娠也 離爲大腹]. 자(字)는 젖을 먹여 기르는 것이다. 임괘(臨卦)의 태여(兌女)는 곤(坤)이 있지만 자식을 낳지 않았는데, 나아가 태괘(泰卦)가 되어도 오히려 자식을 낳지 못한다. 여자가 젖을 먹여 기르지 못하는 것이다. 추이하여 절괘(節卦)가 되면 이(離)의 배가 크게 불러 간(艮)의 아이가 태어나니 이에 젖을 먹여 기르는 것이다. 양호(兩互)하면 이괘(離卦)가 된다. 간(艮)으로부터 진(震)까지는 또 거듭 시작하는 것인데, 두루 하여 다시 시작함에 그 수(數)가 10에서 가득하니 '십 년 만에 자식을 낳아 기른다'는 것이다. 어째서 그러한가? 괘에 감(坎)의 정(貞)이 있으니 여자의 정절이다. 또한 커다란 이(離)가 있으니 아이를 밴 형상이다[字者乳也 臨之兌女 不以坤字 進而爲泰 猶不受孕 女不字也 移之爲節 則離腹乃大 艮孩之産 於是乎 字育也 兩互爲頤 自艮至震 又重始之 周而復始 厥數滿十 十年乃字也 曷云哉 卦有坎貞 女之貞也 亦有大離 孕之象也].

다산은 여기서 우씨(虞氏)의 '자임신설(字姙娠說)'을 자유설(字乳說)로 수정하고 십년설(十年說)을 보완하고 있다.

준(屯)	즉록무우(卽鹿無虞)	우번(虞翻)전(箋)	간은 산이 되고 산은 산기슭이라고 말할 수 있다[艮爲山 山足稱麓]. 기제괘(旣濟卦)는 태괘로부터 왔다. 태(兌)의 연못과 진(震)의 숲에 곤(坤)의 신하가 거처하고 있으니 그 상이 산지기이다. 추이하여 기제괘(旣濟卦)로 가면 감(坎)의 사슴이 앞에 있고 건(乾)의 왕이 쫓아가니 '사슴을 쫓는다'는 것이다. 숲과 연못의 땅에는 마침내 곤(坤)의 신하가 없게 되니 사냥함에 산지기가 없는 것이다. 산지기는 어디로 갔는가? 태괘(泰卦)의 세 개의 양은 본래 진(震)의 숲이었는데 곤(坤)의 음(陰)이 이 가운데로 들어가니 오로지 숲으로 들어간 것이다. 밖에서 사냥에 빠져 있음은 혼란의 근본이다. 사냥함에 산지기가 없는데도 왕이 몸소 사슴을 쫓으니 그 해로움이 없겠는가? 이(離)는 무기를 숨겨 둔 것이고 감(坎)은 활과 화살을 숨겨 둔 것이니 기미가 두려워할 만한 것이다[旣濟自泰來 兌澤震林 坤臣居之 其象虞也

| | | | 移之旣濟則坎鹿在前 乾王往從 是卽鹿也 林澤之地 逾無坤臣 佃無虞也 虞何去也 泰之三陽 是本震林 坤之一陰 入于此中 唯入于林中也 外作禽荒 亂之本也 佃而無虞 王親卽鹿 其無害乎 離伏戈兵 坎隱弓弩 幾可畏也]. | |

우씨(虞氏)의 산록설(山麓說)은 근거가 없다. 녹(鹿)은 우후즉록(虞侯卽鹿)의 사슴이지 산록(山麓)이 아니기 때문이다.

| 준
(屯) | 준기고
(屯其膏) | 우번
(虞翻)
전(箋) | 감(坎)의 비를 고(膏)라고 칭한다. 『시경』에 이르기를 "단비로 적셔 주네"라고 하였다[坎雨稱膏 詩云陰雨膏之].
관괘(觀卦)에는 곤(坤)의 밭이 있어서 진(震)의 싹이 바야흐로 트려고 하는데 이(離)가 햇빛으로 그것을 말리니 밭이 메말랐다. 이러한 때를 만나 감(坎)의 구름이 하늘에 있어 단비가 장차 내리기를 그 소망함이 어떠한가? 『시경』에 말하길 "무성하게 자란 싹을 단비가 적셔 주네"라고 한 것도 이것을 말한다. 변하여 복괘(復卦)가 되면 곤(坤)의 덕은 인색하고 감(坎)의 구름은 완전히 사라지니 '그 은택을 인색하게 베푼다'는 것이다. 준(屯)은 인색함이다[觀之坤田 震苗方生而離以晅之 田其焦矣 當此之時 坎雲在天 膏澤將降 其跂望何如也 詩云芃芃黍苗 陰雨膏之 此之謂也 變而爲復 則坤德吝嗇 坎雲全消 屯其膏也 屯者吝也]. | |

여기서 우씨(虞氏)는 '감의 비를 고라고 칭한다[坎雨稱膏]'라고 하였는데 이는 망설(妄說)이다. 왜냐하면 감의 구름이 완전히 사라져야[坎雲全消] 그 은택을 베푼다[屯其膏]고 할 수밖에 없기 때문이다.

| 몽
(蒙) | 동몽
구아
(童蒙
求我) | 우번
(虞翻)
안(案) | 두 체(體)는 스승의 상이다[二體師象].
괘는 임괘(臨卦)와 관괘(觀卦)로부터 왔다. 커다란 진(震)은 노사(老師)이다. 커다란 간(艮)은 동몽(童蒙)이다[卦自臨觀來 大震老師也 大艮童蒙也]. | |

		전(箋)	괘는 임괘(臨卦)와 관괘(觀卦)로부터 왔다. 임괘(臨卦)는 커다란 진(震)이니 사장(師長)의 괘이다. 관괘(觀卦)는 커다란 간(艮)이니 제자(弟子)의 괘이다. 역예(易例)에 따르면 내괘(內卦)가 주(主)가 되니 아(我)라는 것은 진(震)의 스승이 자신을 가리켜서 말한 것이다. 스승이 가서 가르치는 것은 아니다. '내가 구한 것이 아니다'는 것이며, 오직 저 간(艮)의 동자가 스스로 와서 스승을 구하는 것이니 '동몽이 나를 구한다'라는 것이다[卦自臨觀來 臨爲大震 師長之卦也 觀爲大艮 弟子之卦也 易例內卦爲主 我者震師自謂也 師不往敎 匪我求也 唯彼艮童 自來求師 童蒙求我也].	우번의 설은 단지 괘형(卦形)만을 취하였다. 아마도 충분하지 못한 것 같다[虞說但取卦形 恐未允].

우씨설(虞氏說)은 애매하다.

		우번(虞翻)	대장괘의 사효(四爻)가 오효(五爻)로 간 것이다[大壯四之五].	오효(五爻)가 내려가고 사효(四爻)가 올라간다는 것은 마땅히 6과 9를 말한 것이 아니다[五降四升不當言六九].
수(需)	유부(有孚)	촉재(蜀才)	이것은 본래 대장괘(大壯卦)의 육오(六五)가 사효(四爻)로 내려가고 구사(九四)가 오효(五爻)로 올라간 것이다[此本大壯卦 六五降四 九四升五].	
		안(案)	9와 6은 노양과 노음의 이름이다[九六者老陽老陰之名].	
		전(箋)	괘는 중부괘(中孚卦)로부터 온 것인데, 중부괘(中孚卦)는 커다란 이(離)이다. 추이하여 수괘(需卦)가 되면 이(離)의 정성에 또한 믿음이 있으니 '수(需)는 믿음이 있다'고 한 것이다[卦自中孚來 中孚者大離也 移之爲需 離誠亦孚 需有孚也].	

촉재설(蜀才說)에서 육오(六五) 구사(九四) 운운(云云)한 것은 잘못이다. 구육(九六)이란 효변(爻變)의 상(象)이기 때문에 승강(升降)할 수가 없다. 촉재(蜀才)는 효변설(爻變說)을 몰랐을까?

		우번(虞翻)	둔괘(遯卦) 삼효(三爻)가 이효(二爻)로 간 것이다[遯三之二也].	
송(訟)	질척(窒惕)	촉재(蜀才)	이 괘는 본래 둔괘(遯卦)의 삼효(三爻)가 내려가 이효(二爻)에 거처한 것이다[此本遯卦 三降居二].	
		안(案)	송괘(訟卦)는 또 중부괘(中孚卦)로부터 온 것이기 때문에 송(訟)에 믿음이 있다고 말한 것이다[訟又自中孚來 故曰訟有孚].	

		전(箋)	또 송괘(訟卦)는 둔괘(遯卦)로부터 왔으니 둔괘(遯卦)의 때에는 이위(離位)의 가운데가 비어 있어 위로 하늘의 명을 두려워하니 그 마음이 두려워하는 것이다. 추이하여 송괘(訟卦)가 되면 감(坎)의 강(剛)으로 중(中)을 채우고 공경함으로써 안을 바르게 하니 '성실한 마음을 가득 채워 두려워한다'는 것이다[又自遯來 遯之時 離位虛中 上畏天命 其心惕也 移之爲訟 則坎剛中實 敬以直內 窒惕中也].	

우번(虞翻)의 설과 촉재(蜀才)의 설이 모두 옳다[虞氏說 蜀才說 皆是也].

| 송 (訟) | 삼백호 (三百戶) | 우번 (虞翻) 전(箋) | 곤(坤)은 세 효의 문호가 되기 때문에 삼백호이다[坤爲戶 三爻 故三百戶].
읍인(邑人)이란 곤(坤)의 백성이다. 비괘(否卦)는 태괘(泰卦)로써 교역된 것이니 태괘(泰卦)에서는 상괘(上卦)와 곤(坤)인데 지수(地數)는 10이다. 교역하여 비괘(否卦)가 되면 비괘(否卦)는 또 하괘(下卦)의 곤(坤)이 되니 지수(地數)가 10이다. 10×10 하면 그 수가 100이다. 위로 손(巽)과 서로 접하니 손(巽)은 세 배가 되고 그 수는 300이다. 인해서 간(艮)의 문에 해당하니 '삼백호'라고 한 것이다[邑人者坤民也 否以泰交 泰則上坤 地數十也 交之爲否 否又下坤 地數十也 以十乘十 其數百也 上接互巽 巽爲三倍 其數三百也 仍當艮門 三百戶也]. | 이 뜻은 옳지 않다[此義非]. |

우씨(虞氏)의 삼효삼백호설(三爻三百戶說)은 잘못이다. 다산은 삼백호(三百戶)의 근거를 따로 예시(例示)한다.

| 사 (師) | 장인길 (丈人吉) | 최경 (崔憬) 전(箋) | 『자하전』에는 장인(丈人)을 대인(大人)이라고 하였다[子夏傳作大人].
'사정(師貞)'이란 것은 군대의 일이다. 군대의 일은 오직 장인(丈人)이 해야 길하다는 말이다. ○괘는 복괘(復卦)와 박괘(剝卦)로부터 왔다. 복괘(復卦)의 하나의 양은 장인(丈人)이며, 박괘(剝卦)의 하나의 양은 소인이다. 군대의 일에는 나아감은 있어도 물러남은 없다. 장수가 물러난다면 싸움에서 졌음을 알 것이며, 장수가 나아간다면 그 기운이 힘차다는 것을 알 수 있다. 박괘(剝卦)의 하나의 양은 물러나서 되돌아오니 이것은 소인이 패배한 일이고, 복괘 | |

| | | | (復卦)의 하나의 양이 나아가 밖으로 향하니 이것은 장인이 도모한 공효이다. 그러므로 군대의 일은 오직 장인이 해야 길하다고 말한 것이다. 장수를 출병함에 이 괘를 만났을 때는 반드시 모두 길한 것은 아니다. 임무를 맡은 사람이 군자라면 장수에게 반드시 공효가 있을 것이고, 임무를 맡은 사람이 소인이라면 장수는 반드시 일을 그르칠 것이다. 만약 나이로써 한다면 젊은 장수가 숙련된 장수만 같지 못한 까닭에 이것을 일러 '장인(丈人)이라야 길하다'고 한 것이다[師貞者軍旅之事也 謂凡軍旅之事 唯丈人爲吉 ○卦自復剝來 復一陽丈人也 剝一陽小人也 軍旅之事 有進無退 師退則知其敗衂也 師進則知其氣壯也 剝一陽退而返內 此小人之敗亡也 復一陽進而向外 此丈人之圖功也 故曰軍旅之事 唯丈人吉 出師而遇是卦 未必皆吉 所任者是君子乎 師必有功 所任者是小人乎 師必誤事 若以年齒則少年之將不如宿將 此之謂丈人吉]. | |

최경(崔憬)이 자하전작대인설(子夏傳作大人說)을 따른 것은 잘못이다. 이정조(李鼎祚)도 자하전(子夏傳)을 따르고 있다.

| 사 (師) | 강중 (剛中) | 촉재 (蜀才) 전(箋) | 이것은 본래 박괘(剝卦)의 상효가 2효로 내려고 2효가 상효로 올라간 것이다[此本剝卦 上降二 二升上]. 2효와 5효의 상호 관계를 보면 강이 중위에 있으면서 응하고 있다[二五相與 剛中而應也]. | 복괘(復卦)를 말한 것이 아니다[不言復卦]. |

☵ 지수사(地水師)로서 이오상응(二五相應)함으로써 강중(剛中)의 상(象)을 얻는다. 촉재(蜀才)의 박괘설(剝卦說)은 박괘(剝卦)에서의 상강이상(上降二上)하여 복괘(復卦)에서의 일승이강(一升二降)은 취하지 않고 있다.

사 (師)	사좌차 (師左次)	최경 (崔憬) 전(箋)	편장군(偏將軍)이 군대를 물러나게 한 것은 상비군이다[偏將軍居左次 常備師也]. '좌차(左次)'라는 것은 군대를 물러나게 하는 것이다. 해괘(解卦)는 소과괘(小過卦)로부터 왔다. 소과괘(小過卦)의 때에는 진(震)의 군대가 밖으로 나아가 간(艮)의 진영에 머물게 된 것이다. 추이하여 해괘(解卦)가 되면 군대가 30리를 더 물러나서 감(坎)에서 머물게 되니 '군대가 진영을 삼십리 퇴각시킨다'는 것이다[左次者退師也 解自小過來 小過之時 震師出外 艮以爲次 移之爲解則師退一舍 坎以居之師左次也].	

최경설(崔憬說)은 요령부득,

비(比)	원서 (原筮)	촉재 (蜀才) 안(案)	이것은 본래 사괘(師卦)의 구이(九二)가 오효(五爻)로 올라간 것이다[此本師卦 九二升五]. 단지 박괘(剝卦)로부터라고 말하고 복괘(復卦)로부터라고 말하지 않은 것은 또 도리어 이 괘는 사괘(師卦)를 근본하는 것이 옳다는 말이다[但云自剝 不云自復 又却云此本師卦 可乎].	촉재의 추이법은 또 혼란스럽다[蜀才推移之法亦亂矣].
		전(箋)	'원서(原筮)'라는 것은 재서(再筮)이다. 시괘(蓍卦)의 법은 팔괘이소성(八卦而小成)하는 것이니 이것이 초서(初筮)이다. 인해서 거듭하여 이내 외괘(外卦)를 얻으니 이것이 재서(再筮)이다. 재서(再筮)하여 감(坎)을 얻었으니 원서(原筮)하여 바르게 된다고 한 것이다[原筮者再筮也 蓍卦之法八卦而小成 此初筮也 因而重之乃得外卦 此再筮也 再筮得坎 原筮而貞也].	

　촉재(蜀才)는 구이승오(九二升五)에서 구(九)의 효변(爻變)을 간과하였고 추이법(推移法) 중 일양지추이(一陽之推移)는 자박자복(自剝自復)이어야 함에도 불구하고 자박(自剝)만을 취하고 자복(自復)의 상(象)은 취하지 않은 것은 잘못이다.

| 소축
(小畜) | 밀운
(密雲) | 우번
(虞翻)
전(箋) | 태(兌)는 밀(密)이다. 감(坎)의 상은 절반만 드러나기 때문에 빽빽한 구름인 것이다[兌爲密 坎象半見 故密雲]. 또 쾌괘(夬卦)로부터 온 것이다. 쾌괘(夬卦)의 때에는 감(坎)이 그 밑을 막아서 비를 내릴 수 없다. 지금은 비록 아래는 통하지만 또 위가 막혀 있어서 비를 내릴 수 없다. 이것은 짙은 구름이 끼었지만 비가 오지 않는 이유이다. 음(陰)이 하늘 위에 있어서 감(坎)에 빽빽하게 막혀 있는 것을 보니 짙은 구름이 아니겠는가[又自夬來 夬之時坎塞 其下 不能成雨 今下雖通而又上壅 不能成雨 是密雲而不雨 也 陰在天上 視坎稱密 非密雲乎]? | |

우씨설(虞氏說)은 옳다. 다산은 여기에 또 다른 상(象)을 보완 예시
한다.

| 소축
(小畜) | 반목
(反目) | 구가
(九家)
안(案)
전(箋) | 네 개의 호체(互體)이니 이(離)는 눈이 된다[四互體 離爲目]. 반목(反目)은 노려보는 것이다. 양호(兩互)로 괘를 만든 것이다[反目者睽也 兩互作卦]. 규괘(睽卦)는 중부괘(中孚卦)로부터 왔다. 중부괘(中孚卦)의 때에는 진(震)의 남편과 손(巽)의 부인이고, 간(艮)의 남편과 태(兌)의 아내이니 기쁘게 모이고 합쳐서 서로 이(離)에서 마주 본다. 정과 뜻으로 서로 믿으니 규방이 화목하다. 추이하여 규괘(睽卦)가 되면 두 눈 사이에 하나의 가시나무가 가로막고 감(坎)의 의심이 병을 만드니 규방이 어그러진다. 간(艮)과 태(兌)와 진(震)과 손(巽)이 서로 숨겨서 비록 두 눈이 있더라도 서로 볼 수 없으니 '남편과 부인이 반목(反目)한다'고 한 것이다[睽自中孚來 中孚之時 震夫巽妻 艮夫兌妻 嘉會以合 相見乎離 情志交孚 閨門雍 睦 移之爲睽則兩目之間 一梗中橫 坎疑成疾 閨門乖戾 艮 兌震巽互相隱匿 雖有兩目 不得相見 夫妻反目也]. | |

소축(小畜)의 호체(互體)는 ☲ 삼사오(三四五)로 이목상(離目象)이 있
으나 소축(小畜)의 양호작괘(兩互作卦)로 얻어진 규(睽)☲☷상(象)에서
비로소 반목(反目)의 상(象)을 얻게 된다. 이 점에서 순상가역리(荀九
家易理)는 미흡하다.

이 (履)	소리 (素履)	우번 (虞翻) 전(箋)	손(巽)은 백(白)이 되기 때문에 '평소대로 행동한다'는 것이다[巽爲白故素履]. 송괘(訟卦)는 중부괘(中孚卦)로부터 왔다. 중부괘(中孚卦)의 때에는 예(禮)로써 다스려 위아래가 서로 편안하였는데 추이하여 송괘(訟卦)가 되면 내란이 갑자기 일어난다. 그래서 군자가 밖으로 달아나 마침내 손(巽)으로 숨어서 예(禮)가 아니면 행하지 않는 것이다. 이것은 어떠한 상(象)인가? 이괘(履卦)는 구괘(姤卦)로부터 왔으니 손(巽)은 나에게 평소에 있던 것이다. 송괘(訟卦)는 둔괘(遯卦)로부터 왔으니 손(巽)은 나에게 평소에 있던 것이다. 내가 손(巽)으로 숨으니 이것이 '평소처럼 행한다'는 것이다. 평소처럼 행하여 간다면 또 누가 허물하겠는가[訟自中孚來 中孚之時以禮爲治 上下相安 移之爲訟則內亂猝作 君子外遯 遂以巽隱 非禮不履 斯何象也 履自姤來 巽吾素也 訟自遯來 巽吾素也 我以巽隱 是素履也 以素履往 又誰咎焉]?	

소(素)는 백(白)이 아니라 오소(吾素)의 소(素)다.

이 (履)	유인 (幽人)	우번 (虞翻) 안(案) 전(箋)	송사할 때에는 두 사람이 감(坎)의 옥중에 있기 때문에 유인(幽人)이라고 칭한 것이다[訟時 二在坎獄中 故稱幽人]. 감금한 죄인이 유인(幽人)이 되니 하나의 뜻을 갖출 수 있다. 지금 사람들은 산림에 숨어 사는 처사를 유인(幽人)으로 여겨 습관적으로 보고 듣는데, 도리어 '처사'라는 설로써 기이한 것 같다고 한다면 잘못된 것이다[幽囚之爲幽人 可備一義 今人以山林處士爲幽人 慣見習聞 反以處說如奇 則誤矣]. 유인(幽人)이란 숨어 사는 사람이다. 중부괘(中孚卦)의 때에는 본래 태(兌)의 아득함이지만 추이하여 무망괘(无妄卦)로 가면 마침내 손(巽)으로써 숨으니 이것이 '숨어 사는 사람'이라는 것이다[幽人者幽隱之人也 中孚之時 本以兌幽 移之无妄 遂以巽隱 是幽人也].	다만 송시(訟時) 두 글자는 해석할 수 없다[但訟時二字不可解].

우씨설(虞氏說)은 기이한 오류를 범하고 있다.

태 (泰)	재성 (財成)	우번 (虞翻)	곤(坤)의 부유함을 재(財)라고 칭한다. 재물로써 사람을 모으기 때문에 천지의 도가 이루어진다[坤富稱財 聚人以財 故 成天地之道].	

		정현 (鄭玄)	재(財)는 절(節)이다[財節也].
		안(案)	재(財)와 재(裁)는 통한다. 건(乾)의 옷과 곤(坤)의 수레이니 재단하고 돕는 상(象)이다[財與裁通 乾衣坤輿 卽裁輔之象也].
		전(箋)	하괘(下卦)인 건(乾)은 이(離)를 숨기고 있는데 이(離)의 칼로서 건(乾)의 옷을 자르니 '재단하여 이룬다'고 한 것이다[下乾則伏離 以離刃而割乾衣 謂之裁成也].

우번(虞翻)의 재(財)나 정현(鄭玄)의 절(節)이나 다 잘못이다. 재(財)
는 재(裁)이기 때문이다.

		우번 (虞翻)	여(茹)는 서로 끌어당기는 모양이다[茹 相牽引之貌].
태 (泰)	여모 (茅茹)	전(箋)	승괘(升卦)는 임괘(臨卦)로부터 왔다. 커다란 진(震)의 풀에 건(乾)의 세 개의 등줄기가 있으니 그 상이 띠풀이다. 추이하여 승괘(升卦)가 되면 커다란 진(震)의 풀이 갑자기 한 치 높아지니 띠풀을 뽑은 것이다. 땅 밑으로부터 나와서 그 뿌리가 마침내 드러나기 때문에 '띠풀을 뽑는다'고 한 것이다[升自臨來 大震之草 有乾三脊 其象茅也 移之爲升則 大震之草 忽高一寸 茅之拔也 出自地底 其根遂露 拔茅茹也].

우씨설(虞氏說)이 옳다.

		우번 (虞翻)	비괘(否卦)에서 간(艮)은 성(城)이 된다[否 艮爲城].
태 (泰)	성복 우황 (城復 于隍)	전(箋)	대축괘(大畜卦)는 중부괘(中孚卦)로부터 왔다. 간(艮)의 성(城) 아래에서 태(兌)의 연못이 둑을 이루니 그 상(象)이 해자(垓字)이다. 추이하여 대축괘(大畜卦)로 가면 간(艮)의 성(城)이 갑자기 무너져 아래로 태(兌)의 연못을 메워 버리니 이것이 '성(城)이 해자로 돌아간다'는 것이다. 외곽이 비록 좋지만 나라가 어찌 그것에만 의존하겠는가? 성을 쌓는 방법은 땅을 파서 성을 만들고 판 곳을 해자로 만드는 것이다. 그러므로 성(城)이 이윽고 무너져 내린다면 아래로 그 해자를 메워 버릴 것이니 이것은 그런 상(象)이다[大畜 自中孚來 艮城之下 兌澤爲陂 其象隍也 移之大畜則艮城忽 頹 下塡兌池 城復于隍也 外郭雖好 國何賴焉 築城之法 掘 土爲城 因掘爲隍 故城之旣崩 下塡其隍 此其象也].

우씨(虞氏)의 간성설(艮城說)이 태택(兌澤)에 의하여 황상(隍象)이 된다.

동인 (同人)	유득 위득중 (柔得 位得中)	촉재 (蜀才)	이것은 본래 쾌괘(夬卦)의 구이(九二)가 상효로 올라가고 상육(上六)이 2효로 내려온 것이다[此本夬卦 九二升上 上六降二].	범 씨 역학 또한 소략하 다[范氏易 學亦疏矣].
		안(案)	단지 쾌괘(夬卦)를 말할 뿐이지 구괘(姤卦)를 말한 것이 아니다[但言夬卦 不言姤卦].	
		전(箋)	구괘(姤卦)의 때에는 유(柔)가 위(位)를 얻지 못하였고, 쾌괘(夬卦)의 때에는 유(柔)가 중(中)을 얻지 못하였다. 추이하여 동인괘(同人卦)가 되면 위(位)와 중(中)을 모두 얻는다[姤之時 柔不得位 夬之時 柔不得中 移之爲同人 則位與中皆得矣].	

촉재(蜀才)의 구육승강(九六升降)도 잘못이려니와 쾌구추이(夬姤推移)에서 구괘(姤卦)가 빠진 것도 잘못이다.

동인 (同人)	동인 우야 (同人 于野)	우번 (虞翻)	건(乾)은 야(野)가 된다[乾爲野].	후과의 설 이 옳다[侯 果說是].
		후과 (侯果)	구이(九二)가 상효로 올라가서 교야(郊野)가 되니 이것이 '들에서 사람들이 함께 모인다'고 한 것이다[九二升上爲郊野 是同人于野].	
		안(案)	이 괘는 쾌괘(夬卦)로부터 왔다[卦自夬來].	

구이승상(九二升上)이 아니라 괘자쾌래(卦自夬來)라면 상지이(上之二)가 된다.

| 동인
(同人) | 복융
우망
(伏戎
于莽) | 우번
(虞翻) | 손(巽)은 복(伏)이 되고 진(震)은 초(草)가 되고 이(離)는 융(戎)이 된다. 또 손(巽)은 고(高)가 된다[巽爲伏 震爲草 離爲戎 巽爲高]. | |

		전(箋)	무망괘(无妄卦)는 중부괘(中孚卦)로부터 왔다. 커다란 이(離)의 병사이니 양쪽의 적군이 서로 대치하고 있다. 추이하여 무망괘(无妄卦)로 가면 진(震)의 풀이 우거져 군대가 이에 물러나 숨으니 '우거진 숲에 군사를 매복시킨다'고 한 것이다. 억새풀과 갈대와 푸른 대나무가 있으니 그 상(象)이 '우거진 숲'이라는 것이다. 손(巽)은 잠겨서 숨는 것이 되니 그 덕(德)이 숨는 것이다[无妄自中孚來 大離之兵 兩敵相對 移之无妄 則震草之莽 兵乃退伏 伏戎于莽也 萑葦蒼筤也 其象莽也 巽爲潛隱 其德伏也].	

옳다[是也].

		최경 (崔憬) 안(案)	하나의 효가 1년이 되니 3효로부터 5효에 이르기까지 자주 강적을 만난다[一爻爲一年 自三至五 頻遇強敵]. 하나의 효가 1년이니 모름지기 10개의 효가 있어야 이내 10년이 되는데 장차 어찌하겠는가[一爻爲一年 則須有十爻乃爲十年 將若之何]?	
동인 (同人)	삼세 불흥 (三歲 不興)	전(箋)	'불흥(不興)'이라는 것은 건(乾)의 적이 군사를 일으키지 않은 것이다. 우리의 군대가 진(震)으로써 일어나니 적이 어찌 일어나겠는가? 「설괘전」의 방위에 근거하면 건(乾)으로부터 간(艮)에 이르기까지 흡사히 세 개의 궁(宮)을 거쳐서 비로소 진(震)의 일어남을 만난다. 모름지기 3년을 기다려야만[하나의 궁(宮)이 일 년에 해당한다] 비로소 발동할 수 있으니 '3년 동안 군사를 일으키지 못한다'고 한 것이다[不興者乾敵不興也 我以震起 敵安能興 據說卦方位 自乾至艮 恰過三宮 始逢震起 須三歲(每以一宮當一歲) 始可發動 三歲不興也].	

최경(崔憬)의 일효일년설(一爻一年說)은 잘못이다. 설괘방위(說卦方位)에 의하면 건으로부터 간에 이르는 것이 삼궁을 지나는 것과 비슷하다[自乾至艮이 恰過三宮이다].

| 동인
(同人) | 승기용
(乘其墉) | 우번
(虞翻)
전(箋) | 손(巽)은 담장이 되고, 손(巽)은 울부짖음이 된다. 건(乾)은 교외가 된다[巽爲墉 巽爲號咷 乾爲郊].
가인괘(家人卦)는 중부괘(中孚卦)로부터 왔다. 커다란 손(巽)은 넓적다리이고 커다란 이(離)는 담이다. 추이하여 가인괘(家人卦)로 가면 마침내 손(巽)의 넓적다리로 이 이(離)의 둑을 넘는 것이니 '그 담을 넘는다'고 한 것이다[家人自遯中孚來 大巽股也 大離墉也 移之家人 則遂以巽股跨此離防 乘起墉也]. | |

우번(虞翻)의 설은 무슨 말인지 모르겠다[虞氏說 不知何說].

| 대유
(大有) | | 요규
(姚規)
전(箋) | 호체괘에 태(兌)가 있고 태(兌)의 자리에 가을이 있으니 사람이 부유하게 된다[互體有兌 兌位在秋 人富有也].
대(大)는 양(陽)을 말하며, 유(有)는 없어지지 않음을 말한다. 대유괘(大有卦)는 구괘(姤卦)로부터 왔다. 하나의 음(陰)은 비록 미약하지만 그 형세가 반드시 커져서 둔괘(遯卦)가 되고 비괘(否卦)가 되면 양(陽)이 장차 모두 없어진다. 추이하여 대유괘(大有卦)로 가면 유(柔)는 안으로부터 나가고 건(乾)의 양(陽)이 다시 완성되니 이에 양(陽)이 존재하게 된다. 이것을 일러 대유(大有)라고 한다. 또 '유(有)'라는 것은 부유함이니 풍년에 오곡(五穀)이 잘 익은 것을 '대유(大有)'라고 한다[大者陽也 有者不亡也 卦自姤來 一陰雖微 其勢必長 爲遯爲否 陽將盡亡 移之大有則柔自內往 乾陽復完 於是乎陽存 此之謂大有也 又有者富有也 豐年五穀登熟 謂之大有]. | |

건의 양이 다시 완성된 것이 대유괘의 본래 상이요, 가을에 부유한 상도 대유괘의 상이다[乾陽復元 大有 本象, 在秋富有之象 大有之象].

| 대유
(大有) | 대거
(大車) | 우번
(虞翻)
안(案) | 건(乾)은 대거(大車)가 된다[乾爲大車].
「설괘전」에서 "곤(坤)은 대여(大輿)가 된다"고 하였다. 감(坎)은 윤(輪)이 되고 여(輿)가 될 따름이다. 천체가 둥글게 회전함에 또한 수레의 상(象)이 있기 때문에 대거(大車)라고 한 것이다[說卦坤爲大輿 坎爲輪爲輿而已 天體圓轉 亦有車象 故謂之大車歟]. | |

| | | 전(箋) | 이괘(離卦)는 대장괘(大壯卦)로부터 왔다. 복괘(復卦) 이래로 진(震)의 벼가 우거진 것이 선명하다. 대장괘(大壯卦)에 이르면 이미 태(兌)의 가을이 된지라 베고 거두어 큰 수레에 실으니 풍년의 상이다. 추이하여 이괘(離卦)가 되면 두 개의 이(離)는 소가 이 건(乾)의 수레를 끄니 '큰 수레에 싣는다'고 한 것이다[離自大壯來 自復以來震稼蓄鮮 至於大壯 旣及兌秋則是刈是穫 厄乾大車 豊年之象也 移之爲離 則兩離之牛駕 此乾車 大車以載也]. | |

우번(虞翻)의 설이 옳다[虞氏說 是也].

| 겸
(謙) | 겸형
(謙亨) | 우번
(虞翻)
전(箋) | 팽성(彭城)의 채경군(蔡景君)은 "박괘(剝卦)의 상효가 와서 3효로 갔다"고 말했다[彭城蔡景君 說剝上來之三].
강(剛)이 위로부터 내려오니 이(離)의 자리가 광명하고 강(剛)이 아래로부터 오름에 진(震)의 길이 앞으로 통하니 그 점이 형통하다[剛自上來 離位光明 剛自下升 震道前通 其占亨也]. |

옳다[是也].

겸(謙)	지도 비이 상행 (地道 卑而 上行)	후과 (侯果)	이것은 본래 박괘(剝卦)의 건(乾)의 상구(上九)가 와서 곤(坤)의 3효에 거처함이 아래로 미치는 것이고, 곤(坤)의 육삼(六三)이 위로 건(乾)의 자리에 오름이 위로 행한 것이다[此本剝卦 乾之上九來 居坤三是下濟也 坤之六三 上升乾位 是上行也].
		안(案)	아래로 미친다는 것은 박괘(剝卦)의 상효가 3효로 간 것이고, 위로 행한다는 것은 복괘(復卦)의 1효가 3효로 간 것이다[下濟者剝上之三也 上行者復一之三也].
		전(箋)	복괘(復卦)의 한 양이 본래 땅의 자리에 있다가 상승하여 위로 가서 가운데 진(震)의 도를 이루니 '땅의 도가 위로 행한다'고 한 것이다[復之一陽 本居地位 升而上之 中成震道 地道上行也].

후과의 설은 반은 옳고 반은 옳지 않다. 아래로 미치는 것은 옳지

만 위로 행하는 것은 옳지 않다[侯果之說 半是半非也 下濟者是也 上行
者非也].

| 겸
(謙) | 명겸
(鳴謙) | 요신
(姚信)
전(箋) | 진(震)은 잘 울려 퍼짐이 된다[震爲善鳴].
승괘(升卦)는 소과괘(小過卦)로부터 왔다. 소과괘(小過卦)의 때에는 군자가 위에 있고 진(震)으로써 울려 퍼졌다. 추이하여 승괘(升卦)가 되면 내려가 자신을 낮추어 마침내 손(巽)으로써 겸손함을 이루니 이것이 '울려 퍼지지만 겸손하다'고 한 것이다[升自小過來 小過之時 君子在上 震以鳴之 移之爲升則降而自卑 遂成巽讓 是鳴謙也]. | |

요신(姚信)의 설이 옳다[姚信之說 是也].

| 예
(豫) | 붕합잠
(朋盍簪) | 우번
(虞翻)

후과
(侯果)
전(箋) | 소축괘(小畜卦)의 태(兌)는 붕(朋)이 된다. 합(盍)은 합(合)이다. 잠(簪)은 옛날에 잠(撍)으로 읽고 종(宗)으로 읽는다[小畜兌爲朋 盍合也 簪舊讀作撍宗也].
벗은 큰 화합을 따르니 비녀의 견고함으로 묶는 것과 같다[朋從大合 若以簪篸之固括也].
박괘(剝卦)의 소인이 지금 군자가 되고 복괘(復卦)의 군자도 가서 서로 만나니 벗이 모이는 것이다. 간(艮)의 관(冠)이 이미 덮임에 진(震)의 대나무가 가운데를 가로지르니 '친구들이 모여들어 비녀를 꽂는다'고 한 것이다[剝之小人 今爲君子 復之君子 往而相會 朋之合也 艮冠旣合 震竹中橫 朋盍簪也]. | |

우번(虞翻)과 후과(侯果)의 설은 핵심을 잡지 못했다[虞翻 侯果之說
要領不得].

| 수
(隨) | 강래
(剛來) | 우번
(虞翻)
전(箋) | 비괘(否卦)에서 건(乾)의 상효가 와서 곤(坤)의 초효로 간 것이다[否 乾上來之坤初].
'강(剛)'이 와서 유(柔)의 아래로 가다'는 것은 비괘(否卦)의 상효의 강이 내려와서 초효에 있다는 것이다[剛來而下柔者 否之上剛降而在初也]. | |

우번(虞翻)의 설이 이치에 가깝다[虞氏說 近理].

| 수
(隨) | 출문
(出門) | 정현
(鄭玄)
전(箋) | 진(震)은 해와 문이 된다[震爲日門].

소과괘(小過卦)의 때에는 하괘(下卦)에 간(艮)의 문이 있어 간(艮)의 소인이 문을 한계로 여겨 진(震)과 더불어 대적하고 있으니 기꺼이 서로 사귀지 않는다. 추이하여 췌괘(萃卦)가 되면 간(艮)의 소인이 그 문의 한계를 벗어나 진(震)과 더불어 사귀니 '문을 벗어나 사귄다'고 한 것이다[小過之時 下艮門也 艮之小人以門爲限 與震爲敵 不肯相交 移之爲萃則艮之小人 出其門限以與震交 出門交也]. | 이것은 사설
(邪說)이다. |

정현의 설은 옳지 않다[鄭玄說 非也].

| 고
(蠱) | | 복만용
(伏曼容)

전(箋) | 고(蠱)는 유혹함이고 어지러움이다. ○이정조(李鼎祚)는 "『상서대전』에 말하길 '이내 오사(五史)에 명령하여 오제(五帝)의 어지러운 일을 썼다'고 했다"고 말했다[蠱惑亂也 ○李鼎祚云案尙書大傳云乃命五史以書五帝之蠱事].
고괘(蠱卦)는 태괘(泰卦)로부터 왔다. 건괘(乾卦)에서는 그 아래가 무너지고 곤괘(坤卦)에서는 그 위가 무너지니 이 고(蠱)는 '무너짐'이다. 또 장녀(長女)가 저 소남(少男)을 좋아하니 그 고(蠱)는 '유혹함'이 된다. 가을바람은 잎사귀를 떨어지게 하는 것인데 산의 나뭇잎이 모두 떨어지니 이 고(蠱)는 '좀벌레'이다. 물건이 무너지면 정비해야 되니 '일'이 되는 까닭이다. 사물로써 형상하면 손(巽)은 본래 벌레가 되기 때문에 '풍(風)' 자가 '충(虫)'에 의거한 것이기도 한데, 고괘(蠱卦)의 하괘(下卦)에는 손(巽)이 있으니 '고(蠱)'라는 이름이 되는 까닭이다[卦自泰來 乾壞其下 坤壞其上 此蠱壞也 又以長女悅彼少男 此蠱惑也 秋風所損 山木盡落 此蠱蚘也 物壞則飭所以爲事也 以物象則巽本爲蠱 故風字從虫 卦有下巽 所以蠱也]. | |

복만용(伏曼容)의 설이 옳다. 다만 상(象)을 취한 것이 미흡하다[伏曼容之說 是也 但取象未洽].

고(蠱)	선갑 삼일 (先甲 三日)	자하 (子夏)	선갑삼일(先甲三日)이라는 것은 신(辛)과 임(壬)과 계(癸)이다. 후갑삼일(後甲三日)이라는 것은 을(乙)과 병(丙)과 정(丁)이다[先甲三日者 辛壬癸也 後甲三日者 乙丙丁].	안설(案說) 은 모두 거 리가 멀지는 않지만 맞 지도 않다 [案說皆不 遠而不中].
		마융 (馬融)	갑(甲)은 동방(東方)에 있고 간(艮)은 동북(東北)에 있기 때문에 '갑(甲)에 앞선다'고 말한 것이다. 손(巽)은 동남(東南)에 있기 때문에 '갑(甲)에 뒤선다'고 말한 것이다[甲在東方 艮在東北 故云先甲 巽在東南 故云後甲].	
		전(箋)	괘는 태괘(泰卦)로부터 왔다. 태괘(泰卦)에는 호진(互震)이 있어 괘의 중앙에 거처하니 이것이 이른바 '갑(甲)'이다. 「설괘전」의 방위에 근거해 보면 진(震)에서 역행하여 간(艮)과 감(坎)을 지나면 이내 건(乾)에 도달하게 되니 '갑(甲)에 앞서는 3일'이라고 한 것이다. 진(震)에서 순행하여 손(巽)과 이(離)를 지나면 곧 곤(坤)에 이르게 되니 '갑(甲)에 이후의 3일'이라고 한 것이다. 태괘(泰卦)에서는 건(乾)이 진(震)에 앞선다[卦自泰來 泰有互震 居卦中央 所謂甲也 據說卦方位 自震而逆 歷艮與坎 乃得至乾 先甲三日也 自震而順 歷巽與离 乃得至坤 後甲三日也 泰之爲卦 乾在震先].	

　　자하지설(子夏之說)은 십간설(十干說)에 의한 것으로서 소위 한대납갑설(漢代納甲說)이라 고역(古易)과는 무관하다. 마융설(馬融說)은 설괘방위(說卦方位)에 의거한지라 다산은 이를 '멀지는 않지만 맞지도 않다[不遠而不中]'라고 하였다.

| 고
(蠱) | 강상
(剛上) | 우번
(虞翻) | 태괘(泰卦)의 초효(初爻)가 상효(上爻)로 가기 때문에 강(剛)이 상승하는 것이고, 곤괘(坤卦)의 상효(上爻)가 초효(初爻)로 가기 때문에 유(柔)가 하강하는 것이다[泰初之上 故剛上 坤上之初 故柔下]. | |
| | | 전(箋) | 강(剛)이 상승하고 유(柔)가 하강하는 것은 태괘(泰卦)에서 초효(初爻)가 가고 상효(上爻)가 오는 것을 말한다[剛上而柔來者 謂自泰卦初往而上來也]. | |

　　태초지상[泰初之上: 우씨설(虞氏說)]은 곧 전(箋)에서 이른바 "태괘에서 초효가 가고 상효가 온다[泰卦初往而上來]"라고 하였다.

고 (蠱)	이섭 대천 (利涉 大川)	구가 (九家) 안(案)	건(乾)의 하늘에 강이 있고, 곤(坤)의 땅에 물이 있다[乾天 有河 坤地有水].	구가(九家) 의 잘못이 이와 같다 [九家之謬 如此矣].
			초효(初爻)로부터 상효(上爻)에 오를 때 분명히 큰 감(坎) 의 천(川)이 있으니 어찌 물이 없는 것을 근심하겠는가[自 一升上 明有大坎之川 何患乎無水]?	
		전(箋)	태괘(泰卦)의 건인(乾人)이 일찍이 진(震)의 배를 띄워 놓 았다. 추이하여 고괘(蠱卦)가 되면 이에 손(巽)의 바람을 얻으니 이 감(坎)의 천(川)을 건너서 저 간(艮)의 언덕에 오 르게 되므로 '큰 내를 건너는 것이 이른다'고 하였다[泰之 乾人 早泛震舟 移之爲蠱 爰得巽風 涉此坎川 登彼艮岸 利 涉大川也].	

순구가(荀九家)의 설은 분명하지 못하다[荀九家之說 不明].

임 (臨)	팔월 유흉 (八月 有凶)	우번 (虞翻)	둔괘(遯卦)와 더불어 방통(旁通)하여 임괘(臨卦)는 둔괘(遯 卦)에서 소멸하니 6월의 괘이다. 주나라의 역법에서는 8월 이 되어 둔괘(遯卦)의 때에 군주와 아버지를 시해하기 때 문에 흉함이 있다[與遯旁通 臨消於遯 六月卦也 於周爲八 月 遯弑君父故有凶].	이 해석은 지극히 옳 은데 지금 다시 어두 워졌다[此 解極是今 復晦矣].
		전(箋)	팔월(八月)이라는 것은 주나라 역법에서 미월(未月)에 해 당된다. 역(易)에는 삼역(三易)이 있다. 첫 번째는 반역(反 易)이니 임괘(臨卦)의 반역(反易)은 관괘(觀卦)가 되는 것과 같다. 두 번째는 교역(交易)이니 임괘(臨卦)의 교역(交易)은 췌괘(萃卦)가 되는 것과 같다. 셋 번째는 변역(變易)이니 임괘(臨卦)의 변역(變易)은 둔괘(遯卦)가 되는 것과 같다. 임괘(臨卦)의 두 양(陽)은 지금 비록 점점 자라나고 있지만 만약 둔괘(遯卦)의 달에 이르면 두 양(陽)이 소멸하여 없어 지게 된다. 그러므로 '팔월(八月)에 이르러 흉함이 있다'고 한 것이다[八月者周正建未之月也 易有三易 一曰反易 如臨 之反爲觀也 二曰交易 如臨之交爲萃也 三曰變易 如臨之變 爲遯也 臨之二陽 今雖浸長 若至遯卦之月 則二陽消亡矣 故曰至于八月有凶].	

십이벽괘진퇴소장표(十二辟卦進退消長表)에 따르면 둔(遯)은 유월괘
(六月卦)다. 우씨설(虞氏說)은 이를 의미한다.

임(臨)	감임(甘臨)	우번(虞翻)	태(兌)는 입이 되고 곤(坤)의 흙은 단맛이 된다[兌爲口 坤土作甘].
		전(箋)	곤(坤)의 흙에 진(震)의 농사를 지으니 그 맛이 단맛이 된다. 태(兌)가 그 입을 벌리고 그 백성에게 임하니 이것이 '달콤함을 탐내면서 군림(君臨)한다'는 것이다. 또한 어찌 이롭겠는가? 탐관오리가 오직 봉록만을 달콤하게 탐하면서 뻔뻔하게 백성을 군림하는 것에 이러한 상이 있다[坤土震稼 厥味作甘 兌啓其口 以臨其民 此甘臨也 亦又何利 貪官汚吏 唯祿是甘 靦然臨民者有此象].

우번(虞翻)의 설이 옳다[虞氏說 是也].

관(觀)	관이불천(盥以不薦)	마융(馬融)	'관(盥)'이라는 것은 진작(進爵)하여 땅에 부어서 신(神)을 내리는 것이다[盥者進爵灌地以降神].
		우번(虞翻)	관(盥)은 물을 대는 것이다. 간(艮)의 손은 곤(坤)의 그릇에 임할 때 감(坎)의 물로 손을 씻으니 관(盥)의 상이다. 공자가 말하길 "체(禘)제사에서 술을 땅에 붓는 의식이 끝난 뒤부터는 나는 제사 지내는 것을 보고 싶지 않다"고 하였다[盥沃盥也 艮手臨坤器 坎水沃之 盥之象也 孔子曰禘自旣盥 吾不欲觀之矣].
		안(案)	관(灌)으로써 관(盥)을 삼으니 『논어』와는 근본이 다르다[以灌爲盥 論語之別本也].
		전(箋)	괘는 큰 간(艮)이 되는데 간(艮)은 종묘가 된다. 손(巽)은 깨끗이 재계함이 되는데 아래로 곤(坤)의 희생을 진설하니 제사의 상이다. 이에 호간(互艮)의 손이 위로 감(坎)의 물을 만나서 손(巽)으로써 깨끗이 하니 손을 깨끗이 하는 것을 '관(盥)'이라고 한다. 곤(坤)의 소가 아래 있는데 아직 화살을 맞지 않았으니 희생의 피를 올리는 예와 조금 익힌 고기를 올리는 예와 완전히 익힌 고기를 올리는 예가 모두 아직 행해지지 않았다. 그러므로 '손을 씻었으나 재물을 올리지 못했다'고 한 것이다[卦爲大艮 艮爲宗廟 巽爲潔齊 下陳坤牲祭祀之象也 乃互艮之手 上當坎水 以巽潔之 潔手曰盥也 坤牛在下 未及受射 是薦血薦燜薦孰之禮 皆未及行也 故曰盥而不薦].

마융의 설이 옳지 않다. 『주역사전』에 "손을 깨끗이 씻는 것을 '관(盥)'이라고 한다"[馬融之說 非也 箋曰潔手曰盥也]이기 때문이다.

관 (觀)	동관 (童觀)	우번 (虞翻)	간(艮)은 아이가 된다[艮爲童].	
		안(案)	관괘(觀卦)는 커다란 간(艮)이기 때문에 상(象)을 취하는 것이 이와 같다[觀爲大艮 故取象如此].	
		전(箋)	익괘(益卦)는 비괘(否卦)로부터 왔다. 진(震)의 군자는 본래 위로부터 떨어진 것이니 이것은 대신(大臣)이 지위를 잃어 건(乾)의 군주와 멀어진 것이다. 이에 건(乾)의 군주가 아래를 내려다보는데 보이는 것은 간(艮)의 아이가 되니 이것이 '어린아이로 본다'고 한 것이다[益自否來 震之君子 本自上墜 此大臣失位 遠於乾君也 乃乾君下觀 視爲艮童 是童觀也].	

'간(艮)이 아이가 된다'는 설은 옳다[艮童說 是也].

| 관
(觀) | 규관
(闚觀) | 이정조
(李鼎祚) | 간(艮)은 문을 엿봄이 되는데 여자의 눈이 문을 가까이하니 '몰래 엿봄'의 상(象)이다[艮爲門闚 女目近門 闚觀之象也]. | |
| | | 전(箋) | 환괘(渙卦)는 비괘(否卦)로부터 왔다. 강(剛)이 이미 옮겨감에 건(乾)의 군주가 이미 죽고 손(巽)의 왕비가 위에 있는데 간(艮)의 문 아래에 감(坎)의 도적이 몰래 숨어서 손(巽)의 흰 눈으로 문틈을 따라 몰래 보니 '몰래 엿봄'이 아니겠는가[渙自否來 剛之旣移 乾君旣歿 巽妃在上而艮門之下 坎盜隱伏 巽白之眼 從門隙而竊視 非闚觀乎]? | |

'간(艮)이 문이 된다'는 설 또한 옳다[艮門之說 亦是也].

| 서합
(噬嗑) | 강유분
(剛柔分) | 우번
(虞翻) | 이 괘는 비괘(否卦)를 근본으로 한다[此本否卦]. | |
| | | 전(箋) | 비괘(否卦)의 때에는 음(陰)과 양(陽)이 각각 모여서 서로 섞이지 않는데 지금 이내 분리되니 '강(剛)과 유(柔)가 분리된다'고 한 것이다[否之時 陰陽各聚不相錯雜 今乃分之 剛柔分也]. | |

옳다[是也].

| 서합
(噬嗑) | 서부
(噬膚)
멸부
(滅鼻) | 우번
(虞翻)
안(案)

전(箋) | 간은 피부가 되고 코가 된다[艮爲膚爲鼻].
건(乾)이 뼈대가 된다면 곤(坤)은 피부가 된다[乾爲骿則坤
爲膚也].
괘는 비괘(否卦)로부터 왔다. 유획(柔畫)은 모두 곤(坤)의
고기이다. 비괘(否卦)의 때에 간(艮)은 코가 되는데, 육이
효(六二爻)가 이미 변함에 이(離)의 칼을 써서 법으로 삼아
간(艮)의 코가 마침내 잘리게 되니 '고기를 씹다가 코가
잘리게 된다'고 한 것이다[卦自否來 凡柔畫皆坤膚也 否之
時 艮則爲鼻 二之旣變 離刃用法 艮鼻遂滅 此噬膚滅鼻也]. | |

간부(艮膚) 간비(艮鼻)가 아니라 곤부(坤膚) 간비(艮鼻)가 옳다.

| 비
(賁) | 유래
이문강
(柔來
而文剛) | 순상
(荀爽)
전(箋) | 이 괘는 태괘(泰卦)를 근본으로 한다[此本泰卦].
태괘(泰卦)의 때에는 하괘(下卦)의 건(乾)이 지나치게 강하
고 상괘(上卦)의 곤(坤)이 지나치게 유순하다. 지금 하나의
음(陰)이 내려와 이(離)를 이루니 이것이 '유(柔)가 와서 강
(剛)을 꾸민다'는 것이다[泰之時 下乾太剛 上坤太柔 今一
陰來而成離 此柔來而文剛也]. | 비괘(賁卦)
는 추이하
면 가장 분
명해 진 다
[賁卦推移
最明]. |

옳다[是也].

| 비
(賁) | 비기수
(賁其須) | 후과
(侯果)
전(箋) | 육이효(六二爻)가 턱 아래에 있으니 수염의 상(象)이다[二
在頤下 須之象].
대축괘(大畜卦)는 대장괘(大壯卦)로부터 왔다. 대장괘(大壯
卦)는 커다란 태(兌)이다. 태(兌)의 입 위에 진(震)의 풀이
무성하니 이것이 수염이다. 추이하여 대축괘(大畜卦)로 가
면 아름다운 용모가 있으니 '그 수염을 아름답게 꾸민다'
고 한 것이다[大畜自大壯來 大壯者大兌也 兌口之上 震草
蕃鮮 此鬚毛也 移之大畜 賁然有容 賁其須也]. | |

후과(侯果)의 설이 분명하지 못하다[侯果之說 不明].

비 (賁)	비우 구원 (賁于 丘園)	순상 (荀爽)	간(艮)은 산이고 진(震)은 숲이다[艮山震林].	간(艮)의 손 에 대한 설 은 아직 충 분하지 못 하다[艮手 之說未允].
		우번 (虞翻)	손(巽)은 비단이 되고 줄이 되고, 간(艮)은 손으로 잡는 것 이기 때문에 '속백(束帛)'이라고 한다[巽爲帛爲繩 艮手持 故束帛].	
		안(案)	열 개의 물건을 한 묶음으로 한 것을 속(束)이라고 하니 땅의 수이다[物十曰束 坤之數也].	
		전(箋)	가인괘(家人卦)는 둔괘(遯卦)와 중부괘(中孚卦)로부터 왔 다. 둔괘(遯卦)는 은둔한 선비를 말하고, 중부괘(中孚卦)는 동산을 상징하는 괘이다. 음(陰)의 도가 점차로 자라남에 군자가 밖으로 달아나니 은둔함이 아니겠는가? 간(艮)의 산 아래에 진(震)의 나무가 무성하니 동산이 아니겠는가? 추이하여 가인괘(家人卦)로 가면 이(離)의 예(禮)가 찬란하 니 '동산에서 빛난다'고 한 것이다[家人自遯中孚來 遯者 隱遯之士也 中孚者丘園之卦也 陰道浸長 君子外走 非隱遯 乎 艮山之下 震木蕃鮮 非丘園乎 移之家人 離禮燦然 賁于 丘園也].	

순상(荀爽)의 간산진림설(艮山震林說)은 옳다. 우번(虞翻)의 간수설
(艮手說)은 옳지 않다.

박 (剝)	박상 이변 (剝牀 以辨)	정현 (鄭玄)	발의 위를 변(辨)이라고 지칭하니 무릎 아래와 가까운 것 을 말한다. 굽히면 서로 가깝고 펴면 서로 멀다[足上稱辨 謂近膝之下 屈則相近 申則相遠].	
		최경 (崔憬)	침상으로써 말하면 변(辨)은 마땅히 침상다리 사이에 있어 야 하니 이것이 상폐(牀梐: 침상의 가장자리에 둘러친 울 짱)이다[以牀言之 則辨當在第足之間 是牀梐也].	
		전(箋)	변멸(辨蔑)이란 것은 손(巽)이 멸한 것이다. 박괘(剝卦)는 구괘(姤卦)로부터 시작한다. 구괘(姤卦)의 때에는 손(巽)이 넓적다리가 되며 2효가 그 사타구니이다. 구괘(姤卦)가 장 차 박괘(剝卦)가 됨에 손(巽)의 넓적다리가 먼저 소멸하여 둔괘(遯卦)를 이루고 박괘(剝卦)의 육이(六二)는 곧 그 자 취이다. 그러므로 박괘(剝卦)에서 '침상을 벗겨내니 사타 구니가 헐기 때문이다'고 한 것이다[辨蔑者巽滅也 剝自姤 始 姤之時 巽則爲股 二其辨也 姤之將剝 巽股先滅 以成 遯卦 剝之六二 卽其跡也 故曰剝之 剝牀以辨蔑也]	

정현과 최경의 설은 모두 분명하지 못하다[鄭玄 崔憬之說 皆不明].

		우번 (虞翻)	손(巽)은 물고기가 되고 줄이 된다[巽爲魚爲繩].	
박 (剝)	관어 (貫魚)	하안 (何晏)	박괘(剝卦)에서는 아래로 5개의 음과 견주어 보면 머리를 가지런히 하여 서로 차례가 있으니 '물고기를 꿰어 둠'과 비슷하다[剝之爲卦 下比五陰 駢頭相次 似貫魚也].	
		전(箋)	관괘(觀卦)는 승괘(升卦)로부터 교역(交易)하였다. 감(坎)의 물 아래에 손(巽)의 물고기가 숨어 있다. 교역(交易)하여 관괘(觀卦)가 되면 진(震)의 장대와 태(兌)의 바늘에 손(巽)의 낚싯줄을 높이 들면 물고기 또한 올라오니 이것이 '물고기를 꿰어 둠'이다[觀以升交 坎水之下 巽魚潛伏 交之爲觀則震竿兌鈎 巽繩高舉而魚亦以升 是貫魚也].	

우번(虞翻)의 설이 옳다[虞氏說是也].

		우번 (虞翻)	출진(出震)은 건(乾)을 이루고 입손(入巽)은 곤(坤)을 이루어 12소식에 감(坎)의 상이 드러나지 않기 때문에 '나아가고 들어옴에 질병이 없다'고 한 것이다[出震成乾 入巽成坤 十二消息 不見坎象 故出入無疾].	
복 (復)	출입 무질 (出入 無疾)	전(箋)	양(陽)이 하나인 괘는 반드시 감(坎)의 질병을 얻는다. 그러므로 사괘(師卦)와 겸괘(謙卦)와 예괘(豫卦)와 비괘(比卦)는 모두 이것을 면하지 못했는데 오직 박괘(剝卦)와 복괘(復卦)만이 끝내 감(坎)을 이루지 않으니 이것이 '질병이 없다'는 것이다. 양이 나가면 박괘(剝卦)가 되고 그것이 들어오면 복괘(復卦)가 되니 '나아가고 들어옴에 질병이 없다'고 한 것이다. 하늘의 운행은 복괘(復卦)로부터 임괘(臨卦)가 되고 태괘(泰卦)가 되어 육위(六位)를 지나 건괘(乾卦)에 이르지만 끝내 감(坎)을 이루지 않는다. 구괘(姤卦)가 되고 둔괘(遯卦)가 되어 육위(六位)를 지나 곤괘(坤卦)에 이르지만 끝내 감(坎)을 이루지 않는다. 지금 이후에 복괘(復卦)가 되돌아오니 '나아가고 들어옴에 질병이 없다'고 한 것이다[一陽之卦必得坎疾 故師謙豫比皆不免焉 唯剝與復終不成坎 此無疾也 陽出爲剝 其入爲復 出入無疾也 又天行自復爲臨爲泰 歷六位而至乾 終不成坎 爲姤爲遯 歷六位而至坤 終不成坎 今而後來復 出入無疾也].	이 뜻은 지극히 옳은데 지금 다시 어두워졌다[此義極是 今復晦矣].

우씨설(虞氏說)은 십이벽괘진퇴소장지법(十二辟卦進退消長之法)에 의거한다. 다산의 '이 뜻은 지극이 옳다[此義極是]'라는 것은 이 때문이다.

복 (復)	칠일 래복 (七日 來復)	우번 (虞翻)	건괘(乾卦)의 6효가 소멸하여 6일이 되는데 강(剛)이 와서 초효(初爻)로 되돌아가기 때문에 '7일 만에 다시 회복된다'는 것이니 하늘의 운행이다[消乾六爻爲六日 剛來反初 故七日來復 天行也].	그 뜻이 옳지 않다[其義非也].
		후과 (侯果)	5월은 하늘이 운행이 오시(午時)에 이르고 11월은 하늘의 운행이 자시(子時)에 이르는데 무릇 7월을 지나기 때문에 '7일 만에 다시 회복된다'고 하였다. 『시경』「빈풍」에 "일지일(一之日) 이지일(二之日)"이라는 말이 있다[五月天行至午 十一月天行至子 凡歷七月 故日七日來復 詩曰一之日二之日].	
		안(案)	이정조의 분괘직일(分卦直日)의 법은 감괘(坎卦)와 진괘(震卦)와 이괘(離卦)와 태괘(泰卦)의 사방의 괘를 제외하고 그 나머지 60괘 360효로써 360일에 배당하였으니 마침내 이 법으로써 '7일 만에 다시 회복된다'는 것을 해석하였다[李鼎祚分卦直日之法 除坎震離兌四方之卦 其餘六十卦 三百六十爻 以配於三百六十日 遂以此法釋七日來復].	

분괘직일법(分卦直日法)에 의한 칠일래복설(七日來復說)은 잘못이다.

복 (復)	빈복 (頻復)	우번 (虞翻) 전(箋)	빈(頻)는 위축됨이다. 곤(坤)은 10년이 된다[頻蹙也 坤爲十年]. 빈(頻)은 위축됨이다. 『시경』의 「대아(大雅)」에 "나라의 형세가 이처럼 위축되었구나!"라는 것이 이것이다. 명이괘(明夷卦)는 소과괘(小過卦)로부터 왔다. 소과괘(小過卦)의 때에는 진(震)의 군주가 북쪽을 정벌하여 간(艮)의 영토 밖에 나가 있으니 북쪽의 나라가 위축되어 있다. 추이하여 명이괘(明夷卦)가 되면 진(震)의 군주가 퇴보하여 간(艮)의 경계 안으로 되돌아옴에 외국이 영토를 확장하여 나라의 형세가 위축되니 이것이 '위축되어 되돌아온다'는 것이다[頻者蹙也 大雅之云國步斯頻是也 明夷自小過來 小過之時 震主北征 出在艮疆之外 北國蹙也 移之爲明夷 則震主退步 反乎艮疆之內 外國拓疆國步斯頻 是頻復也].	

'빈(頻)은 위축됨'이라는 설은 옳다[頻蹙之說 是也].

무망 (無妄)	강자 외래 (剛自 外來)	촉재 (蜀才)	이 괘는 둔괘(遯卦)를 근본으로 한다[此本遯卦].	
		안(案)	중부괘(中孚卦)와 소과괘(小過卦)에서는 『집해』의 여러 학파들 가운데 절대로 이것을 사용하는 사람이 없는데 아마도 재윤(再閏)의 뜻으로 말미암은 것 같으니 본래 분명하지 않다[中孚小過集解諸家絕無用之者 蓋由再閏之義 本不明也].	
		전(箋)	강(剛)이 밖으로부터 왔다는 것은 둔괘(遯卦)에서 추이한 것이다. 와서 진(震)이 되니 '안에서 주인이 된다'고 한 것이다[剛自外來者 遯之移也 來而爲震 爲主於內也].	

옳다[是也].

| 무망
(無妄) | 불경확
(不耕穫) | 우번
(虞翻) | 익괘(益卦)의 경작하는 상(象)이 있는데 곤괘(坤卦)의 밭이 없기 때문에 김매지 않는다. 진(震)은 벼이삭이 되고 간(艮)은 손이 되어 벼가 손 가운데 있기 때문에 '확(穫)'이라고 지칭한 것이다. 밭이 1년 된 것을 '치(菑)'라고 하고 2~3년 된 밭을 '여(畬)'라고 한다. 초효(初爻)는 곤(坤)이 아니기 때문에 잡초를 제거하지 않았는데도 수확한다는 것이다[有益耕象 無坤田 故不耨 震爲禾稼 艮爲手 禾在手中故稱穫 田一歲曰菑 二三歲曰畬 初爻非坤故不菑而畬也]. | |
| | | 전
(箋) | 쾌괘[夬卦]와 구괘(姤卦)로부터 왔다. 쾌괘[夬卦]는 손(巽)의 쟁기가 위로 향해 있으니 땅에 흙덩이가 부수어져 있지 않다. 이것이 '경작하지 않은 것'이다. 추이하여 이괘(履卦)가 되면 마침내 태(兌)의 낫으로 이 진(震)의 벼를 베어 수확하니 '밭을 갈지 않았는데도 수확한다'고 한 것이다[自夬姤來 夬則巽耒向上 地不破塊 是不耕也 移之爲履 遂以兌銍刈此震稼 不耕穫也]. | |

상세하지 않다[未詳].

무망 (無妄)	물약 (勿藥)	우번 (虞翻)	손(巽)은 나무가 되고 간(艮)은 돌이 되기 때문에 '약(藥)'이라고 지칭한 것이다[巽爲木 艮爲石 故稱藥].	
		안(案)	간(艮)은 돌로 그 약을 만든 것이다[艮石其藥].	
		전(箋)	구괘(姤卦)로부터 와서 계속해서 손(巽)의 약(藥)을 사용했다. 세 번이나 약을 지었지만 효과가 없었으니 장차 간(艮)의 죽음이 있을 것이다. 추이하여 서합괘(噬嗑卦)로 가면 손(巽)의 약(藥)이 마침내 없어지니 이것이 '약을 쓰지 않는 것'이다[自姤以來 連用巽藥 三劑不效 將以艮死 移之噬嗑 巽藥遂滅 是勿藥也].	

우씨(虞氏)의 간약설(艮藥說)은 잘못이다. 손약설(巽藥說)이 옳다.

대축 (大畜)	강상 이상현 (剛上 而尙賢)	촉재 (蜀才)	이 괘는 대장괘(大壯卦)를 근본으로 한다[此本大壯卦].	중부괘(中孚卦)를 말하지 않은 것이 소략하다 [不言中孚疏矣].
		안(案)	'강(剛)이 상승함에 현인을 숭상한다'는 것은 대장괘(大壯卦)의 상(象)으로부터 말한 것이다[剛上而尙賢者 自大壯之象也].	
		전(箋)	강상(剛上)이라는 것은 대장괘(大壯卦)가 추이하여 양이 상승한 것이다. 대장괘(大壯卦)의 구사(九四)는 본래 진(震)의 현자인데 높은 자리로 오르니 현인을 존중함이 아니겠는가[剛上者大壯之移升也 大壯之四 本以震賢 升於高位 非尊賢乎]?	

옳다[是也].

대축 (大畜)	여탈복 (輿說輹)	우번 (虞翻)	건(乾)은 수레가 된다[乾爲輿].	
		이장조 (李鼎祚)	복(輹)은 수레의 갈고리를 굴대에 끼우는 물건이다[輹車之鉤心夾軸之物].	
		전(箋)	비괘(賁卦)는 태괘(泰卦)로부터 왔다. 곤(坤)은 커다란 수레가 되며 건(乾)은 복토(伏兎)이다. 강(剛)이 모여서 원(圓)을 만드니 그 상(象)이 복토(伏兎)이다. 추이하여 비괘(賁卦)가 되면 그 가운데 강(剛)을 뽑아서 수레의 위에 실으니 '수레에서 복토(伏兎)를 벗겨 놓다'고 한 것이다['說' 자는 발음이 '탈'이다][賁自泰來 坤爲大輿 乾其輹也 剛聚爲圓 其象輹也 移之爲賁則抽其中剛 載之輿上 輿說輹也(說音脫)].	

'건(乾)이 수레가 된다'는 것은 옳지 않다. 곤(坤)은 커다란 수레가
되고 건(乾)은 복토(伏兎)가 된다[乾爲輿 非也 坤爲大輿也 乾爲輹也].

대축 (大畜)	동우 지곡 (童牛 之牿)	우번 (虞翻)	간(艮)은 아이가 된다. 곤(坤)은 소가 된다. 손(巽)은 새끼줄로 묶는 것이다. 간(艮)의 나무로 소뿔에 가로 대니 '송아지의 뿔에 가로 댄 나무'라고 한 것이다[艮爲童 坤爲牛 巽繩縛 艮木橫著牛角 故曰 童牛之牿].
		전(箋)	구사(九四)가 변하여 이(離)가 되는데 이(離)는 곧 소가 된다. 본래 간(艮)으로 말미암아 이루어졌으니 이것이 '송아지'이다. 간(艮)의 견고한 나무가 그 머리를 가로질러 구속하고 있으니 '송아지의 뿔에 가로 댄 나무'라고 한 것이다[四變爲離 離則爲牛 本由艮成 是童牛也 艮之堅木 橫拘其首 童牛之牿也].

곤(坤)은 소가 된다는 것은 옳지 않다. 이(離)는 소가 된다[坤爲牛
非也 離爲牛也].

대축 (大畜)	분시 지아 (豶豕 之牙)	최경 (崔憬)	『설문해자』에 "분(豶)은 극시(劇豕)이다"라고 하였다. 지금 속세에서 부르는 극저(劇豬)와 같은 것이 이것이다. 돼지는 본래 강하게 부딪치니 거세하면 이내 성질이 온화해진다. 비록 그 어금니가 있을지라도 물(物)을 해칠 수 없다[說文豶劇豕 今俗呼猶劇豬是也 豕本剛突 劇乃性和 雖有其牙不足害物].
		안(案)	『설문해자』에 "분(豶)은 거세한 돼지이고, 이(羠)는 거세한 양이고, 승(騬)은 거세한 말이고, 개(犗)는 거세한 소"라고 하였으니 승(騬)과 개(犗)와 이(羠)와 분(豶)은 모두 거세한 명칭이다[說文豶者羠豕也 羠者騬羊也 騬者犗馬也 犗者騬牛也 騬犗羠豶皆去勢之名].
		우안 (又案)	『이아(爾雅)』에 시수분(豕豬豶)을 주석하여 "속세에서 작은 거세한 돼지라고 부르고, 저(豬)는 돼지 새끼가 된다"고 하였다. 『주소』에 "분(豶)은 거세한 돼지"라고 하였다. 혹자는 거세한 돼지를 강건한 가축이라 한다. 대개 가축의 부류 가운데 강건하여 제재하기 어려운 것은 반드시 그 힘을 제거하니 뜻이 서로 통한다[爾雅豕豬豶之註曰俗呼小豶 豬爲豕豬子 疏云豶犍豬也 或以騬犍作强健之畜 蓋畜類其强健難制者必去其勢 義得相通也].

		전(箋)	분시(豶豕)라는 것은 돼지를 거세한 것이다. 육오(六五)가 변하여 강(剛)이 되었는데 본래 감(坎)의 자리였다. 지금 또 가운데가 강(剛)이니 돼지는 돼지인데 그 아래에 양(陽)이 없으니 이것이 '거세한 돼지'이다. 마침내 변하여 손(巽)이 되면 손(巽)을 밧줄로 삼아 진(震)의 나무에 매어 말뚝으로 삼으니 '거세한 돼지를 매어 두는 말뚝'이라고 한 것이다[豶豕者豕之犗者也 五變爲剛 本以坎位 今又中剛 豕則豕矣 其下無陽 是豶豕也 遂變爲巽 以巽爲繩 繫之震木以爲 牙杙 豶豕之牙也].

분시(豶豕)라는 것은 거세한 것이다[豶豕者 去勢者也].

대축 (大畜)	하천 지구 (何天 之衢)	우번 (虞翻)	하(何)는 담당하다는 뜻이다[何當也].
		왕필 (王弼)	하(何)는 어조사이다[何辭也].
		전(箋)	대장괘(大壯卦)의 때에는 진(震)이 큰 길이 되니 그 상이 '네거리'이다. 아래에 건(乾)의 하늘이 있으니 '하늘의 네거리'이다. 추이하여 대축괘(大畜卦)로 가면 갑자기 간(艮)의 어깨로 이 진(震)의 길을 짊어지니 '하늘의 네거리를 짊어진다'고 한 것이다[大壯之時 震爲大道 其象衢也 下有 乾天 天之衢也 移之大畜則忽以艮肩荷 此震道 何天之衢 也].

'하(何)는 담당하다'는 것과 '하(何)는 어조사이다'는 것은 옳지 않다. '하(何)는 짊어진다'는 것이 옳다[何當 何辭 非也 何荷 是也].

이 (頤)	관이 (觀頤)	후과 (侯果)	이 괘는 관괘(觀卦)를 근본으로 한다[此本觀卦].
		안(案)	임괘(臨卦)를 말한 것이 아니다. 오직 문장에 따라 이해를 구할 뿐이다[不言臨卦 惟逐文以求解].
		전(箋)	괘는 관괘(觀卦)로부터 왔으니 볼 수 있는 것이다. 본래 은거하는 선비였지만 아래로 나아가 곤(坤)의 봉양을 받은 것은 오직 예의 바른 모습을 보이기 위한 것일 뿐이니 이 것이 '보고 봉양을 받는다'는 것이다[卦自觀來可以觀也 本以隱士 下就坤養 唯視禮貌 此觀頤也].

임괘와 관괘의 추이에서 '임괘를 말하지 않는다'고 한 것은 후과(侯果)의 편안치 못한 곳이다[臨觀之推移에서 不言臨卦는 侯果의 未安處다].

이 (頤)	사이 령구 (舍爾 靈龜)	우번 (虞翻)	진(震)과 이(離)는 거북이 된다. 4효는 초효로 갔기 때문에 이 신령스러운 거북을 버린 것이며, 초효는 5효를 근본으로 한다[震離爲龜 四之初故舍爾靈龜 初本五也].	우번(虞翻) 의 추이법은 어 지 럽 다 [虞氏推移 之法亂矣].
		후과 (侯果)	간(艮)은 산귀(山龜)가 된다. 5효로부터 초효(初爻)로 내려오면 이괘(頤卦)가 된다[艮爲山龜 自五降初則爲頤].	
		안(案)	이괘(頤卦)가 진괘(晉卦)로부터 왔다면 연괘(衍卦)는 모두 벽괘(辟卦)인데 옳은가[頤自晉來則衍卦皆辟卦也而可乎]?	
		전(箋)	정자(程子)가 말하길 "거북은 목구멍으로 숨만 쉬고 먹지 않을 수 있으니, 신령스러운 거북은 밝고 지혜로워 밖에서 길러 주기를 구하지 않음을 비유한 것이다"고 하였다. 『주례(周禮)』에 천귀(天龜)를 '영(靈)'이라고 했다. 영귀(靈龜)라는 것은 큰 거북이다. 이괘(頤卦)를 통틀어 보면 커다란 이(離)가 된다. 이(離)는 곧 거북이 되니 이것이 '신령스러운 거북'이라는 것이다[程子曰龜能咽食 不食靈龜 喻其明智可以不求養於外也 周禮天龜曰靈 靈龜者大龜也 通卦爲大離 離則爲龜 此靈龜也].	

진괘(晉卦)▦에서 이괘(頤卦)▦ 추이(推移)한다면 그것은 벽괘(辟卦) 없이 연괘(衍卦)끼리 추이(推移)하는 셈이다. 다산의 '우번의 추이법은 혼란스럽다[虞氏推移之法 亂矣]'는 이를 두고 이른 말이다. 이위귀(離爲龜)의 상(象)은 우씨(虞氏)는 진(晉)의 상괘이(上卦離)에서 취하고 다산은 이(頤)의 대이상(大離象)에서 취하였다. 영귀(靈龜)는 대귀(大龜)니 후자가 옳지 않을까.

대과 (大過)	노부 여처 (老夫 女妻)	우번 (虞飜) 전(箋)	건노(乾老)이기 때문에 '노부(老夫)'라고 지칭한다. 상괘(上卦)의 태(兌)는 소녀(少女)가 되기 때문에 '여처(女妻)'라고 말한다. 처음에 손(巽)은 부(婦)가 되고 건(乾)은 노(老)가 되기 때문에 노부(老婦)가 된다. 대장괘(大壯卦)에서 진(震)은 부(夫)가 되고 태(兌)는 소(少)가 되기 때문에 '사부(士夫)'라고 지칭한다[乾老故稱老夫 上兌爲少女故曰女妻 初巽爲婦 乾爲老故稱老婦也 大壯震爲夫兌爲少故稱士夫]. 진(震)의 남자는 가장 어른이니 이것이 '노부(老夫)'라는 것이다. 위로 태(兌)의 여자와 짝하였으니 '늙은 어른이 처(妻)를 얻는다'고 한 것이다. '마른 버들나무에 싹이 난다'는 것은 이 상(象)이 아니겠는가[震男最長 是老夫也 上配兌女 老夫得其女妻也 枯楊生稊 非是象乎]?	효변(爻變)을 알지 못하고 반합(胖合)을 알지 못했기 때문에 그 잘못된 해석이 이와 같다[不知爻變不知胖合 故其誤解如此].

우번의 설은 무슨 말인지 모르겠다[虞氏說 不知何說].

감 (坎)	험차침 (險且枕)	우번 (虞飜) 간보 (干寶) 안(案) 전(箋)	침(枕)은 지(止)이니 간(艮)은 그침이 된다[枕止也 艮爲止]. 침(枕)은 안(安)이니 잔인함을 편안히 하여 폭정을 백성들에게 가한다는 말이다[枕安也 言安忍以暴政加民]. 이 구(句)는 궐의(闕疑)에 해당한다[此句當闕疑]. '험(險)' 자는 옛날에 '검(檢)' 자로 썼으니 '검(檢)'이라는 것은 묶는다는 의미이다. '침(枕)' 자와 '축(杭)' 자는 같으니 돼지를 묶는 말뚝이다. 감(坎)의 돼지가 서로 뒤쫓아 가니 그 기세가 내달려 부딪힐 듯하다. 3효가 이미 변함에 손(巽)의 줄로 묶어 진(震)의 나무에 매다니 '묶고 또 매달다'고 한 것이다. 크다면 소인을 제압하는 것이 이와 같음에 해당하며, 작으면 희생을 점치는 점이 될 것이다. 만약 침석(枕席)의 '침(枕)' 자로 해석한다면 문장이 이치에 합당하지 못할 것이니 해독이 불가능하다[險古作檢 檢者束也 枕與杭同 繫豕之杭也 坎豕相逐 其勢奔突 三之旣變 束以巽繩 繫之震木 檢且枕也 大則制小人當如是 小則爲筮牲之占也 若以爲枕席之枕 則文不合理 不可讀也].	이것은 모두 억지로 해석한 것이다 [此皆强解].

무슨 말인지 모르겠다[不知何說].

| 감
(坎) | 준주
궤이
(樽酒
簋貳) | 우번
(虞飜)
전(箋) | 진(震)은 제기(祭器)를 주관하기 때문에 준(樽)과 궤(簋)가
있다. 감(坎)은 술이 된다[震主祭器故有樽簋 坎爲酒].
괘는 임괘(臨卦)로부터 왔다. 커다란 진(震)의 술통으로 위
로 감(坎)의 술을 받으니 술통에 술이 있는 것이다. 효변
(爻變)하여 곤괘(坤卦)가 되면 진(震)의 제기(祭器) 위에 태
(兌)의 음식이 가득하니 제기에 밥이 있는 것이다. 음식을
올릴 때 예법은 시동에 술을 올리는 것이니 이것이 '궤
(簋)로 권해서 올린다'라는 것이다[卦自臨來 大震之樽 上
受坎酒 樽有酒也 變而爲困則震簋之上 兌食有餚 簋有食也
饋食之禮 酳食以酒 是簋貳也]. | |

'감(坎)이 술이 된다'는 설은 옳다[坎酒說 是也].

| 감
(坎) | 계용
휘묵
(係用
徽纆) | 우번
(虞飜)

이정조
(李鼎祚)

유표
(劉表)

전(箋) | 손(巽)은 줄이 된다. 감(坎)은 마음이 많기 때문에 가시로
둘러싸인 감옥 밖에 구극(九棘)을 심는다[巽爲繩 坎多心
故叢棘獄外種九棘].
『周禮』에 왕의 외조(外朝)는 왼쪽에 구극(九棘)이 있고, 오
른쪽에 구극(九棘)이 있고 앞에 이괴(二槐)가 있다. 사구
(司寇)와 공경(公卿)은 그 아래에서 옥사를 논의한다. 사람
을 죽인 사람은 형벌을 더욱 밝게 하여 일을 맡긴다. 상죄
(上罪)는 3년 동안 버려두고, 중죄(中罪)는 2년 동안 버려
두고, 하죄(下罪)는 1년 동안 버려둔다[周禮 王之外朝 左
九棘 右九棘 面二槐 司寇公卿 議獄於其下 害人者加明刑
任之以事 上罪三年而舍 中罪二年而舍 下罪一年而舍].
세 가닥을 '휘(徽)'라고 하고 두 가닥을 '묵(纆)'이라고 하
니 모두 죄인을 묶는 것이다[三股爲徽 兩股爲纆 皆以繫縛
罪人].
환괘(渙卦)는 비괘(否卦)로부터 왔다. 간(艮)의 소인이 죄악
을 이미 쌓으니 곤(坤)의 나라 내부에서 감(坎)의 법률을
마땅히 바로잡아야 한다. 추이하여 환괘(渙卦)가 되면 손
(巽)의 오랏줄을 아래로 내리고 감(坎)의 법률을 옳게 헤아
린다. 간(艮)의 손과 진(震)의 발이 모두 구속되어 묶여서
커다란 이(離)의 감옥에 들어가니 '오랏줄로 묶이다'고 한
것이다[渙自否來 艮之小人 罪惡旣積 坤國之內 坎律宜正也
移之爲渙則巽纆下施 坎法是揆 艮手震足 咸被拘係 入于大
離之獄 係用徽纆也]. | |

우번(虞翻)과 이정조(李鼎祚)와 유표(劉表) 등은 무슨 말인지 모르겠다. 추이(推移)와 물상(物象)을 모르기 때문이다[虞翻 李鼎祚 劉表 등 不知何說 不知推移物象故也].

이 (離)	이려야 (離麗也)	순상 (荀爽)	'이(離)'는 또한 이별이 된다. 연기와 불꽃이 날아오르고 숯과 재가 내려앉아 남으니 이것이 그 이별이다[離亦爲別 離 烟燄飛升 炭灰降滯 是其別離也].	이것은 왜곡된 해석이다[此曲解也].
		안(案)	'이(離)'는 날짐승이고 꽁지가 짧은 새이다. 한낮에 점(點)이 있기 때문에 화조(火鳥)라고 이른다[離者禽也 隹也 日中有點故稱火鳥].	
		전(箋)	'여(麗)'라는 것은 걸림을 의미한다. 병(丙)이 쌍으로 있는 것은 눈이 된다. 사슴이 가서 걸려 있는 것이니 그물에 있는 것과 같다[麗者羅也 雙丙爲目 鹿往離之 如於網也].	

'이(離)'는 이별이 아니고 '이(離)'는 날짐승이다[離非別離 離者禽也].

| 이
(離) | 명이작
(明兩作) | 우번
(虞翻) | 혹은 태양과 불을 밝음이 거듭 발생하는 것으로 여겨진다[或以日與火爲明兩作]. | |
| | | 전(箋) | 두 개의 이(離)의 사이는 감(坎)의 밤 때문에 떨어져 있으니 두 개의 태양이 서로 잇는 것이다[兩離之間 隔之以坎夜 兩日相繼也]. | |

우번(虞翻)의 설은 잘못된 이해이다[虞氏說 誤解也].

| 이
(離) | 일측
지리
(日昃
之離) | 순상
(荀爽)
안(案) | 초효는 태양이 나옴이고 2효는 태양이 중천에 있음이고 3효는 태양이 기울어짐이다[初爲日出 二爲日中 三爲日昃]. 이것은 『역』의 대례(大例)이니 쇠나 돌처럼 변하지 않는 법이다. 지금 또한 어두워졌으니 어떻게 풀이할 것인가[此易之大例 金石之典也 今亦晦昧 何以解矣]? | |
| | | 전(箋) | 하괘(下卦)의 자리는 이(離)이기 때문에 역례(易例)에 초효는 태양이 나옴이고 2효는 태양이 중천에 있음이고 3효는 태양이 기울어짐이다. 본래 이괘(離卦)였고 지금 3효에 해당하니 '해가 기울어 걸려 있다'고 한 것이다[下卦位離 故 易例 初爲日出 二爲日中 三爲日昃 本以離卦 今當三爻 日昃之離也]. | |

순상(荀爽)의 설은 옳다[荀氏說 是也].

| 함
(咸) | 유상
이강하
(有上
而剛下) | 촉재
(蜀才)
전(箋) | 이것은 비괘(否卦)를 근본으로 한다[此本否卦].
괘는 비괘(否卦)로부터 왔으니 '유(柔)가 상승하고 강(剛)
이 하강한다'고 한 것이다[卦自否來 柔上而剛下也]. | |

촉재(蜀才)의 설은 옳다[蜀才說 是也].

| 함
(咸) | 함기무
(咸其拇) | 우번
(虞翻)
전(箋) | 간(艮)은 손가락이 되고 곤(坤)은 엄지발가락이 된다[艮爲
指 坤爲拇].
'무(拇)'는 발의 장지(將指)이다. 혁괘(革卦)는 대장괘(大壯
卦)로부터 왔다. 강(剛)이 아래로부터 상승하여 그 진(震)
의 발을 느끼니 '그 엄지발가락을 느끼다'고 한 것이다[拇
者足之將指也 革自大壯來 剛自下升 感其震足 咸其拇也]. | 옳지 않다
[非也]. |

우번(虞翻)의 설은 옳지 않다[虞氏說 非也].

| 함
(咸) | 등구설
(滕口舌) | 우번
(虞翻)
안(案)

전(箋) | 등(滕)은 보낸다는 것이다[滕送也].
등(滕)과 잉(媵)은 서로 뜻이 가깝기 때문에 이러한 훈(訓)
이 있다[滕媵相近 故有是訓也].
등(滕)은 오른다는 등(騰)이다. 유(柔)가 아래로부터 올라가
서 그 입과 혀를 올리니 '혀와 입을 올린다'고 한 것이다
[滕者騰也 柔自下騰 揚其口舌 滕口舌也]. | 아마도 옳지
않은 것 같
다[恐非]. |

'등(滕)은 보낸다는 것이다'는 설은 옳지 않다. 등(滕)은 오른다는
뜻이다[滕送說 非也 滕者騰也].

둔 (遯)	두모 (遯尾)	우번 (虞翻)	간(艮)은 꼬리가 된다[艮爲尾].	
		안(案)	진(震)의 터럭은 그 형세가 위로 가리키고, 간(艮)의 터럭은 그 형세가 아래로 드리운다. 그러므로 진(震)은 머리가 되고 간(艮)은 꼬리가 된다. 진(震)이 우거짐이 되고 간(艮)이 뿌리가 되는 것과 같다[震髮其勢上指 艮毛其勢下垂 故震爲首而艮爲尾 如震爲蕃而艮爲根].	
		전(箋)	동인괘(同人卦)는 구괘(姤卦)로부터 왔다. 구괘(姤卦)의 하나의 음은 둔괘(遯卦)의 꼬리이다[同人自姤來 姤之一陰 遯之尾也].	

'간(艮)이 꼬리가 된다'는 설은 옳다[艮尾說 是也].

둔 (遯)	비둔 (肥遯)	우번 (虞翻)	건(乾)은 가득 살찜이 된다[乾盈爲肥].	
		안(案)	건은 곧 여윔이 되니 어찌 살찔 수 있겠는가[乾則爲瘠 安得肥也]?	
		전(箋)	함괘(咸卦)는 비괘(否卦)로부터 왔다. 건마(乾馬)가 밖으로 달려가니 말의 뼈가 여위였다. 추이하여 함괘(咸卦)가 되면 태(兌)의 입으로써 이 손(巽)의 풀을 먹을 수 있다. 건(乾)의 뼈의 밖을 곤의 살이 두껍게 감싸고 있으니 살찌고 윤택한 상(象)이다. 본래는 수척한 모습으로 은둔하였으나 지금은 살찐 말이 되었으니 '살찌면서 은둔한다'고 하지 않을 수 있겠는가[咸自否來 乾馬外走 其骨瘠羸 移之爲咸 則得以兌口 食此巽草 乾骨之外 坤肉厚包 此肥澤之象也 本以瘠遯 今爲肥馬 非肥遯乎]?	

'건(乾)은 살찜이 된다'는 설은 옳지 않다[乾肥說 非也].

| 진
(晉) | 유진
이상행
(柔進
而上行) | 촉재
(蜀才) | 이 괘는 관괘(觀卦)를 근본으로 한다[此本觀卦]. | |
| | | 전(箋) | 괘는 관괘(觀卦)로부터 왔기 때문에 '유(柔)가 나아가 위로 행한 것이다'고 하였다[卦自觀來 柔進而上行也]. | |

옳다[是也].

| 명이
(明夷) | 명입
지중함
(明入
地中咸) | 촉재
(蜀才)
전
(箋) | 이괘는 임괘(臨卦)를 근본으로 한다[此本臨卦].

괘는 소과괘(小過卦)로부터 왔다. 양이 위로부터 떨어져 땅 밑으로 들어가니 '밝음이 땅으로 들어간다'고 한 것이다[卦自小過來 陽自上落入于地底 明入地中也]. | |

옳지 않다[非也].

가인 (家人)		우번 (虞翻)	둔괘(遯卦)의 초효가 4효로 간 것이다[遯初之四也].
		안(案)	중부괘(中孚卦)와 소과괘(小過卦)에서는 마침내 쓸모없는 것이다[中孚小過 卒無用之者].
		전(箋)	괘는 중부괘(中孚卦)로부터 왔다. 중부(中孚)는 성실함을 의미한다. 또 커다란 손(巽)으로부터 왔다. 커다란 손(巽)은 가지런히 하는 것이다. 추이하여 가인괘(家人卦)가 되더라도 이(離)와 손(巽)은 옛날과 같다. 이미 성심으로 몸을 닦았으니 비로소 집안을 가지런히 할 수 있는 것이다[卦自中孚來 中孚者誠也 又自大巽來 大巽者齊也 移之家人 離巽如舊 旣誠身矣 始可以齊家也].

'둔괘(遯卦)의 초효가 4효로 간다'는 것은 무슨 뜻인가[遯初之四 是何義哉]?

규 (睽)		우번 (虞翻)	대장괘(大壯卦) 상효가 3효로 나아가고 무망괘(无妄卦) 2효가 5효로 나아간 것이다. 무망괘(无妄卦) 2효가 5효로 나아갔기 때문에 유(柔)가 나아가 위로 행한 것이다[大壯上之三 无妄二之五也 无妄二之五 故柔進而上行].
		안(案)	'유(柔)가 나아가 위로 행한다'는 것은 중부괘 4효가 5효로 간 것이다. 우번(虞翻)은 "무망괘(无妄卦) 2효가 5효로 나아갔다"고 하였으니 그의 추이법은 혼란스럽다[柔進而上行者 中孚四之五也 虞氏謂无妄二之五 其推移之法亂矣].
		전(箋)	'유(柔)가 나아가 위로 행한다'는 것은 중부괘(中孚卦)로부터 추이한 것이다. 나아가 5효에 거처하니 이것이 '중을 얻은 것'이다. 2효가 강(剛)이고 5효가 유(柔)이니 상하가 응하는 것이다[柔進而上行者中孚之移也 進而居五 是得中也 二剛五柔 上下應也].

우번(虞翻)은 추이(推移)가 분명하지 않기 때문에 이와 같은 이론이 있다. '유(柔)가 나아가 위로 행한다'는 것은 무망괘(无妄卦)의 추이가 아니라 이것은 중부괘(中孚卦)의 추이이다[虞氏 不明推移 故有如此說也 柔進而上行者 非無妄之移也 是中孚之移也].

| 규
(睽) | 기우체
(其牛掣) | 우번
(虞翻)
전(箋) | 소뿔이 하나는 밑으로 향하고 하나는 위로 향하기 때문에 '체(掣)라고 칭한 것이다[牛角一低一仰故稱掣]. '체(掣)'라는 것은 끌어당겨 제어하는 것이다. 두 개의 이(離)는 소인데 한 마리는 수레의 앞에 있고, 다른 한 마리는 수레의 뒤에 있다. 서로 끌어당기니 '그 소가 끌어당긴다'고 한 것이다[掣者牽制也 兩離之牛 一在輿前 一在輿後 互相牽掣 其牛掣也]. | |

체(掣)는 하나가 밑으로 향하고 다른 하나가 위로 향한다는 것이 아니다. 체(掣)는 끌어당긴다는 의미이다[掣者 非一低一仰也 掣者牽制也].

| 규
(睽) | 궐종
서부
(厥宗
噬膚) | 우번
(虞翻)
안(案)

전(箋) | 건(乾)은 친족이 되고, 간(艮)은 등이 되고, 곤(坤)은 귀신이 된다[乾爲宗 艮爲背 坤爲鬼]. '배(背)'자는 '북(北)' 자에 의거한 것이니 감(坎)의 상(象)이다. 만물이 진(震)에서 생겨나 간(艮)에서 죽으니 간(艮)은 귀신이다[背字從北 坎之象也 萬物生乎震而死乎艮 艮者鬼也]. 건(乾)은 아버지가 되고, 아버지의 친족은 종(宗)이다. 이 괘(睽卦)는 쾌괘(夬卦)로부터 왔다. 쾌괘(夬卦)의 때에는 친족들이 아래에 있고 양고기가 위에 있다. 추이하여 이괘(履卦)로 가면 건(乾)의 친족이 입을 열고 양고기를 넣으니 '그 친족들이 고기를 씹는다'고 한 것이다[乾則爲父 父黨爲宗也 履自夬來 夬之時 宗人在下 羊膚在上 移之爲履則 乾宗開口 羊膚 來入 厥宗噬膚也]. | |

'간(艮)이 등이 된다'는 설과 '곤(坤)이 귀신이 된다'는 설은 옳지 않다. '배(背)'라는 것은 감(坎)의 상이고, '귀(鬼)'라는 것은 간(艮)의

상이다[艮背 坤鬼說 非也 背者坎之象也 鬼者艮之象也].

| 건
(蹇) | 이서남
(利西南) | 우번
(虞翻)
전(箋) | 관괘(觀卦)의 상효가 3효로 되돌아간 것이다[觀上反三也]. 괘는 소과괘(小過卦)로부터 왔다. 두 개의 강(剛)이 가운데에 있으니 본래 곤괘(坤卦)의 중위(中位)를 얻은 것이다. 4효가 이미 상승해서 또 곤(坤)의 중위를 얻었으니 곤(坤)의 방위가 서남쪽이므로 '서남쪽에서 이롭다'고 한 것이다[卦自小過來 居中兩剛 本得坤卦之中 四之旣升 又得坤中 坤位西南 利西南也]. | |

우번의 설(說)이 옳지 않다[虞氏說 非也].

| 해
(解) | 이서남
(利西南) | 우번
(虞翻)
전(箋) | 임괘(臨卦)의 초효가 4효로 가니 간(艮)은 여우가 되고 이(離)는 매가 된다[臨初之四 艮爲狐 離爲隼]. 괘는 임괘(臨卦)로부터 왔다. 강(剛)이 곤(坤)의 방향으로 나아가서 그 백성을 얻어 군주가 되니 '서남쪽에서 이롭다'고 한 것이다[卦自臨來 剛往坤方 得其民而爲主 利西南也]. | |

옳다[是也].

| 손
(損) | 손하
익상
(損下
益上) | 촉재
(蜀才)
전(箋) | 이 괘는 태괘(泰卦)를 근본으로 한다[此本泰卦]. 괘는 태괘(泰卦)로부터 왔다. 건(乾)의 군주가 재물을 덜어서 곤(坤)의 백성에 보태 주니 군주의 도가 길함이다. 본래 진(震)으로부터 말미암아 시작된 것이므로 '선(善)한 우두머리'라고 한 것이다. 괘위(卦位)로써 본다면 아래를 덜어서 위에 보태 주는 것이며, 괘상(卦象)으로써 보면 군주의 것을 덜어서 백성에게 보태 주는 것이다. 군주의 것을 덜어서 백성에게 더하기 때문에 그 점이 '크게 길하다'고 한 것이다[卦自泰來 乾君損富以益坤民 君道之吉也 本由震始 善之長也 以卦位則損下而益上也 以卦象則損君而益民也 損君益民故其占元吉]. | |

옳다[是也].

손(損)	징분 질욕 (懲忿 窒慾)	우번 (虞翻)	건양(乾陽)의 굳셈은 분노가 되고 곤음(坤陰)의 인색함은 욕심이 된다. 태(兌)의 기뻐함 때문에 분노를 가라앉히고, 간(艮)의 그침 때문에 욕심을 막는다[乾陽剛武爲忿 坤陰吝嗇爲慾 兌說故懲忿 艮止故窒慾].
		전(箋)	괘는 태괘(泰卦)로부터 왔다. 건(乾)의 성격은 지나치게 강(剛)한데, 강(剛)하면 쉽게 화를 내는 것이다. 추이하여 태(兌)의 기쁨이 됨은 연못의 물이 맑게 정화되었기 때문이다. 곤(坤)의 성격은 지나치게 유(柔)한데, 유(柔)하면 욕심이 많다. 추이하여 간(艮)의 절제함이 됨은 산의 흙으로 막기 때문이다. 이것을 '성냄을 가라앉히고 욕심을 막는다'라고 한 것이다[卦自泰來 乾性太剛剛則易忿 移之爲兌悅者 澤水之澄定也 坤性太柔柔則多慾 移之爲艮節者 山土之窒遏也 此之謂懲忿窒慾].

우번의 설은 이치에 가깝다[虞氏之說 近理].

손 (損)	삼인행 (三人行)	우번 (虞翻)	태괘(泰卦)의 건(乾) 3효가 세 사람이 된다. 손괘(損卦)의 초효가 상효로 가기 때문에 한 사람을 잃은 것이다[泰乾三爻爲三人 損初之上故損一人].
		전(箋)	괘는 태괘(泰卦)로부터 왔다. 태괘(泰卦)의 3양이 같이 진(震)으로써 행하니 '세 사람이 행한다'고 한 것이다. 세 사람이 행할 때 그 하나의 양을 잃으니 세 사람이 행하다가 한 사람을 잃은 것이다[卦自泰來 泰之三陽同以震行 三人行也 行之至三損其一陽 三人行而損一也].

우번의 설이 옳다[虞氏說 是也].

익 (益)	이유 유왕 (利有 攸往)	우번 (虞翻)	비괘(否卦)의 상효가 초효로 간 것이다[否上之初也].	
		전(箋)	괘는 비괘(否卦)로부터 왔다. 유(柔)가 가서 자리를 얻고 마침내 손(巽)의 이로움을 이루는 까닭에 '가는 곳에 이로움이 있다'고 한 것이다[卦自否來 柔往得位 遂成巽利 利有攸往也].	

옳다[是也].

| 괘
(夬) | 현륙
(莧陸) | 순상
(荀爽) | '현(莧)'이라는 풀은 잎이 부드럽고 뿌리가 견고하고 또 붉은색이다. 현(莧)은 뿌리가 작고 육(陸)은 뿌리가 크다[莧者葉柔而根堅且赤 莧根小 陸根大]. | 이것은 억지로 풀이한 것이다[此强解]. |
| | | 우번
(虞翻)
전(箋) | '莧' 자는 완이(莞爾)의 완(莞) 자와 같이 읽는다. 육(陸)은 화륙(和陸)을 의미한다[莧讀如莞爾之莞 陸和陸也]. 5효가 변하면 진(震)이 되고 진(震)은 곧 풀이 된다. 시절은 3월에 해당하여 태(兌)의 못에서 자라니 그 상이 '현륙(莧陸)'이다[五之變爲震 震則爲草 時當三月生於兌澤 其象 莧陸也]. | |

두 사람의 해석은 이치에 맞지 않다[兩人之解 無理].

| 구
(姤) | 포유어
(包有魚) | 우번
(虞翻)
전(箋) | 손(巽)은 하얀 띠풀이 되고, 손(巽)은 물고기가 된다[巽爲白茅 巽爲魚]. 하괘(下卦)의 손(巽)은 물고기를 말한다. 2효가 이미 변하여 마침내 큰 손(巽)을 이루었다. 큰 손(巽)의 띠풀이 이 손(巽)의 물고기를 감싸고 있으니 '꾸러미에 물고기가 있다'고 한 것이다[下巽魚也 二之旣變 遂成大巽 大巽之茅 包此 巽魚 包有魚也]. | |

우번의 설이 옳다[虞氏說 是也].

| 정 (井) | 개읍
(改邑) | 우번
(虞翻)
전(箋) | 태괘(泰卦)의 초구가 5효로 간 것이다. 곤(坤)은 고을이 된다[泰初之五也 坤爲邑]. 괘는 태괘(泰卦)로부터 왔다. 태괘(泰卦)의 곤(坤)의 고을을 옮기고 고치니 이것이 '고을 고친다'는 것이다[卦自泰來 泰之坤邑 有徙有改 是改邑也]. | |

옳다[是也].

진 (震)	진소소 (震蘇蘇)	우번 (虞翻) 전(箋)	죽었다가 다시 살아나는 것을 '소(蘇)'라고 일컫는다[死而復生稱蘇]. '소(蘇)'라는 것은 끊어졌다가 다시 이어지는 것이다. 풍괘(豐卦)는 태괘(泰卦)로부터 왔으니 세 개의 강(剛)은 모두 진(震)이다. 추이하여 풍괘(豐卦)가 되면 강(剛)이 중간에 단절되니 우렛소리가 중간에 끊기는 것이다. 이 가운데 강(剛)이 밖으로 나온 것이 다시 또 하나의 진(震)을 이루니 우렛소리가 다시 일어난 것이다. 두 개의 강(剛)이 연속되어 이루니 우렛소리가 연속되는 것이다. 우렛소리가 매번 끊어졌다가 다시 생겨나는 것이 처음에 이미 한 번 울렸다가 2위에서 끊어졌다가 이(離)의 번개가 번쩍거려 3위와 4위에 이르러서 울리고 또 울리니 '우렛소리가 되살아나고 되살아남이다'고 한 것이다[蘇者絶而復續也 豐自泰來 三剛皆震也 移之爲豐 剛乃中斷 雷聲之中絶也 乃中剛之出於外者 又成一震 雷聲之復起也 兩剛逐連 雷聲之連續也 震雷之聲 每旣絶復生 初旣一鳴 絶於二位 離電燁然 至於三四 鳴而又鳴 震蘇蘇也].

죽었다가 다시 살아나는 것은 끊어졌다가 다시 이어지는 것이다. 그러므로 우번의 설이 옳다[死而復生者 絶而復續也 是故 虞氏說 是也].

간 (艮)	간기한 (艮其限)	우번 (虞翻) 전(箋)	'한(限)'이라는 것은 허리에 띠를 차는 것이니 옆구리 살과 연관된다[限腰帶處也 貴脅肉]. '그 경계를 한정함'이라는 것은 본래의 상(象)이다. 관괘(觀卦)의 때에는 곤(坤)의 강토가 어지러워 경계가 없다. 추이하여 간(艮)이 되면 땅의 경계가 분명해지니 '그 경계를 한정한다'고 한 것이다[艮其限本象也 觀之時 坤之疆土 漫無界限 移之爲艮 限域分明 艮其限也].

이치에 가깝다[近理].

| 간
(艮) | 여혼심
(厲閽心) | 우번
(虞翻) | 간(艮)은 문지기가 되니 혼(閽)은 문을 지키는 사람이다. 감(坎)의 도둑이 문으로 움직이기 때문에 문지기의 마음이 위태롭다. 옛날에 '혼(閽)' 자는 '훈(薰)' 자로 썼다. 마융(馬融)은 인해서 그 마음을 그을려 태운다고 말하였다. (이것은) 『역』의 도를 듣지 못한 것이니 감(坎)의 물로 사람을 그을려 태우기 때문이다. 순상(荀爽) 또한 '훈(熏)' 자를 '동(動)' 자로 썼으니 모두 옳지 않다[艮爲閽 閽守門人也 坎盜動門故厲閽心也 古閽作熏字 馬因言熏灼其心 未聞易道 以坎水熏灼人也 荀氏以熏作動皆非也]. |
| | | 안(案)
전(箋) | 우번의 설 또한 명백하지 못하다[虞說亦不明白].
곤(坤)의 나라 안에 왕의 벼리가 맡겨져 있는데 하나의 강(剛)이 홀로 올라가 높기만 하지 지위가 없으니 무슨 위태로움이 이보다 더욱 심하겠는가? 진(震)의 군자가 근심하는 것이 마치 불타는 것과 같아서 뜨겁게 그을려서 허물어지고 소멸되어 가니 '위태로움에 마음을 태운다'고 한 것이다[坤國之內王綱委地 一剛孤升 高而無位 厲孰甚焉 震之君子憂心如煨 熏爍毁滅 厲薰心也]. |

이것은 무슨 설인가[是 何說也]?

| 점
(漸) | 여귀
(女歸) | 우번
(虞翻)
전(箋) | 비괘(否卦)의 3효가 4효로 간 것이다. 이(離)는 '아이를 뱀'이 된다[否三之四 離爲孕].
점괘(漸卦)에서 '나아간다'라는 것은 다른 괘와 다르다. 다른 괘는 올라가는 것으로써 나아감을 삼는데 이 괘는 오는 것으로써 나아감을 삼기 때문에 '여자가 시집간다'라는 상(象)이 있다[漸之進也 異於他卦 他卦以升爲進 此卦以來爲進 女歸之象也]. |

점괘(漸卦)는 달아나는 것이니 오는 것으로써 나아간다는 설[漸之遯也 以來爲進說]이 돋보인다.

귀매 (歸妹)		우번 (虞翻) 전(箋)	태괘(泰卦)의 3효가 4효로 간 것이다. 태(兌)는 입이 되고 건(乾)은 옷이 되니 '메(袂)'라고 칭한 것이다[泰三之四 兌爲口 乾爲衣 故稱袂]. '귀매(歸妹)'라는 것은 형이 누이를 시집보내는 것을 말한다. 괘는 태괘(泰卦)로부터 왔다. 태괘(泰卦)의 때에는 부모가 모두 생존해 있고 진(震)의 형과 태(兌)의 누이가 그 안에 품어져 있다. 추이하여 귀매괘(歸妹卦)가 되면 부모가 모두 돌아가셔서 진(震)의 형과 태(兌)의 누이가 몸을 분리하여 각각 독립하니 이런 상황에서 시집보내는 것이다. 태(兌)의 여자는 안에 있지만 간(艮)의 사위가 밖에서 이르니 기쁘게 모임으로써 예(禮)에 합치하고 감(坎)으로써 돌아가니 혼인(婚姻)의 상(象)이다. 그 의미로써 본다면 태괘(泰卦)는 천지가 서로 교섭하는 것인데 지금 또 천기(天氣)와 지체(地體)가 서로 함께 뒤섞이니 사귀어 결혼하는 상(象)이다. 여러 주석가들이 『역』을 해석함에 있어서 모두 진(震)의 남자를 태(兌)의 여자의 배필로 삼았으나 그 배필이 될 수 없으니 인륜을 손상하고 도리를 어긋나게 한 것이 말할 수 없다. 태괘(泰卦)로부터 온 것은 옳지만 태(兌)의 입과 건(乾)의 옷은 혼인의 상이 아니다[歸妹者以兄而嫁妹也 卦自泰來 泰之時 父母俱存 震兄兌妹在其懷中 移之爲卦則 父母俱沒 震兄兌妹分體各立 於乎嫁之矣 兌女在内艮壻外至 嘉會以合禮 坎以歸之 婚姻之象也 以其義則泰者天地之交也 今又天氣地體互相交與 交媾之象也 諸家說易 皆以震男配于兌女 非其配也 傷倫悖理 不可說也 自泰來者 是也 然兌口乾衣 非婚姻之象也].
풍 (豐)	일중 견두 (日中 見斗)	우번 (虞翻) 전(箋)	간(艮)은 두(斗)가 되니 북두칠성이다[艮爲斗 斗七星也]. '일중(日中)'이라는 것은 이(離)의 자리에서도 중(中)에 해당한다. '두(斗)'라는 것은 북두사성(北斗四星)을 말한다. 괘는 태괘(泰卦)로부터 온 것이다. 태괘(泰卦)의 때에는 이(離)의 태양(太陽)이 그 형체가 정원이다. 추이하여 풍괘(豐卦)가 되면 태(兌)의 입이 해로 들어가니 가려져서 침식하게 된다. 태양(太陽)의 형체는 검은 음(陰)은 가운데 있으나 그 외곽은 오히려 밝으니 일식(日食)의 상(象)이다. 이것은 무슨 이유인가? 강(剛)이 가서 덮고 마침내 진(震)으로써 번성하니 '그 덮고 있는 것이 크다'고 한 것이다. 건(乾)의 하늘의 북쪽에 4개의 별이 쌓여 있으니 이것이 '북두(北斗)'이다. 이(離)로써 보면 별이 보이는 것이다. 본래 2효로부터 추이한 것으로 2효는 한 낮이 됨이니 '한낮에도 북두성을 보게 될 것이다'고 한 것이다[日中者離位當中也 斗者北斗四星也 卦自泰來 泰之時 離之太陽 其體正圓 移之爲豐 則兌口入日 翳然侵食 而太陽之體 黑陰在中 匡郭猶白 日食之象也 斯何故也 剛往爲蔽 遂以震蕃 豐其蔀也 乾天之北 四星磊落 是北斗也 離以見之 星之見也 本自二移 二爲日中 日中見斗也].

우번의 설은 명확하지 않다[虞氏之說 不明].

| 풍
(豐) | 일중
견매
(日中
見沬) | 구가
(九家)
전
(箋) | 크게 어두움을 '패매(沛沬)'라고 한다. 두표(斗杓) 뒤의 작은 별이다[大暗謂之沛沬 斗杓後小星也].
'매(沬)' 자는 본래 '매(昧)' 자로 써야 한다. 낮에 흙비가 내려 어두워졌으니 햇빛이 가려져 어둡게 된 것이다. 곤(坤)의 땅에 감(坎)의 비가 내리고 이(離)의 해가 어두워지니 흙비를 '매(昧)'라고 하는데 이것이 '어두워짐을 본다'는 것이다. 본래 이(離)의 가운데로부터 추이하여 진(震)이 되니 '한낮에 어두워지는 것을 본다'고 한 것이다[沬本作昧 土雨晝晦 日色晻昧也 坤土坎雨 離日晦黑 土雨曰昧 是見昧也 本自離中 移之爲震 日中見昧也]. | |

구가(九家)의 설은 명백하지 못하다[九家之說 不明白].

| 풍
(豐) | 천제상
(天際祥) | 전
(箋) | 지금 판본에 '상(祥)' 자는 '상(翔)' 자로 되어 있다[今本祥作翔].
손(巽)의 장인이 재주를 다하니 이(離)의 문체가 빛난다. 마치 꿩이 날아올라 위로 하늘의 자리에 다다른 듯하니 '하늘에까지 날아오른 모습이다'라고 한 것이다[巽工盡巧 離文煥然 如翬斯飛 上當天位 天際翔也]. | |

옳다[是也].

| 손
(巽) | 빈손
(頻巽) | 우번
(虞翻)
안(案) | '빈(頻)'은 콧마루이다[頻頞也].
'빈(頻)'이라는 것은 재촉한다는 뜻이다. 『시경(詩經)』에 "나라의 발걸음을 재촉하는구나!"라고 하였다[頻者蹙也 詩云國步斯頻]. | |
| | | 전(箋) | '빈(頻)'이라는 것은 발걸음을 재촉하지만 앞으로 나아가지 못하는 것이다. 환괘(渙卦)는 비괘(否卦)로부터 왔으며, 비괘(否卦)는 태괘(泰卦)로부터 교역(交易)된 것이다. 건(乾)의 강(剛)은 밖으로 나갔으나 적(敵)의 강(彊)이 와서 붙게 된다. 추이하여 환괘(渙卦)가 되면 강(剛)이 이에 발걸음을 재촉하여 마침내 밖으로부터 들어오니 이것이 '발걸음을 재촉하면서 들어간다'는 것이다[頻者足蹙而不前也 渙自否來 否以泰交 乾剛出外 敵彊來附 移之爲渙則剛乃頻蹙 遂自外入 是頻巽也]. | |

'빈(頻)이 콧마루이다'라는 것은 옳지 않다. '빈(頻)'은 재촉한다는 의미이다[頻顡者 非也 頻者蹙也].

손(巽)	전획삼품(田獲三品)	이정조(李鼎祚)	『곡양전(穀梁傳)』에 "사냥하여 삼품(三品)을 얻는데, 하나는 제사에 쓸 건두(乾豆)를 위한 것이고, 둘은 빈객을 위한 것이고, 셋은 군주 자신의 부엌을 채우기 위한 것이다"고 하였다. 『주역집해(周易集解)』에 "상살(上殺)은 심장을 맞히고 차살(次殺)은 넓적다리를 맞히고 하살(下殺)은 배를 맞힌다"고 하였다[穀梁傳曰田獲三品 一爲乾豆 二爲賓客 三爲充君之庖 注云上殺中心 次殺中髀骼 下殺中腹].	그 뜻이 충분하지 못하다[其義未允].
		안(案)	삼살(三殺)의 형태는 괘상(卦象)에서 보이지 않는다[三殺之形不見於卦象].	
		전(箋)	괘는 중부괘(中孚卦)로부터 왔다. 감(坎)의 활과 이(離)의 창과 손리(巽離)의 그물을 가지고 산속으로 가니 사냥하는 괘이다. 괘는 또한 둔괘(遯卦)로부터 왔으니 겸획(兼畫)의 손(巽)이 본래 일품(一品)이다. 추이하여 손괘(巽卦)가 되면 두 개의 손(巽)이 다시 보이니 또 이품(二品)이다. 합하여 삼품(三品)이 된다. 그 걸린 것을 잡으니 '사냥하여 삼품(三品)을 얻는다'라고 한 것이다[卦自中孚來 坎弓離戈 巽離之網以適山林 田獵之卦也 亦自遯來 兼畫之巽本一品也 移之爲巽 兩巽又見又二品也 合之爲三 獲 其所麗 田獲三品也].	

이정조의 설은 그 뜻이 괘상에서 보이지 않는다[鼎祚之說 其義不見於卦象].

손(巽)	선경삼일(先庚三日)	우번(虞翻)	5효가 움직여서 고괘(蠱卦)를 이루어지는데 건(乾)은 갑(甲)에서 이루어지고, 진(震)은 경(庚)에서 이루어지니 진(震)이 경(庚)이다[五動成蠱䷑ 乾成于甲 震成于庚 震庚也].
		안(案)	경(庚)은 서방인데 진(震)으로써 경(庚)을 삼는 것이 가능한가[庚者西方也 以震爲庚 可乎]?
		전(箋)	고괘(蠱卦)에는 본래 태(兌)가 있으니 태(兌)는 곧 경(庚)이 된다. 「설괘전」의 방위에 근거하면 '선경삼일(先庚三日)'이라는 것은 손(巽)을 말하고, '후경삼일(後庚三日)'이라는 것은 간(艮)을 말한다. 지금 태(兌)의 기뻐하는 말씀이 바로 한 괘의 가운데 근거하고 있으니 먼저 태(兌)에 앞서서 손(巽)이 있으며, 나중에 태(兌)의 뒤에 간(艮)이 있다. 이것

| | | | 이 이른바 '선경삼일(先庚三日) 후경삼일(後庚三日)'이라는 것이다[卦本有兌 兌則爲庚 據說卦方位 先庚三日者巽也 後庚三日者艮也 今也兌之說言 正據一卦之中 先於兌而爲巽 後於兌而爲艮 此所謂先庚三日後庚三日也]. | |

진(震)은 동방(東方)이기 때문에 '진(震)을 경(庚)으로 삼는 것'은 옳지 않다[震者東方也 故以震爲庚非也].

		우번(虞翻)	대장괘(大壯卦)의 5효가 3효로 간 것이다[大壯五之三也].	
태(兌)	이정(利貞)	안(案)	중부괘(中孚卦)를 말하지 않았다[中孚則不言].	
		전(箋)	괘(卦)는 대장괘(大壯卦)로부터 왔다. 유(柔)가 와서 이(離)를 이루어 즐겁게 만남으로써 예(禮)에 합하니 그 점(占)이 형통하다. 또 중부괘(中孚卦)로부터 왔다. 유(柔)가 가서 태(兌)를 이루어 마침내 감(坎)의 곧음을 이루니 일처리에 있어서 이로운 것이다. 태(兌)는 이로움이 된다[卦自大壯來 柔來成離 嘉會以合禮 其占亨也 又自中孚來 柔往成兌 遂成坎貞 利於事也 兌則爲利].	

괘가 대장괘(大壯卦)로부터 왔다는 것은 옳다[卦自大壯者 是也].

		우번(虞翻)	이것은 비괘(否卦)를 근본으로 한다[此本否卦].	
환(渙)	강래(剛來)	전(箋)	강(剛)이 밖으로부터 와서 마침내 감(坎)으로 통하니 '강(剛)이 와서 막히지 않는다'고 한 것이다[剛自外來 遂以坎通 剛來不窮也].	

옳다[是也].

		우번(虞翻)	감(坎)은 대추나무가 되고, 교유(矯輮)가 된다. 진(震)은 발이 된다. 간(艮)이 팔뚝이 되는 것은 안궤(案几)에 의지하는 상(象)에 근거한 것이다[坎爲棘 爲矯輮 震爲足 艮肱 據之憑机之象也].	
환(渙)	분기궤(奔其机)			

		전(箋)	'궤(机)' 자와 '궤(几)' 자는 통하니 희생을 자를 때 쓰는 안궤(案几)를 말한다. 감(坎)의 견고한 나무가 있어서 그 위에 곤(坤)의 고기를 담았으니 그 상(象)이 궤(机)이다. 간 (艮)의 종묘 아래에 곤(坤)의 소가 화살을 맞았는데 안궤가 이미 놓여 있으니 소가 지금 죽는 상황이다. 2효가 이미 효변하여 감(坎)의 강(剛)이 마침내 흩어지게 되면 곤(坤) 의 소가 다시 살아나서 손(巽)으로써 도망가게 되니 '그 궤를 헤치고 달아난다'고 한 것이다[机几通割牲之案也 坎 之堅木上受坤肉 其象机也 艮廟之下坤牛受射 几案已設 牛 今死矣 二之旣變坎剛遂渙 坤牛復生巽以遯之 渙奔其机也].

우번의 설은 충분하지 못하다[虞氏說 未允].

		우번 (虞翻)	태괘의 3효가 5효로 간 것이다[泰三之五].
절 (節)		전(箋)	우번(虞翻)이 말하길 "이 괘는 본래 태괘(泰卦)의 건(乾)의 구삼(九三)을 분리하여 곤(坤)의 5효로 상승시키고[3효가 5 효로 간 것이다] 곤(坤)의 육오(六五)를 분리하여 하괘(下 卦)의 건(乾)의 3효에 처하게 한 것이다[5효가 3효로 간 것 이다]"라고 하였다. 안(案)컨데 '구(九)'라고 말하고 '육 (六)'이라고 말한 것은 효변(爻變)를 모르기 때문이다[虞氏 曰此本泰卦 分乾九三 上升坤五(三之五) 分坤六五下處乾節 三(五之三) (案曰九日六不知爻變也)].

옳다[是也].

절 (節)	고절 (苦節)	간보 (干寶)	「단전」에 "괴로운 절개만으로는 일을 처리할 수 없다"고 일 컬은 것은 이 효(爻)를 가리킨다[彖稱苦節不可貞 指此爻也].
		전(箋)	중부괘(中孚卦)는 커다란 이(離)이다. 『서경』에 "불꽃이 위 로 올라가는 것은 쓴맛이 된다"고 하였으니 이것이 '괴로 운 절개'라는 것이다[中孚者大離也 炎上作苦 此苦節也].

옳다[是也].

| 중부
(中孚) | 돈어길
(豚魚吉) | 우번
(虞翻) | 간(艮)은 산이 되니 새끼 돼지가 거처하는 곳이다. 태(兌)는 연못이 되니 물고기가 있는 곳이다. '돈(豚)'이라는 것은 비천한 것이고 '어(魚)'라는 것은 그윽이 숨은 것이지만 중신(中信)의 도(道)가 모두 미친 것이다[艮爲山豚所處 兌爲澤魚所在 豚者卑賤 魚者幽隱 中信之道 皆及之矣]. |
| | | 전
(箋) | 안팎으로 가지런히 하고 깨끗하여 가운데 이(離)의 믿음이 있으니 제사(祭祀)의 괘이다. 괘는 대과괘(大過卦)로부터 교역(交易)된 것이다. 대과괘(大過卦)는 전체를 통틀어 감(坎)이 되니 이것이 '큰 돼지'가 된다. 하괘(下卦)는 손(巽)이고 상괘(上卦)도 손(巽)이니 또한 물고기의 상이 있다. 교역(交易)하여 중부괘(中孚卦)가 되면 물고기가 비록 옛날과 같지만 옛날의 돼지는 지금 작은 거세한 돼지가 되었으니 돼지가 작은 것을 '돈(豚)'이라고 한다. 제사에 올리는 것이 새끼 돼지와 물고기뿐이니 제물의 간소함이 이보다 더할 수 없다. 비록 대과(大過)의 때에는 정성과 믿음이 아직 미덥지 못할지라도 지금 커다란 이(離)의 정성으로 마음을 비우고 일을 처리하니 마음이 이미 믿음으로 가득하다. 비록 새끼 돼지와 물고기라도 또한 길할 것이다[內外齊潔 中以離孚 祭祀之卦也 卦以大過 交易 大過之卦 通體爲坎 是爲大豕 下巽上巽 亦有魚鱻 交而中孚 則魚雖如舊 昔之大豕 今爲小豶 豕小曰豚 祭之所薦 豚魚而已 牲羞之薄 莫此若也 雖然 大過之時 誠信未孚 今也 大離之誠 虛中以治 中旣孚矣 雖豚魚而亦吉]. |

우번의 설이 옳지 않다[虞氏說 非也].

| 중부
(中孚) | 명학
재음
(鳴鶴
在陰) | 우번
(虞翻) | 진(震)은 우는 것이 되고, 이(離)는 학이 되고, 감(坎)은 그믐밤이 된다. 학(鶴)은 한밤중을 안다[震爲鳴 離爲鶴 坎爲陰 夜鶴知夜半]. |
| | | 전
(箋) | 이(離)는 날아가는 새가 된다. 중부(中孚)라는 것은 커다란 새이다. 손(巽)은 깨끗함과 흰색이 되니 그 상(象)은 학(鶴)이다. 두 입이 서로 상대방을 향하고 두 개의 진(震)이 상대방을 대하고 우니 화답하면서 우는 상(象)이다. 그것이 효변(爻變)하여 익괘(益卦)가 되면 곤(坤)은 어미가 되어 어미 학이 우는 것이다. 태(兌)의 연못이 북쪽에 있는데 물의 남쪽이 그늘이 되니 '우는 학이 그늘에 있다'고 한 것이다[離爲飛鳥 中孚者大鳥也 巽爲潔白 其象鶴也 兩口相向 兩震對鳴 和鳴之象也 其變爲益 坤則爲母 母鶴之鳴也 兌澤在北 水南曰陰 鳴鶴在陰也]. |

우번의 성은 충분하지 못하다[虞氏之說 未允].

중부 (中孚)	유부 련여 (有孚 攣如)	우번 (虞翻) 전(箋)	손(巽)은 줄이고 간(艮)은 손이기 때문에 '연(攣)'이다[巽繩 艮手故攣]. '연(攣)'이라는 것은 팔이 굽은 것이다. 5효가 이미 효변 (爻變)하면 간(艮)의 팔뚝이 마침내 부러지니 그 상(象)이 부러짐이 된다. 하나의 팔이 비록 부러졌으나 하나의 팔 이 아직 온전하니 의지하여 손이 된다. 오른손과 왼손이 서로 도우니 '믿음이 있으니 손이 부러져도 다른 팔에 의 지한다'고 한 것이다[攣者手曲也 五之既變 艮肱遂折 其象 攣也 一肱雖折 一肱尙完 恃以爲手 左右相救 有孚攣如也].

우번의 설은 충분하지 못하다[虞氏說 未允].

중부 (中孚)	한음 (翰音)	우번 (虞翻) 전(箋)	손(巽)은 닭이 되고 진(震)은 소리가 되니 '한(翰)'은 높이 날아오른다는 뜻이다. 『예기』에 "희생으로 바치는 닭을 '한음(翰音)'이라 한다"고 했다[巽爲雞 震爲音 翰高也 禮 薦牲雞稱翰音]. 괘는 대과괘(大過卦)로부터 교역(交易)된 것이다. 대과괘 의 때에는 손(巽)의 닭이 아래에 있으니 교역하여 손(巽)의 닭이 올라간 것이다. 닭을 '한음(翰音)'이라고 한다[卦以大 過交易 大過之時 巽雞在下 交而易之 巽雞升矣 雞曰翰音].

손(巽)이 닭이 된다는 설은 옳다[巽雞說 是也].

소과 (小過)	비조 유지음 (飛鳥 遺之音)	우번 (虞翻) 전(箋)	진괘(晉卦)의 상효가 3효로 간 것이다. 이(離)가 떠나가 진 괘(晉卦)에 있다[晉上之三 離去晉在]. 이괘(頤卦)는 커다란 이(離)가 되니 이것은 '날아가는 새' 이다. 교역(交易)하여 지나가면 날아가는 새는 이미 떠나 버리고 진(震)의 소리만 오히려 남아 있으니 '남아 있는 소 리이다'라고 한 것이다[頤爲大離 是飛鳥也 交而過之 則飛鳥 既去 震聲猶止 遺之音也].

우번의 설은 옳지 않다[虞氏說 非也].

소과 (小過)	유비 조지상 (有飛 鳥之象)	송충 (宋衷)	두 개의 양(陽)이 안에 있으니 상하의 각각에 두 음에 날아오르는 새가 날개를 펴는 것과 비슷한 상(象)이 있다[二陽在內 上下各二陰 有似飛鳥舒翮之象].
		전(箋)	'상(象)'이라는 것은 모습이 비슷함이다. 가운데 두 개의 강(剛)은 배와 등과 비슷하고 상하의 네 개의 음은 두 날개를 밖으로 펼친 모습이니 날아오는 새의 상(象)이다[象者貌像也 中二剛似腹背 上下四陰雙翼 外張 飛鳥之象也].

송충(宋衷)의 설이 옳다[宋衷之說 是也].

기제(旣濟)		우번 (虞翻)	태괘(泰卦)의 5효가 2효로 간 것이다[泰五之二].
		후과 (侯果)	이 괘는 태괘(泰卦)를 근본으로 한다[此本泰卦].
		전(箋)	괘는 태괘(泰卦)로부터 왔다. 유(柔)가 아래로 내려가서 자리를 얻어 마침내 좋은 날을 만나니 그 점(占)이 형통하다[卦自泰來 柔降得位 遂以嘉會 其占亨也].

옳다[是也].

기제 (旣濟)	부상 기불 (婦喪 其茀)	우번 (虞翻)	불발(茀髮)을 빈발(鬢髮)이라고 한다. 감(坎)은 먹구름이 되기 때문에 '발(髮)'이라고 칭한 것이다. 속설(俗說)에는 부인이 무릎을 가리는 것을 '불(茀)'이라고 생각하는데 옳지 못하다[茀髮謂鬢髮也 坎爲玄雲故稱髮 俗說以爲婦人蔽膝之茀 非也].
		전(箋)	'불(茀)'이라는 것은 수레의 뒤에 있는 가리개이다. 괘에는 감(坎)과 이(離)가 있는데 이(離)는 그 부인이다. 태괘(泰卦)의 때에는 곤괘(坤卦)의 수레 뒤에 있는 진(震)의 대나무가 가리개가 되니 그 상(象)이 수레의 뒤쪽에 있는 가리개이다. 추이하여 기제괘(旣濟卦)로 가면 도적이 그 가리개를 훔쳐 감에 이(離)의 얼굴이 이내 드러나니 '부인이 그 가리개를 잃는다'고 한 것이다[茀者車之後蔽也 卦有坎離 離其婦也 泰之時 坤輿之後 震竹爲蔽 其象茀也 移之旣濟則盜竊其茀 離乃露面 婦喪其茀也].

불발(茀髮)은 옳지 못하다. '불(茀)'이라는 것은 수레 뒤의 가리개를 말한다[茀髮 非也 茀者車之後蔽也].

기제 (旣濟)	벌귀방 (伐鬼方)	우번 (虞翻) 전(箋)	곤(坤)은 귀방(鬼方)이 된다. 건(乾)의 3효가 곤(坤)의 5효로 가기 때문에 '귀방(鬼方)을 정벌한다'고 하였다[坤爲鬼方 乾三之坤五 故伐鬼方]. 관괘(觀卦)에는 커다란 간(艮)이 북쪽에 있는데 그 이름이 귀(鬼)가 되니 귀방(鬼方)의 나라이다. 추이하여 준괘(屯卦)가 되면 강(剛)이 이내 북쪽으로 정벌하니 '귀방(鬼方)을 정벌한다'고 한 것이다. 감(坎)의 죄악을 진(震)으로 성토하니 죄를 성토하는 것을 '벌(伐)'이라고 한다[觀則大艮在北 其名爲鬼 鬼方之國也 移之爲屯則剛乃北征 伐鬼方也 坎之罪惡 震以聲之 聲罪曰伐也].

'곤(坤)은 귀방(鬼方)이 되다'는 것은 옳지 못하다. 커다란 간(艮)이 북쪽에 있는 것이 귀방(鬼方)의 상(象)이다[坤爲鬼方 非也 大艮在北 鬼方之象也].

기제 (旣濟)	동린 살우 (東隣 殺牛)	우번 (虞翻) 전(箋)	태괘(泰卦)에서 진(震)은 동쪽이 되고 태(兌)는 서쪽이 되고 곤(坤)이 소가 된다[泰震爲東 兌爲西 坤爲牛]. 명이괘(明夷卦)는 소과괘(小過卦)로부터 왔는데, 진(震)이라는 것은 동린(東鄰)이다. 또한 명이괘(明夷卦)는 임괘(臨卦)로부터 왔는데, 태(兌)라는 것은 서린(西鄰)이다. 커다란 감(坎)의 화살로 곤(坤)의 희생을 죽이니 '동쪽 이웃에서 소를 잡는다'고 한 것이다[明夷自小過來 震者東隣也 亦自臨來 兌者西鄰也 大坎之矢 寔殺坤牲 東隣殺牛也].

우번의 설이 옳다[虞氏之說 是也].

미제 (未濟)		우번 (虞翻) 전(箋)	비괘(否卦)의 2효가 5효로 간 것이다. 간(艮)은 꼬리가 된다[否二之五 艮爲尾]. 위로 타오르는 것이 위에 있고, 아래로 젖어드는 것이 아래에 있다. 태양은 만물을 따뜻하게 하지 못하고 비구름은 위로 올라가지 못해서 사물이 서로 교섭하지 못하고 만물이 흥기하지 못하니 미제(未濟)가 된 이유이다[炎上者在上 潤下者在下 太陽不煦 雲雨不騰 物不相涉 萬化不興 所以爲未濟也].

우번의 설은 무슨 말인지 모르겠다[虞氏說 未知何說].

		육적 (陸績)	이것은 삼재의 지극한 도(道)이다. 초효와 4효는 아래의 극이고 2효와 5효는 가운데의 극이고 3효와 상효는 위의 극이다[此三才極至之道也 初四下極 二五中極 三上上極也].	
계사전 (繫辭傳)	삼극 (三極)	안 (案)	삼극(三極)에 대해서는 올바른 해석이 없으니 또한 궐의(闕疑)에 해당한다[三極無正解 且當闕疑].	

육적의 설은 옳지 않다. 본래 정해진 설이 없다[陸績之說 非也 本無定論].

		우번 (虞翻)	2효가 변하면 5효가 와서 응(應)한다는 말이다. 괘체(卦體)는 익괘(益卦)이다. 곤괘(坤卦)의 수는 10이고 진(震)은 100리가 되니 10의 1,000리이다. 밖은 진(震)과 손(巽)이 되니 같은 소리가 서로 응하기 때문에 1,000리의 밖에서 응(應)한다. 가까움은 곤(坤)이 되고 곤(坤)은 순함이 되어 2효가 변하면 초효를 따르는데 하물며 가까운데 있어서랴[謂二變則五來應之 體益卦 坤數十 震爲百里 十之千里也 外爲震巽 同聲者相應 故千里之外應之 邇爲坤 坤爲順 二變順初故 況其邇者乎]!	이 풀이는 지극히 옳다[此解極是].
천리 지외 응지 (千里 之外 應之)		안(案)	진실로 결정정미(潔靜精微)한 『역』의 가르침을 말한다. 지금 다시 어두워졌으니 어째서인가[眞所謂潔靜精微易敎也 今復晦味 何哉]?	

옳다[是也].

		우번 (虞翻)	초효가 변하여 괘체(卦體)가 박괘(剝卦)가 되면 아버지를 시해하고 군주를 시해한다는 말이다. 두 개의 양이 살찌면서 은둔한다면 곤(坤)이 어기고 5효를 받들기 때문에 천리의 밖에서 어기는데 하물며 가까운데 있어서랴[謂初變體剝弑父弑君 二陽肥遯 則坤違之而承於五 故千里之外違之 況其邇者乎]!	이 해석은 옳지 않다[此解非也].
천리 지외 위지 (千里 之外 違之)				

	안(案)	초효가 변하여 괘체(卦體)가 박괘(剝卦)가 된다는 것은 중부괘(中孚卦)의 호체(互體)이다. 실(實)은 이괘(頤卦)가 되고 이괘(頤卦)의 초효가 변하여 그 괘체(卦體)가 박괘(剝卦)가 된다. 박괘(剝卦)는 은둔하여 나아가기 때문에 마침내 양이 은둔한다고 말한 것이다. 천착(穿鑿)한 것이 이와 같은데 그 누가 그것을 믿겠는가? 이것은 왕필이 흥기한 까닭이다[初變體剝者中孚之互 實爲頤卦 頤之初變 其體剝也 剝由遯進故遂云陽遯 穿鑿如此 其誰信之 此王弼之所以起也].

우번의 설은 옳지 않다[虞氏說 非也].

추기 (樞機)	순상 (荀爽)	간(艮)은 문(門)이 되기 때문에 추(樞)가 되고 진(震)은 움직임이 되기 때문에 기(機)가 된다[艮爲門故曰樞 震爲動故曰機].
	전(箋)	간(艮)의 문이 열리고 닫히는 것이다[艮門開閉].

옳다[是也].

기취 여난 (其臭 如蘭)	우번 (虞翻)	손(巽)은 난초가 된다[巽爲蘭].
	전(箋)	본래 진(震)의 풀인데 손(巽)의 향기와 섞이니 그 상(象)이 난초이다. 손(巽)은 냄새가 되기 때문에 '그 냄새가 난초와 같다'고 한 것이다[本以震草 雜以巽芳 其象蘭也 巽則爲臭 其臭如蘭也].

'손(巽)이 난초가 된다'는 것은 옳지 않다. 진(震)이 풀이고 손(巽)이 향기이기 때문에 그 상(象)이 난초이다[巽爲蘭 非也 震草巽芳 其象蘭也].

시괘전 (蓍卦傳)	대연 지수 오십 (大衍 之數 五十)	간보 (干寶) 최경 (崔憬) 안(案)	연(衍)은 합(合)이다[衍合也]. 간(艮)은 소양(少陽)이 되고 그 수는 3이다. 감(坎)은 중양(中陽)이 되고 그 수는 5이다. 진(震)은 장양(長陽)이 되고 그 수는 7이다. 건(乾)은 노양(老陽)이 되고 그 수는 9이다. 태(兌)는 소음(少陰)이 되고 그 수는 2이다. 이(離)는 중음(中陰)이 되고 그 수는 10이다. 손(巽)은 장음(長陰)이 되고 그 수가 8이다. 곤(坤)은 노음(老陰)이 되고 그 수는 6이다. 8괘의 수를 모두 합하면 50이기 때문에 대연의 수가 50이라고 한 것이다. 천수(天數) 1과 지수(地數) 4를 취하지 않은 것은 이 8괘를 제외하고 대연(大衍)과 무관하기 때문이다[艮爲小陽 其數三 坎爲中陽 其數五 震爲長陽 其數七 乾爲老陽 其數九 兌爲少陰 其數二 離爲中陰 其數十 巽爲長陰 其數八 坤爲老陰 其數六 八卦之數 摠有五十也 故云大衍之數五十也 不取天數一地數四者 此八卦之外 大衍所不管也]. 노양이 9이고 소양이 7이고 노음이 6이고 소음이 8이라는 것은 거짓으로 가공된 것이고 말할 수 없다. 시괘(蓍卦)의 수(數)는 3을 천수(天數)로 하고 2를 지수(地數)로 삼는다. 그러므로 3번에 설시(揲蓍)하여 하나의 획을 만들 때, 처음에 기수(奇數)를 얻고 다시 우수(偶數)를 얻으면 소양(少陽) 7이 되고, 처음에 우수(偶數)를 얻고 다시 기수(奇數)를 얻으면 소음(少陰) 8이 된다. 세 번 설시하여 모두 기수(奇數)이면 노양 9이고 세 번 설시하여 모두 우수(偶數)이면 노음 6이 된다. 지금 세 아들과 세 딸로써 장소음양(長少陰陽)을 일컬으니 이미 헤아릴 수 없는 말인데 하물며 노소(老小)의 밖에 있어서랴! 외람되게 장양(長陽)과 중양(中陽)이라는 이름을 더하여 7이라고 하고 5라고 하여 수(數)로써 억지로 배당하니 어찌 그릇되지 않겠는가? 대연(大衍)의 괘가 50이기 때문에 대연(大衍)의 수가 50이라고 한 것이다. 나머지는 모두 억지로 해석한 것이니 의지할 것이 못 된다[老陽九少陽七老陰六少陰八 非可懸空說 蓍卦之數 參天兩地 故一畫三揲之時 一得奇 再得偶者 爲少陽七 一得偶 再得奇者 爲少陰八 三揲皆奇 爲老陽九 三揲皆偶者 爲老陰六 今以三子三女 稱之以長少陰陽 已是無稽之言 況於老少之外 猥加之以長陽中陽之名 曰七曰五 强配以數 豈不謬哉 大衍之卦五十 故曰大衍之數五十 餘皆强解 不可憑也]. '대연(大衍)'이라는 것은 연괘(衍卦)를 말한다. 64괘 가운데 12벽괘는 4계절에 해당하고 중부괘(中孚卦)와 소과괘(小過卦)는 두 번의 윤달에 해당하는데 나머지 50개의 괘를 주나라 사람들이 연괘(衍卦)라고 말한 것이다. 아마도 '이 50개의 괘는 모두 14괘에서 변화된 것으로 (14개의 괘를) 펼쳐서 괘를 만들었다'는 말인 듯하다. 그러므로 '대연	이 뜻은 옳지 않다[此義非也].

'대연(大衍)'이라고 말한 것이지 50괘 이외에 별도로 이른바 '대연(大衍)'이라는 것이 존재하는 것은 아니다[大衍者衍卦之謂也 六十四卦之中 十二辟卦配之於四時 中孚小過配之於再閏 餘五十卦周人謂之大衍 蓋謂此五十卦者皆受變於十四卦而衍之爲卦也 故曰大衍 非五十卦之外 別有所謂大衍者存焉].

간보(干寶)와 최경(崔憬)의 논의는 옳지 않다[干寶 崔憬之論 非也].

기용 사십 유구 (其用 四十 有九)	최경 (崔憬)	49라는 것은 장양(長陽)인 7에 7을 곱한 수를 본받은 것이다. 설시는 둥글고 신묘하여 하늘을 상징하고 괘는 방정하고 지혜로워서 땅을 상징하니 음양이 나누어진다. 하나를 버리고 쓰지 않는 것은 태극을 상징하여 비우고 사용하지 않는 것이다[四十有九者 法長陽七七之數焉 著圓而神象天 卦方而智象地 陰陽之別也 捨一不用者以象太極虛而不用也].	최경은 충분하지 않다[崔說未允]. 이정조의 설은 더욱 이해할 수 없다[李說尤不可解].
	이정조 (李鼎祚)	'그 쓰는 것이 49'라는 것은 곧 1을 덜어서 5와 나란히 하여 6효의 위(位)를 가설한 것이니 시초와 괘 둘을 겸하여 마침내 천지(天地)의 수(數) 55를 다한 것이다[其用四十有九者 更減一以倂五 備設六爻之位 著卦兩兼 終極天地五十五之數也].	
	안(案)	태극(太極)은 50 전체를 포함하니 그 하나의 책수를 뽑아 태극에 배당할 수 없다[太極包五十全體 不可抽其一策以當太極].	
	전(箋)	'그 쓰는 것이 49'라는 것은 "시초(著草)의 덕(德)은 둥글어 신묘하다"는 것과 관계되는데, 7에 7을 곱한 49는 둥글어서 나뉘지 않으니 반으로 나눌 수도 없고 4로 쪼갤 수도 없고, 6으로 풀 수도 없고, 8로 자를 수도 없고, 10으로 가를 수도 없으며, 또한 3등분이나 5등분할 수 없다. 그러므로 특별히 이 49라는 숫자로써 시책을 운용하는 수(數)로 삼은 것이다. 그러나 그 체수(體數)는 50이다. 50개 가운데 임의로 그 하나를 뽑아 제외하고 수(數)가 일어나는 근본을 삼은 것이니 50개의 책수는 전부 사용되지 않은 것이 아니다[其用四十九者 著之德 圓以神 七七 四十九 圓而不方 無以半分 無以四破 無以六解 無以八劈 無以十析 亦無以三分五破 故特以是爲著筴之用數也 然其體數則五十也 五十之中任抽其一除之爲起數之本 則五十之策未嘗不全用也].	

이해할 수 없다[不可解].

괘명 (卦名)	원문 (原文)	한역 (漢易)	해설(解說)	평정(評定)
이편 지책 (二篇 之策)		후과 (侯果)	64괘에서 양효는 192개인데 매 효는 36책이니 합하면 6,912책이며, 음효 또한 192개인데 매 효는 24책이니 합하면 4,608이다. 두 책수를 합하면 11,520이니 만물의 수(數)에 해당한다[六十四卦 陽爻一百九十二 每爻三十六策 合六千九百十二策 陰爻亦一百九十二 每爻二十四策 合四千六百八策 則二篇之策 合萬一千五百二十 當萬物之數也].	이것은 올바른 이론이다[此正義也].
		안(案)	9와 6을 해석한 것이 이미 이와 같으니 7과 8을 해석하는 것 또한 그 수(數)가 같다[解以九六旣如此 解以七八 亦其數同也].	
		전(箋)	64괘에서 그 양획(陽畫)은 192개인데 모두 노양(老陽)의 9로써 그것에 4를 곱하면 매 획이 각각 36의 책수를 얻고 이것을 모두 합하면 6,912개의 책수가 된다. 그 음획(陰畫) 또한 192개인데 모두 노음의 6으로서 그것에 4를 곱하면 매 획이 각각 24개의 책수를 얻고 이것을 모두 합하면 4,608개의 책수가 된다. 음효와 양효가 얻은 것을 합하면 그 책수는 11,520개가 되니 모두 하나의 효의 변화를 구하기 위한 것이다[六十四卦 其陽畫一百九十二 皆以老陽之九而乘之以四 則每一畫得三十六策 合之爲六千九百一十二策也 其陰畫 亦一百九十二 皆以老陰之六 而乘之以四 則每一畫 得二十四策 合之爲四千六百八策也 通計陰陽爻之所得 則其策 爲萬一千五百二十 皆所以求一爻之變者也].	

후과(侯果)의 설은 옳다[侯果之說 是也].

		왕필 (王弼)	왕필본(王弼本)에는 '향(響)' 자를 '향(嚮)' 자로 썼다[王弼本響作嚮].	
여향 (如響)		전(箋)	하늘의 명을 받드는 것이 메아리가 울리듯 하여['향(響)' 자와 '향(嚮)'은 통한다] 감히 태만히 함이 없는데도 하늘의 도움을 받지 못함이 있겠는가[受命如嚮(響嚮通) 無敢怠慢 猶有不受天之祐乎?]	

왕필의 설은 옳지 않다[王弼說 非也].

		우번 (虞翻)	태극(太極)은 태을(太乙)이다. 나누어져 천지(天地)가 되기 때문에 양의(兩儀)를 낳는다. 사상(四象)은 사시(四時)이다[太極太乙也 分爲天地 故生兩儀也 四象四時也].	
역유 태극 (易有 太極)		안(案)	태극(太極)과 양의(兩儀)와 사상(四象)은 모두 설시의 명칭이다. 태극(太極)은 태일(太一)의 형(形)이고, 양의(兩儀)는 양합(兩合)의 의(儀)이고 사상(四象)은 사시(四時)의 상(象)이다. 우번이 바로 천지(天地)로써 양의(兩儀)를 삼고 사시(四時)로써 사상(四象)을 삼는 것은 옳지 않다. '의(儀)'라는 것은 의지하여 모방하는 것이고, '상(象)'이라는 것은 형상을 모사한 것인데 어찌 실체(實體)라고 말할 수 있겠는가[太極兩儀四象 皆撲著之名 太極者太一之形 兩儀者兩合之儀 四象者四時之象 虞氏直以天地爲兩儀 四時爲四象 非矣 儀者依倣也 象者摸狀也 豈實體之謂乎]?	
		전(箋)	태극이라는 것은 50책수가 나누어지지 않은 것이다. …태극(太極)이라는 것은 64괘가 혼륜하게 분별이 없는 것이다. 극(極)이란 옥극(屋極)의 뜻인데 옥극(屋極)이란 옥척(屋脊)이다. 하나의 용마루가 척척가 되고, 여러 서까래가 여기서 나누어져 나온다. 또한 마치 대연(大衍)의 책(策)이 극(極)이 되고 양의(兩儀)와 사상(四象)이 모두 여기에서부터 나누어져 나오는 것과 같다[太極者五十策之未分者也…太極者六十四卦之渾淪無別者也…極也者屋極之義 屋極者屋脊也 一棟爲之脊而衆桷分出 亦猶大衍之策爲之極而兩儀四象 皆於是乎分出也].	

태극(太極)이라는 것은 태을(太乙)이 아니다. 태극은 50책수가 나누어지지 않은 것이다[太極者非太乙也 太極者五十策之未分者也].

		정현 (鄭玄)	『춘추위(春秋緯)』에 말하길 "황하(黃河)에서는 건(乾)에 통하여 천포(天苞)를 내고 낙수(落水)에서는 곤(坤)에 흘러 지부(地符)를 토해 내었다"고 하였다. 황하에서는 용의 그림이 일어나고 낙수에서는 거북의 글씨가 이루었다. 하도(河圖)에는 9편이 있고, 낙서(洛書)에는 6편이 있다[春秋緯云河以通乾出天苞 洛以流坤吐地符 河龍圖發 洛龜書成 河圖有九篇 洛書有六篇也].	
하출 도낙 출서 (河出 圖落 出書)		공안국 (孔安國)	하도는 팔괘(八卦)를 말하고 낙서는 구주(九疇)를 말한다[河圖則八卦也 洛書則九疇也].	후과의 설이 옳다 [侯說 是也].
		후과 (侯果)	성인이 하도와 낙서를 본받아 역상(易象)을 만들어 천하에 제시하였다[聖人法河圖洛書 制易象以示天下也].	
		안(案)	하도와 낙서는 모두 역상(易象)의 근본인데 후세에 별도로 낙서를 홍범(洪範)의 근본으로 여겼으니 근거할 바가 없다[河洛皆易象之本 後世別以洛書爲洪範之本 無攸據也].	

정현의 설은 옳지 않으며, 공안국의 설 또한 옳지 않다[鄭說 非也 孔安國說 亦非也].

복우 승마 (服牛 乘馬)	우번 (虞翻)	비괘(否卦)의 상효가 초효로 간 것이다. 곤(坤)의 초효가 상효로 간 것이 '무거운 것을 끌어오는 것'이 되고 건(乾)의 상효가 초효로 간 것이 '멀리까지 이름'이 된다[否上之初也 坤初之上 爲引重 乾上之初 爲致遠].	
	안(案)	무거운 것을 끌어와 멀리까지 이른다는 것은 서로 교환한다는 것과 같은 말이다[引重致遠似相換說].	
	전(箋)	수괘(隨卦)는 비괘(否卦)로부터 왔다. 곤(坤)의 소의 뒤에 새로운 진(震)의 수레를 메우니 이것이 '소에 수레를 매단다'는 것이다. 건(乾)의 말 위에 바야흐로 곤(坤)의 백성을 실으니 이 '말을 탄다'는 것이다. 사물 가운데 곤(坤)의 흙보다 무거운 것이 없는데 그것을 끌어다 상두(上頭)에 이르게 하니 이것이 '무거운 것을 끌어오는 것'이다. 길은 국경보다 먼 곳이 없는데 그곳에까지 도달하여 나라 안으로 오니 이것이 '멀리까지 도달한다'는 것이다[卦自否來 坤牛之後新駕震車 是服牛也 乾馬之上爰載坤民 是乘馬也 物莫重於坤土而引之至於上頭 此引重也 道莫遠於境外而致之來於國內 此致遠也※].	

옳다[是也].5)

중문 격탁 (重門 擊柝)	구가 (九家)	하괘(下卦)에 간(艮)의 상이 있는데 밖으로부터 보면 진(震)이 다시 간(艮)이 되어 두 개의 간(艮)이 대합(對合)하니 중문(重門)의 상이다[下有艮象 從外示之 震復爲艮 兩艮 對合 重門之象也].	
	안(案)	박괘(剝卦)는 외문이고 예괘(豫卦)는 내문을 만드니 이것이 중문(重門)이다[剝是外門 豫作內門 是重門也].	
	전(箋)	예괘(豫卦)는 박괘(剝卦)로부터 왔다. 박괘(剝卦)의 때에는 간(艮)의 성문(城門)이 곤(坤)의 읍(邑) 바깥에 있으니 이것은 단지 외문(外門)일 따름이다. 추이하여 예괘(豫卦)가 되면 간(艮)의 성문이 곤(坤)의 읍에 가까워지니 이것은 '문을 거듭 설치한 것'이다. 진(震)의 나무는 '두(斗)'가 되는데 그 덕(德)이 또한 소리를 잘 내는 것이니 딱따기의 상이다. 이에 간(艮)의 손으로 그 곤(坤)의 자루를 잡고 이어 간(艮)의 문(門) 위에서 두드리니 중문(重門)의 딱따기이다 [卦自剝來 剝之時 艮城之門最在坤邑之外 此只是外門也 移之爲豫則艮城之門密邇坤邑 此重門也 震木爲斗 其德善鳴 柝之象也 爰以艮手操其坤柄 于以擊之艮門之上 重門之柝也].	

※ [편집자 주] 강조체로 된 원문은 필사본의 내용이며, 영인본의 내용은 아래와 같다. "物莫重於乾金而引之至於國內 此引重也 道莫遠於境外而致之至於最外 此致遠也"『周易四箋』卷8, Ⅱ~46, 10쪽(10-109~110) 참조.

옳다[是也].

		우번 (虞翻)	무망괘(无妄卦)는 양역(兩易)이다. 무망괘(无妄卦)는 건(乾)이 위에 있기 때문에 상고(上古)라고 칭한다[無妄兩易也 无妄乾在故稱上古].
상고 혈거 (上古 穴居)		안(案)	양역(兩易)이라는 것은 교역(交易)을 말한다. 벽괘(辟卦)에는 소종래(所從來)가 없기 때문에 대부분 교역(交易)과 반역(反易)의 상(象)을 취한다. 그러나 건(乾)으로서 상고(上古)로 삼는 것은 아마도 반드시 그렇지 않을 것 같다[兩易者交易之謂也 辟卦無所從來 故多取交易反易之象 然以乾爲上古 恐未必然].
		전(箋)	대장괘(大壯卦)는 둔괘(遯卦)를 반역(反易)한 것이다. 둔괘(遯卦)의 때에는 혹 간(艮)의 산의 동굴에 손(巽)으로 들어가 엎드리거나 혹 간(艮)의 읍(邑)의 밖에 건(乾)의 사람들이 노처(露處)하니 이것이 '동굴에 살고 들판에 거처한다'는 것이다[卦以遯反 遯之時 或於艮山之穴 巽入以伏 或於艮邑之外 乾人露處 此穴居而野處也].

건(乾)으로써 상고(上古)를 삼는 것은 아마도 반드시 그렇지 않은 것 같다[以乾爲上古 恐未必然].

		우번 (虞翻)	중부괘(中孚卦)의 상하(上下)의 상(象)은 바뀌었다. 본래 건(乾)의 상(象)이 없기 때문에 상고(上古)라고 말하지 않은 것이다[中孚上下象易也 本無乾象 故不言上古].
고지 장자 (古之 葬者)		안(案)	대과괘(大過卦)는 벽괘(辟卦)가 아니니 반드시 교역(交易)의 상을 취할 필요가 없다[大過非辟卦 不必取交易象].
		전(箋)	대과괘(大過卦)는 둔괘(遯卦)로부터 왔다. 둔괘(遯卦)의 때에는 건(乾)의 사람과 간(艮)의 죽음이다[卦自遯來 遯之時 乾人艮死].

중부괘(中孚卦)의 교역(交易)은 대과괘(大過卦)이니 대과괘(大過卦)는 벽괘(辟卦)가 아니다[中孚交易 大過也 大過非辟卦].

상고 결승 (上古 結繩)	우번 (虞翻)	이괘(履卦)의 상하(上下)의 상(象)이 바뀌었다. 건(乾)의 상(象)이 위에 있기 때문에 다시 상고(上古)라고 말한 것이다[履上下象易也 乾象在上故復言上古].	
	안(案)	말한 것이 비록 반드시 이치에 합당하지 않을지라도 모두 전괘(前卦)로써 고(古)를 삼은 것 같다[所言雖未必合理 猶皆以前卦爲古].	
	전(箋)	쾌괘(夬卦)는 구괘(姤卦)의 반역(反易)이다. 구괘(姤卦)의 때에는 하괘(下卦)의 손(巽)이 줄이 되는데 나아가서 둔괘(遯卦)가 되고 또 나아가서 비괘(否卦)가 되고 관괘(觀卦)가 됨에 매번 하나의 줄을 얻어 간(艮)의 손으로써 묶으니 이것이 '줄을 묶는 방법으로 다스린다'는 것이다[夬者姤之反也 姤之時 下巽爲繩 進而爲遯 又進而爲否爲觀 每得一繩以艮手而拘結之 此結繩而治也].	

상고(上古)에 대한 설 또한 반드시 그러한 것은 아니다[上古說 亦未必然].

척확 (尺蠖)	이정조 (李鼎祚)	확(蠖)은 굽혔다가 나아가는 곤충이다. 곽박(郭璞)은 '낭취(蜋蚰就: 사마귀)'라고 하였다[蠖屈行蟲 郭璞云蜋蚰就也].	

옳다[是也].

중효 (中爻)	최경 (崔憬)	위에서 이미 초효와 상효 두 개의 효를 갖추어 논의했으면 다음에 또 그 네 효를 밝힌다[上旣具論初上二爻 次又以明其四爻也].	
	이정조 (李鼎祚)	공영달 주소는 왕필의 뜻에 도움을 받아 이 중효(中爻)를 2효와 5효로 여겼는데 반드시 그러한 것은 아니다. 위에서 초효와 상효 두 개의 효를 논의한다면 이 중효(中爻)는 네 효를 모두 말하고, 아래에서 2효와 4효와 3효와 5효를 논의한다면 이것은 그 공위(功位)를 거듭 기술한 것이다[孔疏扶王弼義 以此中爻爲二五之爻 必不然矣 上論初上二爻則 此中總言四爻矣 下論二四三五 則是重述其功位者也].	최경의 설이 옳다.
	안(案)	「계사전」에 상효에 대해 말하길 "초효는 알기 어렵고 상효는 알기 쉽다. 초효의 말은 모의하고 끝마쳐 종(終)을 이룬다. 끝효는 결과를 이룬다"고 하였다[上爻云其初難知 其上易知 初辭擬之 卒成之終].	

이정조의 설은 난해하다[李氏說 難解矣].

| 인모
귀모
(人謀
鬼謀) | 주앙지
(朱仰之) | 인모(人謀)는 경사(卿士)에게 물어보는 것이고, 귀모(鬼謀)는 복서(卜筮)에 물어보는 것이다. 인모(人謀)가 백성에게 미치기 때문에 '백성이 그 능력을 함께한다'고 하였다[人謀謀及卿士 鬼謀謀及卜筮也 人謀及庶民 故曰百姓與能也]. | |

주앙지(朱仰之)의 설은 옳다[朱氏說 是也].

설괘전 (說卦傳)	수화 불상역 (水火 不相射)	이정조 (李鼎祚) 안(案)	역(射)은 싫어함이다[射厭也].	
			그 성질은 서로 반대인데 오히려 서로 싫어하지 않는다[其性相反 猶不相厭也].	
		전(箋)	불기운이 땅속으로 감에 거기에 온천이 있게 되고, 물이 불기운을 받아 초목을 기르니 이것이 '물과 불은 서로 싫어하지 않는다'는 것이다[火行地中 厥有溫泉 水受火氣 乃長草木 是水火不相斁也].	

옳다[是也].

| 수왕
자순
(數往
者順) | 이정조
(李鼎祚) | 건괘(乾卦)가 소멸할 때 오(午)로부터 해(亥)에 이르기까지 위로부터 아래로 하기 때문에 '순(順)'이라는 말이다[謂乾消 從午至亥 上下故順也]. | |

옳다[是也].

| 지래
자역
(知來
者逆) | 이정조
(李鼎祚)
안(案) | 건괘(乾卦)가 성장할 때 자(子)로부터 사(巳)에 이르기까지 상하가 '역(逆)'이라고 여겼다[謂乾息 從子至巳 上下故逆也]. 12괘 소식의 형태는 피차가 서로 닮아서 저것으로써 '순(順)'을 삼고 이것으로써 '역(逆)'을 삼으니 이치에 부합하지 않는 것 같다. 지나간 것을 헤아림은 순(順)이라는 이것은 대거(對擧)하여 말한 것이지 역가(易家)가 알 수 있는 것이 아니다[十二卦消息之形 彼此酷肖 以彼爲順 以此爲逆 恐不合理 數往者順 此是對擧說 非易家之所知也]. |
| | 전(箋) | 초효로부터 헤아려 6효를 위로 삼으니 이것이 '역수(逆數)'이다. 구괘(姤卦)로부터 곤괘(坤卦)에 이르기까지 복괘(復卦)로부터 건괘(乾卦)에 이르기까지 그 음양의 소멸과 성장이 매번 아래에서 위로 이르니 또 역수(逆數)이다[自初數之 以六爲上 此逆數也 自姤至坤 自復至乾 其陰陽消長 每自下達上 亦逆數也]. |

순역(順逆)이라는 것은 대거(對擧)하여 말한 것이다[順逆者 對擧說也].

| 제출
호진
제호손
(帝出
乎震
齊乎巽) | 최경
(崔憬) | 제(帝)라는 것은 하늘의 왕성한 기운이다. 춘분(春分)에 이르면 진(震)이 왕성하여 만물이 나와 서고, 여름이 생하면 손(巽)이 왕성하여 만물이 가지런하고 하지(夏至)가 되면 이(離)가 왕성하여 모두 서로 만난다. 가을이 서면 곤(坤)이 왕성하여 만물이 다 길러진다. 추분(秋分)이 되면 태(兌)가 왕성하여 만물이 기뻐하는 바이다. 겨울이 서면 건(乾)이 왕성하여 음양이 서로 부딪치고 동지(冬至)가 되면 감(坎)이 왕성하여 만물이 돌아가는 곳이다. 봄이 서면 간(艮)이 왕성하여 만물이 끝나면서 시작하는 곳이다[帝者天之王氣也 至春分則震王而萬物出立生 夏則巽王而萬物繫齊 夏至則離王而皆相見也 立秋則坤王而萬物致養 秋分則兌王而萬物所說 立冬則乾王而陰陽相薄 冬至則坎王而萬物所歸也 立春則艮王而萬物之所成始成終也]. |
| | 안(案) | 사정(四正)은 분(分)과 지(至)가 되고 사우(四隅)는 계(啓)와 폐(閉)가 되니 이것이 곧 옳다[四正爲分至 四隅爲啓閉 斯則是矣]. |

사시시종(四時始終)의 설은 옳다[四時始終說 是也].

진일색 (震一索)	공영달 (孔穎達)	색(索)은 구한다는 뜻이다. 건곤은 부모가 되어 그 자식을 구하는 것이다[索求也 乾坤爲父母而求其子].	

옳다[是也].

위포 (爲布)	최경 (崔憬)	치양(致養)을 만물에 두루 펴기 때문에 곤(坤)이 포(布)가 된다[徧布萬物於致養 故坤爲布].	

'곤(坤)이 포(布)가 된다'는 설은 옳다[坤布說 是也].

선발 (宣髮)	우번 (虞翻)	머리가 하얗기 때문에 선발(宣髮)이다. 마군(馬君)은 선(宣)으로써 머리카락이 적음으로 여기니 옳지 않다[爲白 故宣髮 馬君以宣爲寡髮 非也].	

옳다[是也].

과상고 (科上槁)	송충 (宋衷)	음이 안에 있으면 가운데가 비고, 나무 가운데가 비면 윗부분의 가지가 마른다[陰在內則空中 木中空則上科槁也].	

송충(宋衷)의 설은 옳다[宋說 是也].

이상에서 보아 온 바와 같이 다산고역(茶山古易)의 보존본(保存本)으로서의 이정조집해(李鼎祚集解)의 분석에서 한역(漢易)의 일면을 엿볼 수가 있다. 여기서 우리는 추이 · 물상 · 효변 등의 편린을 챙기게 되었다.

다산은 일찍이 한이 30여 가(餘家) 중 순구가에 의하여 전수되고 순구가는 순상·우번 2가에 의하여 집대성되었다고 하였지만 여기에 인용된 한역의 빈도를 보면 우번이 총 167항 중 94로서 60%를 차지하였고 다음으로 최경·이정조가 각각 11항이요, 다음 후과 10, 순상·촉재가 각각 8항이다. 간보·구가역이 각각 5요, 정현 3, 송충 2로서 요규(姚規)·요신(姚信)·공영달(孔穎達)·송앙지(宋仰之)·복만용(伏蔓容)·자하(子夏)·마융(馬融)·하안(何晏)·왕필(王弼)·육적(陸績) 등의 이름이 각각 1회씩 나올 뿐이다. 이로써 이씨역(李氏易)은 우번의 역(易)을 중심으로 하여 이를 집대성한 것으로 보인다. 우씨(虞氏)는 자(字)를 중상(仲翔)이라 하고 삼국육조시대(三國六朝時代) 오(吳)의 역학자로서 그의 역학은 음양소식(陰陽消息) 승강상하(升降上下)로써 괘(卦)를 논한 점을 들어 다산은 그를 높이 평가하고 있다. 이는 그가 추이법(推移去)에 접근하고 있기 때문이다.

이에 이씨집해론(李氏集解論)에서 고역(古易)의 일면을 대강 살펴본 다산은 그의 『역학서언』을 통하여 좀 더 구체적인 비판 분석을 시도한다. 그런 중에서 다산역의 실체는 점차 뚜렷하게 부각될 것이다.

제4절 정강성역주론(鄭康成易注論)

후한 비씨역(費氏易)의 대가 마융의 제자로서 이름은 현(玄)이며 만년에 대사농(大司農)을 지냈고 74세로 몰(沒)할 때까지 『주역(周易)』· 『모시(毛詩)』·『의례(儀禮)』·『예기(禮記)』·『논어(論語)』·『효경(孝經)』 등의 주(注)를 저술하였고 『상서대전(尙書大全)』·『상서중후(尙書中侯)』· 『건상역주(乾象曆註)』·『천문칠정론(天文七政論)』·『노예체협의(魯禮 禘袷義)』·『육예론(六藝論)』·『모시보(毛詩譜)』·『박허신오경이의(駁 許愼五經異義)』·『답임효존주례란(答臨孝存周禮難)』 등의 저술을 남기 었다.

정현의 역학의 특색은 호체(互體) 및 효진설(爻辰說)에 있는데 효진 (爻辰)이란 십이진(十二辰)·십이율(十二律)·이십사기(二十四氣)·이십 팔숙(二十八宿) 등을 건곤이괘(乾坤二卦)의 십이효(十二爻)에 배당하여 작성한 상수역(象數易)의 일대조직체계(一大組織體系)를 지칭한 것이다.

십이진(十二辰)은 십이지(十二支)라고도 하는데 자축인묘진사오미 신유술해(子丑寅卯辰巳午未申酉戌亥)로서 십이진(十二辰)은 1년의 십이

계절(十二季節)에 해당된다. 십이율(十二律)이란 황종(黃鍾)·대려(大呂)·
태주(大簇)·협종(夾鍾)·고선(姑洗)·중려(仲呂)·유빈(蕤賓)·임종(林
鍾)·이칙(夷則)·남려(南呂)·무역(無射)·응종(應鍾)으로서 건곤이괘
(乾坤二卦)의 십이효(十二爻)에 배합하여 음양(陰陽)으로 나눈다[이하
이십사기(二十四氣)·이십팔숙설(二十八宿說)은 번잡하므로 이를 생략
함]. 이에 다산은 정씨역주론(鄭氏易注論)에 언급하여 다음과 같이 평
한다.

> 내가 살펴보건대, 정(鄭)과 왕(王) 두 사람(정현과 왕필)은 모두
> 괘변(卦變)과 효변(爻變)을 말하지 않았지만 같지는 않다. 그런데
> 정씨(鄭氏)는 물상과 호체를 사용하였지만 왕씨(王氏)는 두 가지
> 를 모두 없앴으니 더욱 맹랑하다. 지금의 학자들은 도리어 정씨
> (鄭氏)를 존중하여 정씨가 말한 것을 감히 한 글자라도 헐뜯어
> 논의할 수 없다고 여기니 또한 한 번 가려진 것이다.6)

이에 순위를 따라서 정리해 보면 다음과 같다.

1. 이자론(異字論)

『주역』의 정본(正本)이 정립되기까지에는 많은 이자이문(異字異文)
이 생길 수 있음은 한문고전(漢文古典)의 상례로서 특히 역(易)에 있
어서 우심(尤甚)하다. 이에 정씨(鄭氏)의 이자론(異字論)을 기준으로
하여 원본과 비교하고 이에 대한 다산의 사전(四箋)을 부기(附記)하여

---

6) 「鄭康成易註論」, 『易學緒言』 卷1, Ⅱ~45, 15쪽(10－205). "鏞案 鄭王二家(鄭玄王弼) 皆不言卦變爻變
   將無同矣 然鄭氏猶用物象互體 王氏竝二者而廢之 益孟浪矣 今之學者 還尊鄭氏 凡鄭所言 謂不敢訾議
   一字 亦一蔽也".

일표(一表)를 만들면 다음과 같다.

괘명(卦名)	괘사(卦爻)			상정하이(上正下異)	주역사전(周易四箋)
준(屯)	육이(六二)	정(正)		승마반여비구(乘馬班如匪寇)	
		이(異)		반(般)	
		정(正)		혼구(婚媾)	
		이(異)		구(冓)	
	육삼(六三)	정(正)		기불여사(幾不如舍)	
		이(異)		기(機)	

반(班)(○) 반(般)(×) 구(媾)(○) 구(冓)(×) 기(幾)(○) 기(機)(×)

수(需)	구삼 (九三)	정(正)	치구지(致寇至)	
		이(異)	융(戎)	

구(寇)(○) 융(戎)(×)

		정(正)	유부질(有孚窒)	정현본(鄭玄本)에서는 '질(窒)' 자가 질(咥) 자로 되어 있다[이것은 발음의 유사성으로 인해 생긴 오해이다]. 마융(馬融)은 '지(躓)'로 읽는다[또한 발음의 유사성으로 인해 생긴 오해이다][鄭玄本 窒作咥(聲誤也) 馬融讀作躓(亦聲誤也].
		이(異)	질(咥)	
송(訟)	구이 (九二)	정(正)	환지철야(患至掇也)	구가역(九家易)에서는 '掇'의 발음이 대(隊)가 되지만 또한 잘못된 것이다[九家易 掇音隊 亦謬矣].
		이(異)	철(惙)	
	상구 (上九)	정(正)	삼치지(三褫之)	정현역(鄭玄易)에서는 '치(褫)' 자를 '타(拕)' 자로 읽으니[정현은 '뜻을 얻어서 자주 끌어당긴다'고 하였다] 큰 잘못이다. 치(褫)라는 것은 벗는다는 뜻이다[鄭玄易 褫讀作拕(鄭云得意而頻拕之) 大謬矣 褫者脫也].
		이(異)	타(拕)	

질(窒)(○) 질(咥)(×) 철(掇)(○) 철(惙)(×) 치(褫)(○) 타(扡)(×)

| 비(比) | 구오
(九五) | 정(正) | 왕용삼구(王用三驅) | |
| | | 이(異) | 구(毆) | |

구(驅)(○) 구(毆)(×)

| 비(否) | 구사
(九四) | 정(正) | 주리지(疇離祉) | |
| | | 이(異) | 수(壽) | |

주(疇)(○) 수(壽)(×)

| 동인
(同人) | 구사
(九四) | 정(正) | 승기용(乘其墉) | |
| | | 이(異) | 용(庸) | |

용(墉)(○) 용(庸)(×)

| 대유
(大有) | 구사
(九四) | 정(正) | 명변석야(明辨晳也) | |
| | | 이(異) | 변체(辯遰) | |

변(辨)(○) 변(辯)(×) 석(晳)(○) 체(遰)(×)

| 겸(謙) | | 정(正) | 부다익과(裒多益寡) | |
| | | 이(異) | 부(捊) | |

부(裒)(○) 부(捊)(×)

예(豫)	육이 (六二)	정(正)	개우석(介于石)	
		이(異)	개(砎)	

개(介)(○) 개(砎)(×)

비(賁)	육사 (六四)	정(正)	비여파여(賁如皤如)	
		이(異)	번(燔)	

파(皤)(○) 번(燔)(×)

복(復)	육삼 (六三)	정(正) 빈복(頻復)	고문(古文)에는 '빈(頻)' 자가 찡그릴 '빈(顰)' 자로 되어 있으며, 또 정현본(鄭玄本)에는 낮을 '비(卑)' 자로 되어 있다[혹자는 마땅히 찡그릴 '빈(矉)' 자로 써야 한다고 했다]. 우중상(虞中翔)은 '빈(頻)' 자를 오그라듦으로 해석했는데 한나라 유학자들이 자의(字義)를 명확히 함이 왕왕 이와 같다[古文頻作顰 又鄭玄本作卑 (或曰當作矉) 虞中翔解頻爲蹙 漢儒之明於字義 往往如此].
		이(異) 비(卑)	

빈(頻)(○) 비(卑)(×)

대축 (大畜)	구삼 (九三)	정(正)	양마축이간(良馬逐利艱)	
		이(異)	축축(逐逐)	살펴보건대 송본(宋本)에는 '일(日)'을 '왈(日)'로 썼다[글자 형태의 유사함에서 오는 오해이다]. 정현(鄭玄)이나 우번(虞翻)의 판본에는 모두 '일한(日閑)'이라고 했다[案宋本 日作日(形誤也) 鄭玄 虞翻之本 皆作日閑].
		정(正)	정일한여위(貞日閑輿衛)	
		이(異)	일(日)	
	육사 (六四)	정(正)	동우지곡(童牛之牿)	
		이(異)	곡(梏)	

일(日)(○) 월(曰)(×) 곡(牿)(○) 곡(梏)(×)

| 대과
(大過) | 구오
(九五) | 정(正) | 고양생화(枯陽生華) | 살펴보건대 고문(古文)에는 '화(華)' 자와 '과(芎)' 자, '부(專)' 자와 '부(藪)' 자는 아울러 서로 통한다[案 古文 華芎專藪 並相通]. |
| | | 이(異) | 제(弟) | |

화(華)(○) 제(弟)(×)

| 감(坎) | 육삼
(六三) | 정
(正) | 험차침(險且枕) | 살펴보건대 정현본(鄭玄本)에는 '험(險)' 자가 '검(檢)' 자로 되어 있다[향수본(向秀本) 또한 그러하다]. 정현(鄭玄)은 "나무가 머리맡에 있으면 '침(枕)'이라고 하고 손에 있으면 '검(檢)'이라고 한다"고 말했다[차꼬와 쇠고랑과 같은 종류이다]. 대개 구가역(九家易)에서는 감(坎)으로써 차꼬와 쇠고랑을 삼기 때문에 상(象)을 취한 것이 이와 같다. 그러나 베개는 머리를 편안하게 하는 것인데 그것이 차꼬와 쇠고랑이 된다는 것은 아직까지 듣지 못했다[案鄭玄本 險作檢(向秀本亦然) 鄭云木在首曰枕 在手曰檢(如桎梏之類) 蓋以九家易以坎爲桎梏 故取象如是 然枕以安首 未聞其爲桎梏也]. |
| | | 이
(異) | 검(檢) | |

험(險)(○) 검(檢)(×)

| 함(咸) | 상육
(上六) | 정(正) | 슬구설야(膝口舌也) | 정현본(鄭玄本)에는 '등(縢)' 자가 '등(滕)' 자로 되어 있다[우번(虞翻)은 '등(縢)' 자를 보낸다는 의미라고 했다]. 정현(鄭玄)은 "함(咸)의 도(道)는 지극히 박(薄)하여 단지 입과 혀로만 전하여 언어로서 서로 감응할 따름이다"고 말했다[鄭玄本滕作縢(虞氏云滕者迭也) 鄭云咸道極薄 徒迭口舌言語相感而已]. |
| | | 이(異) | 잉설(滕說) | |

슬(膝)(○) 잉(勝)(×) 설(舌)(○) 설(說)(×)

| 항(恒) | 초육
(初六) | 정(正) | 준항(浚恒) | 우물을 청소할 때 깊게 파서 씻는 것을 '준(浚)'이라고 한다 |
| | | 이(異) | 준(濬) | ['준(濬)' 자와 더불어 같은 뜻이다][濬井使深曰浚(與濬同)]. |

준(浚)(○) 준(濬)(×)

| 대장
(大壯) | 구삼
(九三) | 정
(正) | 리기각
(羸其角) | 구본(舊本)에 '리(羸)' 자는 '류(縲)' 자로 되어 있거나[왕숙본
(王肅本) 혹은 '루(纍)' 자로 되어 있고[정현(鄭玄) 우번(虞翻)의
판본] 혹은 '루(累)' 자로 되어 있는데, 모두 발음의 유사성으로
인한 오해이다['리(羸)' 자와 '루(累)' 자는 본래 서로 통하는데 |
| | | 이
(異) | 류(縲) | 정괘(井卦)에 보인다][舊本 羸作縲(王肅本) 或作纍(鄭玄虞翻本)
或作累(蜀才本) 皆聲誤也(羸累本相通見井卦)]. |

리(羸)(○) 류(縲)(×)

명이 (明夷)		정 (正)	문왕이지 (文王以之)	
		이 (異)	사 (似)	
		정 (正)	기자이지 (箕子以之)	
		이 (異)	사(似)	
	육이 (六二)	정 (正)	이우좌고 (夷于左股)	살펴보건대 구본(舊本)에는 이우좌고(夷于左股)의 '이(夷)' 자를 혹 '제(睇)' 자로 쓰기도 한다『자하역전(子夏易傳)과 정현(鄭 玄)과 육적(陸績)의 판본도 동일하다. 정현(鄭玄)은 "'곁눈질하 는 것'을 '제(睇)'라고 한다"고 말했다. 혹은 이(胰)로 쓰며[경 방(京房)의 판본이다] 혹은 이 글자가 없는 경우도 있다[명대의 진왕가(晉王家)의 판본이다]. 또 요신(姚信)의 판본에는 '좌고 (左股)'를 '우락(右樂)'이라고 하였다[요신은 "진방(辰方)으로부 터 오른쪽으로 선회하여 축방(丑方)으로 들어간다"고 하였다].
		이 (異)	제(睇)	마융(馬融)과 왕숙(王肅)의 판본에는 '고(股)' 자를 '반(般)' 자로 썼다['반(般)' 자는 선회한다는 의미이다. 왕숙은 "해는 하늘을 따라 왼쪽으로 돈다"고 하였다][案舊本 夷于左股之夷 或作睇 (子夏傳及鄭玄陸績本同 鄭云旁視曰睇) 或作胰(京房本) 或無此 字(明晉王家本) 又姚信本左股作右樂(姚氏云自辰右旋入丑) 馬融 王肅本股作般(般旋也 王肅云日隨天左旋)].

이(以)(○) 사(似)(×) 이(夷)(○) 제(睇)(×)

| 규
(睽) | 육삼
(六三) | 정
(正) | 기우체
(其牛掣) | 살펴보건대 구본(舊本)에는 '체(掣)' 자가 혹 '서(觢)' 자로 되어 있다[『설문(說文)』에 "뿔 하나는 아래로 굽어 있고 다른 하나는 위로 치솟아 있다"고 말한다]. 혹은 '세(觢)' 자로 되어 있고[정현은 "소 뿔이 모두 치솟아 있는 것을 '세(觢)'라고 한다"고 했다] 혹은 '牪' 자로 되어 있고[『자하전(子夏傳)』에 "하나의 뿔이 치솟은 것"이라고 했다] 혹은 '기(觭)' 자로 되어 있다[순상(荀爽)의 판본이다]. 총괄해 보건대 괘상(卦象)에 합당한 것이 없다. 왕필은 "체(掣)는 막혀서 나아가지 못하는 것을 의미한다"고 하였으니 또한 옳지 않다. '체(掣)' 자는 손으로 제어한다는 의미이다[案舊本 掣或作觢[說文云 角一俯一仰也] 或作觢[鄭玄云牛角皆踊曰觢] 或作牪[子夏傳云 一角仰] 或作觭[荀爽本] 總之於象 無當也 王弼云掣滯隔不進也 亦非矣 掣者制手也]. |
| | | 이
(異) | 세(觢) | |

체(掣)(○) 세(觢)(×)

| 해(解) | | 정
(正) | 모든 과실과 초목이 싹을 터트리고 나온다.(百果草木皆甲宅) |
| | | 이
(異) | 탁(坼) |

탁(坼)(○) 택(宅)(×)

| 손
(損) | | 정
(正) | 징분질욕
(懲忿窒慾) | 고문(古文)에는 '징(懲)' 자를 '징(徵)' 자로 썼다[육덕명(陸德明)은 "'징(徵)' 자가 그침을 뜻한다"고 하였다]. 정현은 "맑음을 뜻한다"고 하였는데[유환(劉瓛)도 같다] 이것은 바른 뜻이다[촉재본(蜀才本)에는 또 '증(撜)' 자로 되어 있는데 이것은 '징(澄)' 자의 잘못된 글자이다]. ○또 정현본(鄭玄本)에 '질(窒)' 자는 '치(懫)' 자로 되어 있다[유환본(劉瓛本) 또한 그러하다]. 맹희본(孟喜本)에는 '질(忄至)' 자로 되어 있는데 모두 '지(止)'와 같다[육적본(陸績本)에는 '척(瘠)' 자로 되어 있다]. ○또 맹희본(孟喜本)에는 '욕(欲)' 자를 '욕(浴)' 자로 썼다[이것은 발음의 유사성으로 인해 생긴 오해이다][古文懲作徵[陸德明云 徵止也] 鄭玄云淸也[劉瓛同] 此是正義[蜀才本又作撜此澄之譌也] ○又鄭玄本窒作懫[劉瓛本亦然] 孟喜本作忄至皆止也[陸績本作瘠] ○又孟喜本欲作浴[此聲誤]]. |
| | | 이
(異) | 징치
(徵懫) | |

징(懲)(○) 징(徵)(×) 질窒(○) 치(憒)(×)

쾌 (夬)	구삼 (九三)	정 (正)	장우규 (壯于頄)	살펴보건대 정현본(鄭玄本)에는 '규(頄)' 자를 '규(頯)' 자로 썼다[촉 재본(蜀才本)에는 '구(仇)' 자로 되어 있는데 잘못이다. 협면(夾面) 의 의미이다[협면(夾面)이라는 것은 광대뼈를 말한다][案鄭玄本 頄 作頯(蜀才本作仇謬矣) 夾面也(夾面者謂頄骨也)].
		이 (異)	규 (頯)	

규(頄)(○) 규(頯)(×)

구 (姤)		정 (正)	구 (姤)	정현본(鄭玄本)에는 '구(姤)' 자가 '구(遘)' 자로 되어 있다[풍의(馮 椅)는 "왕수(王洙)가 바꾸어서 지금의 글에서는 '구(姤)' 자로 되 어 있다"고 하였다]. 석경(石經)에도 '구(遘)' 자로 되어 있으며[다 만 그 「잡괘전(雜卦傳)」의 글에 '구(遘)' 자로 되어 있다] 명나라 진왕본(晉王本)에는 '구(婣)' 자로 되어 있다[풍의(馮椅)는 "혼구 (婚媾)의 뜻이다"고 하였다]. 해구(邂逅)의 '구(逅)' 자 또한 '구 (姤)' 자의 전주(轉注)이다[鄭玄本 姤作遘(馮椅云王洙易改今文爲 姤) 石經亦作遘(唯雜卦之文作遘) 明晉王本作婣(憑云婚媾也) 邂逅 之逅亦姤字之轉注也].
		이 (異)	구 (遘)	
		정 (正)	고사방 (詁四方)	
		이 (異)	힐 (詰)	

구(姤)(○) 구(遘)(×) 고(詁)(○) 힐(詰)(×)

승(升)		정(正)	승(升)	
		이(異)	승(舛)	

승(升)(○) 승(昇)(×)

| 곤
(困) | 구이
(九二) | 정
(正) | 주불방래
(朱紱方來) | 살펴보건대 정현본(鄭玄本)에는 '불(紱)' 자가 '불(韍)' 자로 되어 있는데 '불(芾)' 자와 더불어 통하니 곧 폐슬(蔽膝)의 뜻이다[『예기(禮記)』에 '필(韠)' 자 되어 있다]. 『좌전(左傳)』에서 말한 불(韍)과 정(珽)이 이것이다[두예는 "불(韍)이 가죽으로 된 폐슬을 뜻한다"고 하였다]. 『설문(說文)』에는 "천자(天子)는 적불(赤紱)을 착용하고 제후(諸侯)는 주불(朱紱)을 착용한다"고 하였다. 총괄해 보건대 이 것은 조회(朝會)나 제사(祭祀)에 입는 옷으로 치마의 아래로 꾸미는 것이다[(『예기(禮記)』「옥조(玉藻)」편에는 "일명(一命)의 벼슬은 주홍빛 폐슬을 착용하고, 재명(再命)의 벼슬은 붉은색 폐슬[赤韍]을 착용한다"고 하였다][案鄭玄本 紱作韍與芾芨通卽蔽膝也(禮作韠) 左傳所云韍珽也(杜云韍韋韠) 說文曰天子赤紱 諸侯朱紱 總之爲朝祭之服裳下之節也 (玉藻云一命縕韍再命赤韍)]. |
| | | 이
(異) | 불
(韍) | |

불(紱)(○) 불(韍)(×)

| 정
(鼎) | 구사
(九四) | 정
(正) | 기형악
(其形渥) | 괘상(卦象)으로써 보면 태괘(泰卦)의 때는 건(乾)의 머리가 온전하였는데 추이(推移)하여 고괘(蠱卦)가 되면 간(艮)의 오두막집 아래에서 건(乾)의 머리가 이내 잘리니 그 형벌이 '옥(屋)'인 것이다. ○살펴보건대 『경방역전(京房易傳)』에는 광대뼈에 형벌을 가하는 것이 '옥(劓)'이라고 하였고 정사농(鄭司農)의 『주례(周禮)』 주석에 "옥주(屋誅)가 삼족(三族)을 멸하는 것"이라 하였다[주나라에는 삼족(三族)을 멸하는 법이 없었다]. 정현본(鄭玄本)에는 악(渥)이 '옥(劓)'으로 되어 있다[『신당서(新唐書)』의 원재(元載)에 대한 찬(贊)에 '형옥(刑劓)'이라고 하였다][以卦象則泰之時 乾首全矣 移之爲蠱則艮盧之下 乾首乃載其刑屋也 ○案京房易傳云刑在頄爲劓 鄭司農周禮注云屋誅謂夷三族(周無夷三族之法) 鄭玄本渥作劓(新唐書元載贊作刑劓)]. |
| | | 이
(異) | 형옥
(刑屋) | |

형악(形渥)(○) 형옥(刑屋)(×)

간(艮)	구삼(九三)	정(正)	열기인(列其夤)	살펴보건대 인(夤)이라는 것은 밧줄을 의미한다. 『회남자(淮南子)』에는 "구주(九州)의 밖에 팔인(八夤)이 있고 팔인(八夤) 밖에 팔굉(八紘)이 있다"고 했는데[인(夤)은 음이 인(寅)이다] '굉(紘)'은 큰 벼리를 뜻하고 '인(夤)'은 중간 벼리를 뜻한다[굉(紘)의 안에 있다]. 또 인(夤)은 가장자리를 꾸민다는 뜻이다[모두 가장자리를 꾸미는 명칭이다]. 그런데 마융(馬融)은 "'인(夤)'은 등뼈를 끼고 있는 고기를 의미한다"고 하였다[마융(馬融)은 "그 등심을 나누어 찢으면 백가지 몸이 서로 붙어 있을 수 없다"고 하였다].
		이(異)	膟	구본(舊本)에서는 혹 '인(寅)'자라고 하였고[정현본(鄭玄本)이다] 혹은 '신(腎)'자라고 하였고[순상본(荀爽本)이다] 혹은 '신(呻)'자라고 하였으니[『설문(說文)』에서 역사(易詞)를 인용한 곳이다] '인(夤)'자와 '膟'자는 서로 가깝기 때문에 옮기다 보니 오류가 생긴 것이다[案夤者維也 淮南子曰九州之外有八夤 八夤之外有八紘(夤音寅) 紘者大綱也 夤者中綱也(在紘之內) 又夤緣也(皆邊飾之名) 乃馬融曰夤夾脊骨(馬云分列其夤百體無以相屬) 舊本或作寅(鄭玄本) 或作腎(荀爽本) 或作呻(說文引易詞) 夤膟相近故轉輾致誤也].

인(夤)(○) 인(膟)(×)

풍(豐)	초구(初九)	정(正)	우기배주(遇其配主)	정현본(鄭玄本)에는 '부(蔀)'자가 '보(菩)'로 되어 있으니[설인귀본(薛仁貴本)과 같다] 작은 자리를 의미한다. 혹자는 "서부(薜蔀)는 풀이름이니[즉 어제(魚薺)를 말한다] 이것으로 자리를 짜서 그것으로 가리는 도구로 쓰기 때문에 마침내 거적(蔀蔽)이라는 명칭을 얻은 것이다[鄭玄本 蔀作菩(薛仁貴本同) 小席也 或云薜蔀 艸名(卽魚薺) 以此織席 因以障蔽 遂得蔀蔽之名].
		이(異)	비(妃)	
	육이(六二)	정(正)	풍기부(豐其蔀)	
		이(異)	보(菩)	
	九三	정(正)	풍기패(豐其沛)	살펴보건대 고문(古文)에서는 '패(沛)'자를 '불(市)'자로 썼으니[정현전(鄭玄傳)과 『간보전(干寶傳)』과 『자하전(子夏傳)』에 있다] 무릎을 가리는 것을 말한다['불(韍)'자와 더불어 통한다][案 古文 沛作市(鄭玄干寶子夏傳) 謂之蔽膝(與韍通)].
		이(異)	불(市)	

	정(正)	일중견말 (日中見沬)	곤(坤)의 땅에 감(坎)의 비가 내리고 이(離)의 해가 어두워진다. 흙비를 '매(昧)'라고 하니 이것이 '어두워짐을 본다'는 것이다. 본래 이(離)의 중(中)인데 추이하여 진(震)이 되니 '낮에 어두워지는 것을 본다'는 것이다. ○또 살펴보건대 『한서(漢書)』에는 '매(沬)' 자를 '매(昧)' 자로 썼고[마융본(馬融本)과 정현본(鄭玄本)과 자림(字林)과 『자하전(子夏傳)』에서는 모두 '매(昧)'로 적었다] 복건(服虔)은 '대낮에도 어둡다'고 하였으니[매(昧)는 약간 어두운 것이다. 해가 약해져서 낮에 어두운 것이다] 매(昧)는 흙
	이 (異)	매(昧)	비이다. 『자림(字林)』에서는 "'매(昧)'는 북두칠성 중에 자루 부분의 뒤쪽에 있는 별이다"라고 하였다[『자하전(子夏傳)』에 "'매(沬)'는 별 중에서 작은 것이다"고 하였다. 구가역(九家易) 또한 그러하다. 설 씨(薛氏)는 '전성(轉星)'고 하였다]. 그러나 비록 일식이 일어나는 때라도 작은 별은 낮에 보일 이치가 없으니 그 뜻이 옳지 않다. '매(昧)'는 매매(沬霾)와 더불어 본래 모두 해성(諧聲)이니(글자가 서로 통한다) '매(霾)' 자를 매(昧)라고 한 것은 마치 '무(霧)' 자를 '회(晦)' 자 하는 것과 같다[『이아(爾雅)』에 "무(霧)를 회(晦)라고 한다"고 하였다. 흙비를 가리켜 매(霾)라고 한다][坤土坎雨 離日晦黑 土雨日昧 是見昧也 本自離中 移之爲震 日中見昧也 ○又按漢書 沬作昧(馬融本鄭玄本及字林子夏傳俱作昧) 服虔云日中而昏也(昧微晦也 日微而晝晦) 昧者霾也 乃字林云昧斗杓後星(子夏傳云沬星之小者) 九家易亦云(薛氏云轉星) 然雖日食之時 小星無晝見之理其義非也 昧也 昧與沬霾本皆諧聲(字相通) 霾之謂昧猶霧猶之謂晦也(爾雅云霧謂之晦) 土雨日霾].
상육 (上六)	정 (正)	자장야 (自藏也)	
	이 (異)	장(戕)	

배(配)(○) 비(妃)(×) 부(菩)(○) 보(菩)(×) 패(沛)(○) 불(芾)(×) 말(沬) (○) 매(昧)(×) 장(藏)(○) 장(戕)(×)

이상의 일람표(一覽表)를 하나로 정리하여 일표(一表)를 만들면 다음과 같다.

◇ 정현이자일람표(鄭玄異字一覽表)

정(正)	반(班), 구(媾), 기(幾), 구(寇), 질(窒), 철(掇), 치(褫), 구(驅), 주(疇), 용(墉), 변(辨), 석(晳), 부(裒), 개(介), 파(皤), 빈(頻), 일(日)곡(梏), 호(華), 험(險)
이(異)	반(般), 구(冓), 기(機), 융(戎), 질(咥), 철(惙), 타(拕), 구(毆), 수(壽), 용(庸), 변(辯), 체(遰), 부(捊), 개(砎), 번(燔), 비(卑), 왈(曰), 곡(楛), 제(弟), 검(檢)
정(正)	등(滕), 설(舌), 준(浚), 리(贏), 이(以), 이(夷), 체(掣), 세(挈), 징(懲), 질(窒), 구(疘), 구(姤) 고(誥), 승(升), 불(紱), 악(渥), 인(亩),배(配), 부(蔀), 패(沛), 말(沫), 장(藏)
이(異)	잉(媵), 설(說), 준(潽), 루(虆), 사(似), 제(晞), 抒택(宅), 미(微), 치(懫), 규(類), 구(遘), 힐(詰), 승(阩), 불(紱), 옥(屋), 비(妃), 보(菩), 불(茀), 배(昧), 장(戕)

　이렇듯 여기 대비표(對比表)에 나타난 이자(異字)는 거의 그의 형태 (形態)와 성음(聲音)에 의하여 분화된 자로서 회의문자(會意文字)로서 의 한자 특유의 문제를 안고 있음이 분명하다. 그러므로 그가 지니 고 있는 뜻을 알아내기 위하여 숙시숙비(孰是孰非)를 가려내기란 결 코 용이하지 않음은 다시 말할 나위도 없다. 한대(漢代) 훈고학(訓詁 學)의 최고봉을 점유하고 있는 정현의 이자론(異字論)도 손(損)의 징 분(懲忿)과 정(鼎)의 형옥(刑屋)을 제외하고는 거의 수용하지 못하고 있는 것은 정씨(鄭氏)의 선택이 역리법(易理法)에 충실하지 못하기 때 문이라고 다산은 주장한다. 모든 고전연구가 다 그러하지만 역학(易 學)에 있어서 자의(字義)의 천명은 보다 더 중요한 것이니 왜냐하면 역(易)의 자의(字義)는 일반적인 자의(字義) 외에 역(易)의 상(象)으로서 의 자의(字義)마저도 겸유(兼有)하고 있기 때문이다. 다산이 맨 먼저 이자론(異字論)을 밝힌 까닭도 여기에 있다고 이르지 않을 수 없다.

2. 개자론(改字論)

다산은 왕응린(王應麟: 宋人·所輯鄭康成注 字伯厚 號深寧 1223~1296) 의 입장을 빌려 "정강성은 『시경』을 풀이하면서 많은 글자를 고쳤 는데 『역』을 주석한 것 또한 그러하다[康成箋詩 多改字 注易亦然]"이 라 하였다. 그 이유로서 "정 씨는 괘변과 효변을 알지 못해서 물상 이 합치할 근거가 없게 되자 글자를 많이 고쳤다[鄭不知卦變爻變則物 象無緣得合 所以多改字]"라 하여 괘효변(卦爻變) 등 역리사법(易理四法) 에 무지하기 때문이라 하였다. 이를 난경행위(亂經行爲)로 비판하면 서 그 실례를 다음과 같이 들고 있다.

괘명 (卦名)	괘효 (卦爻)	본문(本文)	개자(改字)
곤(坤)	초육 (初六) 상육 (上六)	이상(履霜) 혐어무양(嫌於無陽)	'이(履)' 자는 '예(禮)' 자로 읽는다[履讀爲禮]. '혐(嫌)' 자는 '겸(慊)' 자와 같이 읽는다. 고전(古篆)에는 입심(立心)이라고 하였는데 읽는 사람들이 이것을 잃어버 리고 염(溓)이라고 하였다[염(溓)은 섞인다는 뜻이다][嫌讀 如慊 古篆作立心 讀者失之 作溓(溓雜也)].

이(履)[예(禮)](○) 혐(嫌)[겸(慊)](×)

준(屯)	단전 (彖傳)	불영(不寧)	읽을 때 '능(能)'이라고 한다['능(能)' 자는 '안(安)'와 같다] [讀作曰能(能猶安也)].

능(能)[령(寧)](○)

| 몽(蒙) | 구이 (九二) 육오 (六五) 상왈 (象曰) | 포몽(包蒙) 순이손야(順以巽也) | '포(包)' 자는 '표(彪)' 자로 써야 한다[표(彪)는 문(文)이다] [包當作彪(彪文也)]. 손(巽)은 마땅히 손(遜)으로 써야 한다[巽當作遜]. |

표(彪)[포(包)](○) 손(遜)(○) 손(巽)(×)

| 수(需) | | | '수(秀)' 자로 읽는다. 하늘의 자리에 위치하니 위(位)의 소리는 리(涖)가 된다[讀爲秀 位乎天位 位音涖]. |

수(秀)[수(需)](○) 리(涖)[위(位)](×)

| 태(兌) | 구이 (九二) | 황(荒) | '강(康)' 자로 읽는다[강(康)은 공허의 의미이다][讀爲康(康虛也)]. |

강(康)[황(荒)](○)

| 겸(謙) | 육사 (六四) | 휘(撝) | '선(宣)' 자로 읽는다[讀爲宣]. |

선(宣)[휘(撝)](○)

예(豫)	상육 (上六)	명(冥)	'오(鳴)' 자로 읽는다[讀爲鳴].

명(鳴)[명(冥)](○)

대축 (大畜)	육오 (六五)	분시지아 (豶豕之牙)	'아(牙)' 자는 '호(互)' 자로 읽는다[牙讀爲互].

호(互)[아(牙)](○)

감(坎)	구오 (九五)	지(祗)	마땅히 '지(坻)' 자로 써야 한다[소(小)는 오(五)이다][當爲坻 (小五也)].

지(坻)(○) 지(祗)(×)

진(晋)	단(彖)	삼접(三接)	'접(接)' 자는 '첩(捷)' 자로 읽는다[첩(捷)은 이긴다는 의미이다] [接讀爲捷(捷勝也)].
	초육 (初六)	번서(蕃庶)	'서(庶)' 자는 '차(遮)' 자로 읽는다[울타리로 짐승을 가로막는 것을 말한다][庶讀爲遮(謂蕃遮禽也)].
		최여(摧如)	'최(摧)' 자는 '최(崔)' 자와 같이 읽는다[摧讀如崔].

첩(捷)[접(接)](○) 차(遮)[서(庶)](○) 최(崔)[최(摧)](○)

해(解)	단왈 (彖曰)	개갑택(皆甲宅)	'해(解)' 자로 읽는다[讀爲解].

해(解)(○)

체(萃)	초육 (初六)	악(握)	마땅히 3부(夫)를 1옥(屋)으로 한다고 할 때의 옥(屋)으로 읽어 야 한다[當讀爲夫三爲屋之屋].

옥(屋)[악(握)](○)

곤(困)	구오 (九五)	의월(劓刖)	마땅히 '예올(倪仉)'로 써야 한다[當爲倪仉].

예올(倪仉)(○) 의월(劓刖)(×)

풍(豐)	상육 (上六)	제(際)	마땅히 '채(瘵)' 자로 써야 하니 병을 앓는다는 의미이다[當爲 瘵病也].

채(瘵)(○) 제(際)(×)

이자론(異字論)에 있어서는 자체(字體)나 성음(聲音)의 유사치(類似值)를 구할 수도 있지만 개자론(改字論)에 있어서는 거의 근거를 찾아볼 수 없는 주해자[鄭康成]의 독단이 스며 있다. 그러므로 정씨(鄭氏)의 개자론(改字論)은 왕응린(王應麟)뿐 아니라 다산도 이를 부정적으로 비판하고 있다.

3. 천상론(天象論)

한대에 있어서 비합리적 천문지리설(天文地理說)도 괘효변설(卦爻變 說)에 무지한 정현으로부터 비롯한 것으로 보고 있다. 그러므로 다산은

> 이것은 구가(九家)의 여러 가지 역(易) 가운데에서도 가장 하찮 은 것이 되니 도리어 왕필이 물상(物象)을 완전히 제거한 것만 같지 못하다.[7]

라 하여 왕필보다도 더 낮춘 최하승(最下乘)의 역리(易理)라 혹평한다. 이를 적거하면 다음과 같다.

괘명 (卦名)	괘사 (卦爻)	천상(天象)
비(比)	초효 (初六)	효진(爻辰)이 미(未)에 있다. 위로 동쪽 우물을 만나서 우물의 물이니 사람이 물을 기를 때 '부(缶)'를 사용한다[爻辰在未 上値東井 井之水 人所汲 用缶].

효거재미(爻居在未)(○)

진(泰)	육오 (六五)	효진(爻辰)은 묘(卯)에 있다. 봄은 양의 가운데가 되니 만물이 생겨나게 된다. 생육(生育)이라는 것은 장가가고 시집가는 것이다[爻辰在卯 春爲陽中 萬物以 生 生育者嫁娶之].

---

7) 「鄭康成易註論」, 『易學緒言』 卷1, Ⅱ~45, 16쪽(10-208). "此于九家諸易之中 最爲下乘 反不如王弼 之盡掃物象也".

효신재묘(爻辰在卯)(○)

감(坎)	육사 (六四)	진(辰)은 축(丑)에 있고, 축(丑)은 위로 두(斗)를 만나니 술을 따를 수 있다[辰在丑 丑上値斗 可以斟之].
	구오 (九五)	진(辰)이 사(巳)에 있고 사(巳)는 뱀이 된다. 뱀이 빙빙 감고 있으니 휘묵(徽纆)과 비슷하다[辰在巳 巳爲虵 虵之蟠屈 似徽墨也].

진교축(辰交丑)(○) 진재사(辰在巳)(○)

이(離)	구삼 (九三)	진(辰)은 축(丑)에 있다. 축(丑)은 위로 변성(弁星)을 만나니 마치 '부(缶)'와 같다[辰在丑 丑上値弁星 似缶].

진재축(辰在丑)(○)

명이 (明夷)	육이 (六二)	진(辰)는 유(酉)에 있다. 유(酉)는 서쪽 방향이다[辰在酉 酉是西方].
	구삼 (九三)	진(辰)에 있다. 진(辰)이 손(巽)의 기운을 얻으니 넓적다리가 된다[在辰 辰得巽氣爲股].

진재유(辰在酉)(○) 재진(在辰)(○)

곤(困)	구사 (九四)	진(辰)은 오시(午時)에 있으니 이(離)의 기운이 붉다[辰在午時 離氣赤].

진재오(辰在午)(○)

중부 (中孚)		삼진(三辰)은 해(亥)에 있으며 해(亥)는 돼지가 된다. 사진(四辰)은 축(丑)에 있으며 축(丑)은 자라와 게가 된다[三辰在亥 亥爲豕 四辰在丑 丑爲鼈蟹].

삼진재해(三辰在亥)(○)

이는 위에서도 언급한 바 있듯이 정현의 효진설(爻辰說)로서 왜 이러한 설을 내세우게 되었을까. 실로 정씨(鄭氏)는 "괘변을 알지 못했고 효변도 알지 못했다[不知卦變 不知爻變]" 하였기 때문에 이렇듯 따로 한 방법을 창안하여 억지로 물상(物象)에 뜯어 맞추고자 했던 것이다. 이는 다산의 역리사법(易理四法)과는 정반대되는 역설(易說)의 하나라 이르지 않을 수 없다.

4. 훈고론(訓詁論)

괘명 (卦名)	효명 (爻名)	훈고 (訓詁)	평론(評論)
건 (乾)	초구(初九)	발(拔)은 옮긴다는 의미이다「문언전」 [拔移也(傳)].	
예 (豫)	구사(九四)	잠(簪)은 빠르다는 의미이다[簪速也].	
서합 (噬嗑)	구사(九四)	자(胏)는 대자리라는 의미이다[胏簀也].	
비 (賁)	구사(九四)	한(翰)은 간(幹)과 같다[翰猶幹也].	『예기』「단궁」에 "전쟁에 나가는 일에는 백마를 탄다"라고 하였으니 그것을 훈(訓)하여 간(幹)이라고 하는 것은 옳지 않다[禮曰戎事乘翰則訓之爲幹 不可也].
박 (剝)	초구(初九)	멸(蔑)은 경솔하고 태만하다는 의미이다[蔑輕慢也].	박괘(剝卦)의 '족멸(足蔑)'은 공자가 "아래를 없앤다"고 훈(訓)하였으니 다른 해석을 용납할 수 없다[剝之足蔑 孔子訓之爲滅下 不容他解].
복 (復)	초구(初九) 육오 (六五)	지(祇)는 병을 앓는다는 의미이다[祇病也]. 고(考)는 이룬다는 의미이다[考成也].	

	상육 (上六)	안에서 생긴 것을 '생(眚)'이라고 하고 밖으로부터 온 것을 '상(祥)'이라고 하고, 물(物)을 해롭게 하는 것을 '재(災)'라고 한다[內生曰眚 自外曰祥 害物曰災].	
무망 (无妄)		바랄 것이 없다는 것을 말한다[謂無所希望也].	
대축 (大畜)	상구(上九)	하(何)는 어깨에 짊어지는 것이다[何肩荷之].	
이 (頤)		타(朶)는 움직인다는 의미이다[朶動也].	
함 (咸)	육이(六二)	비(腓)는 말린 고기이고, 상한 것이다[腓脯膞傷也].	
항 (恒)	상육(上六)	진(振)은 흔들려 떨어진다는 의미이다[振搖落也].	
진 (晉)	육이(六二)	강(康)은 높다는 의미이고, 넓다는 의미이다[康尊也廣也]. 수(愁)는 얼굴빛이 변하는 모양이다[愁變色貌].	
명이 (明夷)	육이(六二)	증(拯)은 받든다는 의미이다[拯承也].	
가인 (家人)	초구(初九)	한(閑)은 익힌다는 의미이다[閑習也].	'집단속을 철저히 한다'는 것은 간(艮)의 대문을 근본으로 하는데 지금 이(離)의 방비로써 하여 이른바 방한(防閑)한다고 하니 '한(閑)이 익힌다'는 설을 만들어서는 안 된다[閑有家 本以艮門 今以離防 所謂防閑 不可作閑習說].
쾌 (夬)	구이(九二) 구오(九五)	막야(莫夜)에서 막(莫)과 같은 글자는 무(無)이다. 밤이 없다는 것은 하룻밤이 아니다[莫夜莫如字 無也無夜非一夜]. 현륙(莧陸)은 일명 상륙(商陸)이라는 식물이다[莧陸 一名商陸].	『설문(說文)』에 "모(幕) 자는 본래 '막(莫)' 자라고 하였으니 모야(莫夜)를 무야(無夜)로 훈(訓)하는 것은 옳지 않다[說文幕本作莫則莫夜之訓無夜不可也].
췌 (萃)	상육(上六)	눈으로부터 나오는 것을 '눈물[涕]'이라고 하고 코로부터 나오는 것을 '콧물[洟]'이라고 한다[自目曰涕 自鼻曰洟].	
정 (鼎)	초구(初九)	전(顚)은 넘어진다는 의미이다. 일이 없는 것을 '지(趾)'라고 하고 진설(陳設)하는 것을 '족(足)'이라고 한다[顚踣也 無事曰趾設陳曰足].	

진 (震)		아아(啞啞)는 즐겁다는 의미이다. 십만(十萬)을 억(億)이라고 한다. 소소(蘇蘇)는 편안하지 않다는 것이다. 색색(索索)은 축축(縮縮)이니 발이 바르지 않은 것이다. 확확(矍矍)은 눈이 바르지 않은 것이다[啞啞樂也 十萬曰億 蘇蘇不安也 索索猶縮縮 足不正也 矍矍目不正也].	
간 (艮)	구삼(九三)	한(限)은 허리[要]라는 의미이다[限要也].	
귀매 (歸妹)	육삼(六三)	수(須)에는 재주와 지혜라고 칭하는 것이 있다[須有才智之稱].	
태 (兌)	구사(九四)	상(商)은 숨어서 헤아린다는 의미이다[商隱度也].	
기재 (旣濟)		제(濟) 건넌다는 의미이다[濟度也].	
미제 (未濟)		흘(汔)은 거의라는 의미이다[汔幾].	

이상 정현의 훈고(訓詁)를 열거한 후 "한나라 유학의 훈고는 각각에 사승(師承)이 있기 때문에 쉽게 비판할 수 없다[漢儒詁訓 各有師承 未易訾也]"라 하여 논평을 꺼리는 태도를 취하였으나 박(剝)·가인(家人)·비(賁)·쾌(夬) 등 사괘(四卦)에 대해서는 자신의 평론을 서슴지 않았다. 후인을 위하여 여기에 표를 만들었다.

5. 괘상론(卦象論)

괘명 (卦名)	효명 (爻名)	정현론 (鄭玄論)	다산론평(茶山論評)
건 (乾)	구이 (九二)	구오(九五)의 대인(大人)을 보는 것이 이롭다[利見九五之大人].	구(九)라는 것은 효변(爻變)의 이름인데 강획(剛畵)을 가리켜 구(九)가 되는 것은 2천 년 동안 원통한 일이다[九者爻變之名 指剛畵而爲九者 二千年 冤案也].

용구 (用九)	6개의 효는 체건(體乾)을 가리키니 여러 용(龍)의 상이다[六爻指體乾 群龍之象].	획(畫)으로써 효(爻)를 삼는 것은 이미 도(道)를 아는 말이 아니다. 하물며 건(乾)은 용(龍)이 아닌데 억지로 체건(體乾)이라고 이르니 용(龍)의 상(象)이 가능한가[以畫爲爻 已非知道之言 況乾非龍 硬謂之體乾 卽龍象可乎]?	
고 (蠱)	갑(甲)은 신령(新令)을 만드는 날이다. 3일 이전에는 신(辛)을 쓴다[甲者造作新令之日 先之三日而用辛也云云].	선갑(先甲)과 후갑(後甲)은 분명히 건(乾)과 곤(坤)이고 선경(先庚)과 후경(後庚)은 분명히 손(巽)과 간(艮)인데 육갑(六甲)이 어찌 함께할 수 있겠는가[先甲後甲明是乾坤 先庚後庚明是巽艮 六甲何與乎云云]?	
관 (觀)	호체(互體)에 간(艮)이 있고 간(艮)은 귀문(鬼門)이 되고 또 문궐(門闕)이 된다. 땅 위에 나무가 있어서 귀문(鬼門)이 된다[互體有艮 艮爲鬼門 又爲門闕 地上有木而爲鬼門…].	만물은 진(震)에서 생겨나고 간(艮)에서 죽기 때문에 간(艮)은 귀신(鬼神)이 된다. 아울러 문궐(門闕)의 상(象)이 있기 때문에 간(艮)은 종묘(宗廟)가 된다[萬物生乎震而死乎艮 故艮爲鬼神 兼有門闕之象 故艮爲宗廟…].	
대축 (大畜)	구이(九二)로부터 상구(上九)에 이르기까지 이(頤)의 상이 밖에 거처함이 있으니 집에서 밥을 먹지 않아도 어진 이를 기른다[自九三至上九 有頤象 居外是不食家而養賢].	커다란 이(離)와 커다란 감(坎)은 옛날 사람이 취한 것인데 그 징험이 여기에 있으니 없어질 수 없다[大離大坎 古人所取 其驗在此 不可沒也].	
	'송아지의 쇠고랑'이라고 했는데 진(震)은 소의 발이 된다. 간(艮)의 손으로 나무를 잡고 발을 핍박하니 이것이 쇠고랑을 채우는 것이다[童牛之梏 震爲牛足 艮手持木 以就足是施梏].	글자의 뜻은 우선 버려두고, 발에 쇠고랑을 채우는 것을 송아지가 감당할 수 있겠는가? 정현(鄭玄)이 이 일을 깨닫지 못한 것이 이와 같다[字義姑捨 施梏於足 童牛其堪乎 鄭之不曉事 如此矣…].	
둔 (遯)	간(艮)은 문궐(門闕)이 된다. 호체(互體)에 손(巽)이 있으니 손(巽)은 진퇴(進退)가 된다. 군자가 문을 나가 행함에 진퇴(進退)와 도거(逃去)의 상이 있다[艮爲門闕 互體有巽 巽爲進退 君子出門行 有進退逃去之象].	도거(逃去)하는 사람은 나아감이 있지만 물러남이 없는데 어찌 진퇴(進退)가 도거(逃去)의 상이라고 말하는가? 손(巽)의 나무의 성질이 입(入)이 되고 은(隱)이 되니 혹 은둔의 상이라고 말할 수 있다[逃去之人 有進無退 何謂進退 是逃去之象 巽之本德爲入爲隱 或可云隱遯之象].	
정 (井)	호체(互體)는 이(離)와 태(兌)이다. 이(離)는 밖이 견고하고 안이 비어 있으니 두레박이다. 태(兌)는 어두운 연못이 되니 샘의 입구이다. 두레박틀로 두레박을 끌어당기는 것을 말한다. 아래 샘 입구로 들어가 물을 길러 샘 밖으로 나오는 상이다[互體離兌 離外堅中虛 瓶也 兌爲暗澤 泉口也 言桔槹引瓶 下入泉口 汲水而出井之象].	두레박에는 반드시 입구가 있기 때문에 태(兌)는 곧 두레박이 된다. 이(離)의 체(體)는 막는 것을 두루 하는데 어찌 토하고 삼킬 수 있겠는가[瓶必有口 故兌則爲瓶 離體周防 何以吐呑]?	

정 (鼎)		삼(糝)을 죽이라고 한다. 진(震)은 대나무가 되고 대나무의 싹을 순(筍)이라고 한다. 죽순은 죽의 나물이 되니 죽의 좋은 반찬이다. 8가지의 좋은 음식을 갖추었으니 정괘(鼎卦)는 삼족(三足) 삼공(三公)의 상이다[糝謂之餗 震爲竹 竹萌曰筍 筍者餗之爲菜也 餗美饌 具八珍之食 鼎三足三公之象].	삼(糝)은 국에 넣은 나물이다. 죽순(竹筍)은 국에 넣는 나물이니 다시 채소 나물이 될 수 없다. 하물며 또 8가지의 좋은 음식을 갖춘 것을 죽으로 여기는데 어찌 이와 같이 명확하지 않은가[糝者羹也 竹筍爲羹 則不得復爲菹菜 況又以具八珍者爲餗 何若是周章乎]?
풍 (豐)	구삼 (九三)	'그 오른쪽 팔뚝을 꺾는다'에서 3효는 간효(艮爻)이고 간(艮)은 손이 된다. 호체(互體)는 손(巽)이 되고 손(巽)은 또한 진퇴(進退)가 된다. 손은 진퇴(進退)하는 데 편리하니 오른쪽 팔뚝이다[折其右肱 三艮爻艮爲手 互體爲巽 巽又爲進退 手而便於進退 右肱也].	풍괘(豐卦)가 진괘(震卦)로 간 것이다. 소과괘(小過卦)의 때에는 올바른 간(艮)과 뒤집어진 간(艮)이니 왼손과 오른손이다. 정현(鄭玄)은 괘변(卦變)과 효변(爻變)을 알지 못하여 억지로 3효가 간효(艮爻)라고 말하고 또 오른손이 진퇴(進退)하는 데 편리하다고 말하였는데 장차 왼손은 굴신(屈伸)할 수 없다고 말할 것인가[豐之震也 小過之時 正艮倒艮 左右手也 鄭不知卦變爻變 硬云三爲艮爻 又云右手便於進退 將云左手不能屈伸乎]?
기제 (旣濟)	구오 (九五)	호체(互體)는 감(坎)이 되고 또 호체(互體)는 이(離)가 된다. 이(離)는 태양이 되고 감(坎)은 달이 된다. 태양은 동방(東方)에서 나오니 동린(東隣)의 상(象)이고 달은 서방(西方)에서 나오는 서린(西隣)의 상이다[互體爲坎 又互體爲離 離爲日 坎爲月 日出東方東鄰象 月出西方西隣象].	기제괘(旣濟卦)는 태괘(泰卦)로부터 왔다. 태괘(泰卦)의 양호(兩互)에는 원래 진(震)과 태(兌)가 있다. 억지로 동쪽과 서쪽으로 만들었는데 어찌 이와 같이 천착하는가? 그러나 정현은 불행하게도 소강절의 뒤에 태어나지 못해서 복희가 지었던 선천괘위(先天卦位)를 보지 못했기 때문에 이(離)가 동(東)이고 감(坎)이 서(西)라는 뜻은 험난하고 어려움이 이와 같다. 만약 그것을 보게 했다면 어찌 좋아했겠는가[旣濟自泰來 泰之兩互 原有震兌 確爲東西 何如是穿鑿哉 然鄭不幸而不生於邵子之後 不見庖犧氏所作先天卦位 故離東坎西之義 崎艱如此 若使見之何快如之]?

정강성(鄭康成)은 순구가(荀九家)의 한 사람임에도 불구하고 다산의 물상론(物象論)에 대한 이해(理解)는 "왕필이 승복하지 않고 하나의 빗자루로 쓸어버린 까닭이다[王弼所以不服 而以一篲掃之也]"[풍괘(豐

卦) 구삼(九三)]이라는 구실이 될 만큼 철저한 것이었다. 그런 의미에서 정현은 그가 비록 한대 훈고학을 대표하는 석학이라 하더라도 그의 물상론(物象論)은 너무도 천착으로 일관했다는 점에서는 송대(宋代) 소강절(邵康節)의 학을 방불(彷彿)하게 한다는 다산의 비판을 받아 무방하다고 이르지 않을 수 없다.

6. 유혼설(游魂說)

정씨역(鄭氏易)은 그의 천상론(天象論)에서 효진설(爻辰說)을 창안하여 신비론에 빠져들었고 여기 유혼설(游魂說)에서 더욱 그의 신비주의적 입장을 심화하여 위가(緯家)의 사설(邪說)로 전락하였다. 그러므로 다산은 정씨(鄭氏)의 유혼설(游魂說)을 양분(兩分)하여 이를 분석 정리하고 있다.

> ① 정(精)과 기(氣)가 물건이 되고, 혼(魂)이 흩어진 것이 변(變)이 된다. 정(精)과 기(氣)는 7과 8이고, 혼(魂)이 흩어진 것은 9와 6이다.
> ② 7과 8은 목(木)과 화(火)의 정(精)이고, 9와 6은 금(金)과 수(水)의 수(數)이다. 목(木)과 화(火)가 용사(用事)하여 물(物)이 생겨나기 때문에 "정(精)과 기(氣)가 물건이 된다"고 하였다. 금(金)과 수(水)가 용사(用事)하여 물(物)이 변하기 때문에 "혼(魂)이 흩어진 것이 변(變)이 된다"고 하였다. 혼(魂)이 흩어진다는 것은 '귀(鬼)'라고 하니 물(物)이 끝나서 돌아가는 곳이고, 정(精)과 기(氣)를 '신(神)'이라고 하니 물(物)이 생겨나서 펴는 곳이다. 목(木)과 화(火)의 신(神)은 동(東)과 남(南)에서 물(物)을 낳고, 금(金)과 수(水)의 귀(鬼)는 서(西)와 북(北)에서 물(物)을 마친다.[8]

---

8) 「鄭康成易詁論」, 『易學緖言』卷1, Ⅱ~45, 21쪽(10-218). ① "精氣爲物 游魂爲變 精氣謂七八也 游

①은 정기(精氣)를 칠팔(七八)의 본체(本體), 유혼(游魂)을 구육(九六)의 변체(變體)로 간주했다는 점에서 "필시 상구(商瞿)와 비직(費直) 이래로 서로 받들고 서로 전한 고훈(古訓)이다[必是商瞿費直以來 相承相傳之古訓]"라 하여 이를 수용하고 있다.

②는 한대(漢代) 이후 참위가(讖緯家)들에 의하여 조작된 사설(邪說)이라 이르고 있다. 그러므로 역가(易家)의 유혼(游魂)은 "옛날 사람은 거북점과 서점으로써 귀신에게 명을 받았다[古人以龜筮 受命於鬼神]"고 하던 천명(天命)으로서의 유혼(游魂)이지 윤회무쌍(輪廻無雙)한 유괴(幽怪)로서의 귀신(鬼神)이 아닌 것이다. 이런 점에서 다산역(茶山易)은 언제나 신비주의적(神秘主義的) 역리론(易理論)에서 벗어나려고 노력하고 있음을 엿볼 수 있다. 그러므로 다산은 정씨역(鄭氏易)에 대하여 다음과 같이 결론을 내리고 있다.

> 총괄하건대 정현(鄭玄)의 『역(易)』은 괘변(卦變)을 모르고 효변(爻變)을 몰랐다. 오직 호체(互體)와 물상(物象)으로만 어설픈 말과 뜻에 의지하였기 때문에 이미 여러 가지 의혹을 깨뜨리고 여러 가지 덮개를 열 수 없었다. 하물며 또 진(震)의 술(術)과 자(子)와 오(午)의 방위와 천주변성(天廚弁星)의 멈춤을 더하여 이름하길 천상(天象)이라고 하여 그 참위(讖緯)와 비정상적인 사설로 현혹하고 천하 유학자의 마음을 굴복시키는가? 그 천착(穿鑿)함에 흔적이 있기보다는 혼돈스럽게 흔적이 없는 것이 낫다. 이것은 왕필이 이긴 까닭이니 역주가 이와 같다. 반드시 시(詩)와 예(禮)에 유독 잘못이 없는 것은 아니지만 지금 사람들이 굽은 것을 들어서 바르게 하여 무릇 정현(鄭玄)이 말한 뜻은 감히 한 자라도 옮겨 움직일 수 없다고 한 것은 또한 지나친 것이다.⁹⁾

魂謂九六也" ② "七八木火之精 九六金水之數 木火用事而物生 故曰精氣爲物 金水用事而物變 故曰遊魂爲變 遊魂謂之鬼 物終所歸 精氣謂之神 物生所信也 言木火之神 生物東南 金水之鬼 終物西北".

9) 같은 책, 24쪽(10-224). "總之鄭玄之易 不知卦變 不知爻變 唯以互體物象 依俙說義 已不足以破羣惑

라 하여 정씨역(鄭氏易)은 반신반의 전폭적으로 수용할 수 없다는 것이다. 그러므로 정씨역(鄭氏易)을 과신(過信)하여 일자(一字)도 이동(移動)할 수 없다는 태도는 잘못이 아닐 수 없다.

而開衆蔀 知又加之以震戊子午之方位 天廚弁星之次舍 名之曰天象 以筮鼓其讖緯不經之邪說 其能服天下儒者之心乎 與其穿鑿之有痕 不若混沌之無跡 此王弼之所以勝也 易注如此 未必詩禮之獨無毗 而今人撟枉過直 凡鄭氏所言意不敢移動一字 亦過矣".

제5절 한위유의론(漢魏遺義論)

다산은 이르기를 "한(漢)나라와 위(魏)나라의 여러 파의 학설은 지금 모두 흩어져 없었다[漢魏諸家之說 今皆亡軼]"라 했듯이 모두 없어진 상황에서 『이정조집해(李鼎祚集解)』나 『공영달정의(孔穎達正義)』에서 단편적으로나마 전승되어 오고 있다.

먼저 다산의 역리에 대한 기본적인 입장을 살펴보자면

> 역(易)이 역(易)이 될 수 있는 까닭은 첫째가 괘변(卦變)이요, 둘째가 효변(爻變)이요, 셋째가 교역(交易)이요, 넷째가 변역(變易)이다. 호체(互體)와 복체(伏體)와 반대(反對)와 반합(牉合) 등은 변하는 것에 따라 적용한 이후에 「설괘」의 방위와 물상이 더불어 들어맞게 되고 성인의 뜻이 사(辭)에 드러나게 되니 역의 오묘한 이치가 모두 여기에 있다.[10]

라 한 것을 보면 다산이 이미 정리한 바 있는 추이·물상·호체·효

---

10) 「漢魏遺義論」, 『易學緖言』卷1, Ⅱ~45, 28쪽(10-231). "易之所以爲易者 一曰卦變 二曰爻變 三曰交易 四曰變易 而互體伏體 反對牉合之等 唯變所適而後 設卦方位物象 與之契合 而聖人之情 見乎辭 易之妙理 委在於此".

변 등 역리사법에 의한 이의 이해라 이를 수밖에 없다. 그러므로 다산은 왕필역을 다음과 같이 평가하였다.

이내 왕필역은 제법(諸法)을 모두 제거하여 전혀 보존하여 남겨지지 않았을 뿐만 아니라 아울러 자고(字詁)의 구두(句讀)에는 하나도 끌어들일 것이 없었다. 오직 '현허충막(玄虛沖漠)'한 학문만이 머무르고 모였을 뿐이다. 역학(易學)에는 이렇게 허무맹랑한 경우가 없을 뿐만 아니라, 경전지가(經傳之家)에 이름을 붙여 전주(箋注)라고 했는데 이러한 법식도 없다.[11]

이렇듯 왕씨역(王氏易)은 다산역과는 정반대되는 입장에 서 있다고 하지 않을 수 없다. 그렇다면 한위제역(漢魏諸易)은 이 양자의 중간자로서 어떻게 평가할 수 있을 것인가.

한(漢)나라와 위(魏)나라의 여러 파의 학설은 또 괘변(卦變)과 효변(爻變)의 법에서 절반은 알고 절반은 모르며, 혹은 통하고 혹은 막혔기 때문에 그 말한 것은 잘게 쪼개서 천착하였으니 인의(人意)에 해당하지 못하다. 차라리 온전하고 쪼개지지 않은 왕필의 학설을 취함으로 삼을 따름이다. 그러나 공영달(孔穎達)의 깊이 있는 학문은 왕필이 비루함을 알 수 있었지만 지금 그것을 찬(撰)하고 소(疏)하였기 때문에 왕필을 추존(推尊)하여 홀로 고금(古今)에 뛰어나다고 지극히 생각하였는데 그 잘못이 어떠한가? 『집해(集解)』에 열거된 36개의 학파는 비록 서로 득실(得失)이 있을지라도 왕필(王弼)의 『역(易)』과 비교해 보면 모두 누상(樓上)에 누워 있다고 할 수 있다. 슬프도다! 이것은 무슨 말인가?[12]

---

11) 같은 책, 같은 곳(10-231~232). "乃王氏之易 悉滅諸法 一不存留 而並與字詁句讀 一無提擧 唯其玄虛沖漠之學 是寓是會 不唯易學 無此孟浪 而凡經傳之家 名之曰箋注者 無此法式".

12) 같은 책, 같은 곳(10-232). "漢魏諸家之說 亦於卦變爻變之法 半知半昧 或通或塞 故其所言 破碎穿鑿 不當人意. 寧以王氏之說軍全不破爲可取耳 然孔氏邃學 足知王氏之陋 而今以撰疏之 故推尊王氏 至謂之獨冠古今 何其謬也. 集解所列三十六家 雖肯有得失 而較諸王氏之易 皆足以臥於樓上 嗚呼 是何兒也".

라 하여 오히려 반지반매(半知半昧)하여 왕씨설(王氏說)의 혼전불파(渾全不破)한 것만도 못하며 집해본(集解本) 중의 삼십육가(三十六家)의 역(易)보다도 우위로 보기에는 문제가 없지 않다는 평가를 내리고 있다. 그러나 그중에서도 역리(易理)에 관한 몇 가지 문제를 뽑아 논평해 보자.

1. 역유삼의설(易有三義說)

역(易)의 위서(緯書)인 건착도(乾鑿度)와 정현의 역찬(易贊) 급(及) 역론(易論)에서 "역은 하나의 이름이지만 세 가지 뜻을 포함하고 있다[易一名而含三義]"라고 하였는데 이간(易簡)·변역(變易)·불역(不易)이 곧 그것이다. 그러나 다산의 역리사법(易理四法)에 의하여 이를 평정한다면 역(易)은 변화를 위주로 하는 자인 만큼 변역(變易)의 뜻만을 취하고 불역(不易)과 간역(簡易)의 뜻은 취할 수 없음은 너무도 당연하다. 더욱이 이간(簡易)은 「계사전(繫辭傳)」의 "쉬우면 알기 쉽고, 간단하면 따르기 쉽다[易則易知 簡則易從]"에서 취한 역(易)으로서 변화(變化)의 역(易)과는 아주 다른 자임에 있어서랴… 그렇다면 변역(變易)의 역(易)은 어디서 유래하였을까

『역』은 일월(日月)이고 일월(日月)은 음양이다. 괘변(卦變)의 방법은 양(陽)이 가면 음(陰)이 오고 음(陰)이 가면 양(陽)이 오는 것이다. 이것은 일(日)과 월(月)이 서로 바뀐 것이다. 효변(爻變)의 방법은 양(陽)이 순수해지면 음(陰)이 되고 음이 순수해지면 양(陽)이 되는 것이다. 이것은 일(日)과 월(月)이 서로 바뀐 것이다. 교역(交易)의 방법은 함괘(咸卦)가 교역하면 손괘(損卦)가 되고 항괘

(恒卦)가 교역하면 익괘(益卦)가 되는 것이다. 이것은 위아래가 서로 바뀐 것이다. 변역(變易)의 방법은 건괘(乾卦)가 변역하면 곤괘(坤卦)가 되고 감괘(坎卦)가 변역하면 이괘(離卦)가 되는 것이다. 이것은 강(剛)과 유(柔)가 서로 바뀐 것이다. 「계사전」에 '자주 옮긴다'와 '두루 유행한다'는 말은 여실히 이러한 뜻이다. 이른바 간이(簡易)와 불역(不易)과 같은 것은 위가(緯家)의 잘못된 이론이니 따를 수 없다. 난이(難易)의 이(易)는 역(易)과 무슨 상관이 있겠는가?13)

이렇듯 자연현상(自然現象)으로서의 일월(日月)의 변화를 상증한 역(易)의 개념을 상기 건착도(乾鑿度)에서는 태역설(太易說)을 제창하여 이를 관념화한 데 대하여 또다시 다산(茶山)은 다음과 같이 평정하고 있다.

역(易)이라는 글자는 일(日)과 월(月)을 포함하니 이것은 또한 기(氣)를 머금은 처음인데 어찌 기(氣)를 볼 수 없다고 이를 수 있겠는가? 항상 의심하건대 진희이(陳希夷: 陳搏)의 태극도(太極圖)는 감(坎)과 이(離)가 서로 사귀면 음양이 이미 드러나는데 그것을 존중하여 무형(無形)의 도(道)라고 한다. 그 이론은 아마도 태역(太易)에 근본을 한다. 무릇 유형(有形)이 무형(無形)에서 생겨나는 것을 조화(造化)라고 생각하는데 지금 태역(太易)으로써 만물을 낳는 근본으로 삼는 것이 옳은가? 왕필이 말한 "제(帝)라는 것은 만물을 낳는 주재자이다"라고 한 것은 위가(緯家)의 학설이니 따를 수 없다.14)

---

13) 같은 책, 29~30쪽(10−234~235). "易者日月也 日月者陽陰也 卦變之法 陽往則陰來 陰往則陽來 此日月相易也 爻變之法 陽純則爲陰 陰純則爲陽 此日月相易也 交易之法 咸交爲損 恒交爲益 此上下相易也 變易之法 乾變爲坤 坎變爲離 此剛柔相易也 經所云屢遷周流 委是此義 若所謂簡易不易者 緯家之謬說 不足述也 難易之易 於易何干".

14) 같은 책, 30쪽(10−235). "易之爲字 包函日月 是亦含氣之始 何謂未見氣乎 常恠陳希夷太極圖 坎離相交 陰陽已著 而尊之爲無形之道 其說蓋本於太易矣 夫謂有形生於無形者 造化之謂也 今以太易爲生物之本 可乎 王弼云帝者生物之主 緯家之說 不足述也".

이렇듯 역(易)이란 포함일월(包函日月)한 자로서 '그것을 존중하여 무형의 도라고 한다[尊之爲無形之道]' 함은 위가(緯家)의 잘못이 아닐 수 없다. 왕필(王弼)은 이러한 위가(緯家)의 설을 배경으로 하였기 때문에 역유삼의설(易有三義說)은 받아들일 수 없다는 것이다.

2. 삼역설(三易說)

삼역(三易)이란 『연산역(連山易)』, 『귀장역(歸藏易)』, 『주역(周易)』 등을 가리킨 것으로서 이에는 두 가지 설(說)이 있다. 하나는 "하나라는 『연산역』이라고 하고, 은나라는 『귀장역』이라고 하고, 주나라는 『주역』이라 한다[夏曰連山 殷曰歸藏 周曰周易]"(『鄭玄易替及易論』)라는 것이요. 다른 하나는 복희(伏羲)·신농(神農)·황제(黃帝) 등 삼역설(三易說)이다. 그러나 다산은 전자를 취하고 후자는 이를 인정하지 않는다.

> 『주례(周禮)』「춘관(春官)」에 태복(太卜)은 『연산역(連山易)』과 『귀장역(歸藏易)』이 분명하게 하나라와 은나라의 『역』이라고 했다. 그러므로 공자의 송나라가 곤괘(坤卦)와 건괘(乾卦)를 얻었으니 분명히 은나라 『역(易)』이 곤괘(坤卦)를 머리로 하고 하나라 『역(易)』은 간괘(艮卦)를 머리로 하였다. 위가(緯家)는 반드시 두 개의 『역(易)』을 신농(神農)과 황제(黃帝)의 『역(易)』으로 여기고 복희(羲)의 『역(易)』과 더불어 나란히 열거한 것이 삼역(三易)이니 또한 잘못이다.[15]

전자를 인정하는 이유로서 '은나라 역은 곤괘를 머리로 하고 하나

---

15) 같은 책, 31쪽(10-237). "周禮太卜 連山 歸藏 明是夏殷之易 故孔子之宋得坤乾焉 明殷易首坤 夏易首艮也 緯家必以二易爲神農黃帝之易 欲與伏羲之易 並列爲三 亦謬矣".

라 역은 간괘를 머리로 한다[殷易首坤 夏易首艮]'라는 것을 내세운다. '곤으로서 감춘다[坤以藏之]'라고 하고 '간은 산이 되기[艮爲山]' 때문이다.

3. 복희중괘설(伏羲重卦說)

8괘[單卦]에서 64괘[重卦]로 발전하는 과정에서 중괘(重卦)가 어느 때 누구에 의하여 만들어졌느냐가 문제가 된다. 이에 관하여서는 사설(四說)이 있는데 왕필(王弼)—복희설(伏羲說), 정현(鄭玄)—신농설(神農說), 손성(孫盛)—하우설(夏禹說), 사마천(史馬遷)—문왕설(文王說)이 곧 그것이다. 그러나 다산은 복희설(伏羲說)을 취하고 있다. 그 이유는 다음과 같다.

> 만약 중괘(重卦)가 없다면 어떻게 8괘를 이용하겠는가? 내 생각에 8괘와 중괘, 설괘의 물상, 괘변과 변효의 방법은 같은 시기에 만들어졌는데 복희씨 때에 단순히 8괘만 만들어졌다고 한다면 장차 그것을 어디에 사용하겠는가? 만약 변효의 방법이 당시에 있지 않았다고 말한다면 손괘(損卦)와 익괘(益卦) 두 괘는 어떻게 손괘(損卦)와 익괘(益卦)라고 이름이 붙여졌겠는가?[16]

복희씨 때에 이미 중괘(重卦)에 의한 역리사법이 흥기되었기 때문에 역법이 성립될 수 있었다.

---

16) 같은 책, 30쪽(10 – 236). "若無重卦 何用八卦 余謂八卦重卦 設卦之物象 卦變爻變之法 一時並興 於庖羲之時 單作八卦 將安用之 若云卦變之法 當時未有 則損益二卦 何名損益".

4. 괘효사의 작자

괘효사(卦爻辭)의 작자에 대해서는 두 설이 있다. 하나는 문왕설이
요, 다른 하나는 문왕·주공설이다. 그러나 다산은 전자인 문왕일인
설(文王一人說)을 취하면서 다음과 같이 말하고 있다.

> 「계사전」에 "『역』이 흥기할 때는 은나라 말기와 주나라가 융성
> 했을 때에 해당한다"고 했으니 문왕이 역사(易詞)를 서술한 것
> 이 분명하다. 그런데 단지 "단사(彖詞)를 짓고 효사(爻詞)를 짓지
> 않았다"고 하는 것 또한 이러한 이치가 없다. '주공이 효사를
> 지었다'는 것도 추측한 이론일 뿐이다. 나는 '역사(易詞)에는 모
> 두 갖추어진 것도 있고 모자란 것도 있으며, 세밀한 곳도 있고
> 간략한 곳도 있다'고 생각하니 모두 범례와 법식을 제시하기 위
> 한 것일 뿐이다. 그러한 즉 문왕이 말을 붙임에 원래 빠진 것과
> 간략한 것이 있었으며, 이후 태복이 추가하고 보충하였던 것이
> 다. 예를 들어 『시경(詩經)』 주남(周南)과 소남(召南)의 악부(樂府)
> 안에 태사(太史)가 감당(甘棠)과 농리(穠李) 편 등을 추가하고 보
> 충한 것과 같다. 기산(岐山)이나 기자(箕子)가 언급된 구절도 모
> 두 후대 사람이 추가하고 보충한 것이며, '주공이 전적으로 효
> 사를 지었다'는 마융이나 육적의 설과 같이 볼 필요는 없다.[17]

문왕(文王)이 계사(繫辭)할 때 단사(彖辭)와 효사(爻詞)를 나누었을
리가 없으므로 따로 주공(周公)이 효사(爻詞)를 지었다는 것은 억측에
불과하다는 것이다. 모두가 추측에 의한 것이므로 시비를 가리기가
어려운 설이다.

---

17) 같은 책, 31쪽(10−238). "易之興也. 當殷之末世 周之盛德 則文王演易詞 審矣 然但作彖詞 不作爻詞
亦無是理 其云 周公作爻詞者 亦揣度之說耳 余謂易詞 有備有缺 有著有略 皆所以示例出式而已 然則
文王繫辭 本有缺略 後之太卜 追有補益 如周召樂府之內 太師追補甘棠穠李等篇耳 岐山箕子之句 並是
後人追補 不必周公全作爻詞 如馬陸之說".

5. 십익설

전래하는 공자 십익설[上下彖傳·上下象傳·繫辭傳上下·文言·說卦 序卦·雜卦]은 원칙적으로는 찬성하지만 이를 수정하여 「문언」 대신 에 「대상전」으로 그 자리를 메워 놓고 있다. 그 이유는 다음과 같다.

『사기(史記)』의 「공자세가(孔子世家)」와 『한서(漢書)』의 「비직전 (費直傳)」은 모두 「문언전(文言傳)」을 십익에서 나누었다. 오직 「예 문지(藝文志)」에 「문언전(文言傳)」을 십익 가운데 아울러 헤아렸 다. 나는 문왕이 옛날의 『역』을 주석한 것이니 마치 『이아(爾雅)』 가 시(詩)를 풀이한 것과 같다고 생각한다. 공자가 원형이정(元亨 利貞)을 해석하면서 고힐(古詁)을 인용하여 밝혔으니 원자선지장 (元者善之長)에서 정고족이간사(貞固足以幹事)까지 8구(句)가 「문 언(文言)」의 본문이다. 그 나머지는 모두 공자의 대전(大傳)이지 「문언」이 아니다. 「대상전(大象傳)」 또한 괘사(卦詞)와 효사(爻詞) 더불어 관계가 없으니 본래 별도로 한 편으로 만들어야 한다. 공자의 십익의 목록은 「문언전(文言傳)」을 물리치고 「대상전(大 象傳)」으로 나아갔으니 도리어 마땅한 것이다.[18]

---

18) 같은 책, 32쪽(10-239)(제2장 제1절~제7절 참조). "史記孔子世家及漢書費直傳 皆以文言別之於十 翼 唯藝文志 並數文言於十翼之中 余謂文王者古之易詁 如爾雅之有詩訓 孔子釋元亨利貞 引古詁以明 之自元者善之長 至貞固足以幹事八句 爲文言本文 其餘皆孔子大傳 非文言也 大象傳 又與卦詞爻詞無 涉 本當別爲一篇 孔氏十翼之目 黜文言而進大象 抑所宜也".

제4장

의리역의 출현

제1절 왕보사역주론(王輔嗣易注論)

한대역학은 대체로 비씨상수역(費氏象數易)을 중심으로 발전하여 음양오행설적 술수학이 주류를 이루었기 때문에 이에 반기를 들고 득의망상론(得意忘象論)을 제창한 자가 다름 아닌 왕필의 의리역인 것이다. 그러나 그의 중심사상은 시대사조를 반영하여 노장의 허무 사상이 그의 근저에 깔려 있음을 또한 여기서 지적하지 않을 수 없 다. 그러므로 다산은 자기의 역이 역리사법에 의한 상수역에로의 회 귀이기 때문에 왕씨역(王氏易)에 대하여서는 사사건건 비판적인 태도 를 보이고 있다. 그는 「한위유의론(漢魏遺義論)」에서도 "왕필역은 무 릇 괘변(卦變)·괘상(卦象)에 아무런 영향도 미친 바 없다" 하였고 「왕 보사역주론(王輔嗣易注論)」에서도 "왕씨(王氏)의 역(易)은 괘상(卦象)이 전결(全缺)되어 있을 뿐만 아니라 자구의 훈고에 있어서도 가고(可攷) 할 만한 것이라고는 아무것도 없다"고 이르고 있다. 왕씨역(王氏易) 이야말로 다산역과는 상극관계의 입장에 서 있음을 짐작하게 한다. 다음에 왕씨역(王氏易)의 일면을 살펴보자.

1. 자고론(字詁論)

괘명 (卦名)	효 (爻)	본문 (本文)	자고(字詁)[왕 씨(王氏)]
준(屯)	구삼(九三)	군자기(君子幾)	기(幾)는 어조사이다[幾 辭也].
사(師)	단(彖)	이차독(以此毒)	독(毒)은 부린다는 것과 같은 의미이다[毒猶役也].
태(泰)	초구(初九)	발모여(拔茅茹)	여(茹)는 서로 끌어당긴다는 의미이다[茹 相牽引之貌].
	구이(九二)	득상우중행(得尙于中行)	상(尙)은 짝한다는 것과 같은 의미이다[尙猶配也].
동인 (同人)	구삼(九三)	안행야(安行也)[유언 하행(猶言何行)]	안(安)은 어조사이다[安 辭也].
대유 (大有)	구사(九四)	비기팽(匪其彭)	그 방(旁)을 그르다고 한다[匪其旁].
겸(謙)	구이(九二)	명겸(鳴謙)	명(鳴)이라는 것은 명성(名聲)을 떨치는 것을 말한다 [鳴者聲名聞之謂也].
예(豫)	구사(九四)	붕합잠(朋盍簪)	합(盍)은 합한다는 의미이다. 잠(簪)은 빠르다는 의미 이다[벗이 빨리 모인다][盍 合也 簪 疾也[朋合疾也]].
고(蠱)	단(彖)	선갑(先甲) 후갑(後甲)	갑(甲)이라는 것은 새로 재정한 법령이다[甲者創制之 令也].
서합 (噬嗑)	단(彖)	왈서합(曰噬嗑)	서(噬)는 물어뜯는다는 의미이다. 합(盍)은 합한다는 의 미이다[噬 齧也 盍合也].
	초구(初九)	구교(屨校)	교(挍)라는 것은 나무를 가지고, 차꼬를 채우는 것이 다[挍者以木絞挍也].
박(剝)	초육(初六)	멸정(蔑貞)	멸(蔑)은 깎는다는 의미와 같다[蔑猶削也].
복(復)	대상(大象)	후불성방(后不省方)	방(方)은 일이라는 말이다[方事也].
	구삼(九三)	빈복(頻復)	반(頻)은 눈썹을 찡그리는 모양이다[頻 頻蹙之貌].

이상과 같은 왕씨(王氏)의 자고(字詁)에 대하여 다산은 다음과 같이 이를 논평하고 있다.

> 뜻이 불분명하면 곧장 어사(語辭)라 해 버리는 것이 왕씨(王氏)의 대질(大疾)이다. 합잠(盍簪)을 합질(合疾)이라 훈(訓)하고 성방(省方)을 시사(視事)라 훈(訓)하는 것도 기어(奇語)다. 빈(頻)은 척(慼)인데 모(貌)라는 것도 잘못이다.[1]

이런 유의 왕씨(王氏)의 자고(字詁)를 열거하면 다음과 같다.

괘명 (卦名)	효 (爻)	본문 (本文)	왕씨자고(王氏字詁)
无妄	대상(大象)	물여무망(物與無妄)	여(與)는 모두라는 의미와 같다[與猶皆也].
대축 (大畜)	구삼(九三)	한여위(閑輿衛)	한(閑)은 막는다는 의미이고, 위(衛)는 보호한다는 의미이다[閑 閑也 衛 護也].
	상구(上九)	하천지구(何天之衢)	하(何)는 어사이다[何 辭也].
이(頤)	초구(初九)	타이(朶頤)	타이(朶頤)라는 것은 (음식을) 씹는다는 의미이다[朶頤者嚼也].
	육이(六二)	전이(顚頤)	아래를 기른다고 하니 '전(顚)'이라고 한다[養下曰顚].
		불경(拂經)	불(拂)은 어긴다는 의미이고, 경(經)은 '의(義)'와 같은 것이다[拂 違也 經猶義也].
대과 (大過)	구이(九二)	고양생제(枯楊生稊)	제(稊)는 버들나무의 싹이다[稊者 楊之秀也].
감(坎)	단(彖)	습감(習坎)	습(習)은 이것을 익힘을 말한다[習 便習之].
	초육(初六)	습감(習坎)	습감(習坎)이라는 것은 험난하고 어려운 일을 하는 것을 익히는 것이다[習坎者 習爲險難之事].
	육삼(六三)	험이침(險而枕)	침(枕)이라는 것은 가지를 베개 삼아서 편안하지 않다는 말이다[枕者枕枝而不安之謂].
	구오(九五)	지기평(祇旣平)	지(祇)는 어조사이다[祇 辭也].
이(離)	초구(初九)	착연(錯然)	착연(錯然)이라는 것은 경계하고 삼가는 모양이다[錯然者 警愼之貌].
둔(遯)	구사(九四)	소인비(小人否)	비(否)는 장비(臧否: 善惡)의 비(否)이다[否 臧否之否].
손(損)	육오(六五)	십붕지구(十朋之龜)	붕(朋)은 무리라는 말이다[朋 黨也].
익(益)	육이(六二)	제길(帝吉)	제(帝)라는 것은 만물을 낳는 주재자이다[帝者 生物之主].
쾌(夬)	대상(大象)	거덕즉기(居德則忌)	기(忌)는 금한다는 의미다[忌 禁也].
	구삼(九三)	장우규(壯于頄)	규(頄)는 광대뼈이다[頄面權也].
	구오(九五)	현륙쾌쾌(莧陸夬夬)	현륙(莧陸)은 부드럽고 약한 풀이라는 것이다[莧陸 草之柔脆者].

---

1) 『易學緖言』卷1, Ⅱ~45, 37쪽(10-250). "義有不明 輒云語辭 此王氏之大病也 盆簪之訓合疾 省方之訓視事 亦奇語也 頻者蹙也 訓之爲貌亦謬".

구(姤)	초육(初六)	이시부척촉(羸豕孚蹢躅)	이시(羸豕)는 암퇘지를 말한다. 부(孚)는 힘쓰는 것이 조급한 것과 같다[羸豕謂牝豕也 孚猶務躁也].
	구오(九五)	이기포과(以杞包瓜)	구기자라는 것은 비옥한 땅에서 사는 것이며, 호롱박이라는 것은 매여 있을 뿐 먹지 못하는 것이다[杞之爲物 生於肥地者也 包瓜爲物 繫而不食者也].
췌(萃)	단(彖)	왕가유묘(王假有廟)	가(假)는 이른다는 의미이다[假 至也].
	육이(六二)	이용약(利用禴)	약(禴)은 은나라 봄제사의 이름이다[禴 殷春祭名].
정(井)	대상(大象)	노민권상(勞民勸相)	상(相)은 돕는다는 말과 같다[相 猶助也].
	구오(九五)	열한천식(洌寒泉食)	열(洌)은 깨끗하다는 의미이다[洌 潔也].
	상육(上六)	정수물막(井收勿幕)	막(幕)은 덮는다는 의미이다[幕 猶覆也].
정(鼎)	대상(大象)	응명(凝名)	응(凝)이라는 것은 엄정한 모습을 말한다[凝者 嚴整之貌].
	구사(九四)	기형악흉(其形渥凶)	악(渥)은 젖은 모양이다[渥 沾濡之貌].
진(震)	단(彖)	진래혁혁(震來虩虩)	혁혁(虩虩)은 두려워하는 모양이다[虩虩 恐懼之貌].
	육이(六二)	억상패(億喪貝)	억(億)은 어조사이다. 패(貝)는 밑천과 양식과 같은 것이다[億 辭也 貝 資貨糧用之屬].
	육삼(六三)	진소소(震蘇蘇)	두려하는 것이다[공안국은 "소소(蘇蘇)는 두려워하는 모양이다"고 말했다][懼蘇蘇(孔云蘇蘇畏懼貌)].
	상육(上六)	진색색(震索索)	두려워서 경계하는 것이다[공안국은 "색색(索索)은 편안하지 않은 모양이다"고 말했다][懼而索索(孔云索索不安貌)].
간(艮)	구삼(九三)	간기한(艮其限)	한(限)은 몸의 가운데이다[限 身之中也].
		열기인(列其夤)	인(夤)은 척추의 살이다[夤 脊之肉也].
점(漸)	구삼(九三)	홍점우육(鴻漸于陸)	육(陸)은 높은 꼭대기이다[陸 高之頂也].
풍(豊)	초구(初九)	수순무구(雖旬無咎)	순(旬)은 균등하다는 의미이다[旬 均也].
	구삼(九三)	풍기패(豐其沛)	패(沛)는 표기 장막으로 강한 빛을 가리는 것이다[沛 幡幔所以禦 盛光也].
		일중현매(日中見沬)	매(沬)는 희미하다는 의미이다[沬 微昧之明也].
여(旅)	초육(初六)	사기소취재(斯其所取災)	이런 천한 구실을 한 것이다[爲斯賤之役].
	육이(六二)	회기자(懷其資)	회(懷)는 온다는 의미이다[懷 來也].
손(巽)	구삼(九三)	빈손(頻巽)	빈(頻)은 찡그린다는 의미이다[頻 蹙].
	육사(六四)	전획삼품(田獲三品)	삼품(三品)은 첫째는 제사를 위한 공품이고, 둘째는 빈객을 위한 음식이고, 셋째는 천자와 제후가 먹을 음이다[三品 一曰乾豆 二曰賓客 三曰充君之庖].
	구오(九五)	선경삼일(先庚三日)	명령을 펴는 것을 '경(庚)'이라고 한다[申命令 謂之庚].

태(兌)	대상(大象)	여택(麗澤)	여(麗)는 연이어진다는 의미이다[麗猶連也].
	구사(九四)	상태미령(商兌未寧)	상(商)은 헤아려 재단한다는 말이다[商 商量裁制之謂也].
		개질(介疾)	개(介)는 막는다는 의미이다[介 隔也].
환(渙)	구이(九二)	분기궤(奔其机)	궤(机)는 사물을 받드는 것이다[机 承物者也].
	상구(上九)	적출(逖出)	적(逖)은 멀다는 의미이다[逖 遠也].
중부 (中孚)	초구(初九)	우길(虞吉)	우(虞)는 전일하다는 의미이다[虞 猶專也].
	구오(九五)	연여(攣如)	연여(攣如)라는 것은 그 믿음에 매여 있다는 말이다[攣如者 繫其信之辭].
	상구(上九)	한음(翰音)	한(翰)은 높이 나는 것이다. 나는 소리라는 것은 소리만 날되 실은 좇을 수 없는 것을 말한다[翰 高飛也 飛音者 音飛而實不從].
기제 (旣濟)	육이(六二)	부상기불(婦喪其茀)	불(茀)은 머리 장식을 말한다[茀首飾也].
	육사(六四)	수유의녀(繻有衣袽)	유(繻)는 마땅히 유(濡)라고 해야 한다. 헤진 옷가지는 배가 새는 것을 막는 것이다[繻宜曰濡 衣袽所以塞舟漏也].

지루함을 무릅쓰고 왕씨(王氏)의 자고(字詁)를 이처럼 표기(表記)한 것은 보는 자로 하여금 왕씨역(王氏易)의 득의망상(得意忘象)의 실상을 체감하게 하기 위해서다. 다산도 본론의 말미에서 다음과 같이 말하고 있다.

> 살펴보건대 이러한 여러 주석은 모두 본래의 뜻을 잃었다. 그 혹시 잃지 않은 것은 구가(九家)에서 나온 것이고, 본말이 심오한 것은 어진 사람이 절로 밝힌 것이니 지금 하나의 평의(評議)를 따를 수 없다.[2]

라 하여 다산역과는 상반된 입장에 서 있음은 너무도 자명하다.

---

2) 「王輔嗣易注論」, 『易學緖言』 卷1, Ⅱ~45, 38쪽(10-251). "案此諸詁 悉失本旨 其或不失者 出於九家 深於源委者 覽之自明 今不能逐一評議也".

2. 구절론(句節論)

괘명 (卦名)	효 (爻)	구절(句絶)	평정(評定)
건(乾)	구삼 (九三)	석척약려(夕惕若厲)	공자가 "비록 위태로우나 허물이 없다"고 하였으니 '약려(若厲)'를 구(句)로 삼는 것은 옳지 않다[孔子曰雖危無咎則若厲爲句 非也].
곤(坤)	단(彖)	이빈마지정(利牝馬之貞)	건괘(蹇卦)와 해괘(解卦)는 서쪽과 남쪽이 이롭기 때문에 다르게 해석해서는 안 되니 '주리(主利)'를 구(句)로 삼는 것은 옳지 않다[蹇解之利西南 不可異解則主利爲句 非也].
		[구(句)]후득주리(後得主利)	'이(利)'를 구(句)로 삼는 것은 옳지 않다[利爲句 非也].
곤(坤)	육이 (六二)	직방대(直方大)	상방장낭(霜方章囊)은 더불어 협운(叶韻)이니 직방대(直方大)가 구(句)가 되는 것은 옳지 않다[霜方章囊 與之叶韻則直方大爲句 非也].
몽(蒙)	육삼 (六三)	견금부(見金夫)	물용(勿用)과 유궁(有躬)은 더불어 협운(叶韻)이니 견금부(見金夫)가 구(句)가 되는 것은 옳지 않다[勿用有躬 與之叶韻則見金夫爲句 非也].
송(訟)	단(彖)	유부질척(有孚窒惕)	
	구사 (九四)	복즉명투(復卽命渝)	
대축 (小畜)	육사 (六四)	혈거척출(血去惕出)	
	상구 (上九)	상덕재(尙德載)[구(句)] 부정려(婦貞厲)[구(句)]	오직 상덕재(尙德載)만이 구(句)가 되고 비재부(比載婦)는 장(長)이 된다[唯 尙德載爲句 比載婦爲長].
태(泰)	구이 (九二)	포황용풍하(包荒用馮河) 불하유(不遐遺) 붕무(朋亡)	
몽(豫)	상육 (上六)	명예성(冥豫成)[구(句)]	
수(隨)	육삼 (六三)	수유구득(隨有求得)[구(句)]	
박(剝)	초육 (初六)	박상이족(剝牀以足)[구(句)] 멸정흉(蔑貞凶)	공자가 족멸(足蔑)을 멸하(滅下)로 삼았으니 멸정흉(蔑貞凶)은 옳지 않다[孔子以蔑爲滅下則蔑貞凶 非也].
	상구 (上九)	무망행(無妄行)	

卦	爻	구절	설명
대축 (大畜)	단(象)	강건독실(剛健篤實)[구(句)] 휘광(輝光)[구(句)] 일신기덕(日新其德)[구(句)]	대유괘(大有卦)에 말하길 "그 덕은 강건하고 문명하다"고 하였고, 대축괘(大畜卦)에 말하길 "그 덕은 강이 위에 있고 어진 이를 숭상한다"고 하였다. 구법(句法)이 바로 같으니 휘광일신(輝光日新)은 마땅히 구(句)가 되어야 한다[大有曰其德剛健而文明 大畜曰其德剛上而尙賢 句法正同則輝光日新 當爲句也].
이(頤)	육이 (六二)	불경우구(拂經于丘)[구(句)] 이정흉(頤征凶)[구(句)]	
감(坎)	육사 (六四)	준주(樽酒)[구(句)] 궤이(簋貳)[구(句)] 용부(用 缶)	
이(離)	대상 (大象)	명량(明兩)[구(句)] 작리(作 離)	수천지(水洊至)와 명량작(明兩作)은 구법(句法)이 바로 같으니 또한 다르게 보아서는 안 된다[水洊至 明兩作 句法正同 亦不可殊觀也].
감(咸)	상육 (上六)	함기보협설(咸其輔頰舌)	
항(恒)	육오 (六五)	항기덕정(恒其德貞)	항기덕정(恒其德貞)은 풀이할 수 없다. 만약의 일의 근간을 점치는 것으로 논의한다면 부인(婦人)은 길하고 부자(夫子)는 흉하다[恒其德貞 不可解也 若論幹事之占 婦人吉 夫子凶也].
이 (明夷)	육이 (六二)	용증마장길(用拯馬壯吉) (왕필은 "구원할 말이 씩씩해서 길하다"고 하였다[王云可用拯馬而壯吉]. ○공안국은 "말이 스스로 구제하여 그 씩씩함을 얻으니 길하다"고 하였다[孔云用馬以自拯濟而獲其壯吉].	용증(用拯)의 뜻은 왕필(王弼)의 말과 같다면 사람이 말을 구제하는 것이고 공안국(孔安國)의 설과 같다면 말이 사람을 구제하는 것이다. 공안국의 뜻이 나으니 마땅히 용증(用拯)을 구(句)로 삼아야 한다[用拯之義 如王之說則人拯馬也 如孔之說則馬拯人也 孔義爲長 當以用拯爲句].
익(益)	육삼 (六三)	익지(益之)[구(句)]	
췌(萃)	초육 (初六)	약호(若號)[구(句)]일악위소 (一握爲笑)	
정(鼎)	구삼 (九三)	방우휴회(方雨虧悔)	

　　이상 다산의 평정에 의하여 구절의 잘못이 지적됨으로써 왕 씨(王氏)의 득의망상론(得意忘象論)의 허구성이 자명하게 된다.

3. 현담론(玄談論)

왕필역(王弼易)과 다산역의 대결은 마치 노자와 공자의 대결을 방불하게 하는 자가 아닐 수 없다. 그러므로 다산은 이를 다음과 같이 평가한다.

노자의 도(道)는 허무(虛無)로써 만유(萬有)의 근본을 삼고 적정(寂靜)으로써 여러 가지 움직임의 근본을 삼아 인자함과 검소함으로 행동하고 하지 않음을 고수하니 사람들이 그 도(道)를 먼저 한다. 안으로 밝지만 밖으로 어둡고 안으로 강하지만 밖으로 유약하여 사물을 각각 그 사물의 본성에 맡기니 더불어 싸우지 않는다. 말하지 않아도 깨닫고 움직이지 않아도 변화하여 몸이 있음[有身]으로써 내 몸의 대루(大累)로 삼고 함이 없음[無爲]으로써 만물을 다스리는 대권(大權)으로 삼으니 굳세거나 괴팍하지 않음으로써 기틀을 밟고 낮고 약함에 처하여 몸을 보존한다. 현허(玄虛)하고 충막(沖漠)함은 예악(禮樂)을 티끌이나 쭉정이로 여겨 스스로 그 현현(玄玄)한 문을 보존하니 이것이 노자(老子)의 술수이다. 그것으로써 자신의 이로움과 해로움을 도모한다면 진실로 지극한 도(道)가 되니 이내 마치 천하와 국가를 위하는 자가 함께 논의할 수 없는 것과 같다. 왕필(王弼)의 학문은 노씨(老氏)에게 빠져 그 역경을 주함이 한 자 한 구절이 모두 그 현허(玄虛)와 충막(沖漠)의 뜻으로써 물들었다. 세 성인의 세상 다스림과 나라를 다스리는 정밀한 뜻과 큰 법을 이단(異端)의 부류에 빠지게 하였으니 어찌 애석하지 않겠는가?3)

---

3) 「王輔嗣易注論」, 『易學緒言』卷1, Ⅱ~45, 40~41쪽(10-256~257). "老子之道 以虛無爲萬有之本 以寂靜爲羣動之根 行之以慈儉 守之以不爲 人先其道也 內明而外晦 內剛而外柔 物各付物 不與之爭 不言而喩 不動而化 以有身爲吾身之大累 以無爲爲御物之大權 不强復以蹈機 處卑弱以存身 玄虛沖漠 塵秕禮樂 以自葆其玄玄之門 此老氏之術也 以之謀一己之利害 誠爲至道 乃若爲天下國家者 所不可與議也 王弼之學 深於老氏 其注易經 一字一句 咸以其所謂玄虛沖漠之旨 撓之染之 使三聖人御世經國之精義大法 淪之於異端之流 豈不惜哉".

어쨌든 왕필은 위진시대에 출현한 의리역의 대표자로서 자(字)는 보사(輔嗣)요, 24세로 요절한 천재적 존재라 이르지 않을 수 없다. 이에 그의 현담(玄談)의 구체적 내용을 밝히기 위하여 한 표를 만들면 다음과 같다.

괘명 (卦名)	효 (爻)	왕필역(王弼易)의 현담주(玄談注)
건(乾)	단(彖)	하늘이라는 것은 형체의 이름이며, 건(健)이라는 것은 형체를 쓰는 것이다. 형체라는 것은 사물에 얽혀 있는 것이니 하늘의 형체가 있으면서 어그러짐이 없도록 길이 보존하고 사물의 우두머리가 되어서 그것을 거느리는 자는 어찌 굳건한 것이 아니겠는가[天也者 形之名也 健也者 用形者也 夫形也者 物之累也 有天之形 而能永保無虧 爲物之首 統之者 豈非至健哉]?
곤(坤)	육삼 (六三)	일이 있으면 따를 뿐이지 감히 첫머리가 되지 않기 때문에 '혹 왕의 일을 따른다'고 하였다[有事則從 不敢爲首 故曰或從王事].
사(師)	육오 (六五)	유(柔)는 물(物)을 범하지 않는다. 침범을 당한 뒤에 대응해서 가면 곧음을 얻을 수 있기 때문에 '밭에 새가 있다'고 하였다[柔不犯物 犯而後應 往必得直 故曰有禽也].
비(比)	단(彖)	없는 자는 있는 자에게서 구하지만, 있는 자는 줄 대상을 구하지 않는다. 불은 그 뜨거움이 있어서 추운 자가 그것에 의지한다. 그러므로 이미 진실로 편안해 한다면 편안하지 못한 지방에서 찾아온다[無者求有 有者不求所與 火有其炎 寒者附之 故已苟安焉 則不寧方來矣].
대유 (大有)	육오 (六五)	다른 사람에게 사사롭지 아니하니 다른 사람이 또한 공정하게 하고, 다른 사람을 의심하지 아니하니 다른 사람이 또한 성실하게 한다. 이미 공정하고 미더운데 무엇이 어렵고 무엇을 대비하겠는가? 말하지 않아도 가르침이 행해진다[夫不私於物 物亦公焉 不疑於物 物亦誠焉 旣公且信 何難何備 不言而敎行].
겸(謙)	상육 (上六)	음식에는 반드시 송사가 있고, 송사에는 반드시 민중이 봉기한다. 뭇사람들이 싫어하는 곳에 거처하면서 움직이는 자에 의해 피해를 당하는 경우가 있지 아니하며, 다툼이 없는 자리에 거처하여 다투는 자에 의해 빼앗기는 경우는 없다[飮食必有訟 訟必有衆起 未有居衆人之所惡而爲動者所害 處不競之地而爲爭者所奪].
예(豫)	구사 (九四)	다른 사람을 믿지 않으면 다른 사람 또한 의심한다[夫不信於物 物亦疑焉].
비(賁)	육오 (六五)	비용은 검소하게 하는 것보다 좋은 것이 없으니 크면서도 검약하기 때문에 반드시 궁색하다[用莫過儉 泰而能約 故必吝焉].

복(復)	단(彖)	천지는 근본을 마음으로 삼는다. 움직임이 다하면 고요해지지만 고요함은 움직임에 상대되는 것이 아니다. 말을 다하면 침묵하게 되지만 침묵은 말에 반대되는 것이 아니다. 그러한즉 천지가 비록 커서 만물을 풍부하게 하여 우레가 치고 바람이 불어 운행하는 변화가 만 가지로 변하지만 적연(寂然)히 무(無)에 이르니 이것인 그 근본이다. 그러므로 움직임이 땅속에서 그치면 이내 천지의 마음이 나타난다. 만약 유(有)로써 마음을 삼는다면 다른 종류는 함께 존재할 수 없다[天地以本爲心者也 凡動息則靜 靜非對動者也 語息則黙 黙非對語者也 然則天地雖大 富有萬物 雷動風行 運化萬變 寂然至無 是其本矣 故動息地中 乃天地之心見也 若其以有爲心 則異類未獲具存矣].
		동지(冬至)는 음이 회복된 것이고, 하지(夏至)는 양이 회복된 것이다. 그러므로 복(復)이 되면 적연(寂然)히 아주 고요함에 이른다. 선왕은 천지를 본받아 행한 사람이다. 움직임은 다시 고요해지고, 행함은 다시 그치고, 일함은 다시 일이 없는 것이다[冬至 陰之復也 夏至 陽之復也 故爲復則至於寂然大靜 先王則天地而行者也 動復則靜 行復則止 事復則無事也].
대축(大畜)	단(彖)	물이 이미 싫증나서 물러나는 것은 약(弱)하기 때문이고, 이미 영화롭다가 쇠락하는 것은 얄팍하기 때문이다[凡物旣厭而退者 弱也 旣榮而隕者 薄也].
진(晉)	상(象)	'스스로 덕(德)을 밝게 밝힌다'는 것에 대해 주씨(周氏) 등은 스스로 자신을 밝힌다고 여겼다. 노자(老子)가 말하길 "자기를 아는 사람은 총명한 사람"이라고 하였으니 밝음을 이용하여 스스로 밝힌 것이다[自昭明德 周氏等以爲自照己身 老子曰 自知者明 明以自照].
	육오(六五)	유(柔)가 높은 자리를 얻어 음(陰)이 밝음의 주(主)가 되니 능히 살피지 않아도 아래의 임무를 대하지 않을 수 있다[柔得尊位 陰爲明主 能不用察 不代下任也].
	상구(上九)	도(道)의 교화와 무위(無爲)의 일을 잃었으니 반드시 정벌한 연후에 읍을 복종시키게 된다. 위태로우나 이내 길함을 얻고 길해서 이내 허물이 없으나 이것을 바르게 하면 또한 천한 것이다[失夫道化無爲之事 必須攻伐然後服邑 危乃得吉 吉乃无咎 用斯以正 亦以賤矣].
명이(明夷)	상(象)	안에 밝음을 감추면 이내 밝음을 얻고 밖에 밝음을 드러내면 교묘하게 피하게 된다[藏明於內 乃得明也 顯明於外 巧所辟也].
손(損)	단(彖)	자연스러운 본성은 각각 그 분수가 정해져 있어서 짧다고 해서 부족하지 않고 길다고 해서 남지 않으니 덜고 더함을 어디에 덧붙이겠는가[自然之質 名定其分 短者不爲不足 長者不爲有餘 損益將何加焉?
규(睽)	상구(上九)	허탄하고 괴상하지만 도(道)는 장차 하나로 되는 것이다. 아직 다스려지지 못한 상태에서는 먼저 괴상하게 보이게 된다. 귀신이 수레에 가득 보이니 놀랍고 괴이하다. 공안국(孔安國)은 『장자』 「제물론」에 '대들보와 나무기둥, 문둥이와 서시, 허풍쟁이와 사기꾼, 말쟁이와 사기꾼은 모두 도(道)로 통하면 하나로 같다'고 하였다"고 했다. 곽상(郭象)의 주석에 "대들보와 나무기둥, 문둥이의 추함과 서시의 미모는 모두 만 가지로 다르지만 성품은 본래 같음을 얻었기 때문에 '도(道)로 통하면 하나로 같다'고 하였다"고 했다[恢詭譎怪 道將爲一 未至於治 先見殊怪 見鬼盈車 叮可怪也 孔云莊子齊物論曰 擧莛與楹 厲與西施 恢詭譎怪 道通爲一 郭象注云夫莛橫而楹 縱厲醜而西施好形 雖萬殊而性本得同故曰道通爲一也].
간(艮)	단(彖)	등은 볼 수 없는 곳이다. 볼 수 없으면 자연히 고요하게 그친다. 고요하게 그쳐서 봄이 없으면 그 자신을 얻지 못한다[背者無見之物也 無見則自然靜止 靜止而無見則不獲其身矣].

다산의 입을 빌리지 않더라도 이상 왕씨(王氏)의 역주(易注)를 일별하면 그의 역(易)이 노장사상에 깊이 젖은 자임을 얼른 발견하게 될 것이다.

제2절 한강백현담고(韓康伯玄談考)

한강백(韓康伯)은 왕필을 사숙한 제자로서 비록 친히 왕필에게서 수업하지는 않았다 하더라도 왕필역의 정신을 계승하여 왕필역에서 누락된 역대전주(易大傳注)에 주력하였다. 다산은 한씨역(韓氏易)이 노장뿐 아니라 불교사상까지도 혼합하고 있는 것으로 본다.

한강백(韓康伯)이란 사람은 왕필의 제자이며, 그는 「대전(大傳)」을 주석하였다. 괘상(卦象)과 효상(爻象)의 뜻에는 한결같이 발명한 것이 없다. 그의 의도는 『역』을 인용하여 노자(老子)와 장자(莊子)에 합하고자 하여 현허(玄虛)하고 충막(沖漠)한 학문과 도융(屠隆)이 삼교(三敎)의 이론을 혼합한 것에 대해 논증하였다. 오랜 세월 동안 한결같이 하여 지금 열 개 가운데 한두 개를 든 것이 이미 공공연히 이와 같다.[4]

그리하여 한씨역(韓氏易)은 송대(宋代) 진단(陳搏: 希夷)의 태극(太極)

---

4) 「韓康伯玄談考」, 『易學緖言』 卷2, Ⅱ~46, 1쪽(10-259). "韓康伯者 王弼弟子也 其注大傳 凡卦象爻象之義 一無所發明 意欲引易以合於老莊 以證其玄虛沖漠之學與 屠隆混合三敎之論 千古一轍 今十擧一二 已公然如此矣".

과 양구산(楊龜山)의 반관지학(反觀之學)에도 깊은 영향을 미친 것으로 여기고 있다.

> 그의 술수는 오로지 태극(太極)으로써 도체(道體)의 커다란 근본을 세웠는데 '맑고 깨끗하여 작위함이 없는 것[淸淨無爲]'과 '모든 생각을 다 잊어버리고 따지는 것을 버림[坐忘遺照]'으로 마음을 다스리는 오묘한 법칙을 삼았다. 진희이(陳希夷)의 흑백(黑白)의 그림은 그 근원이 여기에 있으며, 양구산(楊龜山)의 반관(反觀)의 학문도 그 인증이 여기에 있다.[5]

이는 왕역(王易)・한역(韓易)이 의리역으로서 송대에까지 깊은 영향을 미치고 있음을 밝힌 자라 할 수 있다. 이는 송대에도 상수역과 의리역이 병존하고 있음을 의미한다.

1. 도

한씨역(韓氏易)의 현담(玄談)은 다산의 상수역(象數易)과의 대조에서 양자의 입장이 분명해진다. 전자는 노장의 현허무위지학(玄虛無爲之學)에 근거하고 후자는 일월상역(日月相易)의 천지운행(天地運行)에 입각하고 있기 때문이다. 도(道)의 개념만 하더라도 한씨(韓氏)는 이를 무(無)를 칭한 것이라 한 데 반하여 다산은 이를 지건지식지상(至健不息之象)으로 이해하고 있는 것이다. 한씨(韓氏)는 이르기를

> 도(道)라는 것은 무엇인가? 무(無)의 호칭이다. 통하지 못함이 없

---

5) 같은 책, 같은 곳. "其術專以太極 立爲道體之大本 而淸爭無爲 坐忘遺照 爲治心之妙詮 希夷黑白之圖 其源頭在是 而龜山反觀之學 其印證在是矣".

고 말미암지 않음이 없으니 이것을 비유해서 '도(道)'라고 한다. 고요하게 형체가 없으니 형상화할 수 없다. 반드시 유(有)의 쓰임이 극에 이르러서야 무(無)의 공효가 드러나기 때문에 신무방체이역무체(神無方而易無體)에 이르렀다.[6]

라 하여 이를 무(無)의 사상으로 밝힌 데 반하여 다산은 이를 지건지상(至健之象)으로 밝히고 있다.

천도가 지극히 강건하여 한 번 숨 쉬는 동안에도 멈추지 않는다. 일월(日月)은 운행하여 추위와 더위로 변하고 초목과 금수 가운데 생기를 머금고 준동(蠢動)한 무리는 생겨나고 길러지고 자라고 이루어진다. 성인은 하늘을 본받아 분발하고 널리 행하는데 부지런히 할 것에 게으르게 함에 이르니 감히 편안히 할 수 없어서 예악(禮樂)과 형정(刑政)으로써 그것을 회복시켰고 전장(典章)과 법도(法度)로써 그것을 밝게 세웠다. 지금 "법령에 글을 더하고 사물이 그 본성을 잃어 마침내 불생(不生)과 불화(不化)로써 천하를 다스리는 오묘한 도(道)로 여긴다"고 하니 어찌 어그러지지 않겠는가?[7]

다산의 이른바 도(道)는 무(無)의 도(道)가 아니라 유(有)의 도(道)이며 천도(天道)이며 음양지도(陰陽之道)임을 다음과 같이 밝히고 있다.

한 번 음하고 한 번 양하는 것을 도(道)라고 한다는 것은 하늘이 만물을 생육하는 그 신기한 조화와 오묘한 작용이 단지 한 번은 낮이다가 한 번은 밤이고, 한 번은 춥다가 한 번은 더울 따름이기 때문이다. 초목과 금수가 생기를 머금고 준동(蠢動)하는 법칙

---

6) 같은 책, 같은 곳(10-260). "道者何 無之稱也 無不通也 無不由也 況之曰道 寂然無體 不可爲象 必有 之用極 而無之功顯 故至乎神無方而易無體".

7) 같은 책, 같은 곳. "天道至健 一息不停 日月運行 寒暑以變 而草木禽獸 含生蠢動之屬 以生以育 以長以 成 聖人法天 奮庸熙載 至于倦勤 罔敢皇寧 禮樂刑政 以之修擧 典章法度 以之建明 今日法令滋章 物失 其性 遂以不生不化 爲理天下之妙道 豈不悖哉".

은 여기에서 길러지고, 사람이 경륜을 세우고 기강을 진열하여 하늘을 대신하고 만물을 다스리는 것 또한 오직 어두움과 밝음의 마디에 따르고, 겨울과 여름이 바뀌는 것에 따를 뿐이다. 합해서 이름하면 일음일양(一陰一陽)이다. 역(易)이 역(易)이 되는 까닭은 이것을 본받았을 따름이다.[8]

라 하였다. 이렇듯 도(道)란 음양한서(日月寒暑)로 표현되는 천지자연(天地自然)의 도(道)로서 이는 무위자연(無爲自然: 老子)이 아닌 것이다.

2. 태허설

「역대전(易大傳)」의 '음양불측(陰陽不測)' 구(句)에 대한 한씨(韓氏)의 주(注)는 다음과 같다.

양의(兩儀)의 운행과 만물의 운동을 살펴보건대 어찌 시켜서 그렇게 하겠는가? 태허에서 홀로 변화하다가 홀로 저절로 이르게 된다. 그것을 만드는 것은 내가 아니라 이치가 절로 현묘하게 응한 것이다. 그것을 변화시키는 것은 주인이 없어서 운수가 남 모르게 운행한 것이다. 그러므로 그러한 까닭을 알지 못한 것이다. 이것은 태극(太極)을 시작으로 삼아 이치를 궁구하고 변화를 체득하며 모든 생각을 다 잊어버리고 따지는 것을 버리며, 비움을 지극히 하여 응함을 잘하니 이것을 도(道)라고 칭하고, 생각하지 않아도 현묘하게 비춰 보니 이것을 신(神)이라고 이름한다.[9]

---

8) 같은 책, 2쪽(10−261). "一陰一陽之謂道者 天之所以生育萬物 其神化妙用 只是一晝一夜 一寒一暑而已 草木禽獸 含生蠢動之倫 於是乎 煦濡蕃發 而人之所以立經陳紀 代天理物 亦惟順晦明之節 協冬夏之紀而已 合而名之則一陰一陽 易之所以爲易 法此而己…".

9) 같은 책, 2~3쪽(10−262~263). "原兩儀之運 萬物之動 豈有使之然哉 莫不獨化於太虛 欻爾而自造矣 造之非我 理自玄應 化之無主 數自冥運 故不知所以 是以太極爲始 窮理體化 坐忘遺照 至虛而善應 則以道爲稱 不思而玄覽 則以神爲名".

이에 부연하여 공영달은 그의 『주역정의』에서 이르기를

아득하고 고요하여 헤아릴 수 없고 형체가 없어서 태극(太極)과 허무(虛無)로써 근원을 삼아 다른 일로써 마음을 연결하지 않으니 단연히 현묘하고 고요해야 이내 하늘이 하는 바를 알 수 있다. 하늘의 도(道)가 또한 이와 같다는 말이다. '모든 생각을 다 잊어버리고 따지는 것을 버림[坐忘遺照]'이라는 것은 『장자』「대종사(大宗師)」편에 나온다.10)

라 하였다. 이에 대하여 다산은 그의 음양론적(陰陽論的) 역리론(易理論)에 입각하여 음양불측(陰陽不測)이란 신비주의적 불가지론(不可知論)이 아니라 한낱 점서지설(占筮之說)에 지나지 않음을 다음과 같이 설파하고 있다.

경전(經傳)에 말하길 "수(數)를 지극히 하여 미래를 아는 것을 점(占)이라 하고, 변(變)을 통하는 것을 사(事)라 하고, 음하고 양하여 헤아릴 수 없는 것을 신(神)이라 한다"고 하였으니 세 구절은 모두 점서(占筮)의 이론인데 오직 끝 한 구절만을 잡고서 천지조화(天地造化)의 근본으로 삼는다면 어찌 비틀어지지 않겠는가? 점치는 사람이 설시를 할 때 7, 8, 9, 6을 미리 헤아리지 않으니 이것이 이른바 '음하고 양하여 헤아릴 수 없다'는 것이다. 태허현람(太虛玄覽)과 좌망유조(坐忘遺照)가 어찌 이 경전과 함께하겠는가? 무릇 이교(異敎)에 빠진 자는 반드시 빠진 것으로써 경전을 해석하니 이것이 커다란 우환(憂患)이다.11)

---

10) 같은 책, 3쪽(10－263). "杳寂不測 無形無體 以太極虛無爲始 不以他事係心 端然玄寂 乃能知天之所爲也 言天之道 亦如此也 坐忘遺照 出莊子大宗師篇".

11) 같은 책, 같은 곳. "經日極數知來之謂占 通變之謂事 陰陽不測之謂神 則三句都是占筮之說 唯執末一句爲天地造化之本 豈不拗哉 筮人揲蓍也 七八九六無以預度 此所謂陰陽不測 太虛玄覽 坐忘遺照 何與於此經哉 凡溺於異敎者 必以所溺者解經 此大患也".

이렇듯 역(易)에 태허설(太虛說)을 도입한 것은 상수학적(象數學的) 역리(易理)에의 도전이 아닐 수 없다. 일월상역(日月相易) 음양변화(陰陽變化)로 상징되는 역(易)은 결코 허무(虛無)의 극치인 태허(太虛)일 수 없음은 다시 말할 나위도 없다.

제3절 분괘직일론(分卦直日論)

　　다산의 역리론(易理論)의 입장에서 볼 때 왕역(王易)·한역(韓易)의
반상수학적(反象數學的) 역리론(易理論)이야말로 이단(異端) 중의 이단
(異端)으로 간주할 수밖에 없다. 그리하여 한위역(漢魏易)을 분류한다
면 대체로 상수역(象數易)과 의리역(義理易)으로 양분하게 된다. 이 양
역(兩易)이 송대(宋代)에 이르러 크게 변화하게 되거니와 그렇게 되기
전에 당대(唐代)에 이르러 분괘직일법(分卦直日法)이 생겼으니 그의
연원(淵源)은 초연수(焦延壽) 경방(京房) 등에게로 소급된다.

　　분괘직일(分卦直日)이란 "일효주일일(一爻主一日)을 원칙으로 하고
육십사괘(六十四卦)를 삼백육십일(三百六十日)에 배합한 후 남는 진(震)·
이(離)·태(兌)·감(坎) 사괘(四卦)는 따로 빼돌려 점법(占法)에 원용(援
用)한 것"을 가리킨다. 십이벽괘(十二辟卦) 사시지상(四時之象)과 중부
(中孚)·소과(小過) 재윤지상(再閏之象)에 따른 역수(曆象)에 근거한 다
산의 추이법(推移法)도 역수학적(曆數學的)이라 한다면 이를 세분한
분괘직일(分卦直日)도 역수학(曆數學)이 아닐 수 없다. 그러나 이 양자

는 근본적으로 역리(易理)의 근거를 달리하고 있으니 전자는 이역상력(以易象曆)한 반면에 후자는 이력상역(以曆象易)했기 때문임을 다산은 다음과 같이 지적한다.

『역』의 도는 상(象)일 따름이다. 그러므로 12벽괘로 사계절을 상징하고 중부괘(中孚卦)와 소과괘(小過卦)로 양윤(兩閏)을 상징하였다. 이에 건괘(乾卦)와 곤괘(坤卦) 두 괘는 하늘과 땅을 상징하고 나머지 62괘는 5년마다 오는 재윤(再閏)의 62개월의 수를 상징하였다. 성인은 여기서 또한 그 서로 비슷한 점을 취했을 따름이다. 분괘직일(分卦直日)의 법이 어찌 경(經) 안에 증거가 있겠는가? 『역』이 역법(曆法)을 본뜨는 것은 가능하지만 한(漢)나라와 진(晉)나라 이래로 역법(曆法)이 『역』을 본떴으니 어찌 통하겠는가? 역(曆)은 일월오성의 벼리이다. 조금의 차이라도 있으면 사계절이 어그러지니 어찌 『역』을 본떠서 만들었겠는가?[12]

또 이르기를

역(易)이라는 것은 상(象)이다. 1년으로 하면 12벽괘로써 12개월의 수(數)을 상징하고 5년으로써 하면 62괘로써 60삭 두 윤월의 수(數)를 상징한다. 그 날[日]을 바르게 하고자 하면 건괘(乾卦)와 곤괘(坤卦)의 책수 360으로써 1년의 날[日]을 상징해야 한다. 옛날 사람들의 법은 그 호탕하고 떳떳함이 진실로 이와 같지 않은데 어찌 분괘직일(分卦直日)의 이치와 육일칠분(六日七分)의 이론이 있겠는가? 깨지고 얽혀 있어서 하나도 이치에 마땅한 것이 없다. 옛날 사람은 하나의 괘로 한 달을 배당하고 한 달로써 하루를 삼았기 때문에 구괘(姤卦)로부터 복괘(復卦)에 이르는 것을 칠일(七日)이라고 했는데 한나라 유학자들의 직일(直日)의 법은

---

12) 「唐書卦氣論」, 『易學緖言』 卷2, Ⅱ～46, 13～14쪽(10-284～285). "大抵 易之爲道 象而已 故十二辟卦以象四時 中孚小過以象兩閏 於是 乾坤二卦以象天地 餘六十二卦以象五歲再閏 六十二月之數 聖人於此 亦取其髣髴之似而已 分卦直日 豈有經證耶 以易象曆可也 漢晉以降 以曆象易 豈可通乎 曆也者 日月五星之紀也 毫髮有差 四時乖舛 奚暇象易而爲之哉".

양(陽)이 없어진 칠일(七日)만에 회복된다고 말한다. 지금 이 표를 살펴보면 소설(小雪)의 순곤(純坤)의 뒤에 오히려 미제괘(未濟卦)와 건괘(蹇卦)와 이괘(頤卦)와 중부괘(中孚卦) 등이 있는데 곤괘(坤卦)와 복괘(復卦) 사이에서 교란시킨다. 여러 양이 섞여서 이십칠일(二十七日)만에 비로소 복괘(復卦)를 얻는데 어찌 칠일(七日)만에 회복되겠는가? 거칠고 섞이고 무너지고 찢어져 하나라도 마음에 합당한 것이 없는데 그것을 기술할 수 있겠는가?[13]

참고로 분괘직일(分卦直日)의 괘기도(卦氣圖)를 표기하면 다음과 같다.

四正卦	中節	二十四氣	八風	十二辰	十二消息卦	五等卦	六十卦
坎初九	十一月中	冬至	廣莫風	子	復六四 復六五 復上六	公 辟 侯	中孚 復 內 屯 外
坎九二	十二月節	小寒			臨初九 臨九二	大 夫 卿	謙 睽
坎六三	十二月中	大寒		丑	臨六三 臨六四 臨六五 臨上六	公 辟	升 臨
坎六四	正月節	立春	條風		泰初九	候	內 過 外
					泰九二 泰九三	大 夫 卿	蒙 益

13) 같은 책, 12～13쪽(10－282～283). "易也者象也 以一年則以十二辟卦 象十二月數 以五年則以六十二卦 象六十朔兩閏月之數 其欲直日則以乾坤之第三百有六十 象期之日 古人之法 其磊落不苟如此 夫豈有分卦直日之理 六日七分之說乎 破碎牽纏 無一而當乎理者也 古人以一卦當一月 以一月爲一日 故自姤至復 謂之七日 而漢儒宗直日之法 謂易亡七日而來復 今觀此表 則小雪純坤之後 尚有未濟蹇頤中孚之等 交亂於坤復之間 群陽錯雜 二十七日始得復卦 安在其七日來復也 荒雜潰裂 無一而當乎心者也 而可述之乎".

坎九五	正月中	雨水		寅	泰六四 泰六五 泰上六	公辟侯	漸 泰 內 需 外
坎上六	二月節	驚蟄			大壯初九 大壯九二 大壯九三	大夫卿	隨 晋 解
震初九	二月中	春分	明庶風	卯	大壯九四 大壯六五 大壯上六	公辟侯	大壯 內 豫 外
震六二	三月節	清明			夬初九 夬九二	大夫卿 公辟侯	訟 蠱 革
震六三	三月中	穀雨		辰	夬九三 夬九四 夬九五 夬上六		夬 內 旅 外
震九四	四月節	立夏			乾初九 乾九二	大夫卿 公辟侯	師 比 小畜 乾
震六五	四月中	小滿	溫風	巳	乾九三 乾九四 乾九五 乾上九		內 大有 外
震上六	五月節	芒種			姤初六 姤九二 姤九三	大夫卿	家人 井

離初九	五月中	夏至	景風	午	姤九四 姤九五 姤上九	公 辟 侯	咸 姤　內 鼎　外
離六二	六月節	小暑			遯初六 遯六二	大 夫 卿	豐 渙履
離九三	六月中	大暑		未	遯九三 遯九四 遯九五 遯上九	公 辟 侯	渙履遯　內 恒　外
離九四	七月節	立秋	涼風				
	七月中	處暑		申	否初六 否六二 否六三 否九四 否九五 否上九	大 夫 卿 公 辟 侯	節 同人 損 否　內 巽　外
離六五							
離上九	八月節	白露			觀初六 觀六二 觀六三	大 夫 卿	萃 大畜
兌初九	八月中	秋分	閶闔風		觀六四 觀九五 觀上九	公 辟 侯	貴 觀　內 歸妹　外
兌九二	九月節	寒露			剝初六 剝六二	大 夫 卿	無妄
兌六三	九月中	霜降		戌	剝六三 剝六四 剝六五 剝上九	公 辟 侯	明夷 困 剝　內 艮　外
兌九四	十月節	立冬	不周風		坤初六 坤六二	大 夫	既濟

						夫	噬嗑
兌九五	十月中	小雪		亥	坤六三 坤六四 坤六五 坤上六	卿 公 辟 侯	大過 坤 內 未濟 外
兌上六	十一月節	大雪			復初九 復六二 復六三	大 夫 卿	蹇 頤

스즈키 아시다지로(鈴木田次郎), 『한역연구(漢易硏究)』, 175～179쪽.

이렇듯 이력상역(以曆象易)하여 역을 추상화한 괘기도(卦氣圖)에 대한 다산의 평론을 들어 보면 다음과 같다.

> 『역』의 도는 12벽괘의 추이일 따름이다. 만약 이러한 법이 없었다면 포희씨는 본래 괘를 그릴 필요가 없었다. 어째서인가? 괘를 그려도 소용이 없기 때문이다. 그러한 즉 벽괘(辟卦)의 명칭은 아득한 옛날부터 우뚝하게 존재하여 반드시 삼고(三古)의 시대로부터 이미 이러한 이름이 있었던 것이니 한나라 유학자들이 새롭게 세운 것이 아니다. 오직 이른바 공(公), 후(侯), 경(卿), 대부(大夫)의 괘라는 것은 한나라 유학자들이 교묘하게 만든 군더더기로서 역가(易家)의 큰 미혹됨이 되었다.[14]

라 하여, 십이벽괘(十二辟卦)와 공후경대부지괘(公侯卿大夫之卦)와는 구별하여야 하며

---

14) 「唐書卦氣論」, 『易學緖言』 卷2, Ⅱ～46, 12쪽(10－281). "易之爲道 十二辟卦推移而已 若無此法 庖犧氏原不必畫卦 何者 畫卦無所用耳 然則辟卦之名遙遙巍巍 必自三古之時 已有此名 非漢儒之所新立也 唯所謂公侯卿大夫之卦 是漢儒佼獪 別生贅疣 以爲易家之蔀惑者".

분괘직일(分卦直日)의 법은 원래 이치에 맞지 않은데 진실로 384
효로써 365일 4분의 1에 배당하면 반드시 어긋나고 합당하지
못하니 그 외에 연구할 필요가 없다. 게다가 효(爻)라는 글자는
본래 변괘(變卦)의 이름이지 1획이나 2획을 말하는 것이 아니다.
획(畫)으로써 효(爻)를 삼는 것은 원래 진실을 잃은 것이니 나머
지는 말할 필요가 없다. 경전(經傳)에 말하길 "효(爻)는 변(變)을
말한다"고 했는데 효(爻)가 어찌 획(畫)이겠는가?[15]

라 하며 분괘직일법(分卦直日法)은 근본적으로 불합리한 역법이라 하
였고

이른바 후괘(侯卦)는 반드시 쪼개서 둘로 만들어 내괘(內卦)를 상
기(上氣)에 소속시키고 외괘(外卦)외 하기(下氣)에 소속시키는데
또한 무슨 뜻인가? 견강부회하여 천착했다는 것은 바로 이러한
것을 말한다.[16]

라 하여 후괘론(侯卦論)의 모순을 지적하고 있다.
한마디로 말해서 분괘직일(分卦直日)에 의한 괘기론(卦氣論)은 재이
설적 술수학의 소산이라 이르지 않을 수 없다.

---

15) 같은 책, 13쪽(10 - 283). "分卦直日之法 原不合理 誠以三百八十四爻 配之於三百六十五日四分日之一
必齟齬而不合 自餘不必研究 況爻之爲字 本是變卦之名 非一畫二畫之謂也 以畫爲爻 原是失實 餘不必
言 經曰爻者言乎變者也 爻豈是畫耶".

16) 같은 책, 같은 곳. "所謂侯卦 必剖之爲二 內卦屬上氣 外卦屬下氣 抑又何義 附會穿鑿 正謂此類".

송대역학의 대두

한대 순구가의 역에서 당대 괘기론에 이르기까지의 긴 시간을 통하여 『역경』상·하를 중심으로 하여 공자 십익이 정리되었다. 그러나 송대로 접어들면서 학술적 일대 전기가 마련되어 역학에도 새로운 변모를 가져오기에 이르렀다.

먼저 송의 구양수(1007~1072)가 그의 『역동자문(易童子問)』에서 「계사」뿐만이 아니라 「문언」·「설괘」에 이르기까지 모두 다 성인의 작(作)이 아니라는 의문을 제기함으로써 『역경』 연구의 시각에 새로운 변화를 가져오기에 이르렀던 것이다. 태극도설(太極圖說)·하도낙서학(河圖洛書學)·선후천설(先後天說) 등의 대두는 송대역학의 새로운 중심과제로 등장하기에 이른 소이가 여기에 있다.

이러한 시대상황을 배경으로 하여 다산은 송대 역학을 어떻게 이해하고 있는 것일까. 다산은 자신의 역리론(易理四法)에 근거하여 주희와 소강절을 다음과 같이 비판한다.

제1절 주자의 역리론

　송대 역학은 소위 태극도·하도락서·선천도 등 삼역도학(三易圖
學)으로 발전하였고 주자는 여기에 어느 정도 깊숙하게 관계하였는
지에 관해서는 따로 평의(評議)되어야 하리라고 여겨지지만 여기서
는 오로지 그의『주역본의』에 담긴 주자의 역리론만을 발췌함에 그
치고자 한다. 삼역도학(三易圖學)에 대하여서는 소씨학(邵氏易)의 비
판에서 다루어지기 때문이다.

　다산은 주자역학을 평하여 이르기를 "한나라 이래로 역학은 주자
에게서 크게 갖추어졌다. 이름난 언설과 지극한 이치가 대부분『주
역본의』에 있는데 세속의 유자들은 살피지 못한다[自漢以降 易學大備
於朱子 名言至理 多在本議 而俗儒不察]"라 하였으며, 여기서 주자의 '이
름난 언설과 지극한 이치[名言至理]'란 그것이 바로 역리사법에 관한
주자의 명언지리(名言至理)임은 다시 말할 나위도 없다.

1. 괘변도

토다 토요사부로(戶田豐三郎)는 그의 『역경주석사강(易經注釋史綱)』에서 주자 『주역본의』의 특질을 논하여 이르기를

> 주자 『주역본의』의 체재상의 특색은 경전에 잡유(雜揉)된 왕보
> 사본(王輔嗣本)을 버리고 경이편(經二篇)·전십편(傳十篇)을 분류
> (分類)하여 한지(漢志)의 고본(古本)으로 복원시킨 데 있다(588쪽).

고 하였거니와 이는 왕필본의 체재를 그대로 계승하고 그 내용만을 노자에서 유가로 옮긴 『정씨역전(程氏易傳)』과도 구별되는 자가 아닐 수 없다.

그러나 주자의 괘변도(卦變圖)는 그 취지에 있어서는 다산의 추이 법의 선하를 이루고 있는 자로 그 본지는 같으나 그 운영상 약간의 차이를 나타내 주고 있을 따름이다. 이를 예시하면 다음과 같다.

① 비역중지일의(非易中之一義)
주자는 그의 괘변도를 다산만큼 중요시하지 않고 이르기를

> 「단전(彖傳)」에서 혹 괘변(卦變)을 설하므로 이제 이를 도시(圖示)
> 하여 분명하게 해놓거니와 대개 이는 역리(易理) 중 일의(一義)에
> 지나지 않고 그것은 결코 획괘작역(畫卦作易)의 본지는 아니다.

라 한 데 반하여 다산은 괘변(卦變)이야말로 역(易)의 대의(大義)임을 다음과 같이 주장한다.

살피건대, 역사(易詞)에서 상(象)을 취하는 것은 모두 추이(推移)
를 사용한다. 그렇지 않은 경우는 12벽괘와 두 윤달의 괘이다.
이들은 질박하고 변화가 적어 교역(交易)과 변역(變易)의 상을 쓴
다. 그 밖에는 반합(牉合)과 호체(互體)의 부류일지라도 괘변에서
상(象)을 취하지 않는 것이 없다. 이것이 실제 『역』을 지은 대의
(大義)다. 주자가 '하나의 의[一義]'라고만 한 것은 일일이 좇
아가며 검사하고 징험하지 않았기 때문이다.[1]

이는 괘변도를 추이법의 전신으로 보고 이를 중요시하는 다산과
크게 인식차를 보여주는 자가 아닐 수 없다.

② 일음일양지괘외(一陰一陽之卦外)

주자는 일음일양(一陰一陽)의 괘와 이음이양(二陰二陽)의 괘와 삼음
삼양(三陰三陽)의 괘를 다음과 같이 정리한다.

일음일양의 괘는 각 여섯이다[박(剝)·비(比)·쾌(夬)·대유(大有)
등이다]. 모두 복괘(復卦)·구괘(姤卦)로부터 온다[오음(五陰)과
오양(五陽)으로 괘는 같지만 그림은 다르다]. 이음이양의 괘는
각 열다섯이다[이(頤)·감(坎)·준(屯)·몽(蒙)·관(觀)·소과(小過)
등에서 대과(大過)·정(鼎)·혁(革)·대장(大壯)·중부(中孚) 등이
다]. 모두 임괘(臨卦)·둔괘(遯卦)로부터 온다[사음(四陰)과 사양
(四陽)으로 괘는 같지만 그림은 다르다]. 삼음(三陰)과 삼양(三陽)
의 괘는 각 스물이다[함(咸)·항(恒)·손(損)·익(益)·수(隨)·고
(蠱)·점(漸)·귀매(歸妹) 등으로 모두 두 번 배열한 것이다]. 모
두 태괘·비괘로부터 온다.[2]

---

1) 「朱子本義發微」, 『易學緖言』 卷2, Ⅱ~46, 14쪽(10−286). "案易詞取象 總用推移 其或不然者 唯十二
辟卦 再閏之卦 質朴少變 斯用交易 變易之象 自餘 雖牉合互體之類 無一不取象於卦變 此實作易之大義
朱子以爲一義 蓋未及逐一查驗故也".

2) 같은 책, 같은 곳. "凡一陰一陽之卦各六(剝比夬大有等) 皆自復姤而來(五陰五陽卦同圖異) 凡二陰二陽
之卦各十有五(頤坎屯蒙觀小過等及大過鼎革大壯中孚等) 皆自臨遯而來(四陰四陽卦同圖異) 凡三陰三陽
之卦各二十(咸恒損益隨蠱漸歸妹等皆再列之) 皆自泰否而來".

일음일양의 괘 각 여섯, 이음이양의 괘 각 열다섯, 삼음삼양의 괘 각 스물로 정리하였으나 여기에는 중부·소과라는 재윤의 괘[中孚小過再閏之卦]가 혼재함으로써 추이법의 기본이 흔들리게 됨을 다음과 같이 지적한다.

> 한(漢)나라와 위(魏)나라 이래로 그 순서가 없다. 혹 유문(遺文)이 없어지게 되었을 것이다. 본 그림은 층의 순서가 각각에 차례가 있다. 오직 중부괘(中孚卦)와 소과괘(小過卦)는 다른 괘들 가운데 섞여 있어서 2음2양의 괘가 혹은 2모(母)에서 변화를 받기도 하고, 혹은 1모(母)에서 변화를 받기도 하여 그 원리가 고르지 못하고, 중부괘(中孚卦)와 소과괘(小過卦) 둘은 마침내 변화를 받는 곳이 없다. 원래 추이의 법에는 오직 일왕일래(一往一來)가 있을 뿐이다. 만약에 중부괘(中孚卦)가 둔괘(遯卦)와 대장괘(大壯卦)에서 변화를 받고, 소과괘(小過卦)가 임괘(臨卦)와 관괘(觀卦)에서 변화를 받는다고 한다면 모름지기 4개의 획이 모두 움직이어야 하고 이에 변화를 받아야 하는데, 그것을 추이(推移)라고 할 수 있겠는가? 이것은 그 조사와 증험함이 정밀하지 못한 것이다.[3]

이렇듯 주자의 괘변도에 있어서는 중부·소과의 재윤의 의미[再閏之義]가 천명되어 있지 않았기 때문에 거저 이음이양의 괘[二陰二陽之卦] 중에서 한꺼번에 처리되었던 것이다. 그러한 의미에서 다산의 재윤의 의미[再閏之義]의 발명은 추이법의 이해에 있어서 획기적 의미를 갖는다고 이르지 않을 수 없다.

다산은 또 삼음삼양의 괘[三陰三陽之卦]에 있어서도 주자의 '모두 태괘와 비괘에서 왔다[皆自泰否來]'를 '태괘로부터 온 것[從泰來者]'과

---

3) 같은 책, 14~15쪽(10-286~287). "案漢魏以來 無此序列 或其遺文見逸也 本圖層累序列 各有第次 唯中孚小過 混在諸卦之中 則二陰二陽之卦 或受變於二母 或受變於一母 其義未均 而中孚小過二卦 則 卒無受變之處 原來推移之法 唯有一往一來 若云中孚受變於遯大壯 小過受變於臨觀 則須四畫都動 乃可 受變 其可曰推移乎 其查驗之未密也".

'비괘로부터 온 것[從否來者]'으로 양분한다.

> 3양의 괘가 비록 3음이고, 3음의 괘가 비록 3양일지라도 그 가
> 운데가 또한 주객이 있다. 태괘(泰卦)는 3양이 바야흐로 나아가
> 는 것이다. 비괘(否卦)는 3음이 바야흐로 길어지는 것이다. 그러
> 한 즉 태괘(泰卦)를 좇아온 것은 모두 3양의 괘이고, 비괘(否卦)
> 를 좇아온 것은 모두 3음의 괘이다. 지금 하나의 괘로써 두 번
> 헤아려 3음3양의 괘로 삼으니 수는 각각 20이 되는데, 이것은
> 아마도 중복된 것으로 고의(古義)가 아닐 것이다.4)

주자의 괘변도 중에서 삼음삼양의 괘의 추이(推移)를 중복을 피하
여 주객으로 구분한 후 태괘에서 온 것[自泰]·비괘에서 온 것[自否]
으로 양분한 점도 주목하지 않을 수 없다.

③ 사음사양지괘(四陰四陽之卦)

주자괘변도에 있어서의 미비점의 하나는 일괘양계설(一卦兩計說)
이라 할 수 있다. 예컨대 일음일양(一陰一陽)은 오음오양(五陰五陽)으
로도 계산되고 이음이양(二陰二陽)은 사음사양(四陰四陽)으로도 계산
된다. 그럼에도 불구하고 주자는 이음이양의 괘를 논한 후에 또다시
사음사양의 괘와 오음오양의 괘를 다음과 같이 설한다.

> 사음사양의 괘는 각각 열다섯인데, 모두 대장괘(大壯卦)와 관괘
> (觀卦)에서 왔다[이음이양의 그림이 이미 앞에 나온다]. 오음오
> 양의 괘는 각각 여섯인데 모두 쾌괘(夬卦)와 박괘(剝卦)에서 왔
> 다[일음일양의 그림은 이미 앞에 나온다].5)

---

4) 같은 책, 15쪽(10-287). "三陽之卦雖亦三陰 三陰之卦雖亦三陽 就中亦有主客 泰者三陽之方進也 否者
三陰之方長也 然則凡從泰來者皆三陽之卦也 凡從否來者皆三陰之卦也 今以一卦兩計兼之爲三陰三陽之
卦 而數各二十 此恐重復 非古義也".

그러나 다산은 '양괘는 음이 많고, 음괘는 양이 많다[陽卦多陰 陰卦多陽]'는 설에 근거하여 이를 다음과 같이 정리한다.

경에 이르길 '양괘는 음이 많고, 음괘는 양이 많다'고 했는데 이
것은 역의 커다란 원칙이다. 처음 설시할 때부터 양획은 음이
많고[하나가 기(奇)이고 둘이 우(偶)이면 7이 된다] 음획은 양이
많고[하나의 우(偶)와 두 개의 기(奇)는 곧 8이 된다] 순수하면
변한다[9이면 노(老)해서 돌이켜 음이 되고 6이면 노(老)해서 돌
이켜 양이 된다]. 8괘가 이루어진 다음에도 양괘는 음이 많고[震
坎艮] 음괘는 양이 많다[巽離兌]. 이 법을 미루어 올라가면 2양4
음의 괘는 양괘가 되니 2양의 괘라고 하는 것은 옳지만 4음의
괘라고 하는 것은 이름을 붙일 수 없다. 2음4양의 괘는 음괘이
니 2음이 괘라고 명칭할 수 있어도 4양의 괘라고는 이름할 수
없다. 5음5양의 괘도 그 원리는 또한 그러하다. 지금 겹쳐 벌려
서 거듭 나타내니 아마도 또한 고의(古義)가 아니다.6)

이에 다산은 주자괘변도를 중첩을 피하여 중부·소과의 의미를
천명하고 삼음삼양을 합리적으로 양분하여 새롭게 그의 추이법을
정립해 놓고 있음을 알 수가 있다.

2. 역리사법의 예증

다산은 자신이 발명한 역리사법이 주자의 『주역본의』 속에 남아

---

5) 주희, 『周易本義』, 「序」. "凡四陰四陽之卦各有十五 皆自大壯觀而來(二陰二陽圖已見前) 凡五陰五陽之
卦各六 皆自大剝來(一陰一陽圖已見前)".

6) 「朱子本義發微」, 『易學緒言』 卷2, Ⅱ~46, 15쪽(10-287~288). "經曰陽卦多陰 陰卦多陽 此易家之大
義也 始自撰蓍之時 陽畫多陰(一奇二偶乃爲七) 陰畫多陽(一偶二奇乃爲八) 純則變之(九則老而反爲陰 六
則老而反爲陽) 及成八卦之後 陽卦多陰(震坎艮) 陰卦多陽(巽離兌) 推此例而上之 則凡二陽四陰之卦是爲
陽卦 可名曰二陽之卦 而不可名之曰四陰之卦也 凡二陰四陽之卦是爲陰卦 可名曰二陰之卦 而不可名之
曰四陽之卦也 五陰五陽之卦 其義亦然 今重現疊列 恐亦非古義也".

있음을 강조한다. 그러나 그것은 다산의 역리사법의 편영(片影)에 지나지 않으며 그것의 발전이 다산의 이학에 의하여 비로소 완성의 경지에 이르렀다고 보아야 할 것이다. 어쨌든 주자의 『주역본의』와 괘변도에 근거하여 그의 편영이나마 다음에 살펴보기로 하자.

① 괘변(卦變) — 추이지법(推移之法)

주자괘변도를 전신으로 하여 다산의 추이법[推移之法]이 생성되었기 때문에 다산은 "주자괘변도는 추이의 정법(正法)이다"라 하고 또다시 중부·소과 두 괘는 연괘(衍卦)가 아니라 벽괘(辟卦)임을 강조한다.

> 단지 중부괘(中孚卦)와 소과괘(小過卦)를 벽괘(辟卦)의 반열에 넣지 않은 것이 흠 있는 전적이 된다. 그러므로 소과괘(小過卦)와 중부괘(中孚卦)는 벽괘(辟卦)이다. 벽괘(辟卦)로부터 펼쳐지는 것이 아니다.[7]

또 이르기를

> 주자가 말하는 괘변(卦變)은 『본의』와 그 그림을 논할 것도 없이 모두 한 번 갔다가 한 번 오는 데 그쳤을 뿐이다. 이것은 한(漢)나라 이래로 추이(推移)의 본법(本法)이다.[8]

또 다시 "추이의 법은 모두 한 번 갔다가 한 번 오는 데 그쳤을 뿐이다[凡推移之法 皆一往一來而止耳]"라 하여 이 원칙에 어긋나면 비록 주자의 『본의』일망정 이를 적발 배격한다. 그러므로 주자에 있어

---

7) 같은 책, 18쪽(10 − 293). "但中孚小過不入辟卦之列 爲次典也…故曰小過中孚者辟卦也 非受衍汝辟卦者也".
8) 같은 책, 같은 곳. "朱子之言卦變 毋論本義與彼圖 皆一往一來而止. 此漢以來 推移之本法也".

서도 그의 본의에서 논한 것[本義所論]보다도 만년의 저작[晩年所著]인 괘변도의 소견을 따르려고 한다.

> 괘변(卦變)에 대한 주장은 한나라에서 송나라에 이르기까지 끊이지 않고 이어지다, 주자에 이르러 크게 드러났다. 그러나 『본의』에서 논한 것은 늘 12벽괘 이외에 여러 괘에서 널리 취한 것들이어서, 정론은 아닌 것 같기에 괘변도(卦變圖)을 정론(正論)으로 삼는 것이다.[9]

② 물상(物象)

물상론(物象論)에 있어서는 주자도 왕필의 망상론(忘象論)을 따르지 않았을 뿐 아니라 한 걸음 더 나아가 설괘물상론(說卦物象論)과 합치되지 않는 것은 의심스러운 것[存疑]으로 남겨둠으로써 결코 견강부회하지 않은 점을 다산은 높이 평가하고 있다.

> 역사(易詞)로 하여금 괘상(卦象)을 쓰지 않는 것은 왕필의 설과 같은데, 만약 그렇지 않은 이른바 말과 소와 양과 돼지 등의 것은 하나도 괘상이 아닌 것이 없다. 주희도 이미 이런 몇몇 괘에 대해서는 괘상에서 그 이름과 사물의 근본을 논하였으니 450 점사 안에서 잡물찬덕(雜物撰德)한 것은 하나도 괘상이 아닌 것이 없다. 주희의 뜻은 특별히 예(例)로써 사람에게 보여 추이(推移)에 의하지 않고 효변(爻變)에 의지하지 않고서 「설괘전」에 합치되지 않는 것은 배제하여 의심하였으니 이것은 커다란 군자의 공정한 마음이다. 근세에 어리석고 비루한 학자들이 도리어 설괘(說卦)의 가르침을 배척하고자 하여 위서(僞書)라고 하니 또한 지나친 것이 아닌가?[10]

---

9) 같은 책, 19쪽(10−296). "大抵 卦變之說 自漢至宋 綿綿不絕 至朱子而大著 然本義所論 每於十二辟卦之外 博取諸卦 恐是未定之論 故以卦變圖爲正".

10) 같은 책, 21쪽(10−300). "使易詞而不用卦象如王弼之說 則已如其不然 凡所謂馬牛羊豕之等 無一非卦

이로써 주자도 다산처럼 「설괘전」의 물상론을 깊이 존중하고 있음을 알 수가 있다.

③ 호체(互體)

주자는 호체설에 대하여서는 괘변도에서처럼 심도 있게 다루지는 않았지만 「역대전」 잡물찬덕장(雜物撰德章)에서는 이를 원용하여 다음과 같이 이르고 있다.

> 이것은 호체(互體)가 되는데 예를 들어 준괘(屯卦)와 같이 진하감상(震下坎上)이 중간에 나아가서 4효를 보면 2로부터 4에 이르니 곤(坤)이 되고 3으로부터 5에 이르면 간(艮)이 된다.[11]

그러므로 다산은 주자의 호체설의 일단을 평가한다.

> 호체(互體)에 대한 학설은 한나라로부터 이래로 사승(師承)이 끊이지 않았다. 주자가 『주역본의』에서 사용하지 않았다지만, 평소에 논의한 것이 이와 같으니 오히려 다른 뜻이 있겠는가![12]

이렇듯 비록 주자 『본의』속에는 나와 있지 않지만 호체설은 버릴 수 없다[互體不可廢] 하여 간혹 호체설을 원용하고 있는 흔적이 있으니 하나라 이래로 그의 사승은 끊이지 않고 주자에게 계승되었음을 알 수가 있다.

象也. 朱子旣於此數卦 論其名物之本於卦象 則四百五十繇之內 凡雜物撰德者無一非卦象也. 朱子之意 特揭例以示人 其或不以推移 不以爻變而不合於說卦者 姑闕之以存疑 此大君子公正之心也. 近世愚陋之學 反欲觝排說卦 指爲僞書 不亦過乎".

11) 같은 책, 22쪽(10-301). "此爲互體 如屯卦震下坎上 就中間四爻觀之 自二至四則爲坤 自三至五則爲艮".

12) 같은 책, 같은 곳. "互體之說 自漢以來 師承不絶 朱子於本義中 雖無所用 其平日所論如此 尙有異義乎".

④ 효변(爻變)

효변의 의미를 주자는 이미 터득하고 있었다.

> 주자는 건괘의 초구효에서 "양의 수는 9가 노양[老]이고, 7이
> 소양[少]이다. 노양은 변하고 소양은 변하지 않기 때문에 양효
> 는 9라고 한다"고 했다.[13]
> 주자는 곤괘이 초육효에서 "음의 수는 6이 노음이고 8이 소음
> 이기 때문에 음효는 6이라고 한다"고 했다.[14]

이러한 주자의 효변설에 대하여 다산은 이르기를

> 시괘(蓍卦)의 법은 삼천양지(參天兩地)이기 때문에 세 번 걸어서
> 모두 천수를 얻으면 9가 되고, 세 번 걸어서 모두 지수를 얻으
> 면 6이 된다. 초구(初九)라는 것은 초획이 9를 만나서 음으로 변
> 한 것이고, 9라는 글자 속에는 이미 음으로 변한 뜻을 머금고
> 있다. 초육(初六)이라는 것은 초획이 6을 만나서 양으로 변하는
> 것이니 6이라는 글자 속에는 이미 양으로 변한 뜻을 머금고 있
> 다. 지금 사람들이 이 뜻을 깨닫지 못하여 9라는 글자는 다만
> 양의 글자로만 간주하고 6이라는 글자는 다만 음의 글자로만
> 간주하니 이것은 큰 잘못이다. 주자가 '노(老)는 변한다'고 했기
> 때문에 양효가 9가 된다는 것은 효사가 변을 주로 한다는 것이
> 다. 주자는 일찍이 이렇게 말했건만 세인이 여전히 깨닫지 못하
> 고서 매양 6효를 늘어놓아 합해서 일곱 가지 점사로써 전부인
> 것처럼 하니 또한 미혹되지 않은가?[15]

---

13) 같은 책, 23쪽(10-303). "朱子於乾初九曰陽數九爲老 七爲少 老變而少不變 故謂陽爻爲九".

14) 같은 책, 24쪽(10-306). "朱子於坤初六曰陰數六老而八少 故謂陰爻爲六".

15) 같은 책, 23쪽(10-303). "蓍卦之法 參天兩地 故三掛皆得天數者爲九 三掛皆得地數者爲六 初九云者
謂初畫値九而變陰 九字之中 已含變陰之義也 初六云者 謂初畫値六而變陽六字之中 已含變陽之義也
今人不達此義 九字只做陽字看 六字只做陰字看 此大謬也 朱子謂老變 故謂陽爻爲九 則爻詞之主乎變
朱子早已言之 而世猶不悟 每欲排比六爻合七繇而成全 不亦惑歟".

이로써 주자는 이미 효변설을 오득(悟得)하였음을 알 수가 있다. 이는 송대 역학의 새로운 구도 속에 끼여 있는 고역(古易)의 유흔(遺痕)이라는 점에 중요한 의미를 갖는다.

제2절 소씨역의 비판

　다산역을 일관하여 비판의 대상이 된 자로서는 한(漢)에 왕필이 있고 송(宋)에 소강절이 있다. 그러나 이들의 공통점이 있다면 양자 공히 그들의 독자적 견강부회에 있다고 할 수 있다.

　다산역에는 역리사법이라는 보도(寶刀)가 있다. 이를 척도로 하여 한 이래 송에 이르기까지 모든 백인백역(百人百易)을 재단하고 있다. 그런 의미에서 볼 때 주자역은 괘변도를 필두로 하여 설괘물상·호체·효변설에서 겨우 합격선을 넘어섰다고 볼 수 있지만 소씨역(邵氏易)에 관한 한 다산은 추호의 가차도 없이 전가의 보도[易理四法]를 휘둘러 이를 준열하게 비판한다. 그렇지만 계보상으로는 주자도 소씨역에 관한 한 전연 무관하다고 이를 수만은 없다. 그러나 다산은 일의(一意) 소씨역에 대하여 비판의 총력을 경주한다. 그러나 여기서 송대역(宋代易)의 계보를 참고삼아 일별하면 다음과 같다.

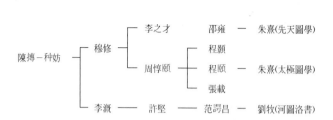

이마이 우사브로(今井宇三郞), 『송대역학(宋代易學)의 연구(硏究)』, 86쪽.

이 계보상으로 볼 때 송대 삼역도학(三易圖學) 중 소옹(邵雍)의 관여는 선천도학(先天圖學)에 국한되어 있는 것으로 되어 있다. 그러므로 본 절에 있어서의 소씨역의 비판은 팔괘방위도(八卦方位圖)와 팔괘선천설(八卦先天說)에 집중되어 있고 여타는 오히려 주자역을 근거로 하여 논박하고 있으므로 삼역도학(三易圖學)에 있어서의 주자의 책임 또한 결코 가볍지 않음을 암시해 주고 있다.

1. 팔괘차서도(八卦次序(橫排)圖)

팔괘차서(횡배)도를 예시하면 다음과 같다.

		양의(兩儀)	사상(四象)	팔괘(八卦)	서차(序次)
복희팔괘서차횡배도(伏戲八卦序次橫排圖)	태극(太極)	양(陽)―	태양(太陽)⚌	건(乾)☰	일(一)
				태(兌)☱	이(二)
			소음(少陰)⚏	이(離)☲	삼(三)
				진(震)☳	사(四)
		음(陰)--	소양(少陽)⚎	손(巽)☴	오(五)
				감(坎)☵	육(六)
			태음(太陰)⚏	간(艮)☶	칠(七)
				곤(坤)☷	팔(八)

본도(本圖)에 대한 소씨의 설명을 보면 다음과 같다.

> 태극이 이미 나누어지면 양의(兩儀)가 선다. (양의 가운데) 양은
> 위로 음과 사귀고, 음은 아래로 양과 사귀어 사상(四象)이 생긴
> 다. 양이 음과 사귀고 음이 양과 사귀어 하늘의 사상이 생기고,
> 강함[剛]이 부드러움[柔]과 사귀고 부드러움이 강함과 사귀어 땅
> 의 사상이 생긴다. 팔괘가 서로 뒤섞인 뒤에 만물이 생긴다. 이
> 런 까닭에 하나가 나뉘어 둘이 되고, 둘이 나뉘어 넷이 되며, 넷
> 이 나뉘어 여덟이 되고, 여덟이 나뉘어 열여섯이 되며, 열여섯
> 이 나뉘어 서른둘이 되고 서른둘이 나뉘어 예순넷이 된다. 마치
> 뿌리에는 줄기가 있고, 줄기에는 가지가 있는 것과 같아서, 커
> 질수록 더욱 작아지며, 세밀할수록 더욱 복잡해진다. 이런 까닭
> 에 건(乾)으로 나누고 곤(坤)으로 합치며, 진(震)으로 기르고 손
> (巽)으로 줄인다. 자라면 나뉘고 나뉘면 줄어들고, 줄어들면 합
> 쳐진다. 건과 곤이 제자리를 잡으면 진과 손은 한 번 사귄 것이
> 고, 태(兌)·이(離)·감(坎)·간(艮)은 거듭 사귄 것이다. 그러므로
> 진은 양이 적고 음은 오히려 많으며, 손은 음이 적고 양이 오히
> 려 많은 것이며, 태와 리는 양이 스며들어 많아진 것이고, 감과
> 간은 음이 스며들어 많아진 것이다.[16]

본도(本圖)에 대한 소씨의 설명은 전무한 창작이라는 데 문제가 있
다. 그러나 주자도 어떠한 연유에서인지 이에 부연하여 다음과 같이
설명하고 있다.

> 괘획(卦劃)으로 그것을 말하면, 태극은 상수(象數)가 형체를 드러
> 내지 않은 전체이다. 양의(兩儀)는 一은 양이 되고 --는 음이 되

---

16) 邵雍, 『皇極經世書』권13, 「觀物外篇 上」. "太極旣分 兩儀立矣 陽上交於陰 陰下交於陽 而四象生矣
陽交於陰 陰交於陽 而生天之四象 剛交於柔 柔交於剛 而生地之四象 八卦相錯而後 萬物生焉 是故 一
分爲二 二分爲四 四分爲八 八分爲十六 十六分爲三十二 三十二分爲六十四 猶根之有幹 幹之有枝 愈大
則愈小 愈細則愈繁 是故 乾以分之 坤以翕之 震以長之 巽以消之 長則分 分則消 消則翕也 乾坤定位也
震巽一交也 兌離坎艮再交也 故震陽少而陰尙多也 巽陰少而陽尙多也 兌離陽浸多也 坎艮陰浸多也".

며, 양수(陽數)는 1이고, 음수(陰數)는 2이다. 사상(四象)은 양의
위에 하나의 양이 생기면 ⚌가 되니 그것을 태양(太陽)이라고 하
고, 양의 위에 하나의 음이 생기면 ⚍가 되니 그것은 소음(少陰)
이라고 한다. 음의 위에 하나의 양이 생기면 ⚎이 되니 그것을
소양(少陽)이라고 하고, 음위에 하나의 음이 생기면 ⚏가 되니
그것을 태음(太陰)이라고 한다. 사상이 이미 세워지면 태양은 1
에 거하여 9를 포함하고, 소음은 2에 거하여 8을 포함하며, 소
양은 3에 거하여 7을 포함하고, 태음은 4에 거하여 6을 포함한
다. 이것은 6, 7, 8, 9의 수가 말미암아 정해진 것이다. 팔괘는
태양의 위에 하나의 양이 생기면 ☰이 되는데 건이라 부르고,
하나의 음이 생기면 ☱이 되니, 태(兌)라 부릅니다. 소음의 위에
하나의 양이 생기면 ☲이 되는데 이(離)라 부르고, 한 음이 생기
면 ☳이 되는데 진(震)이라 부른다. 소양의 위에 하나의 양이 생
기면 ☴이 되는데 손(巽)이라 하고, 하나의 음이 생기면 ☵이 되
니 감(坎)이라고 한다. 태음의 위에 하나의 양이 생기면 ☶이 되
어 간(艮)이라 부르고, 하나의 음이 생기면 ☷이 되는데 곤(坤)이
라 부른다. 소강절의 선천설에서 건일(乾一)·태이(兌二)·이삼
(離三)·진사(震四)·손오(巽五)·감육(坎六)·간칠(艮七)·곤팔(坤
八)이라고 하는 것이 모두 이것을 말한다.[17]

라 하여 소씨의 팔괘차서도(八卦次序圖)를 합리화하여 설명해 놓고
있다. 그러나 이 양자의 설은 독단적 서술로서 아무런 논리적 근거
를 찾을 길이 없다. 그러므로 다산은 다음과 같이 비판한다.

이 그림은 이치에 맞지 않다. 복희씨가 괘(卦)를 그린 순서는 절
대로 이렇지 않을 뿐 아니라 천지음양의 기(氣)도 결단코 이러

---

17) 朱熹, 『朱子大全』 권37, 「與郭沖晦」. "以卦畫言之 太極者象數未形之全體也 兩儀者 一爲陽 而--爲陰
陽數一而陽數二也 四象者 陽之上生一陽則爲─而謂之太陽 生一陰則爲==而謂之少陰 陰之上生一陽則
爲==而謂之少陽 生一陰則爲==而謂之太陰也 四象既立則太陽居一而含九 少陰居二而含八 少陽居三而
含七 太陰居四而含六 此六七八九之數所由定也 八卦者 太陽之上生一陽則爲≡而名乾 生一陰則爲≡而
名兌 少陰之上生一陽則爲≡而名離 生一陰則爲≡而名震 少陽之上生一陽則爲≡而名巽 生一陰則爲≡
而名坎 太陰之上生一陽則爲≡而名艮 生一陰則爲≡而名坤 康節先天之說 所謂乾一兌二離三震四巽五
坎六艮七坤八者蓋謂此也".

한 상이 없다. 어째서 이렇게 말하는가? 태극은 음양이 혼돈한 것인데 태극이 나누어져 일음일양을 낳는 것이 옳은 것인가? 일양이 이미 순양이라면 어떻게 소음을 낳으며, 일음이 이미 순음이라면 어떻게 소양을 낳겠는가? 만약 양 중에 음이 포함되어 있고 음 중에 양이 포함되어 있다면 이는 하나의 양이 곧 태극이고 태극이 곧 음이라는 의미가 되어 혼돈스러워 이내 구별할 수가 없다. 팔괘차서서(八卦次序圖)에 의하면 태극이 반으로 쪼개져 음(陰)과 양(陽)이 되고 양(陽)이 반으로 쪼개져 태양(太陽)과 소음(少陰)이 되며, 태양(太陽)이 반으로 쪼개져 건괘(乾卦)가 되고 태괘(兌卦)가 되었으니 이러한 예를 미루어 구해 보면 건괘(乾卦)가 반으로 쪼개져도 하나의 음과 하나의 양이 되고 곤괘(坤卦) 또한 그러할 것이다. 이것은 건괘(乾卦)가 순수한 양괘(陽卦)가 되지 못하고 곤괘(坤卦)가 순수한 음괘(陰卦)가 되지 못하는 것이니 통할 수 있겠는가?[18]

라 하여 다산은 태극의 분파작용(分破作用)에 의한 사상·팔괘 생성의 불합리성을 지적하고 있다. 뿐만 아니라 팔괘의 서차(序次)도 다음과 같은 모순을 안고 있음을 지적한다.

비록 그 1·2·3·4의 순서로써 말하면 곤(坤)의 어머니가 아직 생하지 않았는데 여섯 자식이 이미 길러졌고, 진(震)의 형이 아직 생하지 않았는데 형의 누이가 이미 태어났다. 모자(母子)와 형제(兄弟)의 순서가 잡다하고 어지러워 합치되지 않는데 어찌 천지의 이치가 본래 이와 같다고 말할 수 있겠는가? 팔괘는 부모의 순서이니 1은 건(乾)이고 2는 곤(坤)이고 3은 진(震)이고 4는 손(巽)이고 5는 감(坎)이고 6은 이(離)이고 7은 간(艮)이고 8은 태(兌)이다. 동서의 방위로써 본다면 1은 진(震)이고 2는 손(巽)이

18) 「邵子先天論」, 『易學緖言』 卷2, Ⅱ~46, 28쪽(3-313). "此圖不合於理 不惟伏羲畫卦之序 必不如是 卽天地陰陽之氣 斷無此象 何以言之 太極都陰陽混沌之物 太極分而生一陽一陰 可也 一陽旣是純陽 如何生得少陰 一陰旣是純陰 如何生得少陽 若云陽中包陰 陰中包陽 是一陽乃是太極 太極乃是一陰 混沌 仍未分矣 據圖 太極牛破爲陰陽 陽牛破爲太陽少陰 太陽牛破爲乾爲兌 推此例而求之 則乾牛破亦當爲 一陰一陽 坤例亦然 是乾不得爲純陽之卦 坤不得爲純陰之卦 而可通乎".

고 3은 이(離)이고 4는 곤(坤)이고 5는 태(兌)이고 6은 건(乾)이고
7은 감(坎)이고 8은 간(艮)이다. 고경(古經)에서 말하는 것은 오직
이 두 가지 법일 뿐이다. 지금 이태백삼리화(二兌澤三離火)가 바뀌
지 않는 정해진 이름이라고 한다면 또한 이미 잘못된 것이다.[19]

그리하여 '이른바 태양(太陽)은 9이고 소양(少陽)은 7이고 태음(太
陰)은 6이고 소음(少陰)은 8이다. 순수한 것을 태(太)라고 하고 섞인
것을 소(少)라고 한다[所謂太陽者九也 少陽者七也 太陰者六也 少陰者八也
純者謂之太 雜者謂之少]'의 원리와 '양괘는 음이 많고 음괘는 양이 많
다[陽卦多陰 陰卦多陽]'는 원칙(原則)에 원배되므로 소 씨의 설은 수긍
할 수 없다는 것이다.

이렇듯 송역(宋易)에 있어서의 소씨설에 대한 다산의 부정적 비판
은 누가 옳고[孰是] 누가 그르고[孰非] 간에 논쟁의 여지를 남겨 놓고
있음이 분명하다. 소씨역이 복서학적(卜筮學的)인 데 반하여 다산역
은 경학적이라는 점에서도 그들의 사이에는 넘나들 수 없는 도랑이
가로놓여 있는지도 모른다.

2. 팔괘방위도(八卦方位圖)

팔괘방위도(八卦方位圖)는 2종(二種)이 있으니 복희선천도(伏犧先天
圖)와 문왕후천도(文王後天圖)가 곧 그것이다.

---

19) 같은 책, 같은 곳(10−313~314). "雖以其一二三四之序言之 坤母未生而六子先育 震兄未生而兌妹先
産 母子兄弟之序 雜亂無統 何得云天地之理本自如此乎 八卦以父母之倫序 則一乾二坤三震四巽五坎六
離七艮而八兌也 以東西之方位 則一震二巽三離四坤五兌六乾七坎而八艮也 古經所言惟此二法 今也二
兌澤三離火爲不易之定名 亦已差矣".

복희선천방위도(伏犧先天方位圖)　　문왕후천방위도(文王後天方位圖)

　　문왕팔괘방위도(文王八卦方位圖)는 본래 「설괘」에 기본을 두는 자로서 소 씨가 임의로 복희팔괘도를 조작하여 선천팔괘방위도(先天八卦方位圖)라 칭함으로써 문왕팔괘방위도는 자동적으로 후천도(後天圖)라 지칭하기에 이른 것이다. 그리하여 후일 정역팔괘도(正易八卦圖)가 출현하여 제3의 방위도(方位圖)가 된 까닭이 여기에 있다. 다산은 설괘방위(說卦方位)에 입각한 문왕팔괘방위도를 뒤엎고 따로 복희팔괘방위도(伏羲八卦方位圖)를 조작한 소씨의 불합리성을 다음과 같이 논박한다.

　　　복희는 상고 시대의 사람이다. 공자는 옛 서적을 차례로 배열하
　　　면서 「요전」에서부터 시작했다. 이것은 요임금 이상에 대해서는
　　　서적이 없어져 고찰할 수 없었던 것이 분명하다. 소자(邵子)가
　　　비록 신령과 통할지라도 어떻게 복희의 팔괘방위가 문왕과 엇
　　　갈려서 서로 반대된다는 것을 알았겠는가? 이와 같은 것은 의심
　　　의 여지가 없이 명백하다.[20]

복희씨를 빙자하여 팔괘방위도를 개작한 근거가 전무함을 다음과
같이 논박하고 있다.

> 이것은 건괘와 곤괘가 형체가 방정하고 지위가 존엄해서, 구
> 석진 모서리에 머물 수 없기 때문에 이렇게 만들어 변통시킨
> 것일 뿐이다. 그러나『주역』이라는 한 책에서도 상·하「단전」
> 과 상·하「상전」에서 공자의 십익(十翼)에 이르기까지,『춘추
> 』의 관(官)에서 점치던 것이나 제자백가에서나 도무지 이러한
> 영향을 찾아볼 수 없으니 후학들이 어떻게 믿고 따를 수 있겠
> 는가?21)

신빙할 만한 근거 없이 조작한 소 씨의 선천팔괘도의 허구성은 더
진행된다.

> 건괘와 곤괘가 (위아래로) 늘어지고 육자(六子)가 옆으로 늘어서
> 는 것이 역의 근본이다.
> 진괘는 처음부터 음과 사귀어 양이 생기고, 손괘는 처음부터 양
> 이 없어지면서 음이 생긴다. 태괘는 양이 자라고 간괘는 음이
> 자란다. 진괘와 태괘는 하늘에 있는 음이고, 손괘과 간괘는 땅
> 에 있는 음이다. 그러므로 진괘와 태괘는 위는 음이고 아래는
> 양이며, 손괘과 간괘는 위가 양이고 아래가 음이다.22)

이에 대한 다산의 반론은 준열하다.

---

20) 같은 책, 같은 곳(10-314). "伏羲者上古之人 孔子序列古書 斷自堯典 明自堯以上 典籍散亡 不可考
也. 邵子雖靈通 何以知夫伏羲八卦之方位 與文王錯然相反 若是其明白無疑也".

21) 같은 책, 28~29쪽(10-314~315). "是不過曰乾坤二卦 形體方正 地位尊嚴 不可處之以隅角 故爲此
變通耳 然周易一部 上彖下彖 上象下象 以至孔子十翼 春秋官占 諸子百家 都無如此影響 後學將何以
憑信也".

22) 같은 책, 30쪽(10-317). "乾坤縱而六子橫 易之本也" "震始交陰而陽生 巽始消陽而陰生 兌陽長 艮陰
長也 震兌在天之陰也 巽艮在地之陰也 故震兌上陰而下陽 巽艮上陽而下陰".

그림에 근거하면 네 개의 정괘(正卦)는 사방(四方)을 차지하고, 네 개의 편괘(偏卦)는 사우(四隅)를 차지한다. '건괘와 곤괘가 위 아래로 늘어서고 육자가 옆으로 늘어선다'고 하는 것이 어떻게 공론이겠는가? 어떤 이가 고쳐서 '감괘(坎卦)와 이괘(離卦)와 옆으로 늘어서고 여섯 괘가 위아래로 늘어선다'고 말한다면 어떤 말로 물리치려고 하는 것인가? 진괘(震卦)에서 일양(一陽)이 생기고, 태괘(兌卦)에서 이양(二陽)이 자라서 건괘(乾卦)를 이룬다. 손괘(巽卦)에서 일음(一陰)이 생기고 간괘(艮卦)에서 이음(二陰)이 자라서 곤괘(坤卦)를 이룬다. 이것이 진실로 팔괘의 근본 이치요 12벽괘의 근본적인 기초이다. 그러나 진괘(震卦)와 태괘(兌卦) 사이에는 이괘(離卦)가 끼어 있고, 손괘(巽卦)와 간괘(艮卦) 사이에는 감괘(坎卦)가 대적하고 있으므로, 막 생기려는 기(氣)는 이괘(離卦)에 의해 끊기고, 막 사라지려는 운행은 감괘(坎卦)에 의해 곧아진다고 한다면 이것이 음양이 소장하는 모습이라고 할 수 있겠는가? 임괘(臨卦)와 태괘(泰卦) 사이에 갑자기 중부괘(中孚卦)를 끼워 넣고, 둔괘(遯卦)와 비괘(否卦) 사이에 갑자기 소과괘(小過卦)를 끼워 넣고서, 그것을 열두 달이 소장하는 기로 삼는다면 그 이치 아님에 부딪치지 않을 수 없다. 지금 소자(邵子)의 그림은 이와 같은 부류가 아니겠는가? 바람과 우레는 하늘에서 움직이고, 산과 못은 땅에 기대고 있으며, 또한 진괘와 간괘는 양괘(陽卦)이고 손괘와 태괘는 음괘(陰卦)이다. 그런데 이제 '진괘와 태괘는 하늘에 있는 음이고, 손괘와 간괘는 땅에 있는 양이다'고 한다면, 물리(物理)에 비추어 보아 합치하지 않고, 괘덕(卦德)으로 헤아려 보아도 옳지 않다. 어째서 진괘(震卦)와 태괘(兌卦)는 하늘에 있는 음이기 때문에 위가 음이고 아래가 양이란 말인가? 이처럼 예를 들자면 손괘(巽卦)와 간괘(艮卦)는 땅에 있는 양이기 때문에 위가 양이고 아래가 음이 되는 것이 마땅한데, 무엇 때문에 '위가 양이고 아래가 음이다'고 하는 것인가? 종일토록 탐구해 보아도 주장하려는 것이 어떤 이치인지 알 수가 없다.[23]

---

23) 같은 책, 같은 곳(10−317~318). "據圖 四正之卦占四方 而四偏之卦占四隅 乃曰乾坤縱而六子橫 豈 公論乎 有人改之曰 坎離橫而六卦縱 其將何辭以擊之乎 震一陽生 兌二陽長 以成乾卦 巽一陰生 艮二 陰長 以成坤卦 此固八卦之本理 十二辟卦之根基 然震兌之間以離介之 巽艮之間以坎格之 方生之氣以 離斷之 方消之運以坎直之 此可曰陰陽消長之象乎 臨泰之間 忽挿中孚 遯否之間 忽挿小過 以之爲十二 月消長之氣 則未有不擊其非理者 今邵子之圖得無類是乎 風雷行乎天 山澤附乎地 又震艮陽卦也 巽兌 陰卦也 今乃曰震兌在天之陰 巽艮在地之陽 驗之物理而不合 揆之卦德而不然 將奈何震兌在天之陰 故

이로써 소씨의 비논리적 견강부회는 역력히 들추어졌지만 전자와 마찬가지로 소씨역과 다산역과의 논쟁의 여지는 아직 남아 있다고 해야 할른지 모른다. 그것은 곧 신비주의적 역학과 실증주의적 역리론과의 차이에서 오는 뛰어넘을 수 없는 또 하나의 도랑이라 하지 않을 수 없다.

3. 팔괘선천설

소씨는 자기가 조작한 선천방위도를 합리화하기 위하여 경문을 원용하였고 주자도 이에 가세하였다. 그러나 다산의 실증적 입장에서는 이를 받아들일 수 없으므로 일일이 이를 논박한다.

① 천지정위(天地定位)

「설괘전」에 의하면 "하늘과 땅이 자리를 잡고 산과 못이 기를 통하며, 우레와 바람이 서로 부딪치고, 물과 불이 서로 해치지 않아 팔괘가 서로 교착하는 것[天地定位 山澤通氣 雷風相薄 水火不相射 八卦相錯]"이라 하였다. 소자(邵子)는 이르기를 "이는 곧 복희팔괘(伏羲八卦)의 위(位)이니 소위 선천(先天)의 학(學)이다"라 하여 팔괘방위선천설(八卦方位先天說)의 근거로 삼았다. 그러나 다산은 이에 수긍하지 않고 만일 그것이 선천(先天)의 방위를 가리킨 것이라면 경문에서는 마땅히 천지수화(天地水火)의 순으로 사정괘(四正卦)의 위상을 바로잡아야 할 텐데 어찌하여 천지(天地)·산택(山澤)·뇌풍(雷風)·수화(水火)

上陰而下陽 以此例之則巽艮在地之陽 亦當上陽而下陰 胡乃上陽而下陰乎 終日玩究 不知其所主者何理也".

로 뒤섞어서 논했을까 하면서 소씨의 설은 "글자 하나 구절의 절반조차도 서로 부합하지 못함[一字半句 無一相合]"을 다음과 같이 논증한다.

> 만일 소자(邵子)가 사정(四正)과 사편(四偏)의 위치를 가지고 말한 것이라면 공자는 반드시 건곤(乾坤) 다음에 수화(水火)를 먼저 말하고, 다음에 뇌풍(雷風)을 말하고 그 다음에 택산(澤山)을 말했을 것인데 지금 어찌하여 산택(山澤)을 먼저 말하고 수화를 끝에 말하는 것인가! 또 만일 소자(邵子)가 건곤(乾坤)이 세로로 있고 육자괘(六子卦)가 가로로 있다는 것을 가지고 말한다면 공자는 반드시 건곤(乾坤) 다음에 풍택(風澤)을 먼저 말하고 다음에 수화(水火)를 말하고 그 다음에 산뢰(山雷)를 말했을 것인데 지금 어찌하여 그렇지 않은가! 또 만일 소자(邵子)가 사상(四象)이 팔괘(八卦)를 낳는다는 형세를 가지고 말한 것이라면 공자는 반드시 건곤(乾坤) 다음에 택산(澤山: 2와 7)을 먼저 말하고 다음에 이감(離坎: 3과 6)을 말하고 그 다음에 뇌풍(雷風: 4와 5)을 말했을 것인데 지금 어찌하여 그렇지 않은 것인가! 만약 또 소자가 말한 왕순(往順)과 내역(來逆)의 형세로써 말하면 공자는 마땅히 건태(乾兌: 1과 2)를 말해야 하고, 다음에 이진(離震: 3과 4)을 말해야 하고, 다음에 곤간(坤艮)을 말해야 하고, 다음에 감손(坎巽)을 말해야 한다. 소자(邵子)의 방법으로 헤아려 보면 하나의 글자나 구절의 절반조차도 서로 부합하지 못하는데 어찌하여 선천의 증거로 삼는가![24]

라 하고 공자의 후천방위설은 다음과 같음을 명시해 준다.

---

24) 같은 책, 31~32쪽(10-320~321). "若以邵子所謂四正四偏之位而言之 則孔子必於乾坤之次 先言水火 次言風雷 次言澤山 今何以先言山澤 末言水火乎 若又以邵子所謂二縱六橫而言之 則孔子必於乾坤之次 先言風澤 次言水火 次言山雷 今何以不然乎 若又以邵子所謂四象生八之勢而言之 則孔子必於乾坤之次 先言澤山(二與七) 次言離坎(三與六) 次言雷風(四與五) 今何以不然乎 若又以邵子所謂往順來逆之勢而言之 則孔子當先言乾兌(一與二) 次言離震(三與四) 次言坤艮(八與七) 次言坎巽(六與五) 今何以不然乎 稽之以邵子之法 一字半句無一相合 胡以是爲先天之證乎".

공자는 후천방위(後天方位)의 순서를 매기면서 진괘에서 시작하
여 간괘에서 마친다고 하였으니 수미(首尾)가 어긋나지 않는데,
유독 선천방위(先天方位)는 앞뒤가 뒤집어지고 빠져서 어지럽게
차례가 없는 것이 이와 같으니 이러한 이치가 있겠는가?[25]

그리하여 소씨 선천방위설의 근거 없음을 거듭 지적한다.

② 역수론(逆數論)

「설괘전」에서 "지나간 것을 세는 것은 순(順)이요 다가올 것을 아
는 것은 역(逆)이다. 그러므로 역은 거슬러서 세는 것이다[數往者順
知來者逆 是故易逆數也]"라 하였다. 소자는 이 구절을 자가류(自家流)
로 해석하여 "이 일절(一節)은 복희팔괘를 밝힌 것이라" 이르고

팔괘가 서로 교착한다는 것은 서로 교착해서 64괘를 이룬다는
것을 분명히 한 것이다. '지나간 것을 세는 것은 순(順)이다'고
한 것은 하늘을 따라 운행한다는 것과 같으니 이것은 왼쪽으로
도는 것[左旋]이다. 모두 이미 생겨난 괘이기 때문에 '거슬러 센
다'고 한 것이다. '다가올 것을 아는 것은 역(逆)이다'고 한 것은
하늘을 거슬러 운행하는 것과 같으니, 이것은 오른쪽으로 운행
하는 것[右行]이다. 모두 아직 생기지 않은 괘이기 때문에 '다가
올 것을 안다'고 한 것이다.[26]

라 하여 좌선(左旋)·우행(右行) 등의 논리를 펴고 있는 데 반하여 팔
괘상착(八卦相錯)이 선천방위와는 무관함을 다음과 같이 밝히고 있다.

---

25) 같은 책, 32쪽(10−321). "孔子序後天方位 其始乎震 終乎艮 首尾無錯 顧獨於先天方位 顚倒曲揷 亂
    無次序如此 有是理乎".

26) 같은 책, 같은 곳. "八卦相錯者 明交相錯而成六十四也 數往者順 若順天而行 是左旋也 皆已生之卦也
    故云數往也 知來者逆 若逆天而行 是右行也 皆未生之卦也 故云知來也".

착(錯)은 사귀는 것이고 섞이는 것이고 뒤집히는 것이다. 경문에서 말한 것은 하늘과 땅과 물과 불과 우레와 바람과 산과 못이 높거나 낮고 맑거나 탁한 것이 혼연하게 섞이며 부딪쳐 출렁거리고, 차거나 뜨겁고 마르거나 습한 기운이 조화롭게 합치며 부딪쳐 변화를 이루고 만물을 낳는다. 그러므로 팔괘(八卦)의 여덟 가지 물이 서로 사귀고 서로 섞이며 서로 부딪치고 서로 전도되어 64괘를 이루는 것이다. 혹 정체(正體)로 혹 호체(互體)로 서로 감통하고 서로 부딪치며 온갖 변화가 끝이 없어서 천지만물의 실정을 상징할 따름이니 선천방위가 어찌 여기에 함께할 수 있겠는가!27)

또 소씨 좌선설(左旋說)의 모순을 다음과 같이 지적한다.

소자의 그림을 보면 진괘에서 건괘에 이르기까지는 삼양(三陽)으로 이루고, 손괘에서 곤괘까지는 삼음(三陰)으로 이루는데, 그 형세는 왼쪽으로 돌지 않는 것이 없으니, 한 번 사라지고 한 번 자라는 것이 끝이 없이 순환한다. 어떻게 진괘에서 건괘까지는 왼쪽으로 돈다고 하고, 손괘에서 곤괘까지는 오른쪽으로 돈다고 하겠는가? 만일 왼쪽 절반의 1·2·3·4는 왼쪽으로 돌고, 오른쪽 절반의 5·6·7·8은 오른쪽으로 돈다고 한다면 남쪽에서 동으로 가는 것은 오른쪽으로 도는 것이니, 왼쪽으로 돈다고 말할 수는 없을 것이다. 서쪽에서 북쪽으로 가는 것은 왼쪽으로 도는 것이니, 오른쪽으로 돈다고 할 수도 없을 것이다. 게다가 1·2·3·4는 1에서부터 세어 나간 것으로 아직 생겨나지 않은 괘요, 5·6·7·8과도 사정이 다르지 않은데 어떻게 하나는 거스르고[逆] 하나는 따른다[順]고 하겠는가? 그의 설명은 자체로 서로 모순이어서 궁구할 수가 없으니, 이런데도 오히려 도를 아는 말이라고 할 수 있단 말인가?28)

----

27) 같은 책, 같은 곳. "錯者 交也雜也磨也顚也. 經所言者 蓋云天地水火 雷風山澤 高下淸濁 渾雜摩盪 冷熱乾濕 和合激發 以成變化 以生萬物 故八卦八物相交相雜相磨相倒 以成六十四卦 或以正體 或以互體相通相薄 萬變不窮 以象天地萬物之情而已 先天方位 何與於是".

28) 같은 책, 같은 곳(10-321~322). "且觀邵子之圖 自震至乾 三陽以成 自巽至坤 三陰以成 其勢莫不左旋 而一消一長循環無端 又何以自震至乾爲左旋 自巽至坤爲右旋哉 若云左半之一二三四爲左旋 右半之

그러나 주자는 소자의 설에 좌단(左袒)하고 나서면서 다음과 같이 이를 보완한다.

> 진괘에서 시작해서 리괘·태괘를 거쳐 건괘에 이르는 것은 이미 생겨난 괘를 세는 것이다. 손괘에서 시작해서 감괘·간괘를 거쳐 곤괘에 이르는 것은 아직 생기지 않은 괘를 미뤄 보는 것이다. 역이 괘를 낳는 것은 건·태·리·진·손·감·간·곤의 순서이기 때문에 모두가 거슬러 세는[逆數] 것이다.[29]

그러나 역에는 역수(逆數)만 있지 순수(順數)는 없으므로 지나간 것을 세는 것이 순이라는 말[數往者順]은 대설(帶說)이요, 객설(客說)에 지나지 않음을 다산은 이를 다음과 같이 밝힌다. 역수에 대한 중요한 다산의 논박이므로 다음에 전문을 싣는다.

> '지나간 것을 세는 것이 순(順)이다'는 한 구절은 대설(帶說)이요 객설(客說)이다. 예를 들어 『대학』에서 '싹이 크다[其苗之碩]'는 구절은 '그 자식의 악[其子之惡]'이란 구절을 위해 대설한 것이고, '말이 도리에 어긋나게 나간다[言悖而出]'는 구절은 '재물이 도리에 어긋나게 들어온다[貨悖而入]'는 구절을 위해 대설한 것이다. 이 경은 본래 역리(易理)를 논하는 것인데, 역리에는 역수(逆數)가 있을 뿐이다. '지나간 것을 헤아리는 것이 순이다'고 한 것은 역에 있는 일이 아니기 때문에, 두 구절을 통틀어 '역수'라고 결론지은 것이다. 만일 주자의 뜻과 같이 역에 역수가 있고, 순수가 있다면, 어떻게 '역수'일 뿐이라고 할 수 있겠는가? 주자는 소씨(邵氏)의 둥그런 그림에서 진괘에서 건괘까지를 지나간

五六七八爲右旋 則自南而東者是爲右旋 不可曰左旋也 自西而北者是爲左旋 不可曰右旋也 何况一二三四自一而數之 則其爲未生之卦 與五六七八 其情不殊 又何云一逆而一順也 其說自相矛盾 不可究詰 尚可曰知道之言乎".

29) 같은 책, 같은 곳(10-322). "起震而歷離兌以至於乾 數已生之卦也 自巽而歷坎艮以至於坤 推未生之卦也 易之生卦 則以乾兌離震巽坎艮坤爲次 故皆逆數也".

것을 헤아리는 순(順)이라고 여겼고, 손괘에서 곤괘까지를 다가
올 것을 아는 역(逆)이라고 여겼다. 그러나 4, 3, 2, 1은 그 수가
거꾸로 된 것인데 지금 그것을 순(順)이라고 하고 5, 6, 7, 8은
그 수가 순서대로 되어 있는데 지금 그것을 역(逆)이라고 하니
어찌 사람의 마음이 편안하겠는가? 본래 소강절이 말한 가로로
배열한 그림은 결단코 획괘(畫卦)의 법도가 아니다. 그러나 태극
이 나뉘는 이치를 논하자면, 하나가 둘을 낳을 때에 둘은 한때
에 함께 생겨나니, 양이 앞서고 음이 뒤서는 이치란 결코 없는
것이다. 둘이 넷을 낳을 때에도 넷은 한때에 함께 생겨나지, 어
떤 것이 형이 되고 어떤 것이 동생이 되는 순서는 결코 없는 것
이다. 넷이 여덟을 낳을 때에도 여덟은 한때에 함께 생겨나지
결코 건괘가 머리가 되고 곤괘가 꼬리가 된다고 말할 수는 없는
것이다. 오직 사람들의 독서법에 먼저 첫 번째 행을 읽고, 그 다
음에 두 번째 행을 읽을 뿐이다. 소씨는 사람들의 독서법으로
선천팔괘를 가로로 배열한 그림을 읽었던 것이니, 애초부터 이
치에 어긋났다. 하물며 이것이 『역』에 나오는 역수의 실제 일에
해당하는 것이라고 할 수 있겠는가? 1, 2, 3, 4, 5, 6, 7, 8은 천
하의 순수(順數)이니 어떻게 이것을 역수(逆數)라고 이를 수 있겠
는가? 갑(甲), 을(乙), 병(丙), 정(丁), 무(戊), 기(己), 경(庚), 신(辛)도
역수(逆數)가 아니며 자(子), 축(丑), 인(寅), 묘(卯), 진(辰), 사(巳),
오(午), 미(未)도 역수(逆數)가 아니며, 각(角), 항(亢), 저(氐), 방
(房), 심(心), 미(尾), 기(箕), 두(斗)도 역수(逆數)가 아닌데 어찌 혼
자 1, 2, 3, 4, 5, 6, 7, 8만이 역수(逆數)이겠는가? 주나라에서 있
었던 여덟 선비[八士]를 백달(伯達)・백괄(伯适)・중돌(仲突)・중
홀(仲忽)・숙야(叔夜)・숙하(叔夏)・계수(季隨)・계와(季騧)라고 부
르는데, 이 또한 1・2・3・4・5・6・7・8로서, 먼저 태어난 이
를 먼저 헤아리고, 나중에 태어난 이를 나중에 헤아린 것일 뿐
이었다. 어떻게 '역수'라고 부르겠는가? 나는 이것에 대해서는
감히 알지 못하겠다.[30]

---

30) 같은 책, 32~33쪽(10－322~323). "數往者順 一句 是帶說 是客說 如大學 其苗之碩 一句 爲其子之惡
帶說 言悖而出 一句 爲貨悖而入帶說 此經本論易理 易理只有逆數而已 其云數往者順 非易之所有事也
故統結二句曰逆數也 若如朱子之義 則易有逆數 亦有順數 豈可曰逆數已乎 朱子以邵氏圓圖 自巽而至
乾者 爲數往之順 自巽而至坤者 爲知來之逆 然四三二一其數正逆而今謂之順 五六七八其數正順而今謂
之逆 豈人心之所安乎 原夫邵子所謂橫排之圖 斷非畫卦之本法 然論以太極剖判之理 則一生兩時 兩個
一時並生 必無陽先陰後之理 兩生四時 四個一時並生 必無孰長孰弟之序 四生八時 八個一時並生 必無

주자의 설대로라면 역에는 역수(逆數)만 있는 것이 아니라 순수(順數)도 있게 마련이다. 소씨횡배지도(邵氏橫排之圖)는 원래 비합리적인 도표인 데다가 일이삼사오육칠팔(一二三四五六七八)은 천하지순수(天下之順數)인데 어찌하여 역수(逆數)라 이르는가. 자축인묘(子丑寅卯)도 역수(逆數)가 아니요, 각항저방(角亢氐房)도 역수(逆數)가 아니거늘 왜 일이삼사(一二三四)만 역수(逆數)라 이르는가를 다산은 소자(邵子)와 주자에게 묻고 있다. 소(邵)・주(朱) 양자(兩子)는 대답이 없으니 우리들은 심사숙고 이 문제의 시비를 가려야 할 차례에 와 있지 않나 싶다.

③ 괘덕론(卦德論)

「설괘전」에서 "우레로 움직이고, 바람으로 흩으며, 비로 적시고, 해로 따듯하게 하고, 간(艮)으로 그치고, 태(兌)로 기쁘게 하며, 건(乾)으로 임금노릇을 하고, 곤(坤)으로 감춘다[雷以動之 風以散之 雨以潤之 日以晅之 艮以止之 兌以說之 乾以君之 坤以藏之]"라 하였는데 주자는 이에 대하여 뇌풍(雷風)・우일(雨日: 坎離)・간태(艮兌)・건곤(乾坤)이 상대가 되어 괘위(卦位)를 점(占)한 점을 지적하여 복희팔괘방위도를 합리화하려 한다. 그러나 다산은 이에 승복하지 않고 이르기를

> 팔괘에는 두 가지 법이 있다. 하나는 방위이고 다른 하나는 인륜이다. 방위로써 말하면 진(震)에서 일어나 간(艮)에서 마치고 인륜으로써 말하면 건곤(乾坤)이 부모가 되고 육괘(六卦)가 자녀

乾首坤尾之可言 唯吾人讀書之法 先讀第一行 次讀第二行 邵氏以吾人讀書之法 讀其所謂先天八卦橫排之圖 原屬非理 況可以此當易逆數之實事乎 一二三四五六七八 天下之順數也 何以謂之逆數乎 甲乙丙丁戊己庚辛非逆數 子丑寅卯辰巳午未非逆數 角亢氐房心尾箕斗非逆數 何獨一二三四五六七八爲逆數乎 周有八士曰伯達伯适仲突仲忽叔夜叔夏季隨季騧 此亦是一二三四五六七八 先生者先數 後生者後數 其將曰逆數乎 吾斯之不敢知也".

가 되니 두 가지 법일 따름이다. 이 경문은 먼저 육자(六子)를 말한 뒤에 부모를 말하였다. 그러므로 우레와 바람이 서로 짝이 되고 비와 해가 서로 짝이 된 것이다. 어디에 선천방위(先天方位)를 말한 적이 있는가? 만약 고경(古經)에 진방(震方)에서 나와 손방(巽方)에서 가지런히 한다는 장과 같이 진(震)·이(離)·태(兌)·건(乾)·손(巽)·감(坎)·간(艮)·곤(坤)을 둥글게 위치시켜 말한 것이라면 나는 선천지학(先天之學)이 옛날에 근거가 있었다고 여기겠지만, 만약 그 밖의 다른 것이라면 감히 믿지 못하겠다.[31]

소자팔괘방위도(邵子八卦方位圖)는 다산의 반론대로라면 결국 소자의 조작이라 이르지 않을 수 없다. 다산은 여기서도 미감신(未敢信)의 태도를 견지하여 이를 전면 부정한다.

4. 선천횡도구육칠팔지설

다산역에 있어서의 9·6·7·8의 의미는 실로 독특하고도 중요하다. 그럼에도 불구하고 주자는 "그 자리는 태양이 1, 소음이 2, 소양이 3, 태음이 4, 그 수는 태양이 9, 소음이 8, 소양이 7, 태음이 6[其位則太陽一 少陰二 少陽三 太陰四 其數則太陽九 少陰八 少陽七 太陰六]"이라 이르고 이어서 이르기를

> 옛사람이 『역』을 지으면서 그 교묘함을 말로 할 수 없으니, 태양의 수는 9, 소음의 수는 8, 소양의 수는 7, 태음의 수는 6이었는데, 처음에는 또한 그 수가 어째서 이와 같은 것인지를 알 수

---

31) 같은 책, 33쪽(10-324). "八卦有二法 一是方位 一是人倫 以方位則起於震而終於艮 以人倫則乾坤爲父母 六卦爲子女 二法而已 此經先言六子 後言父母 故雷風相對 雨日相配 何嘗說先天之方位乎 若於古經有以震離兌乾巽坎艮坤 環轉爲說 有如出乎震齊乎巽之章者 吾方謂之先天之學 於古有徵 如其不然 未敢信也".

없었다. 원래는 단지 수가 10일 뿐이었는데, 태양이 1을 차지하고, 자신을 제외하고 나자 아홉 개가 되었던 것이고, 소음이 다시 2를 차지하고 자신을 제외하자 여덟 개가 되었던 것이다. 소양이 3을 차지하고 자신을 제외하자 일곱 개가 되었고, 태음이 4을 차지하고 자신을 제외하자 곧 여섯 개가 된 것이다.[32]

라 하여 9 · 6 · 7 · 8에 대한 주자의 논리는 너무도 애매모호하다. 이에 대한 다산의 반론은 다음과 같다.

선천횡도(先天横圖)는 진실로 괘를 낳는 본래의 이치도 아니고 괘를 그리는 본래의 방법도 아니다. 그러나 일(一)이 둘을 낳을 때에 두 개가 일시에 함께 생겨나고 둘이 넷을 낳을 때에도 넷이 동시에 함께 생겨나니 마치 초목이 흙을 뚫고 나올 때와 같이 본래는 단지 한 줄기가 두 가지로 나누어져 나오고 두 가지가 일시에 함께 나와 선후의 순서가 없으며, 두 가지가 또 네 가지로 나누어져 나올 때에도 네 가지가 일시에 함께 나와 선후의 순서가 없는데 지금 사람들이 나무의 곁가지를 취하여 명하기를 '이것이 바로 제일 첫 번째 가지이고 저것이 두 번째 가지이다'고 하여 그 이치 아님에 부딪치지 않음이 없으며, 일(一)이 태양(太陽)이고 사(四)가 태음(太陰)이라는 것은 본래의 이치가 아님에 속하여 1, 2, 3, 4가 이미 불분명한데 9, 6, 7, 8이 어떻게 설 수 있는 것이겠는가? 산수가(算數家)에서는 본신(本身)의 법을 없애지만 이른바 본신(本身)이란 반드시 실수(實數)를 사용하니 형제(兄弟)를 순서할 수 없기 때문이다. 따라서 본신(本身)의 수(數)에 해당해서는 순 씨(荀氏)의 팔용(八龍)은 그 세 번째를 없애니 바로 이것이 칠인(七人)이지 오인(五人)이라고는 말할 수 없는 것이다. 죽림칠현(竹林七賢)은 그 네 번째를 없애니 바로 이것이 육인(六人)이지 삼인(三人)이라고 말할 수 없는 것이다. 하물며 아무런 까닭도 없고 아무런 뜻도 없이 스스로 그 몸을

32) 같은 책, 34쪽(10-326). "古人做易 其巧不可言 太陽數九 少陰數八 少陽數七 太陰數六 初亦不知其數如何恁地 元來只是十數 太陽居一 除了本身 便是九箇 少陰居二 除了本身 便是八箇 少陽居三 除了本身 便是七箇 太陰居四 除了本身 便是六箇".

없애 바로 그 나머지의 수를 취하여 그것으로 본수(本數)를 삼으니 무슨 이치이겠는가? 또한 시초를 세어서 괘를 만드는 방법은 매번 단지 한 획(畫)이 이미 노양, 노음, 소양, 소음이 있는데 지금 선천(先天)의 법은 두 번째 획에 도달하여 그려서 바로 이러한 이로(二老)와 이소(二少)가 있다. 이와 같은 것을 자세히 살펴보면 건괘(乾卦)의 초구(初九)와 곤괘(坤卦)의 초육(初六)은 도무지 해득할 수 없으니 장차 그것을 어떻게 할 것인가?[33]

9·6·7·8의 수리(數理)는 다산역에서 중요한 의미를 가지고 있으므로 따로 밝히기로 한다.

5. 건곤책수

「시괘전」에 따르면 "건의 책수는 216이고, 곤의 책수는 144이니 모두 360으로 한 해의 일수에 해당한다[乾之策 二百一十有六 坤之策 百四十有四 凡三百有六十 當期之日]"라 하였다. 이에 대하여 주자는 이르기를

이 책수는 사상(四象)에서 생긴다. 하도(河圖)의 사상에서 태양은 1에 머물면서 9와 이어지고, 소음은 2에 머물면서 8과 이어지며, 소양은 3에 머물면서 7과 이어지고, 태음은 4에 머물면서 6과 이어진다. 시초를 세는 방법은 삼변(三變)하고 난 나머지를

---

33) 같은 책, 34~35쪽(10-326~327). "先天橫圖 固非生卦之本理 亦非畫卦之本法 然 一生兩時 兩簡一時並生 兩生四時 四簡一時並生 如草木出土 本只一幹 分出兩枝 兩枝一時並生 並無先後之序 兩枝又分出四條 四條一時並生 亦無先後之序 今人取木條命之日 此是第一枝 彼是第二枝 未有不擊其非理者 一太陽 四太陰 原屬非理 一二三四旣不分明 九六七八 將何所立 算數之家 有除本身之法 然所謂本身 必用實數 不可曰兄弟序次 逢當本身之數 荀氏八龍 除其第三 仍是七人 不可曰五人也 竹林七賢 除其第四 仍是六人 不可曰三人也 況無故無義 自除其身 乃取其所餘之數以爲本數 抑何理也 且揲蓍作卦之法 每只一畫已有老陽老陰少陽少陰 今先天之法 畫到第二畫 乃有此二老二少 審如是也 乾初九坤初六 都不可解將若之何".

통틀어 계산하고, 거기에서 처음에 걸어두었던 하나를 뺀다. (남은 것이) 넷이면 기수[奇]로 삼고, 8이면 우수[偶]로 삼는다. 기는 둥글어서 둘레가 3이고, 우는 네모나서 둘레가 4이다. 3은 전체 수를 다 쓰고, 4는 그 절반을 쓴다. 원은 둘레가 3이고, 이 것을 모아서 헤아리면 6·7·8·9가 되는데, 삼변(三變)을 거친 설수(揲數)와 책수(策數)가 모두 들어맞는다. 나머지가 셋 모두 기수이면 9가 되는데, 시초를 센 것 또한 9이고, 책수 또한 4×9로서 36이 되니, 이것이 1에 자리 잡은 태양이다. 나머지가 둘은 기수이고 하나는 우수이면 8이 되고, 시초를 센 것 또한 8이며, 책수 또한 4×8로서 32이니, 이것이 2에 자리 잡은 소음이다. 둘이 우수이고 하나가 기수이면 7로서, 시초를 센 것 또한 7이다. 책수 또한 4×7은 28이니 이것이 3에 자리 잡은 소양이다. 셋이 우수이면 6이요, 시초를 센 것 또한 6이다. 책수는 4×6으로서 24이니, 이것이 4에 자리 잡은 노음이다. 이것이 변화와 왕래 진퇴와 이합의 오묘함이다.[34]

라 하였다. 그러나 다산은 하도십수(河圖十數)와 주역팔괘(周易八卦)와는 전연 별개라는 입장에서 이를 전적으로 부정하였다.

「하도」의 십수와 『주역』의 팔괘는 전혀 부응하지 않는다. 『역전』에서는 "황하에서 그림이 나왔다[河出圖]"고 했고, 『논어』에서는 "황하에서는 그림이 나오지 않았다[河不出圖]"고 했으며, 『상서』「고명(顧命)」에서는 "하도(河圖)는 동서(東序)에 있다"고 했지만, 오늘날에는 어떤 것인지를 알 수 없다. 주자[先正]는 팔괘를 하도에 배당하느라 바빠서 곧장 "하도에 사상이 있다"고 했다. 그러나 오늘날 말하는 하도에는 1·2·3·4·6·7·8·9가 모두 다 보존되어 있으니, 단지 사상만이 있을 뿐이라고 할 수

---

34) 같은 책, 35쪽(10-327~328). "凡此策數 生於四象 蓋河圖四象 太陽居一而連九 少陰居二而連八 少陽居三而連七 太陰居四而連六 揲蓍之法 則通計三變之餘 去其初掛之一 凡四爲奇 凡八爲偶 奇圓圍三偶方圍四 三用其全 四用其半 積而數之 則爲六七八九而 第三變揲數策數 亦皆附會 蓋餘三奇則九 而其揲亦九 策四九三十六 是爲居一之太陽 餘二奇一偶 則八而其揲亦八 策四八三十二 是爲居二之少陰 二偶一奇 則七而其揲亦七 策亦四七二十八 是爲居三之少陽 三偶則六而其揲亦六 策亦四六二十四 是爲居四之老陰 是其變化往來進退離合之妙也".

는 없다. 만일 1·2·3·4가 사상의 본래 자리이고, 6·7·8·9는 사상의 나머지 수[餘數]라고 한다면 5가 가운데 있고 10이 그 다음에 있는 것은 또한 무슨 형상이라고 할 것인가? 선천의 사상에서도 태양은 단지 오른쪽에 치우쳐 있을 뿐 1에 자리 잡고 있지 않고, 태음은 왼쪽에 치우쳐 있을 뿐 4에 자리 잡고 있지 않다. 설령 소자(邵子)의 말처럼 1·2·3·4가 표제(標題)일 뿐 본래의 수[本數]가 아니라고 한다면, 오늘날 하도라는 그림에서 한 점을 취해 태양을 만들고, 네 점을 취해서 태음을 만드는 것은 이미 견강부회인데, 게다가 한 점을 9와 잇고, 두 점을 8과 이어 마침내 8·9를 소음과 노양의 이름에 연좌시킨다면 공론이라 하겠는가? 소자의 주장에 근거하면 하도는 둥근 그림이다. 다섯 점은 가운데 있고, 열 점이 밖에서 둘러싸고 있어서 이중의 모습이 된다. 게다가 1·2·3·4가 다시 그 밖에서 둘러싸고 있으니 삼중의 모습이 된다. 6·7·8·9가 다시 그 밖에서 둘러싸게 되어 4중의 모습이 된다. 이렇게 본다면 1과 9는 같은 층이 아니고, 2와 8도 본래 같은 층이 아니고, 3과 7도 본래 같은 층이 아니며, 4와 6도 같은 층이 아닌데 어떻게 1에 자리 잡고서 9와 이어지고, 4에 자리 잡고서 6과 이어질 수 있겠는가? 만일 층을 달리하는 자리에서도 또한 서로 이어질 수 있는 이치가 있다면 '태양이 1에 자리 잡고 있다'는 것은 오른쪽으로는 아홉 점과 이어지지만, 왼쪽으로는 여덟 점과 이어질 것이니, 유독 9와 이어진다고만 말할 수는 없을 것이다. 세 점도 남쪽으로는 일곱 점과 이어지고, 북쪽으로는 여섯 점과 이어져 홀로 7과만 이어진다고 말할 수도 없을 것이다. 천지조화의 이치는 이 가운데 깃들어 있는 것이다.[35]

---

35) 같은 책, 35~36쪽(10－328~329). "河圖十數 與周易八卦 全不相當 易傳所謂河出圖 論語所謂河不出圖 顧命所謂河圖在東序 今不知何物 先正急以八卦配於河圖 直云河圖有四象 然今之所謂河圖 一二三四六七八九 旣皆具存 不可曰只有四象 若云一二三四爲象之本位 六七八九爲四象之餘數 則五在中十在次者 又將爲何象乎 先天四象 太陽只在右偏 不是居一 太陰只在左偏 不是居四 設如邵子之言 一二三四 仍是標題 不是本數 今乃於河圖盤上 取一點屈作太陽 取四點屈作太陰 已屬强硬 況云一點連九 二點連八 遂坐八九爲少陰老陽之名 豈公論乎 據邵子之說 河圖者圓圖也 五點在中 十點環外 爲第二重 一二三四又環其外 爲第三重 六七八九又環其外 爲第四重 由是觀之 一與九本不同重 二與八本不同重 三與七本不同重 四與六本不同重 安得云居一而連九 居四而連六乎 若於異重之位 亦有相連之理 則所謂太陽之居一者 右連九點 左連八點 不得單謂之連九也 所謂三點南連七點 北連六點 不得單謂之連七也 天地造化之理 寓於此中者矣".

무릇 '4가 기수가 된다는 주장[四爲奇說]'도 사리에 맞지 않는다고
주장한다.

　　4가 기수가 된다는 것도 역례(易例)는 아닌 것 같다. 기수[奇]란
　　영수(零數)이고 또한 양수(陽數)다. 시초를 세는 방법도 본래 넷
　　씩 세는데, 4가 영수란 말인가? 둘과 둘을 서로 배합해서 넷이
　　되는데, 4가 양수란 말인가? 4를 기수라고 여기는 것은 원래 그
　　릇된 방법이다. 하물며 기수는 둥글어서 둘레가 3이라는 것도
　　원의 지름이 1이면 둘레가 3이라는 말이다. 그러나 지름이 1이
　　고 둘레가 3이라는 말에는 본래 나머지 수[零餘]가 있으니, 본래
　　정밀한 방법이 아니다. 어떻게 우수 네모의 둘레가 4라는 것과
　　배합시켜 지극한 이치라고 할 수 있겠는가? 원은 6으로서 둘레
　　가 1이라고 하고, 네모는 8로서 둘레가 1이라고 한다면, 이것은
　　그러려니 하겠으나, 기수는 둥글어 둘레가 3이라고 한다면 그것
　　은 잘못된 것이다.[36]

　'3은 그 전부를 쓰고 4는 그 절반을 쓴다[三用其全 四用其半]'는 주
장도 논리적 근거가 없음을 다음과 같이 논증한다.

　　3은 그 전부를 쓰고 4는 그 반을 쓰는 것은 어떤 의미인가? 삼
　　천양지(參天兩地)는 본래 역례(易例)이다. 그러므로 1, 3, 5, 7, 9
　　는 모두 3으로 계산하고 2, 4, 6, 8은 모두 2로 계산한다. 9, 6,
　　7, 8은 여기에서 생겨나는 것이니 4는 본래 죄가 없는데도 억지
　　로 그 반을 버리게 하니 이런 이치가 있겠는가?[37]

---

36) 같은 책, 36쪽(10－329). "凡四爲奇 恐非易例 奇也者零數也 亦陽數也 撰蓍之法 本撰以四 四其爲零
　　數乎 二二相配乃成爲四 四其爲陽數乎 以四爲奇 原是謬法 況奇圓圍三者 徑一圍三之謂也 徑一圍三本
　　有零餘 不是精法 安得與偶方圍四 配之爲至理哉 圓者以六而圍一 方者以八而圍一 斯則然矣 奇圓圍三
　　非其實矣".

37) 같은 책, 같은 곳(10－329~330). "三用其全 四用其半 又何義也 參天兩地 本是易例 故一三五七九皆
　　以三計二四六八十 皆以二計 九六七八 於是乎生焉 四本無罪 強去其半 有是理乎".

이렇듯 「시괘전」의 건곤책수(乾坤策數)는 소자의 하도락서와는 전적으로 무관하다는 다산의 주장을 우리는 어떻게 받아들여야 할 것인가. 이 양자의 논쟁은 언젠가는 풀어야 할 쟁점을 안고 있음에 있어서랴!

6. 삼천양지설

하도락서학이 정립되는 과정에서 야기된 수리역학(數理易學)은 해석하는 이의 입장에 따라서 각양각색으로 풀이가 된다. 삼천양지설(參天兩地說)도 그중의 하나가 아닐 수 없다. 주자는 하도락서의 5가 중앙이 되는[五爲中] 소이를 밝힘에 있어서 다음과 같은 논리를 전개한다.

> 양의 형상은 둥그니 둥근 것은 지름[徑]이 1에 둘레가 3이다. 음의 형상은 네모나니 네모난 것은 한 변[徑]이 1에 둘레가 4이다. 둘레가 3인 것은 1을 1로 여기기 때문에 1양을 셋으로 하여 3이 되고 둘레가 4인 것은 2를 1로 여기기 때문에 1음을 둘로 하여 2가 되니 이것이 이른바 삼천양지이다. 3과 2를 합하면 5가 되니 이는 하도낙서의 수가 모두 5를 중앙으로 삼은 까닭이다.[38]

삼천양지설은 「설괘전」의 '하늘에서 셋을 취하고 땅에서 둘을 취하여 수를 의지한다[參天兩地而倚數]'에서 유래하였고 주자는 그의 『주역본의』에서도

---

38) 같은 책, 같은 곳(10 – 330). "陽之象圓 圓者徑一而圍三 陰之象方 方者徑一而圍四 圍三者以一爲一 故參其一陽而爲三 圍四者以二爲一 故兩其一陰而爲二 是所謂參天兩地者也 三二之合則爲五矣 此河圖 洛書之數 所以皆以五爲中也".

하늘은 둥글고 땅은 네모나다. 둥근 것은 (지름이) 1에 둘레가 3
인데, 3은 각각 하나의 기수이므로 하늘에서 삼(參)을 취하여 3
을 삼는다. 네모난 것은 (한 변이) 1에 둘레가 4인데, 4는 두 개
의 우수를 합한 것이기 때문에 땅에서 양(兩)을 취하여 2를 삼는
다. 수(數)는 모두 여기에 의지해서 일어난다. 그러므로 시초를
세면서 삼변한 뒤에 그 나머지가 기수 셋이면 3×3은 9가 되고,
우수 셋이면 3×2는 6이 되며, 2가 둘이고 3이 하나면 7이 되고,
3이 둘이고 2가 하나이면 8이 된다.[39]

이라 하여 천원지방설(天圓地方說)에 근거하여 이를 풀었다. 그러나
다산은 실리에 입각하여 삼분손일설(三分損一說)을 채택하고 있음을
주목하지 않을 수 없다.

삼천양지(參天兩地)의 뜻은 미묘해서 말하기 어렵다. 그러나 노
자는 '1이 2를 낳고, 2가 3를 낳고 3이 만물을 낳는다'고 하였
고, 장자는 '1과 1은 2가 되고, 2와 1은 3이 된다'고 하였고,『한
서(漢書)』「교사지(郊祀志)」에는 '3과 1의 글'이 있고, 「율력지(律
曆志)」에는 '태극원기가 3을 휩싸서 1이 된다'고 하였고, 관자
(管子)가 악률(樂律)을 논하여 또한 3과 1로써 수를 일으켰다. 이
것은 모두 옛날 사람들의 삼천(參天)의 본래 뜻이다. 땅에 있는
물은 백곡(百穀) 백과(百果)가 모두 양판(兩瓣)이 서로 합하고 사
람의 몸의 정수리 이하가 또한 모두 둘이 합하면 바탕을 나타내
고 밑에 있는 그 체는 둘이 합한다. 이것은 옛날 사람들의 양지
(兩地)의 본래 뜻이다. 그러나 이것이 『주역』에 있어서는 바로
괘획에 의거해서 삼천양지(參天兩地)일 수가 있다. 유획(柔畫)은
가운데가 끊어졌으니 강획(剛畫)과 비교하면 겨우 3분의 2를 얻
은 것이다. 꼭 별도의 다른 의미를 구할 필요가 없다. 지름 1에
둘에 3에 이르러서는 본래 영(零)의 나머지가 있어서 정밀한 법

---

39) 朱熹,『周易本義』,「說卦傳」1장. "天圓地方 圓者一而圍三 三各一奇 故參天而爲三 方者一而圍四 四
合二偶 故兩地而爲二 數皆倚此而起 故揲著三變之末 其餘三奇則三三而九 三偶則三二而六 兩二一三
則爲七 兩三一二則爲八".

이 아니다. 일호(一毫)의 어긋남이 있으니 현묘한 이치가 근거할
바는 못 된다. 하물며 3은 그 전부를 쓰는 것을 삼천(參天)이라
고 한다든가, 4는 그 반을 쓰는 것을 양지(兩地)라고 하는 것은
또한 무슨 뜻인가? 무릇 삼천양지는 3부분에서 한 부분을 덜어
낸 것이다. 3을 근본으로 하여 한 부분을 버리는 것은 율력과
산수를 하는 사람들에게 큰 강령이요 큰 법이다. 지금 4로써 근
본을 삼고 그 반의 수를 제거하면 천(天)은 천(天)이고 지(地)는
지(地)가 되어 역시 서로 기운이 어리어 진하게 화함이 없어진
다. 만약 음수는 반드시 둘로써 1로 삼기 때문에 4를 쪼개서 2
로 삼는다면 본래 처음 지름이 1일 때에 또한 어찌 둘을 합하여
1로 삼지 않았겠는가? 원의 지름을 1로써 1을 삼는다면 방의 지
름은 마땅히 2로써 1을 삼아야 하니 방(方)과 원(圓)을 같은 법
식으로 말할 수 없다.[40]

그리하여 하도락서의 5를 중앙으로 삼는 주장[以五爲中說]의 연원
은 저 멀리 정현(鄭玄)을 조술한 관랑(關朗) 이하 술수가(術數家: 卜筮
易)에까지 소급하여 이를 다음과 같이 밝히고 있다.

　　관랑(關朗) 이하의 술수가들이 모두 정강성(鄭康成)의 천지생성
　　(天地生成)의 설을 조술하여 1, 2, 3, 4, 6, 7, 8, 9를 목(木)과 화
　　(火)와 금(金)과 수(水)에 안배시켜서 5와 10을 제외하여 중앙의
　　토(土)에 수(數)를 배치시켰다. 그러므로 하도낙서는 모두 5점이
　　중앙에 있는 것이 다른 뜻이 있지 않다.[41]

---

40) 같은 책, 37쪽(10-331). "參天兩地之義 微妙難言 然老子曰一生二 二生三 三生萬物 莊子曰一與一爲
　　二 二與一爲三 漢書郊祀志 有三一之文 而律曆志云太極元氣函三爲一 管子論樂律 亦以三一起數 此皆
　　古人參天之原義也 在地之物 百穀百果 皆兩瓣合 人身頭凶以下 亦皆兩合則形須 在下之其體兩合 此古
　　人兩地之原義也 然其在周易 直據卦畫 亦可以參天兩地 蓋柔畫中斷 較之剛畫 纔得三分之二 非必別求
　　異義 至於徑一圍三 本有零餘 不是精法 纔道一毫有差 便非玄理所本 況三用其全而謂之參天 四用其半
　　而謂之兩地 抑又何義 大抵參天兩地者三 分損一也 以三爲本去其一分者 律曆筭數之家 大經大法 今以
　　四爲本而去其半數 則天自天而地自地 亦無以絪縕而化醇矣 若云陰數必以兩而爲一 故折四爲二 則原初
　　徑一之時 又何不兩合爲一乎 圓徑以一爲一 則方徑宜以二爲一 不得云方圓同例也".
41) 같은 책, 같은 곳(10-331~332). "關朗以下術數之家 皆祖鄭康成天地生成之說 以一二三四六七八九
　　配之於木火金水而五與十除之爲中央土之配數 故河圖洛各書 皆五點居中 非有他義也".

여기서 우리는 실리에 입각한 다산의 상수학적(象數學的) 고역(古易)과 후대 음양오행설적(陰陽五行說的) 술수학(術數學: 卜筮學)과의 사이에 뛰어넘을 수 없는 도랑이 가로놓여 있음을 알 수가 있다.

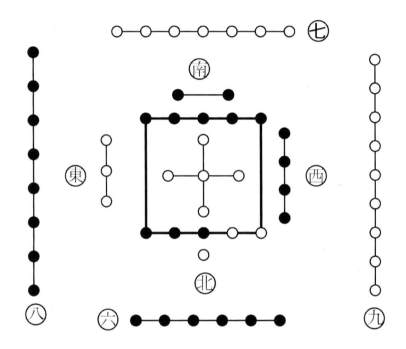

7. 노소호장법

그림을 점검하면서 다음과 같은 주자의 해석을 읽어 보면 아래와 같다.

하도는 6 · 7 · 8 · 9가 이미 생수(生數)의 바깥에 붙어 있다. 9는 생수인 1 · 3 · 5가 쌓인 것이므로, 북쪽에서 동쪽으로 가고, 동

쪽에서 서쪽으로 가서 4의 바깥에서 이루어진다. 6은 생수인 2·
4가 쌓인 것이다. 그러므로 남쪽에서 서쪽으로 가고, 서쪽에서
북쪽으로 가서 1의 바깥에서 이루어진다. 7은 9가 서쪽에서 남
쪽으로 간 것이고, 8은 6이 북쪽에서 동쪽으로 간 것이다. 이것
이 또한 음양의 노소(老少)가 서로 그 집에 감추는 변화다.[42]

구(九)를 생수일삼오지책(生數一三五之積) 육(六)을 생수이사지책(生
數二四之積) 등으로 보는 주자의 노소호장법(老少互藏法)의 이유 없음
을 다산은 다음과 같이 논박한다.

1로부터 9로 갈 때 북쪽에서부터 동쪽으로 가고 동쪽에서부터
서쪽으로 갔으니 3을 지나고 5를 지나서 4를 뚫고서 9에 이르
렀다. 그것을 예로 삼는다면 2로부터 6으로 갈 때 마땅히 남쪽
에서 서쪽으로 가고 서쪽에서 동쪽으로 가서 4를 지나고 5를
뚫고 3을 뚫고 8에 이른 연후 그 음양이 서로 전화하는 형세가
이내 고르고 바를 것인데 지금은 또한 그렇지 않다. 1에서 9에
이를 땐 북쪽으로부터 동쪽으로 가 바로 꺾어 서쪽으로 가는데
2에서 6에 이를 땐 남쪽으로부터 서쪽으로 가고 서쪽에서 또
빙 돌아 북쪽으로 가니, 하나는 급하고 하나는 완만하며, 하나
는 뚫고 하나는 빙 돌아 저것과 이것의 형세가 맞지 않고 고르
지 않으니 어찌 천지의 현묘한 이치이겠는가! 그러나 음양의 노
소가 노(老)가 되기도 하고, 소(少)가 되기도 하는 방법은 마땅히
고르고 정당해야만 스스로 비례를 이룰 수 있을 것이다. 하지만
9와 6의 집은 험난하게 합쳐진 세력이 이와 같이 심오하나 7과
8의 집은 연원이 없고, 길러지는 것도 없어서 9와 6의 여세에
불과하고 그 꼬리에 맡겨진 것이니 어찌 천지의 상수의 근본이
기울고, 고르게 정리되지 않는 것이 이와 같이 심하단 말인가?
종일토록 궁구해 보아도 진실하고 바뀔 수 없는 이치라고는 전

---

42) 『易學緖言』 卷2, Ⅱ~46, 37쪽(10-332). "河圖六七八九 旣附於生數之外矣 其九者生數一三五之積
也, 故自北而東, 自東而西 以成丁四之外 其六者生數二四之積也, 故自南而西 自西而北 以成一之外
七則九之自西而南者也, 八則六之自北而東者也, 此又陰陽老少互藏其宅之變也".

혀 없으니, 하도의 몇몇 점들은 모두가 옛 성인께서 보았던 것
은 아닐 것이다.[43]

도시 하도의 수리는 다산이 이른바 고역(古易)과는 무관한 자가 아
닐 수 없다. 그럼에도 불구하고 주자는 노소호장법(老少互藏法)을 계
속 수용하고 있다.

> 노양의 자리는 1이고, 노음의 자리는 4이다. 지금 하도는 노양
> 의 9가 4의 바깥에 자리 잡고 있고, 노음의 6이 오히려 1의 바
> 깥에 자리 잡고 있다. 이것은 노음과 노양이 그 집에 서로를 감
> 추고 있는 것이다. 소음의 자리는 2이고, 소양의 자리는 3이다.
> 그런데 하도는 소음의 8이 3의 바깥에 자리 잡고 있고, 소양의
> 7이 2의 바깥에 자리 잡고 있다. 이것은 소음과 소양이 그 집에
> 서로를 감추고 있는 것이다.[44]

그러나 9·6·7·8이 지니고 있는 상수학적 의미를 정립한 다산
은 노소장법의 이유 없음을 다음에 장황히 설명하여 후인의 경각
심을 돋우어 준다.

> 하도(河圖)에 따로 십오한 이치가 없다. 단지 1·2·3·4를 가운
> 데층에 나열하고 6·7·8·9를 바깥층에 둥글게 돌려 놓았으
> 며, 1과 6을 서로 짝짓고 2와 7일 서로 짝짓고 3과 8을 서로 짝

---

43) 같은 책, 37~38쪽(10-332~333). "自一爲九之時 自北而東 自東而西 歷三歷五 穿四至九 以此例之
   則自二爲六之時 當自南而西 自西而東 歷四穿五穿三至八 然後 其陰陽互轉之勢 乃均乃正 今也不然
   一至九則自北而東 卽析而西 二至六則自南而西 又迂而北 一急一緩 一穿一繞 彼此形勢軸齬而不伴 豈
   天地玄妙之理哉 然且陰陽老少其所以爲老爲少之法 宜均齊方正 自成比例 而九六之宅 其崎嶇幕積之勢
   若是深奧 獨何謂七八之宅 旣無淵源 亦無亭毒 不過因九六之餘勢而委其尾焉 何天地象數之本 其敧仄
   而不齊整若是其甚也 終日玩究 絕無眞實不易之理 誠恐河圖幾點 都非古聖人之所觀也".

44) 같은 책, 38쪽(10-333). "老陽之位一 老陰之誠四 今河圖以老陽之九 居乎四之外 而老陰之六 却居乎
   一之外 是老陰老陽互藏其宅也 少陰之位二 少陽之位三 而河圖以少陰之八 居乎三之外 少陽之七 却居
   乎二之外 是少陰少陽互藏其宅也".

짓고 4와 9를 서로 짝지어서 천지생성의 수라고 여긴 것이니 정강성의 설과 같을 뿐이다. 이로부터 선유가 시괘(蓍卦)에서 7, 8, 9, 6의 명칭을 취하여 성수(成數)에 붙이고, 또 선천횡배도(先天橫排之圖)의 1, 2, 3, 4,의 표(標)를 취하여 생수(生數)에다 붙여서 피차를 살펴 종일토록 기이함을 부르짖어 천지의 현묘한 이치로 삼았다. 그러나 천1이 수(水)를 낳으니 지6이 그것을 이루고 지2가 화(火)를 낳으니 천7이 그것을 이룬다는 것은 곧 하도의 근본 된 법이지만 나는 천1이 수(水)을 낳아 어떻게 노양(老陽)이 되며, 지2가 화(火)를 낳아 어떻게 소음(少陰)이 되며, 천3이 목(木)을 낳아 어떻게 소양(少陽)이 되며, 지4가 금(金)을 낳아 어떻게 노양(老陽)이 되는지를 알지 못하겠다. 어찌『주역』의 법례가 감(坎)이 노음(老陰)이 되고, 이(離)가 소음(少陰)이 되고, 진(震)이 소양(少陽)이 되고, 태(兌)가 노음(老陰)이 되겠는가? 선천횡배도(先天橫排之圖)와 같은 경우 건(乾)과 태(兌)가 노양(老陽)에 속하고 이(離)와 진(震)이 소음(少陰)에 속하고, 손(巽)과 감(坎)이 소양(少陽)에 속하고, 간(艮)과 곤(坤)이 노음(老陰)에 속해서 이른바 1과 6의 감수(坎水), 2와 7의 이화(離火), 3과 8의 진목(震木), 4와 9의 태금(兌金)의 이론은 왼쪽이 어그러지고 오른쪽이 일그러져서 하나도 서로 합치하지 않으니 이 또한 그칠 바를 모르겠다. 또 하필 동(東)을 칠하고 서(西)를 지워서 구차하게 하나라도 맞기를 바라는가?[45)]

라 하고 결론지어 이르기를

총괄하건대 9, 6, 7, 8은 괘획이 변하거나 변하지 않은 것이다. 물과 불 생성의 수 및 태극 분화의 원리와는 모두 서로 마땅하지 않다. 선유들이 시괘(蓍卦)하는 학자들의 지극히 중요하고 절

---

45) 같은 책, 38쪽(10-333~334). "河圖別無深理 唯一二三四列于中層 六七八九環于外 而一六相配 二七相配 三八相配 四九相配 以爲天地生成之數 如鄭陳成之說而已 于是 先儒取蓍卦之家七八九六之名 附之於成數 又取先天橫排之圖 一二三四之標 附之於生數 彼此照觀 終日叫奇 以爲天地之玄漠 然天一生水地六成之 地二生火天七成之 乃河圖之本法 吾不知 天一生水何以爲老陽 地二生火何以爲少陰 天三生木何以爲少陽 地四生金何以爲老陰 豈周易之例 坎爲老陽 離爲少陰 震爲少陽 兌爲老陰平 若如先天橫排之圖 則乾兌屬於老陽 離震屬於少陰 巽坎屬於少陽 艮坤屬於老陰 與所謂一六坎水 二七離火 三八震木 四九兌金之說 左乖右舛 一不相合 斯亦可以知所息矣 又何必東塗西抹 苟冀其一有合哉".

실한 숫자들을 취하여 물과 불 생성의 수와 태극분화의 그림에 억지로 옮겨 놓은 것이다. 그러나 시초를 세어서 괘를 구할 때에는 여전히 무엇이 9이고 무엇 6이고 무엇이 7이고 무엇이 8인지를 알지 못한다. 건초구(乾初九)와 곤초육(坤初六)의 뜻을 물어보면 모두가 서로 놀라서 눈이 둥그렇게 되니 서로 대치하지 못한다. 혹 말하길 양수(陽數)는 9에서 다한다고 하지만 음수(陰數)는 일찍이 6에서 다하지 않으니 그 이론은 여전히 통하지 않는다. 급한 것을 버리고 느린 것을 힘쓰며, 그 실(實)한 것을 버리고 그 허(虛)한 것을 좇음이 이보다 심한 적이 없었다. 이것은 태극횡배지도(太極橫排之圖)와 하도의 서로 짝지어 거는 방법으로 모두 역학의 커다란 장막이니 논변하지 않을 수 없다.[46]

다산역에 있어서의 9·6·7·8은 괘획의 변(變)·불변(不變)을 의미함에도 불구하고 하도학(河圖學)에 있어서의 노소호장의 논리는 그들의 습성인 견강부회의 소산이라 이르지 않을 수 없다.

8. 팔괘지칙

하도의 수리와 팔괘와의 관계는 주자의 논리적 시도에도 불구하고 다산의 실리론(實理論)에 비추어 볼 때 그의 허구성은 명료하게 들추어진다. 주자는 이르기를

'성인이 이것을 본받았다'고 했는데 하도에서 5와 10을 비운 것은 태극이고, 기수(奇數) 20과 우수(偶數) 20은 양의이다. 1·2·

---

46) 같은 책, 같은 곳(10-334). "總之九六七八者 卦畫之所以變與不變也 與水火生成之數 太極剖判之理 都不相當 先儒取此蓍卦之家至要至切之數 目移以冒之於水火生成之數 太極剖判之圖 而及其揲蓍以求 卦也 仍不知何者爲九 何者爲六 何者爲七 何者爲八 試問之以乾初九 坤初六之義 皆相顧愕眙 不能置 對 或云陽數極於九 而陰數又未嘗極於六 則其說仍不可通 捐所急而務所緩 喪其實而趨其虛 未有甚於 是者 是知太極橫排之圖 河圖配搭之法 皆易學之大蔀 不敢不辭".

> 3 · 4로 6 · 7 · 8 · 9를 만든 것은 사상이고, 네 방향의 합(合)을
> 나누어 건 · 곤 · 리 · 감을 만들고 네 모퉁이의 빈 곳을 메워서
> 태 · 진 · 손 · 간을 만든 것은 팔괘다[47]

라 하여 태극은 5와 10[五與十], 양의는 기수와 우수가 각 20[奇偶各二
十], 사상은 1 · 2 · 3 · 4로 6 · 7 · 8 · 9를 만든 것[一二三四以爲六七八
九], 팔괘는 네 방향과 네 모퉁이[四方四隅]로 논한다. 주자는 이를
세분하여 팔괘의 순서 및 가로 배치의 자리[序次橫排之位]와 사상의
수리와의 관계를 다음과 같이 논하기도 한다.

> 사상으로 보자면 태양의 위치는 1에 자리 잡고 수로는 9이니,
> 건괘가 그 수를 얻고 태괘는 그 위치를 얻었다. 그러므로 건괘
> 는 9이고 태괘는 1인 것이다. 소음의 위치는 2에 자리 잡고 수
> 로는 8이다. 이괘가 그 수를 얻었고 진괘가 그 위치를 얻었다.
> 그러므로 이괘는 8이고 진괘는 2이다. 소양의 위치는 3에 자리
> 잡고 수로는 7이다. 감괘가 그 수를 얻었고 손괘가 그 위치를
> 얻었다. 그러므로 감괘는 7이고 손괘는 3이다. 태음의 위치는 4
> 에 자리 잡고 수로는 6이다. 곤괘가 그 수를 얻었고 간괘가 그
> 위치를 얻었다. 그러므로 곤괘는 6이고 간괘는 4이다. 이제 6 ·
> 7 · 8 · 9의 합을 나누어서 건 · 곤 · 감 · 리를 만들고, 정방향 네
> 곳의 위치에 두고 1 · 2 · 3 · 4의 순서에 의거해서 진 · 태 · 손 ·
> 간을 만들고 네 모퉁이의 빈 곳을 보충한다.[48]

그러나 다산이 이른바 사상 · 팔괘의 수리는 삼천양지설에 의거하

---

47) 같은 책, 같은 곳. "聖人之則之也 河圖之虛五與上者 太極也 奇數二十偶數二十者 兩儀也 以一二三四
爲六七八九者 四象也 析四方之合 以爲乾坤離坎 補四隅之空 以爲兌震巽艮者 八卦也".

48) 같은 책, 39쪽(10 – 336). "以四象觀之 太陽之位 居一而數則九 乾得其數而兌得其位 故乾爲九而兌爲
一 少陰之位 居二而數則八 離得其數而震得其位 故離爲八而震爲二 少陽之位 居三而數則七 坎得其數
而巽得其位 故坎爲七而巽爲三 太陰之位 居四而數則六 坤得其數而艮得其位 故坤爲六而艮爲四 今析
六七八九之合以爲乾坤坎離而在四正之位 依一二三四之次以爲震兌巽艮而補四隅之空也".

여 다음과 같이 천명한다.

> 삼천양지의 방법은 일양일음이 소양이 되고(3·2·2로서 7이다)
> 일음이양은 소음이 된다(2·3·3으로서 8이다). 이렇게 본다면
> 진·감·간 세 괘는 모두가 소양이고(모두 일양이음이다), 손·
> 리·태 세 괘는 모두 소음이다(모두 일음이양이다). 어떻게 이
> 유 없이 이름을 만들어 노(老)라느니, 소(少)라느니 한 것이겠는
> 가?49)

그러므로 다산은 하도의 수리를 받아들일 수 없음은 다시 말할 나
위가 없다.

> 원래 태극과 양의와 사상과 팔괘의 설에는 반드시 두 가지가 있
> 어야 한다. 하나는 천지의 본래 사물이고 다른 하나는 괘를 설
> 시하는 데 사용하는 법상이다. 선유들은 태극과 양의에 대해서
> 는 조잡하게나마 두 가지를 들고 있지만 사상과 팔괘의 본래 사
> 물이 무슨 사물인지 알지 못하였다. 그러나 하늘과 땅과 물과
> 불과 우레와 바람과 산과 연못이 곧 팔괘의 본래 사물이라고 사
> 람들이 진실로 말하더라도 이론(異論)이 없겠지만, 사상에 의해
> 상징된 것만은 예로부터 지금까지 전혀 말한 것이 없다. 만약
> 소강절의 횡배도(橫排圖)에 배열된 노양과 소양과 소음과 노음
> 을 가지고 말하자면 이는 4개의 상(象)이지 4개의 사물이 아니
> 다. 양의에 의해 상징된 것이 하늘과 땅인데도 혹 '음양'이라고
> 말한다면 사상에 의해 상징된 것은 어찌 그 사물이 없는가? 종
> 이 위의 흑백의 흔적이 어찌 하늘과 땅을 받들기에 충분하겠는
> 가? 만약 '사상이 본래의 사물에 대한 명칭일 수 있다'고 말한
> 다면 태양과 태음과 소양과 소음은 천지 사이에 본래 이런 사물
> 도 없고 이런 명칭도 없으니 장차 어찌하겠는가?50)

---

49) 같은 책, 40쪽(10-338). "參天兩地之法 凡一陽二陰爲少陽(三二二爲七) 一陰二陽爲少陰(二三三爲
八) 由是觀之 震坎艮三卦 都是少陽(皆一陽二陰) 巽離兌三卦 都是少陰(皆一陰二陽) 豈無故錫名 曰老
曰少乎".

라 하여 본물(本物)과 법상(法象)의 불일치에서 오는 주자설의 불합리를 논박한 후 자설을 다음과 같이 전개한다.

포희씨가 처음 괘를 그릴 때에 오로지 우러러보고 굽어 살핌에 의거하여 먼저 양물(兩物)을 얻고, 둘이 나뉘어 넷이 되어 다시 사물(四物)을 얻고, 넷이 변화하여 팔물(八物)을 얻게 되었다. 팔물이라는 것은 하늘과 땅과 물과 불과 우레와 바람과 산과 못이다. 팔물이 이미 얻어지면 이내 팔괘를 그렸다. 이것으로 말미암아 살펴보면 이른바 하도(河圖)에는 반드시 팔물의 상이 있어야 성인이 법칙으로 삼을 수 있을 것인데, 지금 하도에는 팔물의 상이 있는가![51]

라 하여 하도에는 성인이 본받을 만할[聖人則之] 팔괘의 물상[八卦物象]이 전무함을 지적하고 이르기를

지금 태극이 나누어지는 원리를 논하자면 원래 1은 2를 포함하고[태극이 하늘과 땅을 포함한다] 2가 4를 포함하고[하늘과 땅은 하늘과 땅과 물과 불을 포함한다] 4는 8을 포함하니[하늘과 땅과 물과 불은 하늘과 땅과 물과 불과 우레와 바람과 산과 못을 포함한다] 태극은 8개 사물의 조합체이며 8개의 사물은 태극의 분화물이다. 그 재료는 따로 구별되는 것이 아니며 도수 또한 따로 계산할 수 없다. 비유하자면 대악(大樂)이 나누어져 단지 이 8음뿐인데 8음이 모이면 또 대악(大樂)이 되는 것이지 대악(大樂) 외에 별도로 8음이 있다거나 8음 외에 별도로 대악(大

---

50) 같은 책, 38~39쪽(10-334~335). "原來太極兩儀四象八卦之說 須有兩件 一是天地之本物 一是蓍卦之法象 先儒於太極兩儀 粗有兩件 而四象八卦之本物 不知爲何物 然天地水火 雷風山澤 卽八卦之本物 人苟言之可無異論 惟是四象之所象 古往今來 都無言者 若以邵氏橫排圖所列 老陽少陽少陰老陰言之 則此是四象 不是四物 兩儀所依旣是天地 或云陰陽 則四象所象 豈無其物乎 紙上黑白之痕 豈足以承天地乎 若云四象原可爲本物之名 則太陽太陰少陽少陰 天地間本無此物 亦無此名 將若之何".

51) 같은 책, 39쪽(10-335). "包羲畫卦之初 專藉仰觀俯察 先得兩物 兩分爲四 又得四物 四化爲八 遂得八物 八物者 天地水火雷風山澤也 八物旣得 乃畫八卦 由是觀之 所謂河圖必有八物之象 乃可爲聖人所則 今之河圖 其有八物之象乎".

樂)이 있는 것이 아닌 것과 같다. 오늘날 하도의 5와 10은 본래 1·2·3·4·6·7·8·9와 똑같이 배열된 것이었다. 어떻게 5와 10이 태극이 될 수 있겠는가? 괘를 만드는 이가 하늘과 땅, 물과 불, 우레와 바람, 산과 못을 취하되, 깎아내고서 쓰기 때문에 찌꺼기와 쓸모없는 것을 버리면서 태극에 귀결시킨다면, 태극이 감당할 수 있겠는가? 공자는 「역대전」에서 시초를 세는 방법을 논하면서 천1과 지2, 천5와 지10을 똑같이 동렬로 만들었으니, 천5와 지10을 높여서 태극으로 만든 적이 없었다. 비록 정강성(鄭康成)이 괴이한 것을 좋아했어도, 다만 천5가 흙을 낳고 지10이 이룬다고 했을 뿐인데, 어떻게 흙이 태극이 될 수 있단 말인가? 주자는 1·3·7·9를 기수 20으로 삼고, 2·4·6·8을 우수 20으로 삼았다. 그러면서 '열 개의 수에서 5와 10을 제외하면 기수와 우수가 서로 대적한다'고 한 것이니 그 일이 기이하기는 하지만 이것은 단지 우연일 뿐, 신묘한 것은 아니다. 혹은 배가 되고, 혹은 균형을 이루기도 하지만 근본은 또한 일상적인 일일 뿐이니, 이것은 그리 이상한 일도 아니다.[52]

하도에 있어서의 수리적 배합의 불합리를 지적하고 또다시 이르기를

지금 소자(邵子)와 주자(朱子)의 방식으로 말하면 건(乾)과 태(兌)는 태양(太陽)에서 생겨나고 그 자리와 그 수는 이치상 함께 얻어야 할 것인데 건(乾)은 그 수를 얻고 태(兌)는 그 자리를 얻었으니 그런 이치가 없으며, 태(兌)가 그 근본 수를 얻고 건(乾)이 그 나머지 수를 얻었으니 그런 이치가 없다[1은 태양(太陽)의 근

---

52) 같은 책, 같은 곳(10-335~336). "今論太極剖判之理 原來一包兩(太極包天地) 兩包四(天地包天地水火) 四包八(天地水火包天地水火雷風山澤) 則太極者八物之合 八物者太極之分 其材料不是各辦 其度數不可各計 譬如大樂之分只此八音 八音之會還是大樂 非大樂之外別有八音 八音之外別大樂也 今河圖之五與十 本與一二三四六七八九平爲同列 安得以五十爲太極乎 畫卦者 取天地水火雷風山澤 削而用之去其渣滓無用之物 歸之太極 太極其堪乎 孔子於易大傳 論蓍卦之法 天一地二天五地十 平爲同列 天五地十 未嘗尊之爲太極也 雖以鄭康成之好怪 但云天五生土 地十成之 豈可以土爲太極乎 朱子以一三七九爲奇數二十 以二四六八爲偶數二十 蓋云十數之內 除五與十 則奇偶相敵 其事可奇也 然此是偶然 不是神妙 或倍或均 本亦常事 斯不足多也".

본 수이고 9는 1의 나머지 수이다]. 그 자리를 얻고 그 근본을 얻는 것은 사우(四隅)에 귀속되고[바로 진(震)·태(兌)·손(巽)·간(艮)이 그렇다] 그 위를 얻지 못하고 단지 그 나머지 수를 얻은 것은 사정(四正)에 있으니[건(乾)·곤(坤)·감(坎)·이(離)가 그렇다] 그런 이치가 없다. 하도(河圖)의 방위에 근거해 보면 2와 7은 남쪽에 있으니 진(震)·감(坎)은 마땅히 남방에 있어야 하고, 1과 6은 북쪽에 있으니 태(兌)·곤(坤)은 마땅히 북방에 있어야 하고, 3과 8은 동쪽에 있으니 손(巽)·이(離)가 마땅히 동방에 있어야 하고 4와 9가 서쪽에 있으니 간(艮)·건(乾)은 마땅히 서방에 있어야 할 것인데 선천방위도에 고찰해 보니 전혀 하도와 서로 부합하지 않는다. 하도의 선천방위도와 선천횡배도는 모두 소자(邵子)의 것으로 그 이수(理數)의 묘합에는 반드시 바꿀 수 없는 것이 있을 것이다. 그러나 그 왼쪽이 어그러지면 오른쪽이 어그러져 앞이 넘어지면 뒤가 넘어져 둘 곳이 없기에 이르렀으니 이 그림들이 어떻게 통하겠는가? 역에 대한 주장이 여기에 이르러서는 앞에서 말했던 '1은 건괘로서 하늘이고, 2는 태괘로서 못'이라는 말도 찾을 곳이 없게 되어 버렸다. 건·곤·감·리가 어째서 9·6·7·8이 되고, 태·진·손·간이 어째서 1·2·3·4가 되는지, 9·6·7·8이 어째서 네 정방향에 자리 잡고, 1·2·3·4가 어째서 네 모퉁이에 자리를 잡는지도 모두가 그렇게 될 만한 실리라고는 없는데, 어떻게 미루어 통하게 한단 말인가?[53]

라 하고 그의 불합리를 통박하며 그의 허구성을 다음과 같이 지적한다.

건이 태양이고, 곤이 태음이며, 감이 소양이고 리가 소음이라고

---

53) 같은 책, 39~40쪽(10-336~337). "今以邵子朱子之法言之 乾兌生於太陽 其位其數理所借得 乾得其數 兌得其位無是理也 兌得其本數 乾得其餘數 無是理也(一者太陽之本數 九者一之餘數) 得其位 又得其本數者 歸於四隅(卽震兌巽艮) 不得其位 但得其餘數者 據於四正(卽乾坤坎離) 無是理也 據河圖方位 二七居南 則震坎直在南方 一六居北 則兌坤直在北方 三八居東 則巽離直在東方 四九居西 則艮乾直在西方 而考之於先天方位 一不相合河圖 先天方位圖 先天橫排圖 皆是邵子之物 則其理數之妙合 必有不可得而移易者 乃其左乖右舛 前蹶後蹶 困知所措 乃至於此 此物豈可通耶 說易到此 義所謂一乾天二兌澤 亦無地可覓 而乾坤坎離之何以爲九六七八 兌震巽艮之何以爲一二三四 九六七八之何以居四正 一二三四之何以居四隅 皆絶無所以然之實理 將何以推通耶".

제5장 송대역학의 대두　331

한다면 네 괘의 이름은 오히려 그럴듯하다고 하겠으나, 태가 태
양이고, 간이 태음이며, 손이 소양이고 진이 소음이라고 한다면,
이때는 주공이 다시 살아난다고 한들, 중니께서 자리에 계신다
고 한들 결코 그 이치를 궁구해서 그 의미를 설명할 수도 없을
것이다. 게다가 이것은 그 위치를 얻었고, 저것은 그 수를 얻었
으며, 이것은 그 모퉁이에 두는 게 마땅하고, 저것은 정방향에
자리 잡는 게 마땅하다고 한다면, 이것은 꿈속에서 꿈을 꾸는
격이다.[54]

이상에서 소씨역(邵氏易)이 팔괘의 차서[八卦序次], 선천·후천의
방위[先後天方位]를 조작하여 고대역의 상수(象數)를 변혁한 점을 비
판하였다. 단 낙서(洛書)의 수리에 대하여서는 언급이 없으므로 그대
로 장을 넘기는 수밖에 없다.

---

54) 같은 책, 40쪽(10-337~338). "乾爲太陽 坤爲太陰 坎爲少陽 離爲少陰 四者之名 猶云髣髴 而兌爲
太陽 艮爲太陰 巽爲少陽 震爲少陰 當此之時 雖周公復生 仲尼在坐 必無以究其理而說其義 況云這箇
得其位 那箇得其數 這箇直在隅 那箇直居正 是夢之中又夢也".

제3절 소씨의 후학

상수역(象數易)으로 시원한 고대역은 왕필(王弼)의 의리역(義理易)에 의하여 변혁되고 또다시 소씨(邵氏)의 술수역(術數易)에 의하여 변질되었다. 다산은 오로지 고대역에로의 회귀를 시도하며 끈질기게 이들을 추적한다. 소씨의 후학들도 빠짐없이 조상(俎上)에 올려놓고 자신의 역리론(易理論)으로 이들을 재단한다. 먼저 사수(沙隨) 정형(程迥)의 『주역고점(周易古占)』을 해부해 본다.

1. 사수고점

사수(沙隨) 정형(程迥) 저(著) 『주역고점』 12편은 본래 소씨선천학(邵氏先天圖學)을 근거로 한 것으로서 아직 그의 옳은 듯하면서도 실제로는 그른 주장[似是實非之說]을 변혹(辯惑)하는 이 없으므로 다산은 예의(銳意) 이를 바로잡으려고 한다.

① 태극설(太極說)

정씨(程氏)는 "태극이란 건과 곤이 나뉘지 않아 볼 수 있는 형상이 없는 것이요, 대연의 수가 나뉘지 않아 셀 수 있는 수도 없는 것이니, 그 이치를 도라 하고, 그 사물을 신이라 한다[太極者 乾坤未列 無象可見 大衍未分 無數可數 其理謂之道 其物謂之神]"라 하여 신비주의적 가상(假想)으로 여긴 데 반하여 다산은 이르기를

> 태극이라는 것은 천지가 아직 나누어지기 전에 혼돈하고 형태가 처음 생겨날 때 음양의 배태(胚胎)이며 만물의 태초(太初)이다.[55]

라 하여 만유(萬有)의 시원적(始源的) 존재라 하고

> 태극이라고 하는 것은 형체 있는 것들의 처음이니, 그것을 일러 형체가 없는 이치라고 하는 것에 대해서는 감히 살피고 깨우치지 못하겠다.[56]

라 하여 태극도리설(太極道理說)을 회의적으로 비판한다. 만일 태극을 도표로 만든다면 이미 그것은 태극이 아니라 「태극도」의 태극일 따름이다. 그러므로 「역대전」에서 '역유태극(易有太極)'의 태극은 설시하기 전에 아직 50책이 미분된 자를 가리킨 것으로서 태극의 상을 간직하고 있을 따름이라는 것이다. 여기서 이른바 미분된 태극의 상이란 바로 대연의 수 50[大衍之數五十]일 따름이다(「시괘전」 참조.).

---

55) 「沙邃古占駁」, 『易學緒言』 卷3, Ⅱ∼47, 1쪽(10∼340). "太極者 天地未分之先 渾敦有形之始 陰陽之胚胎 萬物之太初也".

56) 같은 책, 같은 곳. "所謂太極者 是有形之始 其謂之無形之理者 所未敢省悟也".

② 양의론(兩儀論)

정씨는 양의(兩儀)를 '건곤의 초획[乾坤之初畫也]'이라 하고 '의(儀)란 짝[匹]이다. 음양이 서로 짝이 됨을 말한다[儀 匹也 言陰陽相匹也]'라 이르기도 한다. 여기 건곤(乾坤)「설괘전」에서 "건은 아버지가 되고, 곤은 어머니가 되며, 나머지 여섯 괘가 아울러 남녀의 이름을 얻게 된다. 남녀라고 한 것은 건곤의 남녀이다[乾爲父 坤爲母 而其餘六卦 並得男女之名 男女云者乾坤之男女也]"라 하여 남녀·부모를 의미한다.57) 그러고 보면 사수(沙隨)의 양의설(兩儀說)은 다음과 같은 모순을 안게 된다.

> 아버지와 어머니가 함께 계신 뒤에야 남녀를 낳을 수 있다. 만일 사수의 설명대로라면 부모와 남녀가 평등한 동렬이 된다. 부모의 형태가 시작되려고 할 때에 남녀의 형체 또한 일어나고, 부모의 형체가 절정에 도달할 때 남녀의 형체도 똑같이 융성하는 것이다. 게다가 형체를 이루는 때에 곤이 여덟 번째 자리에 자리를 잡았다면, 이것은 모든 남녀가 왕성하게 무리를 지은 뒤에야 어머니의 형체가 비로소 이루어지는 것이니 윤리에도 어긋나고 사체(事體)를 이룰 수도 없을 것이다.58)

그러므로 장유가 차례를 잃고 앞뒤의 순서가 뒤집히니[長幼失序 先後倒次] 감히 믿고 따를 수 없다[不敢信從]고 다산은 단언한다.

양의(兩儀)의 의(儀)는 도[度也]요 용[容也]이요 상[象也]이므로 양의란 두 가지를 형상화한 것[象兩者也]인 것이다. 두 가지를 형상화한

---

57) 같은 책, 2쪽(10 – 341).

58) 같은 책, 같은 곳. "父母旣具而後 男女可産 若如沙隨之說 則父母男女 平等同列 父母之形方始 而男女之體並起 父母之形旣半 而男女之體齊隆 況其成形之時 坤居第八 則是諸男諸女 蔚然成羣而後 母之形方成 違失倫理 不成事體…".

것[象兩者]의 두 가지[兩者]는 무엇일까. 다산은 이를 다음과 같이 설명한다.

> 『역』은 일(日)과 월(月)이 합해진 것이다. 일과 월은 음(陰)과 양(陽)이다. 음과 양은 건(乾)과 곤(坤)이다. 건의 세 양[三陽]이 (건곤을 제외한 나머지) 62괘 모든 양의 근본이요, 곤은 세 음[三陰]이 62괘 모든 음의 근본이다. 그렇다면 둘을 상징했다[象兩]는 것은 음양을 상징했다는 뜻이요, 또한 건곤을 상징했다는 뜻이다. 그것을 의(儀)라고 한 것은 어째서인가? 혼천의(渾天儀)가 혼천의 도수를 상징한 것[儀象]일 뿐, 혼천(渾天)이 아닌 것과 같고, 황도의(黃道儀)가 황도의 도수를 상징화한 것일 뿐, 황도가 아닌 것과 같다. 양의라고 한 것은 시책이 나뉘어 둘이 된 것으로, 건곤의 도수를 상징한 것일 뿐, 건곤은 아닌 것이다.[59]

그러므로 양의(兩儀)는 의상(儀象)이므로 실체가 아니라 실체의 의상(儀象)일 따름이다.

③ 사상설(四象說)

역학에 있어서 사상의 개념처럼 모호한 것도 드물다. 4는 2의 배수인데다가 8의 반수(半數)로써 양의와 팔괘의 중간자로 간주되지만 그의 역할은 양의와 팔괘에 비하여 그리 대단하지가 않다. 그런데 소 씨는 이를 태양＝ 소양＝＝ 태음＝＝ 소음＝＝으로 분류하여 다산의 논박을 받은 바 있거니와 그렇다면 정 씨는 이를 어떻게 이해하고 있는 것일까?

---

59) 같은 책, 2~3쪽(10-342~343). "易者日月也 日月都陰陽也 陰陽者乾坤也 乾之三陽 爲六十二卦諸陽之本也 坤之三陰 爲六十二卦都陰之本 然則象兩云者 卽卽陰陽也 亦象乾坤也 謂之儀者何也 渾天儀爲渾天之儀象而已 非直渾天也 黃道儀爲黃道之儀象而已 非直黃道也 兩儀云者 著策之分而爲二者爲乾坤之儀象而已 非直乾坤也".

사상이란 건곤이 처음에 서로 교착해서 이루어진 것이요, 대연(大衍)의 수가 여섯 번 변해서 얻어진 것이다. 이 때문에 음양과 노소의 나눔에 배당된다.[60]

라 하였으니 이 세 가지[三者]가 다 실리(實理)와는 거리가 먼 가공적 개념들이라 이르지 않을 수 없다. 그러므로 다산은 천지자연의 실리에 입각하여 사상사시론(四象四時論)을 다음과 같이 전개한다.

공자는 "대연의 수는 50이다. (구절) …넷으로 세어 사시를 상징하고, 남는 것을 늑(扐)에 돌려 윤달을 상징하니, 5년에 윤달이 두 번이므로 두 번 늑한 뒤에 거는 것이다"라고 했다. 공자께서 이미 '넷으로 세어 사시를 상징한다'고 한 것이 이미 사상이 아니란 말인가?[61]

라 하였으니 이렇듯 간명한 공자의 사상론을 제쳐 놓고 어디서 사상의 개념을 구한다는 말인가. 그렇다면 사상사시(四象四時)의 사시(四時)란 무엇인가.

복괘(復卦)에서 임괘(臨卦)를 지나 태괘(泰卦)까지는 봄이요[주나라는 자월(子月)을 한 해의 첫 달로 삼았다], 대장괘(大壯卦)에서 쾌괘(夬卦)를 지나 건괘(乾卦)까지가 여름이며, 구괘(姤卦)에서 둔괘(遯卦)를 지나 비괘(否卦)까지가 가을이고, 관괘(觀卦)에서 박괘(剝卦)를 지나 곤괘(坤卦)까지가 겨울이다.[62]

---

60) 같은 책, 3쪽(10-343). "四象者 乾坤初與二相錯而成也 大衍六變而得之者也 所以配劃陽老少之分也".

61) 같은 책, 3쪽(10-344). "孔子曰大衍之數五十(節) 揲之以四以象四時 歸奇於扐以象閏 五歲再閏 故再 扐而後卦 其云揲之以四以象四時者 非旣四象乎".

62) 같은 책, 같은 곳. "自復而臨而泰 春也(周以子月爲歲首) 大壯而夬而乾 夏也 自姤而遯而否 秋也 又觀 而剝而坤 冬也".

그렇다면 재윤(再閏: 五歲再閏)이란 또 무엇인가.

중부괘(中孚卦)와 소과괘(小過卦)는 윤월(閏月)의 괘이다. 그 5년
이라고 말하는 것은 어째서인가? 천지라는 것은 일월(日月)의 문
호이다. 갑년(甲年) 자월(子月)에서 시작하여 술년(戌年) 해월(亥
月)에 이르기까지를 계산해서 해가 회전하면서 그 처음으로 돌
아가는 때를 찾아보면[지금의 동지를 말한다], 그 사이가 62개
월 사이에 두 번 윤달을 두지 않는다면 한 해의 비율[歲律]이 이
루어지겠는가?[63]

그러므로 사상이란 사상사시(四象四時) 오세재윤(五歲再閏)에 의하
여 얻어진 자연의 실상으로서 그것이 괘상(卦象)에 다음과 같이 반영
한다.

건곤이라는 것은 대역의 문호이다. 준괘(屯卦)에서 일으켜 미제
괘(未濟卦)에서 마칠 때까지 그 수는 62괘이다. 두 괘로 윤달을
형상하지 않으면 역도(易道)가 합당하겠는가? [세률(歲律)에 맞지
않다] 나의 62괘로써 저 62월을 담당한다면 중부괘(中孚卦)와 소
과괘(小過卦)가 윤(閏)으로 이름 붙여지는 것은 실재로 또한 천지
자연의 이치이지 거짓으로 사람이 안배하여 분배해 펼쳐둔 것
이 아니다. 사시(四時)와 재윤(再閏)의 명칭은 모두 『역』의 괘를
가리키고 시초를 헤아려 네 가지로 만들어진 것을 사상이라고
한 것이다. 이처럼 분명한데 다른 의론을 둘 수 있겠는가?[64]

하도학(河圖學)의 대가 유목(劉牧: 字 先之 號 長民)은 '9·6·7·8

---

63) 같은 책, 같은 곳 "中孚小過 閏月之卦也. 其云五歲者何也. 天地者日月之門戸也. 始於甲年之子月 計至
戌年之亥月 以求日躔之復其初(謂今之冬至) 則其間六十二月 不再置閏 歲律其成乎".

64) 같은 책, 같은 곳 "乾坤者 大易之門戸也. 起於屯卦 終於未濟 其數六十二卦 不有兩卦以象再閏易道其
合乎(不合於歲律) 以我之六十二卦 當彼之六十二月 則中孚小過之名之爲閏 實亦天地自然之數 不假人
安排布置者也. 四時再閏之名 皆指易卦而以撲著而爲四者謂之四象 若是明切 尙有他議乎".

을 사상이라 한다[以九六七八爲四象]'라 하였으니 이는 수(數)의 사상이요, 선유는 '금·목·수·화를 사상이라 한다[以金木水火爲四象]'라 하였으니 이는 기(器)의 사상이요 혹자는 '신물(神物)·변화(變化)·수상(垂象)·도서(圖書)를 사상이라 한다[以神物變化垂象圖書爲四象]'라 하기도 하였지만 이는 양의와 팔괘와 중간자로서 연속되지 않는 사상설이다. 그러므로 다산은 태소음양(太少陰陽)으로 표현되는 사상의 개념을 다음과 같이 정립한다.

> 노소음양이라는 것은 설시(揲蓍)의 과정에서 3변한 뒤[1획을 얻는다]에 그 순수함과 잡다함의 명칭을 세운 것이다. 세 번 3이면 노양(老陽)이 되고[세 번 천(天)을 얻는다] 세 번 2를 얻으면 노음(老陰)이 되고[세 번 지(地)를 얻는다] 한 번 3, 두 번 2이면 소양(少陽)이 되고[한 번 천(天)을 얻는다] 한 번은 2, 두 번은 3이면 소음(少陰)이 된다[한 번 지(地)를 얻는다]. 음양의 명칭은 총수(總數)에서 성립하고 노소의 명칭은 순잡(純雜)에서 나누어진다[순이 노이고 잡이 소이다]. 즉 세 번 설시해서 총수(總數)를 얻지 못하면 음양노소의 이름이 생겨날 수 없다.[65]

이라 하였음에도 불구하고 송유들의 논리는 다음과 같이 불합리한 자라 이르지 않을 수 없다.

> 지금 방법이 ==를 소양(少陽)으로 삼고 ==를 소음(少陰)으로 삼으니 어찌하여 그 뜻을 세운 것이 공정하지 아니한가? 그 일음일양을 합한 것은 ==와 == 다르지 않다. 삼천양지(參天兩地)로 하면 그 수는 모두 5이다. 음양마저 이름할 수 없는데 하물며 노

---

65) 같은 책, 4쪽(10-345). "所謂老少陰陽者 即揲蓍三變之後得一畫) 立其純雜之名者也 三參爲老陽 (三得天) 三兩爲老陰(三得地) 一參二兩爲少陽(一得天) 一兩二參爲少陰(一得地) 陰陽之名 立於總數 而老少之名 分於純雜純爲老而雜爲少) 即非三揲而得總數 則陰陽老少之名 不能生矣".

소에 있어서랴!66)

라 하여 세 번 설시한 뒤[三揲之後]의 결과에 의하여 비로소 노소음
양(老少陰陽)은 결정된다는 사실을 분명히 하고 있다['삼천양지설(參
天兩地說)' 참조].

④ 효변잡설(爻變雜說)

효의 개념은 복희(伏羲) 획괘(畫卦) 이래 천고의 의안(疑案)이다.
'효란 변화를 말한 것이다[爻者言乎變者也]'라 했음에도 불구하고 역
대의 역점가(易占家)들은 효(爻)와 획(畫)을 구별하지 못한 채 설왕설
래한다. 사수 정 씨도 그중의 하나임에 틀림이 없다. 몇몇 사례를 열
거하면 다음과 같다. 정 씨는 이르기를 "주진은 『주역』은 변하는
것으로 점쳤다'고 했다[朱震曰周易以變者占]'라 하여 오로지 변자(變
者)로만 점친다고 하였지만 반드시 그런 것만도 아님을 다음과 같이
밝힌다.

　　매번 『주역』은 변하는 것으로 점쳤다고 하는데, 이 또한 몽매하
　　고 분명치 못한 말이다. 여섯 자리가 문장을 이룬 뒤에 그들의
　　순수하고 뒤섞인 것을 살펴서, 여섯 효가 모두 뒤섞였으면[모두
　　소양과 소음인 경우다] 본괘는 변하지 않기 때문에, 이때는 변
　　하지 않는 것으로 점을 친다. …이제 큰 이름을 뒤집어씌우고서
　　'『주역』은 변하는 것으로 점친다'고 개괄하는 것은 또한 잘못이
　　아니겠는가!67)

―――――――――――――

66) 같은 책, 같은 곳. "今法以==爲少陽 以==爲少陰 何其立義之不公耶 夫其爲一陰一陽之合 ==與==無以
異也 參天兩地則其數皆五也 陰陽且不可名而況於老少乎".

67) 「沙隨古占駁」, 『易學緒言』 卷3, Ⅱ~47, 4쪽(10-346). "每云周易以變者占 此又蒙昧不明之言也 六
位成章之後 考其純雜 若六爻俱雜皆少陽少陰) 則本卦不變 於是乎 以不變者占… 今冒大名以槩之日

그러나 변하는 것으로 점치는[以變者占] 경우도 오직 일효(一爻)의 변상(變象)만을 취하므로

> 『주역』의 방법은 한 효만이 변하기 때문에, 준괘(屯卦)와 몽괘(蒙卦) 이하에서 매번 한 괘에 일곱 개의 요사(繇詞)를 붙였다. 요사는 일곱 개뿐인데 변하는 것을 찾아보면 64괘이니, 미혹이 심하지 않은가![68]

정씨는 또 이르기를 "2효·3효·4효가 변하는 경우, 본괘(本卦)는 정(貞)이 되고, 지괘(之卦)는 회(悔)가 된다[二爻三爻四爻變 以本卦爲貞 之卦爲悔]"라 하였다. 2·3·4효가 각각 변상(變象)이었을 경우 다음과 같은 모순이 제기된다.

> 주공(周公)이 효사(爻詞)를 지으신 것은 본래부터 허공에서 멋대로 만든 것이 아니었다. 준괘(屯卦)의 초구효는 진괘(震卦)가 변해서 곤괘가 되는 상징에 근거한 것이 틀림없다. 준괘(屯卦)의 육이효는 진괘(震卦)가 변해서 태괘(泰卦)가 되는 상징에 근거한 것이 틀림없다. 그런데 준괘(屯卦)가 변해서 예괘(豫卦)가 되려면, 준괘(屯卦)의 육사효는 장차 어디로 가야하는가? 태괘(泰卦)가 되면 예괘(豫卦)가 될 수 없고, 진괘(震卦)가 되면 육사효가 되어서는 안 된다. 호괘(互卦)가 손괘(巽卦)면, 예괘(豫卦)가 되지 못할 것이요, 호괘(互卦)가 감괘(坎卦)면 준괘(屯卦) 오효가 서로 끌어당기게 된다. 그 물상과 괘덕을 비교하면 혼란스럽고 뒤집혀서 주공의 재능과 뛰어남으로도 진실로 그 사이에 한마디 말도 두지 못했을 것이다. 그러므로 주공에게는 이런 말이 없으니, 주공에게 이런 말이 없는데 어디에서 점을 살피려고 하는 것인가?[69]

周易以變者占 不亦謬乎".

68) 같은 책, 4~5쪽(10-346~347). "周易之法 一爻唯變 故屯蒙以下 每于一卦 繫以七繇 繇詞唯七 而求變者六十四 惑之甚矣".

69) 같은 책, 5쪽(10-347). "周公之爲爻詞 本非懸空白撰 屯之初九 必據震變爲坤之象 屯之六二 必據震

또 정 씨는 이르기를 "육효(六爻) 가운데[中] 오효(五爻)가 변하면 남는 일효(一爻)의 불변(不變)으로 점치되 유우석(劉禹錫)이 이르되 변하는 것이 다섯[變者五]이요 안정된 것이 하나[定者一]일 경우에는 마땅히 작은 것의 점을 따른다[宜從少占]라 한 것이 바로 이것이다"라고 한 데 대하여 다산은 이를 변박(辨駁)하여 이르기를

간괘(艮卦)의 6효 가운데 9나 6이 다섯이고, 8이 하나일 뿐이라고 해서 간괘(艮卦)의 8이라고 해도 괜찮겠는가? 효(爻)란 괘가 변하는 것의 이름이니 변하지 않으면 효가 아닌 것이다. 그러므로 공자는 "효란 변하는 것을 말한다"고 했고, 또한 공자는 "효란 천하의 움직임을 본받은 것이다"고도 했으며, 또한 "도에 변화와 움직임이 있으므로 효라고 한다"고도 했다. 그런데 지금 사수의 말은 "변하지 않는 효로 점친다"고 하니, 천하에 변하지 않는 효가 있단 말인가?[70]

천하에 변하지 않는 효[不變之爻]는 없기 때문에 사수의 말[沙隨之言]은 원천적으로 잘못된 것이라 이르지 않을 수 없다. 또 이르기를

효의 이름이 9나 6에서 나오지 않았다. 이것은 『주역』의 큰 벼리다. 건괘이면서 여섯 효가 모두 변한다면 여섯 효가 모두 9여도 9라고 이름 붙일 수 있기 때문에 '9를 쓴다[用九]'고 하는 것이다. 곤괘이면서 여섯 효가 변한다면 여섯 효가 모두 6이어도 6이라고 이름 붙일 수 있기 때문에 '6을 쓴다[用六]'고 하는 것이다. 그렇다면 준괘(屯卦)의 여섯 효가 변하는 경우에는 무어라

變爲兌之象 若屯變爲豫 則屯之六四 將若之何 其將爲兌乎 非卽爲豫也 其將爲震乎 非卽六四也 其將互巽乎 非卽爲豫也 其將互坎乎 屯五相掣也 此其物象卦德 貿亂顚倒 雖以周公之才美 實無以措一辭於其間也 故周公無此詞 周公無此詞 將欲於何以考占耶.

70) 같은 책, 5쪽(10-348). "艮六爻之中 九六者至於五 而八者僅一 乃謂之艮之八 可乎 且夫爻也者卦變之名 不變非爻也 故孔子曰爻者言乎變者也 孔子曰爻也者效天下之動者也 孔子曰道有變動故曰爻 今沙隨之言 曰以不變爻占 天下有不變之爻乎".

고 불러야 하는지 물어보자. '9를 쓴다'고 말해야 하는가? 6이
더 많다는 이유로 '6을 쓴다'고 말해야 하는가? 9가 모두 갖춰
지지 않았다는 이유로 이름이 성립되지 않는다면 상(象)은 어디
에서 살펴야 하겠는가? 이것이 성인께서 취하지 않은 이유인 것
이다. 그러므로 여섯 효가 모두 변하는 법은 오직 건·곤 두 괘
에만 해당할 뿐, 다른 괘로서는 불가능한 것이다. 서너 개의 효
가 어지럽게 움직이는 방법은 건괘와 곤괘에서도 불가능한데
어느 괘라고 가능하겠는가? 9와 6이라는 이름이 성립할 수 없
기 때문이다.[71]

이에 다산은 괘 전체가 변동하는 것[全卦變動]은 건·곤 두 괘[乾
坤二卦]에 국한되고[다른 62괘는 전괘(全卦)의 변동(變動)은 있을 수
없다] 또 서너 개의 효가 어지럽게 움직이는 것[數三爻亂動]도 절대
로 있을 수 없음을 밝히고 있다.

2. 오초려역찬

오징(吳澄)의 자는 유청(幼淸)이요, 호는 초려(草廬)인데 본래 소씨
역(邵氏易)의 범위를 벗어나지 못한 자이지만 간혹 각론(各論) 탁설(卓
說)이 끼어 있기도 한다. 오씨(吳氏)는 희황(羲皇) 획괘시(畫卦時)에 이
미 ――― 두 획이 만들어졌다고 주장하지만 왜 하필 ―――뿐이랴 희황
획괘 시 이를 본 사람이 없으므로 선작(先作)☰ 차작(次作)☷이 어떻
게 불가능[有何不可]하랴 이를 수도 있지 않겠는가. 그러므로 '양의
의 위에 한 층의 획을 더하여 사상을 만들고, 사상의 위에 한 층의

---

71) 같은 책, 6쪽(10-349). "爻之名 不出於曰九曰六 此周易之大經也 乾卦而六爻變 則六爻皆九 可以名
之曰九也 故曰用九也 坤卦而六爻變 則六爻皆六 可以名之曰六也 故曰用六也 請問屯卦而六爻變 則名
將奈何 謂之用九乎 六者尙多 謂之用六乎 九者不該 名之不立 象於何觀 此聖人所以不取也 故六爻全
變之法 唯乾坤有之 他卦弗能也 若夫數三爻亂動之法 乾坤亦所不能何者 九六之名不立也".

획을 더하여 팔괘를 만들었다[兩儀之上 添畫一層以爲四象 四象之上 添畫一層以爲八卦]'는 설(說)을 비판하여 '천지의 이치는 하나가 둘을 낳고, 둘이 넷을 낳는다[天地之理 一生兩 兩生四]'는 논리를 다음과 같이 설파한다.

> 천지의 이치는 하나가 둘을 낳고 둘이 넷을 낳기 때문에 선유들은 억지로 희황(犧皇)이 괘를 만든 방법으로 양의와 사상의 상징으로 삼았다. 그러나 하나가 둘을 낳는다는 것은 하나가 나뉘어 둘이 되는 것이지 태극 밖에서 따로 천지가 생겨나 덧붙여지는 것이 아니다[태극이 나뉘어 천지가 된다]. 둘이 넷을 낳는다는 것도 둘이 나뉘어 넷이 되는 것이지 천지의 밖에서 네 기[四氣] 생겨나 덧붙여지는 것이 아니다[지금 말하는 2음2양이다]. 넷이 여덟을 낳는다는 것도 넷이 나뉘어 여덟이 된다는 것이지 네 기의 밖에서 별도로 천·지·수·화·뇌·풍·산·택이 생겨나 덧붙여지는 것이 아니다. 지금 말하는 희황이 괘를 만들었다는 방법은 양의(兩儀)의 위에 한 층의 획을 더해서 사상을 삼고, 사상의 위에 한 층의 획을 더해서 팔괘를 삼는데, 이것은 천지가 개벽한 뒤에 재료를 더 집어넣고서 네 기를 만들고, 네 기가 유행한 뒤에 재료를 더 집어넣어서 여덟 가지 물건을 만들었다는 것이니, 어떻게 조화생성의 상(象)이라고 하겠는가?72)

하나가 둘을 낳는 것[一生兩]은 만물생성의 원리다. 그러므로 소씨의 후학인 오 씨의 설을 수용할 수 없음은 다시 말할 나위도 없다. 그러나 다소 선택적인 면이 없지 않으니 표 하나[一表]를 만들면 다음과 같다.

---

72)「吳草廬纂言論」,『易學緒言』卷3, Ⅱ～47, 8쪽(10－353～354). "天地之理 一生兩 兩生四 故先儒强以犧皇畫卦之法 爲兩四之象 然一生兩者分一而爲兩 非於太極之外 添出個天地也(太極之分爲天地) 兩生四者 分兩而爲四 非於天地之外 添出個四氣也(今所云二陽二음) 四生八者 分四而爲八 非於四氣之外 添出個天地水火雷風山澤也 今所云犧皇畫卦之法 兩儀之上 添畫一層以爲四象 四象之上 添畫一層以爲八卦 是天地開闢之後 添入材料以作四氣 四氣流行之後 添入材料以作八物 豈造化生成之象哉".

괘명 (卦名)	오씨역찬 (吳氏易纂)	다산평의 (茶山評議)
수(需) 송(訟)	위팔순(緯八純)의 괘로 양이 넷이다. 대장괘가 변한 것이다[緯四陽 大壯變]. 위팔순의 괘로 음이 둘이다. 임괘와 둔괘가 변한 것이다[緯二(陰[73]) 臨遯變].	수괘와 송괘는 둘 다 양이 둘인 괘다[需訟均是二陽之卦].[74] 역례에 따르면 적은 것이 주가 된다. 양이 둘인 괘는 본래 어미[母]를 둘 가지는데, 각각 하나씩의 어미만을 취한다면 또한 소활한 것이다. 이것은 한유 이래로 인습될 잘못이 이와 같은 것이다[易例少者爲主也 二陽之卦本具二母 各取一母 亦踈矣 此自漢儒以來 沿誤如此].
태(泰) 비(否)	경팔순(經八純)의 괘로서 양이 셋이다[經三陽]. 경팔순의 괘로서 음이 셋이다[經三陰].	오 씨의 역은 또한 태·비·기제·미제·함·항·손·익 등 여덟 괘를 경괘(經卦)라고 부른다. 이 네 괘는 천·지·수·화·뇌·풍·산·택이 교역한 것인데 변역하면 이것이 있게 되어 경괘(經卦)라고 하는데 무엇에 근거한 것인가[吳氏之易 又以泰否旣未濟咸恒損益等八卦 名之曰經卦 此四卦爲天地水火雷風山澤之交易 變易則有之矣 謂之經卦 何所據矣]?
건(乾)	원형(元亨)은 풀이해서 말하자면 원(元)은 수(首)의 뜻이다. 문인(文人)들은 뛰어난 이[上]를 원이라고 하고, 사람의 몸에서라면 다른 온갖 몸뚱이의 우두머리에 해당한다. 형(亨)이란 글자는 제사를 지낸다[獻亨]고 할 때의 향(亨)과 같다. '모든 아름다운 것이 모인다'는 것은 마치 제사를 지내며 (제물로) 온갖 좋은 것을 갖춘다는 것과 같다. 이정(利貞)은 풀이해서 말하자면 이(利)는 일에 마땅하다[宜於事]는 뜻이니, 마치 칼이 벼를 베는 데 마땅한 것과 같다. 정(貞)이란 그 일을 주관한다는 뜻으로, 나무의 곧은 줄기가 바르고 튼튼한 것과 같다[元亨 解曰元首也 文人上爲元 在人一身之上 爲衆體之長 亨字與獻亨之亨同 百嘉聚會 如亨禮衆美之物具備也 利貞 解曰利者宜於事 如刀之刈禾 貞者主其事 如木之楨幹 正而固也].	뜻을 풀이한 것은 모두 좋다. 그러나 복괘에서 시작해서 태괘와 통하는 것을 '원형'이라 하고, 쾌괘가 조화롭고 감괘가 제자리를 차지한 것을 '이정'이라 한다. 건원(乾元)이란 복괘인 것이다[釋義皆好 然始於復而通於泰曰元亨 夬之和而坎其位曰利貞 乾元者復也].

---

73) 원문에는 음(陰)이 생략되었다.

74) [원주] 음이 둘인 괘[二陰之卦]의 잘못인 듯.

	초구(初九)란 초효의 획이 9를 얻은 것으로, 건괘가 구괘로 간 것이다[初九日初之畫得九 爲乾之姤]. 구이(九二)란 9가 두 번째 획에 자리 잡은 것으로 건괘가 동인괘로 간 것이다[九二日九居第二畫 爲乾之同人].	9(九)라는 글자의 뜻에 대해 명백하게 밝힌 것이 없다. 오직 강획(鋼劃)으로만 9를 삼는다면 어떻게 풀이하겠는가? 여섯 획이 모두 7인 경우 그 괘는 변하지 않고, 단사로 점을 친다. 그러나 어쩌다 9를 얻은 경우에는 괘가 결국 변하는데, 괘를 변화시키면 효라고 하니, 효는 획이 아니다[九字之義 無所明申 唯以剛畫爲九 何以解矣 六畫皆七者 其卦不變 占之以彖詞 其或得九者 其卦逢變 變卦謂之爻 爻非畫也].
	잠룡(潛龍)을 풀이하자면 진(震)이 용(龍)이 된다는 뜻이다. 양획(陽畫)이 진체(震體)를 다 갖추지 못했지만, 모두 용을 상징할 수 있다[潛龍解日震爲龍 陽畫雖不具震體 皆可象龍].	순구가(荀九家)들이 건을 용으로 삼는 것과 비교하면 깨달음이 극히 뛰어나다. 다만, 복·임·태의 상징을 말하지 않았을 뿐이다[此之荀九家之以乾爲龍 超悟極矣 但不言復臨泰之象].
	종일(終日)을 풀이하자면 삼변(三變)을 통해 2·3·4효가 이괘를 이뤘다는 뜻이다. 항룡(亢龍)을 풀이하자면 항(亢)은 사람의 목뼈가 강하고 높은 것을 항이라고 한다[終日 解日三變二三四成離 亢龍解日亢 人之喉骨 剛而居高日亢].	역을 읽는 방법이란, '종일(終日)'의 뜻을 알고 싶거든 『주역』상·하 두 편에서 종일(終日)·일중(日中)·일측(日昃) 등의 글자를 모두 완미하고 사색해야 한다. 반드시 모든 구절에 다 통하고 하나라도 막히지 않는 학설을 만든 뒤라야 올바르게 풀이할 수 있다. 삼변(三變)을 통해 이괘를 이룬다는 것이 어떻게 보편적인 사례이겠는가[讀易之法 欲知終日之義 則盡將二篇中終日日中日昃等字 玩究研廬 必有一說能盡通諸句而無一礙滯 然後 方是正解 三變成離 豈通例乎?]
곤(坤)	앞서면 미혹될 것이나, 뒤서면 주인을 얻을 것이다. (구절) 서남쪽이 이로우니 벗을 얻을 것이다[先迷後得主(句) 利西南得朋]. "곧게 하고 방정하게 하지만(구절) 강직함이 거듭되지 않는다. (구절)" 풀이하자면 곧게 땅의 두께를 계산해 보면 위아래의 거리가 3만 리다. 사방을 계산해 보면 땅의 넓이는 동서의 거리와 남북의 거리가 각각 3만 리다. 그 거대함이 비교할 것이 없으므로 '불습(不習)'이라 하는 것이니, 습(習)은 중(重)의 뜻이다[直方(句) 大不習(句)解日以直計之地之厚 上下相去三萬里 以方計之地之廣輪 東西相去南北相去 亦各三萬里 其大無可與比 故日不習 習 重也].	구절이 모두 정당하다[句絕皆正]. ○땅의 형세는 곤순(坤順)해서 곧고 방정할 수 없다. '곧고 방정하다'는 것은 감괘의 덕이다. 이미 '곤괘가 사괘로 간다[坤之師]'고 했는데, 어떻게 감괘의 상징이 없겠는가? 또한 땅의 두께가 3만 리라면, 지름이 1일 때 둘레는 3이므로 그 주위는 9만 리이고, 남북의 끝 지역은 서로의 거리가 4만 5천 리가 된다. 또한 '각각 3만 리'라고 하는데 이런 이치가 있을 수 있겠는가[地勢坤順 不能直方 直方者坎德也 旣名之日坤之師 胡獨無坎象乎 且其厚三萬里 則徑一圍三 其周九萬里 南北戴極之地 相去四萬五千里 亦各三萬里 有是理乎?]

	"초구는 우물쭈물한다." 풀이하자면 반(磐)은 바위[石]이고, 환(桓)은 말뚝[杙]이다. 발이 약하면 움직일 수 없는 것이 마치 반석을 땅에 말뚝을 박아 놓아서 움직일 수 없는 것과 같다[初九磐桓 解日磐石也 桓杙也 足弱不能動 猶磐石桓杙之在地而不可動].	『역』을 완미할 때는 연구하고 사색해야 한다지만, 천착함이 이런 지경에 이르렀다면 또한 그만두어야 할 것이다[玩易務要硏索 然穿鑿至此 亦可以已矣].
준(屯)	"여자가 정절을 지켜도 자(字)를 지어 주지 않는다." 풀이하자면 『예기』에서는 "여자가 결혼을 허락받으면 비녀를 꽂고 자(字)를 준다"고 했다[女子貞不字 解日禮記日女子許嫁 笄而字].	자(字)는 낳고 기르는 것이다. 이미 결혼을 하고서 정절을 지켜야 여자라고 칭하는 것이다. 어떤 이는 '여자가 정절을 지킨다'는 것은 여자의 일이라고 한다. '여자가 정절을 지킨다[女貞]', '부인이 정절을 지킨다[婦人貞]'는 말과 같다[字者孶乳也 旣嫁而貞 猶稱女子 或日女子貞者 女子之事也 猶言女貞 婦人貞].
	"그 은택을 인색하게 한다." 풀이하자면 감은 돼지이고 비다.『고공기』에서는 "세상의 큰 짐승이 다섯인데, 살찐 것[膏者]이 있고 기름진 것[脂者]이 있다"고 했다. 살찐 것은 개와 돼지를 말한다. 오효가 감(坎) 속에 있는 것은 돼지가 살찐 것이다. '때에 맞춰 내리는 비[時雨]'를 고우(膏雨)라고 한다[屯其膏 解日坎爲豕爲雨 考工記天下大獸五 膏者脂者 膏謂犬豕 五在坎中 豕之膏也 時雨謂之膏雨].	천착이다. 역(易)의 말들이 상징을 취하면서 이런 방법을 용납하겠는가[鑿矣 然易詞取象 容有此法]?
송(訟)	미더움이 있다. (구절) 막히고 두렵다. (구절) 가운데는 길하고 (구절) 마지막은 흉하다[有孚(句) 窒惕(句) 中吉(句) 終凶].	'진실한 마음으로 두려워한다[窒惕中]'는 것이 한 구절이 되어야, '길하지만 끝은 흉할 것이다[吉終凶]'는 구절과 협운이 된다. 오씨의 구절은 잘못인 것 같다[窒惕中爲句 與吉終凶叶韻 吳氏句絶似誤].
사(師)	"바르니 대인이라야 길하다." 풀이하자면 최경(崔憬)은『자하전』에서는 '대인'으로 썼다고 했고, 육적은 "장인은 성인이다"고 했다. 내가 보기에 『논어』,『장자』에서 장인이라고 한 것은 노인을 말한다. 지팡이를 지탱할 힘이 없기 때문에 장인이라고 한 것이다[貞大人吉 解日崔憬日子夏傳作大人 陸績云丈人者聖人也 澄案論語莊子等書 稱丈人者 謂老人 無力扶杖 故日 丈人].	『태현경』의 중수(衆首)는 사괘를 모방한 것인데, 그 찬(贊)에서 "장인이 집안을 허물어뜨렸다[丈人攃笻]"고 했다. 이것은 박괘의 간산(艮山)이 허물어져 이효의 자리로 내려온 것이다. 그러나 서한 시대의 모든 역에서는 본래 '장인'으로 썼으니,『자하전』은 본래 위서로서 증거로 삼기에 불충분함을 알 수 있다[案太玄衆首擬師卦 而贊日丈人攃笻 謂剝之艮山 攃頹而降于二也 然西漢諸易 本作丈人 可知子夏易傳 本是僞書 不足憑也].

	"군대가 나선다. (구절) 규율로서 하되 순조롭지 못하면 (구절) 흉하다. (구절)" 풀이하자면 『좌전(左傳)』에서는 "따르는지 그렇지 않은지를 규율한다"고 했다[師出(句) 以律否藏(句) 凶(句) 解曰左傳曰律否藏].	출(出)과 율(律)은 협운이다. (애초의) 구절을 고쳐서는 안 된다. 『좌전』은 그 자체의 다른 의미를 가지고 있다. 취율(吹律)의 의미 또한 잘못되었다[案出與律 叶韻 其句不可改也 左傳別是一義 吹律之義亦謬].
	상육효에서 "소인은 쓰지 말라"는 구절은 따로 한 구절이 되어야 한다. 풀이하자면 소인은 세민(細民)으로 농·공·상·고에 종사하는 사람이다. 서인으로서 관에 있는 사람도 또한 마찬가지다. 만일 소인이 이 효를 얻으면 쓰지 말아야 한다. 나라를 세우고 가업을 계승하는 포상은 소인이 감당할 수 있는 것이 아니기 때문이다[上六小人勿用 別自爲句 解云小人細民 農工商賈也 庶人在官者亦是 若小人得此爻則勿用 蓋開國承家之賞 非小人之所可當也].	이런 논의는 오직 『역』에 깊이 정통한 이만이 말할 수 있는 것이다. "잠긴 용이니 쓰지 말라"는 구절에 대해 공자는 "군자는 쓰지 않는다"고 풀이했으니, 이 구절을 풀이해서 "소인이 쓰지 않는다"고 하는 것도 괜찮지 않겠는가! 비괘의 육이효에서는 "소인은 길하고 대인은 비색한다"고 했으니, 똑같이 이 효를 만났다고 하더라도 군자는 쓰는 것이 마땅하고, 소인은 쓰지 않는 것이 본래 역의 도이다. ○다만 단사에서는 "장인이 길하다"고 했고, 상육효에서는 "소인이 쓰지 않는다"고 했으니 모두가 군자를 나아가게 하고 소인을 물리치려는 말이다. 오씨의 세민이니 서민이니 하는 말은 옳지 않은 것 같다[案此義唯深於易者能言之 潛龍勿用 孔子釋之曰君子弗用 則此句釋之曰小人弗用 不亦可乎 否六二曰小人吉大人否 同遇此爻 而君子宜用 小人勿用 本易道也 ○但象詞曰丈人吉 上六曰小人勿用 皆進君子退小人之說 吳氏作細民庶人說 恐不然也].
비(比)	"조공하지 않은 제후가 내조(來朝)한다." 풀이하자면 「고공기」에서는 "오직 너는 제후를 편케 할 것이지, 제후들이 편치 않도록 하지 말라"고 했다. '편치 않다[不寧]'는 것은 제후들이 조공하지 않는 것이다. 점의 내용은 전에 조공하지 않았던 제후국이 지금은 내조한다는 것이다[不寧方來 解曰考工記曰唯若不寧侯 毌或若女不寧侯 不寧蓋諸侯之不朝貢者 其占爲前時不寧之國 今且來朝].	이 뜻이 가장 옳다. 비(比)란 많은 제후국을 세우고 제후를 가까이하는 괘이다. 『의례』 「근례」에서는 "백보가 일이 없으니, 돌아가 너의 나라를 편하게 하라"고 했고, 『상서』 「문후지명」에서는 "돌아가 너의 나라를 편하게 하라"고 했다. 천자의 명을 받고 백성을 편안하게 하는 것을 가리켜 영(寧)이라고 하고, 명을 받지 못한 것을 불령(不寧)이라 하는 것이다[此義極是 比者建萬國親諸侯之卦也 觀禮曰伯父無事 歸寧乃邦 文侯之命曰歸寧爾邦 凡受命安民 謂之寧 其不受命者 謂之不寧].
	"왕이 세 방향에서 몰며 사냥한다." 풀이하자면 사냥감을 몰면서 세 방향에서 하는 것은 법도이다. 『주관』 「대사마」에서 "중동에 군대를 열병하여 삼표를 세운다"고 한 것이 그 법도이다[王用三驅 解曰凡馳驟以三爲節 周官大司馬仲冬大閱 立三表 是其法也].	삼표를 세우는 것은 대사마가 모는 것이지, 왕이 모는 것이 아니다[立三表 是大司馬之驅 非王驅也].

소축 (小畜)	"구름이 빽빽하지만 비는 내리지 않는다." 풀이하자면 감괘의 아래 획이 막혀서 통하지 않는 것이니, 빽빽한 구름을 상징한다[密雲不雨 解曰坎之下畫 窒塞不通 象雲之密].	소축괘는 쾌괘에서 온 것이다. 쾌괘의 태(兌)나 소축괘의 손(巽)이나 모두 빽빽한 구름이다[小畜自夬來 昔之兌今之巽 皆密雲也].
	상구효, "짝을 얻어 머리에 얹었다[尙得載]. (구절) 부인이 정절을 지켜도 위태하다. (구절)" 조씨는 "경방·우번·『자하역전』에서 모두 득(得)으로 썼기에 이제 이를 따른다"고 했다[上九尙得載(句) 婦貞厲(句) 晁氏曰京房虞子夏傳 皆作得 今從之].	공자의 「상전」에서는 "덕이 쌓여 가득한 것이다"고 했으니, '재(載)' 자가 구절이 되는 것은 진실로 옳다. '부정(婦貞)'은 부인의 일이다. '여자가 정절을 지킨다', '부인이 정절을 지킨다'는 말과 같다. ㅇ'덕(德)'과 '득(得)'은 어떤 것이 옳은지 모르겠다[案孔子象傳曰德積載也 載字爲句 良是也 婦貞者 婦人之事 猶言女貞婦人貞也 ㅇ德之與得 未詳孰是].
태(泰)	구이효, "희생의 피를 담는다." 풀이하자면 황(巟)은 황(㿾)과 뜻이 통하니, 피[血]를 뜻한다. 교제를 지낼 때면 제물을 구운 뒤에 가장 먼저 피를 올린다. 포황(包巟)은 희생의 피를 담아 올린다는 말이다. 여러 판본들이 모두 황(荒)으로 쓰고 있는데, 허신의 『설문해자』 및 우번에 의거해서 황(巟)으로 고친다. 상징의 의미를 살펴보아도 황(㿾)으로 고치는 것이 당연하다[九二包巟 解曰巟與㿾通 血也 郊祭燔柴之後 最先進血 包巟謂包裏牲血以進也 諸本作荒 今依許愼說文及虞翻本作巟 考象義 當作㿾].	태괘는 하늘과 땅이 서로 사귀는 것이다. 하늘은 땅을 감싸고, 또한 팔황을 감싼다. 하물며 구이효는 명이(明夷)이고, 이(夷)란 (왕기에서 멀리 떨어진) 황복(荒服)이다. 희생의 피를 담는다는 뜻은 타당성이 없는 것 같다[泰之爲卦 天地相交 天之包地 並包八荒 況九二者明夷也 夷者 荒服也 包血之義 恐無所當].
	육오효, "제을이 누이동생을 시집보낸다." 풀이하자면 태괘의 호체와 괘변은 모두 귀매괘를 이룬다. 그러므로 '누이동생을 시집보낸다'는 표현으로 효사를 삼은 것이다[六五帝乙歸妹 解曰泰卦互體及卦變 皆變成歸妹 故以歸妹爲辭].	괘변설로 볼 필요까지는 없다. 귀매괘의 육오효에서는 "제을이 누이동생을 시집보냈다"고 했고, 이 괘 육오효에서도 "제을이 누이동생을 시집보냈다"고 했으니, 양호괘(兩互卦)를 서로 살펴보아야 한다. 육오효가 이미 그렇다면 (육사효의) "훨훨 나는 듯하지만 부유하지 않다"는 것도 마땅히 누이동생을 시집보내는 것으로 보아야 한다. 이것이 '성원(聲援)'이라는 것이다[不須作卦變說 歸妹六五曰帝乙歸妹 此六五亦曰帝乙歸妹 則但當以兩互看也 六五旣然 則翩翩不富 亦當作歸妹看 此所謂聲援也].

	육이효, "감싸고 받든다." 풀이하자면 승(承)은 증(肴)으로 써야 한다. 희생의 바른 체제다. 소인의 당부는 오직 뇌물이나 보내는 것을 일로 삼을 뿐이다. 육삼효, "음식을 감싼다." 풀이하자면 음식[羞]이란 脘·고기·회·젓갈·장과 같은 것들이다[六二包承 解曰承當作肴 牲之正體也 小人當否 唯以苞苴饋遺爲事 六三包羞 解曰羞者 脘藏膾炙醢醬之屬].	역학가들에게 원래 이런 풀이가 있었다. 살코기[噬膚]·건어물[噬腊]·마른고기[乾肉]·마른 육포[乾肺] 등은 효에 따라 상징을 달리하는 것이다. 어떻게 한 효 안에 脘·고기·회·젓갈·장의 상징이 모두 있을 수 있겠는가[易家元有此解 然噬膚噬腊 乾肉乾肺 隨爻異象 安得一爻之內 具有脘藏膾炙醢醬之象]?
비(否)	"잃어버릴까 잃어버릴까 더부룩한 뽕나무에 매어 둔다." 풀이하자면 망(亡)은 잃어버린다[失]는 뜻이다. '말을 잃어버렸'거나 장자가 양을 잃어버렸다고 할 때의 망(亡)과 같다. 크게 편하더라도 위태로움을 잊어서는 안 되니, 만일 한 가지 움직임이 있더라도 물건을 잊어버릴까 두려워서 "잃어버릴까 잃어버릴까"라고 하는 것이다. 더부룩한 뽕나무에 매어 두는 것은 매어 두는 것이 튼튼하지 못해서 혹 달아나버릴까 두려워하는 것이니, 신중함이 지극한 것이다[其亡其亡 繫于苞桑 解曰亡失也 與馬匹亡及莊子亡羊之亡同 大者安不忘危 如有一動 物恐其亡 曰其亡矣其亡矣 繫于苞桑 唯恐繫之不固而或至走逸 愼之至也].	이 풀이가 매우 옳다. 비괘에는 원래 건괘의 말과 곤괘의 소가 있다. 효변으로 진괘가 되면 손은 나무가 되고 이는 그루가 되니, 곧 더부룩한 뽕나무가 되는데 여기에 매어 둘 수 있다. 간괘의 열매[瓜]의 뜻과 비교하면 오히려 이치가 순조로울 것이다[按此解極是 否卦元有乾馬坤牛 爻變爲晉 則巽木離科 卽爲苞桑 是可繫也 比之艮瓜之義 却似理順].
예(豫)	구사효, "비녀를 합친다." 풀이하자면 합(盍)은 합친다[合]는 뜻이다. 잠(簪)은 비녀이니, 머리를 정리하는 것이다. 하나의 강(剛)이 많은 유(柔) 가운데를 꿰뚫는 것이니, 비녀 하나가 많은 머리카락을 꿰뚫는 상징이다[九四盍簪 解曰盍合也 簪笄也 所以收髮 一剛貫衆柔之中 一簪貫衆髮之象].	괘의 상징은 진실로 옳다. 그러나 둘이 합치는 형상은 없는데, 어째서 '비녀를 합친다'고 하는 것인가[卦象固然 而無兩合之形 何以謂之盍簪]?
관(觀)	육사효, "왕에게 손님이 되면 이로울 것이다." 풀이하자면 육사효가 변하면 건괘가 되는데, 건은 손님이다[六四利用賓于王 解曰六四變則成乾 乾爲賓].	건이 손님이고, 손이 주인이 되는 것은 한·위의 9가들에게서 발견되지도 않는데 오 공(吳公)은 이 주장을 사용하고 있다[乾爲賓 巽爲主人 不見於漢魏九家 吳公乃用之].
서합(噬嗑)	"감옥을 쓰는 것이 이롭다." 풀이하자면 이(離)의 체제는 가운데가 비었으니, 감옥의 상징이다[利用獄 解曰離體中虛 獄之象].	옛사람은 대부분 감(坎)을 감옥이라고 여겼는데, 큰 잘못이다. 이(離)가 실제로 감옥이다[古人多以坎爲獄 大非也 離果爲獄].

복(復)	상육효의 끝부분에서 "『주역』은 효변을 써서 점을 치지만 효사는 대부분 변하지 않는 것에서 뜻을 설명할 뿐이어서, 변한 것을 취하는 것은 드물게 발견될 뿐이다. 복괘의 여섯 효에서 오직 일양(一陽)만이 이미 되돌아온 것일 뿐이다. 그러므로 효의 의미는 변하지 않는 것으로 말한다. 나머지 다섯 음은 아직 되돌아오지 않은 것인데 효사에는 각각 '되돌아온다[復]'는 말이 있으니, 모두 변하는 것을 취해 말한 것이다. 변하지 않는 것은 양이니, 복(復)이라고 해서는 안 된다[上六之末云 案周易雖用爻變爲占 而爻辭多只就不變起義 其取變者間見耳 復之六爻 唯初九一陽 爲已復者 故爻義以不變者言 其餘五陰 乃未復者 而爻辭各有復者 皆取變者言也 蓋不變爲陽 則不可謂之復].	3백몇십 개의 효에서 모두 이미 변한 상징을 취한다. 어쩌다 변하지 않은 상징을 취한 것은 오직 괘주(卦主)가 움직임에 머물 경우뿐이다. 그러나 초려의 이 주장은 거의 빗장을 깨부수고 안으로 들어간 것이다. 더욱 연찬을 더하지 않은 것이 안타깝다[案三百數十爻 皆取旣變之象 其或取不變之象者 唯卦主之留動耳 然草廬此說 幾乎破局鎖而入宧奧 惜乎 其不加硏也].
쾌(夬)	구오효, "양들이 다니는 길이 쾌쾌하다." 풀이하자면 항 씨는 "현(莧)의 음은 환(丸)인데, 양(土羊)이다. 육(陸)은 무리지어 다니는 길이다"라고 했다. 내가 보기에 현(莧)자의 윗부분은 초(卄)이니, 양의 뿔이요, 가운데는 목(目)이니 양의 눈이며, 아래는 인(儿)이니, 양의 발이다. 양이 무리지어 산을 다니는데 끌어당겨 언덕에서 방목하는 것이다[九五莧夬夬 解曰項氏曰莧音丸 土羊也 陸其群行之路 澄案莧字上從卄 羊之角也 中從目 羊之目也 下從儿 羊之足也 羊群行山 牽而引牧於陸].	살펴보건대, 쾌괘는 위가 태(兌)이고, 대장괘도 태를 겸하였으므로 양의 상징을 쓰는 것이 마땅하다. 다만 '현륙(莧陸)'이란 두 글자는 서로 상관이 없다. '쾌쾌(夬夬)'라는 두 글자는 또한 관통할 수 없으니 우선은 의심스러운 채로 두어야 한다. ○[案夬本上兌 大壯兼兌 宜用羊象 但莧陸二字 終不相聯 夬夬二字 又不通貫 且當闕疑] ○현(莧)은 환(睆)이라고도 쓰고, 䍐이라고도 쓰며, 䍐이라고 쓰기도 한다. 어떤 이는 산양이라고 하고, 어떤 이는 들양[野羊]이라고도 한다. 가는 뿔에 몸집이 큰 것이다. 토(兎)라는 글자처럼 글자에 한 점이 있으니, 관(寬) 자가 이런 경우다[莧一作睆 一作䍐 一作䍐 或云山羊 或云野羊 細角而形大者也 字有一點 如兎字 寬字從是也].
진(震)	육이효, "도박을 해서 재물을 잃는다." 풀이하자면 억(億)이란 옛날에 있었던 한쪽은 속이고 한쪽은 헤아리는 놀이다. 돈의 숫자를 짐작해서 그 여부를 비교해서 서로 내기를 걸고 우열을 겨루는 것이다. 후한 「양기전」의 주에서는 "오늘날의 탄전(攤錢)과 같다"고 했다[六二億喪貝 解曰億者 古有詭億之戲 億度錢貨之數 較其丨中否以相賭賽也 後漢梁冀傳註云若今攤錢也].	이 풀이가 가장 훌륭하다. 다만, 하은주 삼대에도 돈을 세는 놀이가 있었는지는 알 수 없다. 공자는 자공에게 "자주 억측하면 자주 들어맞는다"고 했고, 또한 "억측하지 않으면 믿지 않는다"고도 했다. 장사치가 이해를 억측해서 간혹 재물을 잃기도 하니, 또한 '도박을 해서 재물을 잃는 것'이다[案此解最好 但三代之時 亦有億錢之戲 否 未可知也 子謂子貢曰億則屢中 又曰不億不信 貨殖之家 億度利害 或喪其財 則亦億喪貝也].

환(渙)	"궤를 헤치고 달아난다." 풀이하자면 감(坎)은 수레[輿]이고, 구이효는 감여(坎輿)의 가운데 있으니, 마치 수레 가운데 궤가 있는 것과 같다. 이것이 흩어지는 때를 이루고, 그 수레 가운데 있는 궤를 헤치고 달아나는 것이다. 편안히 올라타는 수레는 궤를 쓴다[奔其机 解曰坎爲輿 二在坎輿中 如車中之有机 是爲渙散之時而奔就其車中之机也 凡乘安車用机].	이것은 본래 억지 풀이다[此本强解].
단전 (彖傳)	단(彖) 자의 부수는 계(彑)인데, 계는 돼지의 머리다. 위가 뾰족한 형태를 상징한 것이다. 야생 돼지는 머리가 가장 힘이 세서 물건을 잘 자르기 때문에 이것을 가차해서 결단의 뜻을 삼은 것이다[彖字彑75) 彑豕頭 象其上銳之形 蓋野豕也 其頭最有力 而銳善斷物 故假借爲決斷之義].	「제례」의 희생에 쓰는 돼지를 해체하는 방법에 따르면 두 어깨, 두 넓적다리, 두 갈빗대를 육체(六體)라고 불렀다. 단사는 육효의 말 위에 자리를 잡고 있는데, 이것은 돼지의 머리를 육체의 위에 두는 것과 같다[案祭禮 特豕體解之法 兩肩兩髀兩魯 謂之六體 彖辭在六爻詞之上 加豕頭在六體之上也].

---

75) 저본의 원문은 '互'이다. 원래 이것은 단(彖) 자의 머리 부분 부수인 '계(彑)'를 뜻한다.

『현암 이을호 전서』 27책 개요

1. 『다산경학사상 연구』

처음으로 다산 정약용의 철학을 체계적으로 연구한 저서이다. 공자 사상의 연원을 밝히고 유학의 근본정신이 어디에서 발원하였는가 하는 것을 구명한 내용으로서, 유학의 본령에 접근할 수 있는 지침서이다(신국판 346쪽).

2. 『다산역학 연구 Ⅰ』

3. 『다산역학 연구 Ⅱ』

다산의 역학을 체계적으로 연구한 책으로서 다산이 밝힌 역학의 성립과 발전적 특징을 시대적으로 제시하고 다산이 인용한 모든 내용을 국역하였다(신국판 上, 下 632쪽).

4. 『다산의 생애와 사상』

다산 사상을 그 학문적 특징에 따라서 현대적 감각에 맞도록 정치, 경제, 사회, 문화 등 각 방면의 사상으로 재해석한 책이다(신국판 260쪽).

5. 『다산학 입문』

다산의 시대 배경과 저술의 특징을 밝히고, 다산의 『사서오경(四書五經)』에 대한 해석이 그 이전의 학문, 특히 정주학(程朱學)과 어떻게 다른가 하는 것을 주제별로 서술하여 일표이서(一表: 經世遺表 / 二書: 牧民心書, 欽欽新書)의 정신으로 결실되기까지의 과정을 서술한 책이다(신국판 259쪽).

6. 『다산학 각론』

다산학의 구조와 경학적 특징, 그리고 그 철학 사상이 현대정신과 어떤 연관성이 있는가에 대해 상세하게 논한 저서이다(신국판 691쪽).

7. 『다산학 강의』

다산학의 세계를 목민론, 경학론, 인간론, 정경학(政經學), 『목민심서』 등으로 분류하여 다채롭게 조명하여 설명한 책이다(신국판 274쪽).

8. 『다산학 제요』

『대학(大學)』, 『중용(中庸)』, 『논어(論語)』, 『맹자(孟子)』의 사서(四書)는 물론 『주역』, 『시경』, 『악경』 등 모든 경서에 대한 다산의 이해를 그 특징에 따라 주제별로 해석하고 그에 대한 특징을 서술한 방대한 책이다(신국판 660쪽).

9. 『목민심서』

다산의 『목민심서』를 현대정신에 맞도록 해석하고, 그 가르침을 현대인들이 어떻게 수용하여야 할 것인가 하는 것을 재구성한 책이다(신국판 340쪽).

10. 『한국실학사상 연구』

조선조 실학의 특징을, 실학의 개념, 실학사상에 나타난 경학(經學)에 대한 이해, 조선조 실학사상의 발전에 따른 그 인물과 사상 등의 차례로 서술한 것이다.(신국판 392쪽)

11. 『한사상 총론』

단군 사상에 나타난 '한' 사상을 연구한 것이다. 단군사상으로부터 '한' 사상의 내용과 발전과정을 서술하고, 근대 민족종교의 특성에 나타난 '한'의 정신까지, 민족 사상을 근원적으로 밝힌 책이다(신국판 546쪽).

12. 『한국철학사 총설』

중국의 사상이 아닌 한국의 정신적 특징을 중심으로, 한국철학의 형성과 발전과정을 서술한 것이다. 이 책은 한국의 정신, 특히 조선조 실학사상에 나타난 자주정신을 중심으로 서술한 것으로서 이는 중국의 의식이 아닌 우리의 철학 사상의 특징을 밝혔다(신국판 611쪽).

13. 『개신유학 각론』

조선조 실학자들의 사상적 특징, 즉 윤휴, 박세당, 정약용, 김정희

등의 사상을 서술하고 실학자들의 저서에 대한 해제 등을 모은 책이
다(신국판 517쪽).

14. 『한글 중용·대학』

『중용』과 『대학』을 다산의 해석에 따라 국역한 것이며, 그 번역
또한 한글의 해석만으로서 깊은 내용까지 알 수 있도록 완역한 책이
다(신국판 148쪽).

15. 『한글 논어』

다산이 주석한 『논어고금주』의 내용을 중심으로 『논어』를 한글화한
책이며 해방 후 가장 잘된 번역서로 선정된바 있다(신국판 264쪽).

16. 『한글 맹자』

『맹자』를 다산의 『맹자요의』에 나타난 주석으로서 한글화하여 번
역한 책이다(신국판 357쪽).

17. 『논어고금주 연구』

『여유당전서』에 있는 『논어고금주』의 전체 내용을 모두 국역하고,
그 사상적 특징을 보충 설명한 것이다. 각 원문에 나오는 내용과 용
어들을 한(漢)나라로부터 모든 옛 주석에 따라 소개하고 다산 자신의
견해를 모두 국역하여, 『논어』에 대한 사상적 본질을 쉽게 알 수 있
도록 정리한 책이다(신국판 665쪽).

18. 『사상의학 원론』

동무(東武) 이제마(李濟馬, 1838~1900)가 쓴 『동의수세보원』의 원문과 번역, 그리고 그 사상에 대한 본의를 밝힌 것으로서 『동의수세보원』의 번역과 그 내용을 원론적으로 서술한 책이다(신국판 548쪽).

19. 『의학론』

저자가 경성약학전문학교를 졸업한 후 당시의 질병과 그 처방에 대한 자신의 견해를 밝힌 의학에 대한 서술이다(신국판 261쪽).

20. 『생명론』

저자가 만년에 우주에 대한 사색을 통하여 모든 생명의 근원이 하나의 유기체적 관계로서 형성되고 소멸된다는 사상을 밝힌 수상록이다(신국판 207쪽).

21. 『한국문화의 인식』

한국의 전통문화에 나타난 특징들을 각 주제에 따라서 선정하고 그것들이 지니는 의미를 서술하였으며 또한, 우리 문화를 서술한 문헌들에 대한 해제를 곁들인 책이다(신국판 435쪽).

22. 『한국전통문화와 호남』

호남에 나타난 여러 가지 특징들을 지리 풍속 의식과 저술들을 주제별로 논한 것이다(신국판 415쪽).

23. 『국역 간양록』

정유재란 때 왜군에게 포로로 잡혀갔다가 그들의 스승이 되어 일본의 근대 문화를 열게 한 강항(姜沆)의 저서 『간양록』을 번역한 것이다(신국판 217쪽).

24. 『다산학 소론과 비평』

다산의 사상을 논한 내용으로서, 논문이 아닌 조그마한 주제들로서 서술한 내용과 그 밖의 평론들을 모은 책이다(신국판 341쪽).

25. 『현암 수상록』

저자가 일생 동안 여러 일간지 및 잡지에 발표한 수상문을 가려 모은 것이다(신국판 427쪽).

26. 『인간 이을호』

저자에 대한 인품과 그 학문을 다른 사람들이 소개하여 여러 책에 실린 글들을 모은 책이다(신국판 354쪽).

27. 『현암 이을호 연구』

현암 이을호 탄생 100주년을 기념하는 논문집으로서 그 학문과 사상을 종합적으로 연구하고 그 업적이 앞으로 한국사상을 연구하는 기반을 닦았다는 것을 밝힌 책이다(신국판 579쪽).

현암 이을호 전서 2
다산역학 연구 Ⅰ

초판인쇄 2015년 6월 19일
초판발행 2015년 6월 19일

지은이 이을호
펴낸이 채종준
펴낸곳 한국학술정보㈜
주소 경기도 파주시 회동길 230(문발동)
전화 031) 908-3181(대표)
팩스 031) 908-3189
홈페이지 http://ebook.kstudy.com
전자우편 출판사업부 publish@kstudy.com
등록 제일산-115호(2000. 6. 19)

ISBN 978-89-268-6869-0 94150
      978-89-268-6865-2 94150(전27권)